Microsoft SQL Server 2012

O autor

PATRICK LEBLANC é Microsoft SQL Server and Business Intelligence Technical Solution Professional. Já escreveu vários blogs e publica artigos em seu blog nos endereços http://patrickdleblanc.com, *www.sqlservercentral.com* e *www.bidn.com*. Com mais de 10 anos de experiência profissional, também tem mestrado em Ciências pela Louisiana State University. É autor e coautor de quatro livros sobre SQL Server. Tem experiência como consultor sênior da Pragmatic Works e como arquiteto de banco de dados em várias empresas. Antes de ingressar na Microsoft, recebeu o prêmio Microsoft MVP por suas contribuições para a comunidade.

L445m LeBlanc, Patrick.
Microsoft SQL Server 2012 : passo a passo / Patrick LeBlanc ; tradução: João Eduardo Nóbrega Tortello ; revisão técnica: Luciana Monteiro Michel. – Porto Alegre : Bookman, 2014.
xxiii, 448 p. : il. ; 17,5 x 25 cm

Material adicional: conteúdo online.

ISBN 978-85-8260-223-2

1. Microsoft. 2. SQL Server. 3. Linguagem de programação I. Título.

CDU 004.655.3

Catalogação na publicação: Poliana Sanchez de Araujo – CRB 10/2094

Microsoft

Patrick LeBlanc

Microsoft SQL Server 2012 // Passo a Passo

Tradução:
João Eduardo Nóbrega Tortello

Revisão técnica:
Luciana Monteiro Michel
Profissional com certificações MCSA, MCSE, MCTS, MCITP, MCT
Instrutora da Alfamídia Prow – Educação Profissional

bookman

2014

Obra originalmente publicada sob o título
Microsoft® SQL Server® 2012 Step by Step, de Patrick LeBlanc
ISBN 978-0-7356-6386-2

Gerente editorial: *Arysinha Jacques Affonso*

Colaboraram nesta edição:

Editora: *Mariana Belloli*

Capa: *Kaéle Finalizando Ideias* (arte sobre capa original)

Leitura final: *Bianca Basile*

Editoração eletrônica: *Techbooks*

Av. Jerônimo de Ornelas, 670 – Santana
90040-340 – Porto Alegre – RS
Fone: (51) 3027-7000 Fax: (51) 3027-7070

Unidade São Paulo
Av. Embaixador Macedo Soares, 10.735 – Pavilhão 5 – Cond. Espace Center
Vila Anastácio – 05095-035 – São Paulo – SP
Fone: (11) 3665-1100 Fax: (11) 3667-1333

SAC 0800 703-3444 – www.grupoa.com.br

IMPRESSO NO BRASIL
PRINTED IN BRAZIL

Gostaria de dedicar este livro à minha esposa. Quando eu estava frustrado e apenas querendo desistir, ela encontrou uma maneira de me motivar e me levar de volta aos trilhos. Durante a escrita deste livro, ela nunca reclamou das longas noites de digitação. Em vez disso, me encorajou e apoiou o tempo todo. Obrigado, querida, por tudo que você faz por nossa família. Eu não conseguiria ter feito isto sem você.

—Patrick LeBlanc

Sumário

PARTE III TÓPICOS AVANÇADOS DE PROJETO DE BANCO DE DADOS

Capítulo 24 Extended Events 303

Capítulo 25 Segurança do SQL Server 313

Capítulo 26 Resource Governor 333

Capítulo 27 SQL Server Agent 345

PARTE IX SOLUÇÕES DE ALTA DISPONIBILIDADE

Introdução

SQL Server é a principal plataforma de banco de dados da Microsoft. Ele passou de suporte a pequenas tarefas departamentais para conter alguns dos maiores bancos de dados implantados do planeta. As versões mais recentes do SQL Server ostentam recursos e características que superam as da maioria dos seus concorrentes.

O SQL Server 2012 mantém a tendência, adicionando centenas de novos recursos e características a um kit de ferramentas já robusto. Esses recursos incluem soluções de alta disponibilidade e recuperação de desastres mais avançadas e escalonáveis, processos modernos de desenvolvimento e implantação, recursos de auditoria avançados e flexíveis, e vários aprimoramentos no Transact-SQL (T-SQL), para mencionar alguns.

Este livro oferece uma visão abrangente da maioria das ferramentas e recursos disponíveis no Microsoft SQL Server Database Engine. Cada capítulo fornece um panorama e uma explicação do recurso, seguidos de etapas que demonstram como implementá-lo, distribuí-lo ou utilizá-lo em seu ambiente. À medida que você avançar em cada seção e em cada capítulo, desenvolverá os conhecimentos obtidos nos capítulos anteriores.

Quem deve ler este livro

Este livro ensina os conceitos básicos da plataforma SQL Server 2012 Database Engine. Ele é destinado aos profissionais de tecnologia da informação (TI) iniciantes no SQL Server, iniciantes no SQL Server 2012 ou que estejam mudando de outro mecanismo de banco de dados relacional para o SQL Server. Os profissionais de TI com experiência no SQL Server poderão encontrar informações úteis aqui; contudo, a maior parte do conteúdo é introdutória e voltada ao ensino dos conceitos fundamentais.

Este livro presume que você tenha pelo menos um entendimento mínimo sobre bancos de dados relacionais. Além disso, um conhecimento básico de tecnologias da Microsoft, como o Windows, ajudará em algumas áreas.

Quem não deve ler este livro

Este livro não é para os administradores de banco de dados (DBAs) de SQL Server experientes – seu objetivo é ensinar os fundamentos do SQL Server.

Organização deste livro

Este livro está dividido em nove partes, cada uma delas focada em um aspecto ou tecnologia diferente do SQL Server 2012.

- A Parte I, "Introdução ao Microsoft SQL Server 2012", fornece uma visão geral do SQL Server 2012 e os detalhes de como instalar o SQL Server e utilizar as ferramentas administrativas e de desenvolvimento.
- A Parte II, "Projeto bancos de dados", se concentra na criação de bancos de dados e tabelas, com alguma ênfase na indexação.
- A Parte III, "Tópicos avançados de projeto de banco de dados", focaliza técnicas avançadas, como compactação e particionamento. Além disso, você vai conhecer os instantâneos (snapshots) de banco de dados.
- A Parte IV, "Como usar Transact-SQL (T-SQL)", se aprofunda nos detalhes do uso de T-SQL para manipular dados em seus bancos de dados e tabelas do SQL Server.
- A Parte V, "Como criar outros objetos de banco de dados", continua a introdução ao T-SQL, mas desta vez se concentra na criação de outros objetos de banco de dados que podem ser utilizados para recuperação de dados.
- A Parte VI, "Replicação no SQL Server", fornece um panorama de cada tipo de replicação disponível no SQL Server 2012.
- A Parte VII, "Manutenção de bancos de dados", contém vários capítulos que explicam como desenvolver uma solução de manutenção abrangente que garanta a disponibilidade e o desempenho de seu ambiente SQL Server.
- A Parte VIII, "Gerenciamento de banco de dados", aborda vários aspectos da tecnologia que o ajudam como DBA no monitoramento e no gerenciamento proativos de uma topologia SQL Server com um ou com vários servidores.
- Por último, a Parte IX, "Soluções de alta disponibilidade", se concentra nos recursos do SQL Server que garantem a disponibilidade de seus servidores, caso ocorra um evento catastrófico.

Convenções e recursos deste livro

Este livro apresenta as informações usando convenções projetadas para torná-las mais legíveis e fáceis de acompanhar.

- Cada exercício consiste em uma série de tarefas, apresentadas como etapas numeradas (1, 2 e assim por diante) listando cada ação a ser executada para completar o exercício.
- Os elementos em quadros marcados como "Nota" fornecem informações adicionais ou métodos alternativos para completar uma etapa com sucesso.
- Textos que você deve digitar (com exceção dos blocos de código) aparecem em negrito.
- Um sinal de adição (+) entre dois nomes de tecla significa que você deve pressionar essas teclas ao mesmo tempo. Por exemplo, "Pressionar Alt+Tab" significa que você deve manter pressionada a tecla Alt enquanto pressiona a tecla Tab.
- Uma barra vertical entre dois ou mais itens de menu (por exemplo, Arquivo | Fechar) significa que você deve selecionar o primeiro menu ou item de menu e, então, o seguinte e assim por diante.

Requisitos de sistema

Você precisará dos seguintes hardware e software para completar os exercícios deste livro:

- Windows 7 SP1 de 32 bits ou superior, ou Windows Server 2008 Standard SP2 de 32 bits ou superior
- Microsoft SQL Server 2012 Evaluation Edition, SQL Server 2012 Developer Edition ou SQL Server 2012 Enterprise Edition

> **Nota** Você pode usar outras edições do SQL Server 2012, mas será limitado pelo conjunto de recursos suportado pela edição do SQL Server que tiver instalado.

- Processador Pentium III+ 2,0 GHz (ou mais rápido)
- 1 GB de RAM física disponível
- 2 GB de espaço disponível em disco
- Monitor de vídeo (resolução de 800 × 600 ou superior) com pelo menos 256 cores
- Unidade de CD-ROM ou DVD-ROM
- Mouse Microsoft ou dispositivo apontador compatível

Você também precisará ter acesso administrativo ao seu computador para configurar o SQL Server 2012.

Exemplos de código

A maioria dos capítulos do livro contém exercícios que permitem testar interativamente a nova matéria aprendida. Todos os exemplos de projeto, tanto em seus formatos anteriores como posteriores aos exercícios, podem ser baixados em:

www.grupoa.com.br

Cadastre-se gratuitamente no site, encontre a página do livro por meio do campo de busca, acesse a página do livro e clique em conteúdo online para fazer download dos arquivos.

> **Nota** Além dos exemplos de código, seu sistema deve ter o Microsoft Visual Studio 2010 e o SQL Server 2008 instalados. As instruções a seguir utilizam o SQL Server Management Studio 2008 para configurar o banco de dados de exemplo usado nos exemplos práticos. Instale os service packs mais recentes de cada produto, se estiverem disponíveis.

Instalação dos exemplos de código

Siga estes passos para instalar os exemplos de código no computador a fim de usá-los com os exercícios do livro.

1. Faça download dos arquivos 9780735663862_files.zip e AdventureWorks2012_Data.mdf a partir da página do livro no site www.grupoa.com.br..
2. Descompacte o arquivo 9780735663862_files.zip que você baixou (nomeie um diretório específico, se necessário).

Agradecimentos

Gostaria de agradecer inicialmente a Deus, por me dar o conhecimento e a dedicação para concluir esta obra. Em seguida, gostaria de agradecer à minha esposa Karlyn e às crianças, PJ e Kalyn, por me apoiarem neste projeto. Foram muitas longas noites e muitos dias em que eu simplesmente não queria escrever, e eles deram a motivação que eu precisava para concluir o trabalho. Agradeço a cada um deles por me incentivarem a terminar este livro. Gostaria de agradecer especialmente à minha esposa, por seu contínuo e permanente comprometimento comigo e com minha carreira. Ela exemplifica o que uma boa mãe, esposa e modelo exemplar deve ser, e quero apenas dizer: obrigado por tudo.

Para meu editor técnico, William Assaf, quero dizer obrigado por todos os excelentes comentários e correções. Sem você, nada disso teria sido possível. Durante as longas noites escrevendo, cometi muitos erros e, infelizmente, você teve de lê-los e encontrá-los. Agradeço por isso. Também gostaria de agradecê-lo por participar e escrever o Capítulo 24, "Extended Events (Eventos Extendidos)" e o Capítulo 30, "Objetos de gerenciamento dinâmico", provavelmente os dois melhores do livro.

Gostaria de agradecer ainda a duas pessoas que me ajudaram a escrever o Capítulo 31, "AlwaysOn" e o Capítulo 32, "Log shipping", Chad Churchwell e Mindy Curnutt. Conversei com eles na PASS Summit, em 2012, e um mês depois recebi os capítulos completos de ambos. Agradeço por toda sua ajuda neste projeto.

Finalmente, gostaria de agradecer à equipe editorial que trabalhou em meu livro. Eles foram o grupo de editores mais pacientes com quem trabalhei: Jeff Riley, Melanie Yarbrough e Nicole LeClerc. Obrigado a todos por trabalharem tanto neste livro.

Suporte técnico

Todos os esforços foram feitos para garantir a exatidão deste livro e do conteúdo complementar que o acompanha. Caso queira fazer comentários ou sugestões, tirar dúvidas ou reportar erros, escreva para secretariaeditorial@grupoa.com.br.

PARTE I

Introdução ao Microsoft SQL Server 2012

CAPÍTULO 1

Visão geral do Microsoft SQL Server 2012

Neste capítulo, você vai aprender a

- Explicar os componentes e recursos do SQL Server e seus usos.
- Identificar os recursos do SQL Server vitais para seu ambiente.
- Definir e delimitar em alto nível a topologia de instalação de seu SQL Server.

O processo de aprendizado de uma nova tecnologia pode ser amedrontador e, às vezes, exige muito tempo e esforço. Cada etapa do processo, desde a instalação e configuração do software até a implementação do primeiro projeto, apresenta novos desafios. Muitas vezes, esses desafios aumentam quando a tecnologia inclui vários componentes e recursos. Portanto, o primeiro passo, especialmente com uma tecnologia que envolve vários componentes, é identificar os que são exigidos por seu ambiente e entender bem a funcionalidade de cada um. Com esse intuito, neste capítulo você vai examinar os componentes e recursos do Microsoft SQL Server 2012 e determinar como se encaixam em sua instalação.

Como a maioria dos sistemas de gerenciamento de banco de dados relacional (RDBMS – Relational Database Management Systems), o SQL Server 2012 contém diversos componentes. Contudo, o produto em si é, normalmente, dividido em duas categorias distintas: Business Intelligence (BI, inteligência empresarial ou informação gerencial) e o Database Engine (mecanismo de banco de dados).

Business Intelligence

Business Intelligence (BI) refere-se aos dados transformados em conhecimento e que podem, então, ser usados para tomadas de decisões empresariais mais abalizadas. Por exemplo, uma empresa cujo principal objetivo é vender bicicletas poderia utilizar seus dados para identificar tendências de vendas e os padrões de compra de seus clientes. A partir dessa análise, ela poderia tomar a decisão de concentrar os esforços de vendas em uma área ou região específica, o que, por sua vez, poderia levar a melhores oportunidades e oferecer à empresa vantagens competitivas em seu ramo.

Embora os recursos de BI do SQL Server 2012 possam agregar valor efetivo e altamente visível para usuários do mundo dos negócios e consumidores de dados, neste livro vamos nos concentrar principalmente nos recursos específicos do Database Engine.

Database Engine

O Database Engine (Mecanismo de Banco de dados) está entre os componentes básicos do SQL Server. O mecanismo opera como um serviço em uma máquina, o qual muitas vezes é referido como *instância* do SQL Server. É possível executar várias instâncias do SQL Server em um servidor. Quando você se conecta no SQL Server, a instância é o destino da conexão. Uma vez que um aplicativo está conectado, ele envia instruções Transact-SQL (T-SQL) para a instância. Em retorno, a instância envia dados para o cliente. Dentro da conexão existe uma camada de segurança que valida o acesso aos dados, conforme especificado pelos administradores de banco de dados (DBAs). O Database Engine permite tirar o máximo proveito de todos os outros componentes, como o acesso, o armazenamento e a segurança dos dados.

O componente de armazenamento do Database Engine determina como os dados são gravados no disco. Ao projetar seus bancos de dados, você especificará vários aspectos que descreverão como suas tabelas, índices e, em alguns casos, os modos de exibição, serão fisicamente organizados em seu subsistema de disco. Vamos examinar em detalhes os conceitos de tabelas, índices e modos de exibição, em capítulos posteriores. No SQL Server 2012, é possível distribuir os dados fisicamente entre os discos, *particionando-os*, ou dividindo-os em partes distintas e independentes. O particionamento não apenas aumenta o desempenho de queries (consultas), mas também simplifica o processo de gerenciamento e manutenção dos dados. Com o lançamento do SQL Server 2012, a Microsoft aumentou o número de partições suportadas para 15.000 por tabela.

Dentro do Database Engine, o mecanismo de armazenamento é o principal componente. Em torno dele existem vários outros componentes que dependem do mecanismo. São eles:

- Interface de programação T-SQL (implementações da Microsoft da linguagem SQL padrão ANSI)
- Subsistema de segurança
- Replicação
- SQL Server Agent
- Ferramentas de alta disponibilidade e recuperação de desastres
- SQL Server Integration Services
- Ferramentas de gerenciamento do SQL Server

As seções a seguir fornecem uma breve explicação de cada componente.

Interface de programação T-SQL

Qual é a vantagem de armazenar dados, se você não pode acessá-los? O SQL Server fornece uma linguagem de programação poderosa que permite a escrita de queries simples e complexas nas estruturas de armazenamento subjacentes. Usando T-SQL, é possível escrever queries de manipulação de dados que permitem modificar e acessar os dados conforme o necessário. Você pode criar objetos, como views (modos de exibição), stored procedures (procedimentos armazenados), triggers (gatilhos) e funções definidas pelo usuário, que atuam como um meio de tornar esses dados públicos. Aplicativos escritos em linguagens de programação como Visual Basic e C# .NET podem enviar queries T-SQL para o Database Engine. Então, o Database Engine as resolve e envia os resultados de volta para o cliente.

Além disso, é possível escrever queries de definição de dados para criar e modificar objetos que atuam como mecanismos para tornar os dados públicos. A T-SQL também permite gerenciar configurações e a segurança do servidor de modo transparente. É uma linguagem *baseada em conjuntos*, ou seja, funciona perfeitamente ao interagir com conjunto de dados, em contraste com a manipulação de strings ou a iteração por linhas de dados. Embora a T-SQL seja apta para operações *baseadas em cursor*, esses tipos de ações são menos eficientes do que uma estratégia baseada em conjuntos adequadamente projetada. Se você se encontrar utilizando T-SQL para executar operações baseadas em cursor, pense na possibilidade de utilizar uma linguagem CLR (Common Language Runtime). Com seu compilador predileto (Visual Studio, por exemplo), você pode estender a funcionalidade do T-SQL.

O SQL Server 2012 traz vários aprimoramentos na programação com T-SQL, incluindo uma forma mais simples de paginação, funções para trabalho com janelas e manipulação de erros. Foi introduzida uma instrução THROW, que oferece uma maneira de manipular erros de forma elegante por meio do lançamento de exceções. Agora é possível criar uma FileTable que complementa a tecnologia FileStream introduzida no SQL Server 2008. O acoplamento da FileTable com FullTextSearch permite a execução de queries complicadas em volumes de dados de texto enormes (como o texto completo deste livro). O SQL Server 2012 também apresenta diversas funções novas de conversão, string, lógica, dados e tempo.

Subsistema de segurança

Na maioria das organizações, o dado é o bem mais valioso, e manter os dados seguros é uma importante preocupação. Qualquer vulnerabilidade na segurança de uma organização pode desencadear uma série de eventos que podem se tornar catastróficos para a empresa. É por isso que o SQL Server 2012 é composto de um subsistema de segurança robusto que permite controlar o acesso via dois modos de autenticação, SQL e Windows. Como administrador, você pode configurar a segurança do SQL Server em vários níveis. Utilizando T-SQL ou SQL Server Management Studio, você pode controlar o acesso a uma instância em especial do SQL Server, a bancos de dados específicos, a objetos dentro desses bancos de dados e até a colunas dentro de uma tabela específica.

O SQL Server também contém criptografia nativa. Por exemplo, se você quisesse tornar seguros os números da previdência social dos funcionários, utilizando criptografia em nível de coluna, poderia criptografar uma única coluna em uma tabela. O SQL Server também contém a Transparent Data Encryption (TDE), que permite criptografar um banco de dados inteiro sem afetar o modo como os clientes e aplicativos acessam os dados. Contudo, se alguém quisesse violar sua segurança de rede e obter uma cópia de um arquivo de dados ou de um arquivo de backup, a única maneira de acessar os dados seria com uma chave de criptografia que você define e guarda.

Além de todos esses recursos de segurança, o SQL Server oferece a capacidade de fazer uma auditoria preventiva em seu servidor e em seus bancos de dados. No SQL Server 2012 é possível filtrar eventos de auditoria antes que sejam gravados no log de auditoria. O Capítulo 26, "Segurança", descreve como se faz para planejar e implementar uma estratégia de segurança no SQL Server. Você vai conhecer conceitos específicos relacionados à criação de logins e usuários, e vai examinar como faz para criar uma estratégia de segurança e manter contas de segurança.

Além disso, no SQL Server 2012 é possível criar funções (roles) de servidor definidos pelo usuário, os quais podem ajudar a proporcionar um método mais seguro de alocação de acesso em nível de servidor para administradores. A Microsoft incluiu a capacidade de criar usuários dentro de um banco de dados, sem exigir a criação de login de servidor, o que é conhecido como *bancos de dados contidos*. Nas versões anteriores do SQL Server, antes de conceder acesso em nível de banco de dados, o administrador era obrigado a criar um login de servidor. Com o advento do SQL Server 2012, um usuário pode ser contido em um banco de dados, ou seja, ter acesso e existir somente nesta base.

Replicação

A replicação do SQL Server está disponível na maioria das versões do produto. Ao longo do tempo, foram introduzidos tipos de replicação para garantir que os usuários pudessem configurar arquiteturas de replicação que satisfizessem uma ampla variedade de cenários. Utilizando a tecnologia de replicação do SQL Server, você pode distribuir dados de forma localizada, para diferentes lugares, com File Transfer Protocol (FTP), pela Internet e para usuários móveis. A replicação pode ser configurada para inserir, extrair e mesclar dados entre redes locais (LANs) e redes remotas (WANs).

A forma mais simples de replicação, *snapshot*, tira um instantâneo (snapshot) dos dados periodicamente e o distribui para os servidores que assinaram a publicação. A replicação usando snapshot normalmente é usada para mover dados em intervalos mais longos, como diariamente ou a cada noite. Embora esse método seja eficiente, muitas vezes é insuficiente para satisfazer as altas demandas dos usuários por dados em tempo quase real. Se for necessário um desempenho (throughput) mais alto, muitas vezes os usuários utilizam replicação *transactional* (transacional). Em vez de distribuir instantâneos de dados, a replicação transactional envia as alterações feitas nos dados para os assinantes continuamente, à medida que elas acontecem. Em geral, a replicação transactional é utilizada em uma topologia servidor-para-servidor, onde um servidor é a fonte dos dados e o outro é usado como cópia de backup ou para relatórios.

Os dois tipos de replicação são movimentações de dados unidirecionais. Mas, e se você precisar de movimentação bidirecional? Por exemplo, vamos supor que você tenha usuários móveis que trabalham offline. Enquanto estão offline, eles inserem informações em um banco de dados residente em uma instância de SQL Server em execução nos seus laptops. O que acontece quando eles voltam para o escritório e se conectam na rede? Nesse cenário, a instância local será sincronizada com o banco de dados SQL Server principal da empresa. A replicação usando merge (mesclagem) moverá as transações entre o editor (publisher) e o assinante (subscriber) desde a última vez que a sincronização ocorreu.

Os profissionais de SQL Server debatem sobre o uso de replicação como uma tecnologia High Availability (HA, alta disponibilidade) ou Disaster Recovery (DR, recuperação de desastres). Ela poderia ser utilizada para ambos? Há uma possibilidade; contudo, a replicação move apenas alterações de esquema e dados. Para oferecer uma topologia HA ou DR efetiva, cada aspecto da instância deve ser incluído, como segurança, manutenção, jobs, etc. Portanto, utilizar replicação em um ou outro caso poderia apresentar possíveis problemas no evento de uma falha de hardware ou de um desastre.

Consulte também *O Capítulo 19, "Replicação", discute a replicação em profundidade.*

SQL Server Agent

O SQL Server Agent é executado como um serviço separado em uma instância do SQL Server. Cada instância do SQL Server tem um serviço SQL Agent equivalente. O principal uso do SQL Server Agent é para executar tarefas agendadas, como a reconstrução de índices, o backup de bancos de dados, o carregamento de dados em um data warehouse, etc. Ele permite o agendamento de jobs para execução em vários intervalos durante o dia ou à noite.

Para garantir que você seja notificado no caso de uma falha no job, o SQL Server Agent permite a configuração de operadores e alertas. Um operador é simplesmente uma pessoa e um endereço de e-mail. Uma vez configurado um operador, você pode enviar notificações ou alertas para essa pessoa, quando um job tiver sucesso, terminar ou falhar.

Ferramentas de alta disponibilidade e recuperação de desastres

Com a crescente demanda pela disponibilidade e tempo de funcionamento dos servidores, é fundamental que seu RDBMS contenha vários mecanismos que garantam a consistência e a disponibilidade de seus dados. O SQL Server 2012 fornece quatro tecnologias para alta disponibilidade:

- **AlwaysOn Availability Groups** No SQL Server 2012, a Microsoft introduz os AlwaysOn Availability Groups. Um Availability Group suporta failover para um conjunto de bancos de dados e aproveita a tecnologia de espelhamento de banco de dados (database mirroring) existente para manter réplicas secundárias do banco de dados em instâncias locais ou remotas do SQL Server. Essa tecnologia difere do clustering de failover tradicional de duas maneiras:
    - Você pode configurar failover automático sem o uso de uma Storage Area Network (SAN, área de armazenamento em rede).
    - Você pode configurar uma ou mais das réplicas secundárias para suportar operações somente leitura.

  Como não é mais exigida uma SAN, agora você tem a capacidade de configurar HA e DR utilizando apenas uma tecnologia. Aproveitando o recurso de espelhamento de banco de dados para mover dados distantes usando TCP/IP, você pode ter uma cópia do banco de dados armazenada em um centro de dados localizado em outra área geográfica.
- **Clustering de failover** As instâncias de cluster de failover do SQL Server fornecem suporte para alta disponibilidade em nível de servidor. Antes de construir uma instância de failover AlwaysOn no SQL Server, você deve criar e configurar um cluster de failover no Windows Server.
- **Espelhamento de banco de dados** Predecessor do AlwaysOn, o espelhamento de banco de dados fornece alta disponibilidade em nível de banco de dados. Ele mantém duas cópias do banco de dados em instâncias do SQL Server executando em servidores distintos. Normalmente, os servidores ficam em locais geográficos diferentes, não apenas garantindo a HA, mas também fornecendo DR. Se quiser incorporar failover automático, você deve incluir um terceiro servidor (witness), que definirá o servidor que é o proprietário do banco de dados. Ao contrário do AlwaysOn, no espelhamento de banco de dados não é possível ler diretamente a cópia secundária do banco de dados. Contudo, você pode criar um instantâneo do banco de dados somente para leitura. O instantâneo terá um nome diferente, de modo que os clientes que se conectarem nele deverão saber da mudança de nome. Observe que esse recurso foi desaprovado e substituído pelo AlwaysOn; portanto, avançando, você deve utilizar AlwaysOn em vez de espelhamento de banco de dados.
- **Log shipping** Essa é outra tecnologia que fornece alta disponibilidade em nível de banco de dados, ideal para redes de latência muito baixa. O log de transação de um banco de dados específico é enviado do servidor primário para um servidor secundário e restaurado. Assim como no AlwaysOn e no espelhamento de banco de dados, você pode configurar log shipping de uma maneira que permita a leitura do banco de dados secundário.

> **Nota** Se você já conhece o SQL Server, talvez esteja se perguntando por que a replicação não aparece na lista anterior. Isso se dá porque a replicação não tem alguns recursos importantes, como a sincronização holística do banco de dados (em contraste com a movimentação em nível de objeto).

SQL Server Integration Services

SQL Server Integration Services (SSIS) é uma plataforma que permite a construção de estruturas de extração, transformação e carregamento (ETL – Extract, Transform, Load) de alto desempenho para data warehouses. Então, por que ela está incluída aqui, em uma lista de componentes do Database Engine? Na maioria dos casos, o SSIS é utilizada para ETL; entretanto, ela oferece várias tarefas e transformações que ampliam sua utilização muito além da ETL.

Por exemplo, se você é iniciante na administração de um ambiente SQL Server, o SSIS fornece as ferramentas necessárias para executar várias tarefas administrativas, incluindo a reconstrução de índices, a atualização de estatísticas e o backup de bancos de dados, os quais compõem a lista básica de itens de manutenção a serem executados em qualquer banco de dados. Sem SSIS, como administrador iniciante, você poderia perder muito tempo escrevendo código T-SQL para executar essas atividades regularmente. Mas os recursos do SSIS não são apenas esses para os administradores. Com que frequência você é solicitado a exportar dados para o Microsoft Excel ou mover dados de um servidor para outro? Com o SSIS, é possível exportar ou importar dados de várias fontes rapidamente, incluindo Excel, arquivos de texto, Oracle e DB2.

Ferramentas de gerenciamento do SQL Server

O SQL Server 2012 contém duas interfaces gráficas para usuário que permitem gerenciar, monitorar, manter e desenvolver em um ambiente SQL Server. A primeira é o SQL Server Management Studio (SSMS), que permite executar praticamente qualquer ação que você possa imaginar em uma instância de SQL Server. Trata-se de um ambiente integrado onde você pode acessar várias instâncias de SQL Server. Ele consiste em um amplo conjunto de ferramentas, com uma rica coleção de interfaces e editores de script que simplificam o processo de desenvolvimento e configuração de instâncias do SQL Server.

Além do SSMS, o SQL Server 2012 introduz o SQL Server Data Tools (SSDT). O SSDT é outro ambiente integrado, mas foi projetado especificamente para desenvolvedores de banco de dados. Você pode explorar o banco de dados e objetos de banco de dados utilizando o SQL Server Object Explorer. Até agora, alguns dos recursos mais discutidos do SSDT são a capacidade de criar ou editar objetos de banco de dados e dados com facilidade, e a execução de queries diretamente na interface. Com o Table Designer visual é possível alterar esquemas de tabela tanto de projetos de banco de dados como de instâncias de banco de dados online.

Resumo

O SQL Server oferece um robusto conjunto de componentes e ferramentas para o projeto de uma topologia de banco de dados eficiente, flexível e altamente disponível para sua organização. Cada componente complementa ou suplementa os recursos e a funcionalidade dos outros. No restante deste livro, você vai descobrir como os componentes funcionam independentemente e em conjunto.

CAPÍTULO 2

Instalação, configuração e atualização do Microsoft SQL Server 2012

Neste capítulo, você vai aprender a

- Entender as diferenças entre as várias edições de SQL Server.
- Selecionar hardware para sua instância de SQL Server.
- Usar os arquivos de configuração para instalar uma instância de SQL Server.

Edições do SQL Server 2012

Agora é hora de pôr mãos à obra e começar a trabalhar com o SQL Server. No entanto, antes de sair correndo e instalar uma instância de SQL Server, primeiro você precisa conhecer as diferentes edições do produto oferecidas pela Microsoft. Existem três categorias de versões do SQL Server 2012: principais, especializadas e de amplitude. Há versões de 32 e 64 bits para todas as edições; portanto, não se preocupe se você não possui máquinas de 64 bits – mesmo assim, você ainda pode usar o SQL Server. Contudo, este livro abordará a instalação e configuração de uma versão de 64 bits do SQL Server.

A primeira categoria, principal, contém o que alguns consideram as três edições de produção básicas do SQL Server. Nessa versão de SQL Server, a Microsoft retirou a edição Data Center e a substituiu pela edição Business Intelligence. A Tabela 2-1 fornece uma lista de cada uma das edições principais, acompanhadas por uma breve descrição.

TABELA 2-1 Edições principais do SQL Server 2012

Edição	Descrição
Enterprise	Esta é considerada a edição premium do SQL Server. Ela é completa: contém todos os recursos disponíveis em cada edição. O SQL Server Enterprise apresenta uma solução de centro de dados completa, que suporta um alto nível de workloads de missão crítica, excelente desempenho, virtualização e recursos de business intelligence (BI).
Business Intelligence	Este é um novo membro da família SQL Server. Concentra-se na implementação de soluções amplas, voltadas para BI. A edição Business Intelligence permite que as organizações construam, implantem e gerenciem soluções altamente escalonáveis de forma eficiente e eficaz. Ao acessar dados, os usuários finais terão uma experiência baseada em navegador que os permitirá decompô-los e analisá-los de uma maneira que antes só podiam imaginar.
Standard	Embora não seja tão robusta quanto a edição Enterprise ou BI, a edição Standard apresenta vários recursos interessantes. Mais importante, ela contém recursos básicos de gerenciamento de dados e BI que estão mais de acordo com as necessidades das implementações de menor escala do SQL Server. Caso você esteja querendo executar um aplicativo departamental ou tenha uma pequena organização, esta é a versão apropriada.

A próxima categoria dificilmente pode ser chamada de categoria, pois contém apenas uma versão, mas ainda é digna de nota. A categoria especializada contém a edição Web. Esta edição foi projetada de uma forma mais eficiente para as instâncias de SQL Server que suportarão workloads voltados para a Internet e é destinada a hospedar provedores de serviço web. Ela permite que organizações de qualquer tamanho implementem conteúdo baseado na web, como páginas, aplicativos, sites e serviços.

A última categoria, amplitude, foi projetada para cenários específicos e é oferecida gratuitamente ou a um custo irrisório. A Tabela 2-2 descreve as duas edições dessa categoria: Developer e Express.

TABELA 2-2 Edições de amplitude do SQL Server 2012

Edição	Descrição
Developer	É idêntica à edição Enterprise, exceto o fato de que é licenciada apenas para ambientes de desenvolvimento e teste. Você não pode utilizá-la para fins de produção. Note, entretanto, que é possível atualizá-la facilmente para a licença Enterprise, para uso em produção, caso seja necessário.
Express	A versão Express do SQL Server é um produto de baixo custo excelente. É perfeita para aprendizagem e construção de pequenos aplicativos baseados em dados.

Este livro aborda os recursos do SQL Server que abrangem toda a linha de produtos; portanto, vamos utilizar a edição Developer. Você pode baixar uma cópia de avaliação dessa edição no endereço *http://www.microsoft.com/sqlserver*.

Escolha o hardware para o SQL Server

Escolher o hardware para executar seu software muitas vezes é um desafio. Com o SQL Server 2012 isso é ainda mais desafiador, pois você precisa considerar o subsistema de disco, junto com as especificações de servidor típicas, como CPU e memória, dentre outras.

Como em qualquer sistema de gerenciamento de banco de dados relacional (RDBMS), a memória está no topo da lista de recursos. Este livro não se aprofunda muito em uma discussão sobre o hardware, pois o principal objetivo é você começar a utilizar o SQL Server, mas observe que os requisitos de hardware variam entre as edições do produto. No mínimo, seu servidor deve satisfazer às especificações de hardware descritas na Tabela 2-3.

TABELA 2-3 Especificações de hardware recomendadas para o SQL Server 2012

Componente	Requisito
Processador	Tipo de processador: Intel Pentium IV ou AMD Athlon Velocidade do processador: 2.0 GHz ou superior
Memória	4 GB ou mais
Espaço no disco rígido	Database Engine, arquivos de dados e replicação: 811 MB SSIS: 591 MB Componentes do cliente: 1823 MB

Os requisitos fornecidos são específicos para uma instalação de Enterprise, Business Intelligence ou Standard. O número de processadores, o tamanho de seu subsistema de disco e a quantidade de memória dependem principalmente do tipo de workload, de seus requisitos de disponibilidade e das necessidades de E/S. Para obter mais informações sobre os requisitos específicos para outras edições, consulte o SQL Server 2012 Books Online. É fornecida uma lista completa para cada edição.

Pré-requisitos de software

Uma vez escolhido o hardware, você precisa garantir que o software correto seja instalado, antes de configurar sua instância de SQL Server. Resumidamente, esta seção se concentrará nas instâncias incluídas na categoria "edições principais" das edições de SQL Server. A Tabela 2-4 fornece uma lista dos requisitos de software mínimos para essas edições.

TABELA 2-4 Requisitos de software mínimos para o SQL Server 2012

Software	Requisito
Sistema operacional	Requisitos de sistema operacional para as versões Enterprise e BI: Windows Server 2008 R2 SP1 64 bits Datacenter Windows Server 2008 R2 SP1 64 bits Enterprise Windows Server 2008 R2 SP1 64 bits Standard Windows Server 2008 R2 SP1 64 bits Web Windows Server 2008 SP2 64 bits Datacenter Windows Server 2008 SP2 64 bits Enterprise Windows Server 2008 SP2 64 bits Standard Windows Server 2008 SP2 64 bits Web Requisitos de sistema operacional para as versões Standard e Developer: Windows 7 SP1 64 bits Ultimate Windows 7 SP1 64 bits Enterprise Windows 7 SP1 64 bits Professional Windows Server 2008 SP2 64 bits Datacenter Windows Server 2008 SP2 64 bits Foundation Windows Vista SP2 64 bits Ultimate Windows Vista SP2 64 bits Enterprise Windows Vista SP2 64 bits Business
.NET Framework	.NET 3.5 SP1
Software para Internet	Internet Explorer 7.0 ou posterior

Além desses requisitos, a configuração do SQL Server instala .NET 4.0, SQL Server Native Client e arquivos de suporte específicos do SQL Server.

Antes da instalação

Antes de instalar o SQL Server, certifique-se de ter escolhido e configurado um hardware que suporte a versão do produto que você pretende utilizar. Além disso, considere cuidadosamente os requisitos de hardware e software para essa versão. Certifique-se também de que todas as necessidades externas, como as contas e os service packs, tenham sido criados, configurados ou baixados.

Instâncias do SQL Server

O SQL Server 2012 suporta várias instâncias de Database Engine no mesmo computador. Normalmente, a instalação inicial do SQL Server é a instância padrão, a qual assume o nome do computador em que o SQL Server está sendo instalado. As instâncias adicionais instaladas são denominadas *instâncias nomeadas*. O SQL Server 2012 aceita a instalação conjunta de instâncias em versões anteriores. Por exemplo, se uma instância padrão de SQL Server 2005 está instalada atualmente, você pode instalar uma instância nomeada de SQL Server 2012 na mesma máquina.

A seguir está uma lista de todas as versões do SQL Server que podem ser instaladas lado a lado com o SQL Server 2012:

- SQL Server 2005 (32 bits)
- SQL Server 2005 (64 bits) x64
- SQL Server 2008 (32 bits)
- SQL Server 2008 (64 bits) x64
- SQL Server 2008 R2 (32 bits)
- SQL Server 2008 R2 (64 bits) x64
- Microsoft SQL Server 2012 Release Candidate (RC) 0 (32 bits)
- Microsoft SQL Server 2012 RC 0 (64 bits) x64

Contas de serviço

No SQL Server, cada serviço é um mecanismo utilizado para gerenciar autenticação Windows ou SQL para as operações do produto. Durante a instalação, você poderá escolher quais componentes deseja instalar. Como resultado, a configuração do SQL Server instalará serviços específicos. Como este livro se concentra no Database Engine, discutirá apenas alguns dos serviços possíveis: o Database Engine, o SQL Server Agent e o SQL Server Integration Services (SSIS).

Como boa prática, você deve utilizar contas separadas para cada serviço do SQL Server. As contas devem ser configuradas com a menor quantidade de direitos de usuário possíveis. Durante a instalação, o SQL Server atribuirá contas padrão para esses serviços, com base no sistema operacional hospedeiro. Se você estiver usando Windows 7 ou Windows Server 2008 R2, pode utilizar dois novos tipos de contas de serviço: uma conta virtual ou uma conta de serviços gerenciada (MSA – managed services account).

O principal objetivo dos dois tipos de conta é simplificar o trabalho do administrador de banco de dados. A *MSA* é uma conta de domínio cuja senha é gerenciada automaticamente pelo controlador de domínio. Ela pode ser usada para iniciar um serviço do Windows, mas não para fazer logon em um computador. As *contas virtuais* são contas locais gerenciadas, administradas automaticamente. As duas contas podem acessar recursos de rede, mas as contas virtuais não podem ser utilizadas com instâncias de cluster de failover do SQL Server. Se outros servidores e clientes precisarem se comunicar com esses serviços, você deve configurar os serviços de modo a utilizar contas de domínio.

> **Nota** Ao alterar contas de serviço, utilize sempre o SQL Server Configuration Manager.

Ao contrário do Windows Services Control Manager, as ferramentas do SQL Server farão configurações adicionais, como a atualização do armazenamento de segurança local do Windows.

Sequências de collation

Durante algumas atividades com o SQL Server, provavelmente você encontrará muitas pessoas que apenas aceitam a collation (agrupamento) padrão. Na maioria dos casos, o padrão é suficiente; contudo, como ela é responsável pela diferenciação entre maiúsculas e minúsculas, pelos caracteres internacionais, pela diferenciação de caixa, pela diferenciação de acentos e pelas regras de classificação, definitivamente você deve considerá-la antes de instalar. O SQL Server permite especificação de collation em nível de servidor, banco de dados e coluna. É recomendável utilizar uma única collation dentro de sua empresa.

Modos de autenticação

A última consideração é específica para a autenticação. Durante a instalação, você terá duas opções de autenticação: Windows e SQL Server. Se escolher Windows, o login SA, que discutiremos no Capítulo 25, "Segurança do SQL Server", será desabilitado. Selecionar Windows limita o acesso ao SQL Server para contas Windows. Se selecionar autenticação de modo misto, você terá a capacidade de criar contas específicas para o SQL Server.

Instale o SQL Server

Esta seção mostrará como você instala o SQL Server. Observe que o SQL Server pode ser instalado por meio de vários métodos: de forma autônoma, prompt de comando, arquivo de configuração, sysprep e servidor básico. Esta seção descreve o método de instalação mais simples, que é utilizar o assistente SQL Server 2012 Setup. Caso não tenha uma cópia licenciada do SQL Server, você pode baixar uma cópia de avaliação no site da Microsoft.

Instale o SQL Server a partir do assistente Setup

Este exercício examinará rapidamente o processo de instalação.

1. Insira a mídia do SQL Server 2012 em uma unidade de DVD ou CD ou acesse-o a partir de uma unidade local ou de rede. Examine a pasta-raiz da mídia e clique duas vezes em *setup.exe*. Se estiver usando um arquivo *.iso*, você precisará utilizar uma ferramenta para montá-lo ou um software, como WINRAR, para extrair o conteúdo.
2. O assistente SQL Server Installation 2012 Setup abrirá. Selecione Installation na área de navegação à esquerda. À direita, clique em New SQL Server Stand-Alone Installation ou em Add Features to an Existing Installation, dependendo de suas necessidades.
3. Então, o instalador executará uma lista de regras de suporte à configuração. Para ver a lista completa, clique no botão Show Details. Clique em OK.
4. Se tiver a chave do produto, selecione o botão de opção Enter the Product Key e, em seguida, digite a chave do produto. Se não tiver a chave, clique no botão de

opção Specify a Free Edition e selecione Evaluation na lista de escolhas disponíveis. Em seguida, clique em Next.

5. Na página seguinte, marque a caixa "I accept the license terms". Você também tem a opção de enviar informações adicionais sobre sua instalação para a Microsoft. Faça sua escolha e clique em Next. Observe que o botão Next não será habilitado, a menos que você aceite os termos da licença. Então, o instalador instalará os arquivos de configuração necessários.
6. Após a instalação dos arquivos de configuração, outro conjunto de regras de suporte à configuração será executado. Clique em Next.
7. Agora, você deve selecionar a função (role) do servidor. Selecione o botão de opção SQL Server Feature Installation e clique em Next.
8. Na página Feature Selection, selecione o seguinte: Database Engine Services, SQL Server Replication, SQL Server Data Tools, Client Tools Connectivity, Integration Services, Documentation Components, Management Tools - Basic e Management Tools - Complete. A página deve ser semelhante à Figura 2-1. Este livro se concentrará nesses recursos básicos, mas você também pode instalar outros, se quiser. Além disso, se estiver instalando uma segunda instância de SQL Server 2012, os recursos compartilhados já estarão instalados; portanto, as opções de Shared Features estarão acinzentadas.

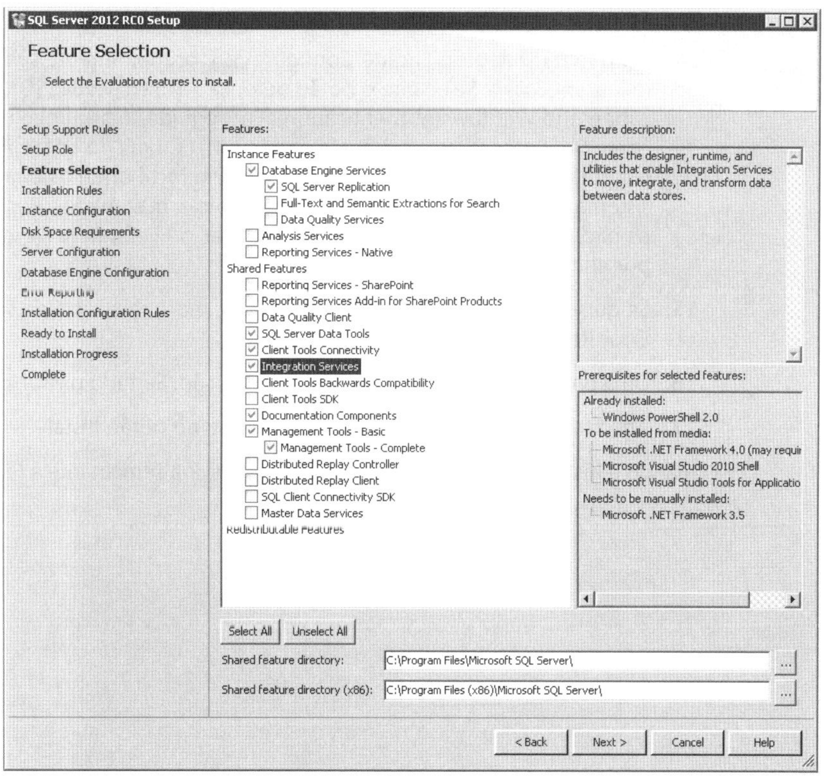

FIGURA 2-1 Página SQL Server 2012 Feature Selection.

9. Na parte inferior da página existem opções para especificar o diretório em que você deseja instalar os recursos. Aceite os padrões e clique em Next.
10. Mais algumas regras de instalação serão executadas. Se você instalou todos os pré-requisitos adequados, tudo deverá funcionar bem. Clique em Next.
11. Na página Instance Configuration, selecione se vai ser feita uma instalação padrão ou se você vai instalar uma instância nomeada. Se uma instância padrão já estiver instalada, sua opção será instalar uma instância nomeada. A caixa de texto Named Instance exibirá o nome que você utiliza para se conectar no SQL Server – por exemplo, ServerName\InstanceName\. O ID da instância é usado para identificar diretórios de instalação e chaves de registro para uma instância do SQL Server. Clique em Next.
12. A página Disk Space Requirements resume a quantidade de espaço disponível e quanto é exigido. Clique em Next.
13. Na página Server Configuration, você especifica as contas de login e tipos de inicialização para os serviços do SQL Server. Se quiser que outros serviços se comuniquem com o SQL Server e vice-versa, você deve especificar uma conta de domínio, uma MSA ou uma conta virtual como conta de login para o Database Engine. Por enquanto, aceite os padrões. Para o serviço SQL Server Agent, mude o tipo de inicialização para Automatic. Clique na guia Collation, ao lado da guia Service Accounts. Nessa página é possível personalizar sua collation, mas, por enquanto, aceite a collation padrão e clique em Next.
14. Na página Database Engine Configuration, primeiramente selecione seu modo de autenticação. Selecione o botão de opção Mixed Mode (SQL Server Authentication and Windows Authentication). Em seguida, especifique uma senha para a conta SA. Forneça uma senha de sua escolha. Clique no botão Add Current User. Na guia Data Directories é possível alterar o local onde os bancos de dados do sistema e os bancos de dados do usuário são armazenados. Por enquanto, aceite os padrões. A última guia permite habilitar o FileStream. Deixe-o desabilitado, por enquanto. Clique em Next.
15. Se quiser reportar erros sobre a instalação, marque a caixa de seleção na página Error Reporting e, então, clique em Next.
16. Uma última verificação de reqras é a execução. Se tudo passar, clique em Next.
17. Agora você está pronto para instalar. Clique no botão Install.

Quando a instalação terminar, aparecerá uma página semelhante à Figura 2-2.

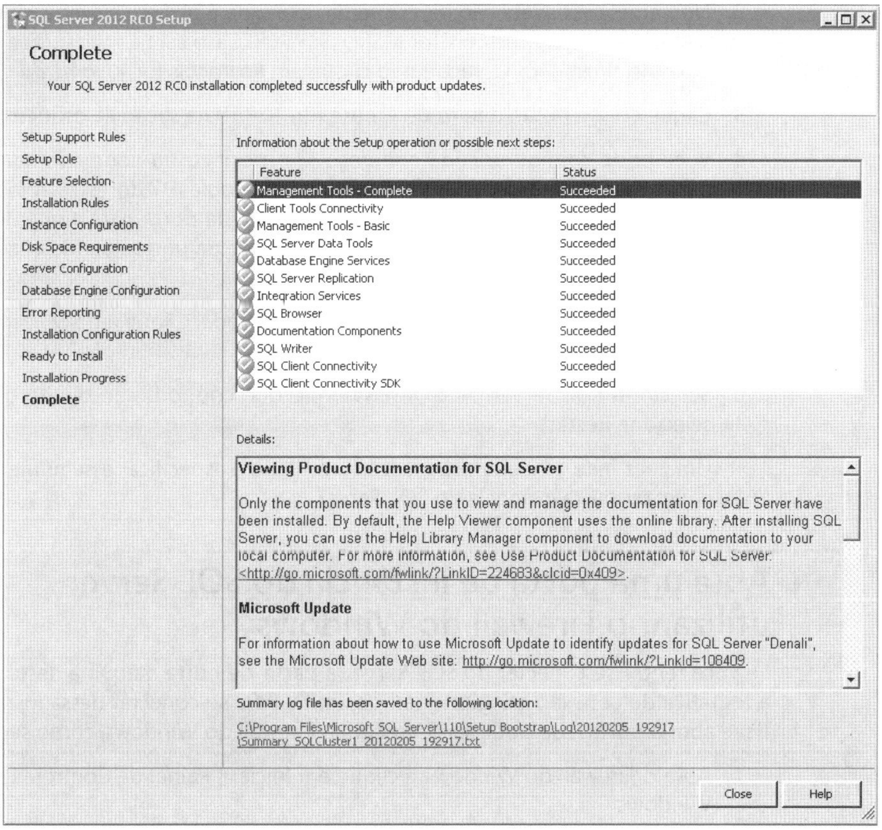

FIGURA 2-2 Página de resumo da instalação do SQL Server 2012.

Após a instalação

Depois que sua instalação de SQL Server estiver concluída, existem certas coisas que você deve fazer. As subseções a seguir descrevem duas delas.

Atribua um número de porta TCP/IP ao SQL Server Database Engine

Primeiramente, talvez você queira mudar a porta TCP padrão do SQL Server de 1433 para uma porta diferente. Este exercício descreve como fazer isso.

1. Abra o SQL Server Configuration Manager, clicando em Iniciar | Todos os Programas | Microsoft SQL Server 2012 | Configuration Tools | SQL Server Configuration Manager.

2. No painel de navegação da esquerda, expanda SQL Server Network Configuration e clique em Protocols for MSSQLSERVER. Caso esteja mudando a porta para uma instância não padrão, então clique em Protocols for <*Nome da Instância*>.
3. Clique com o botão direito do mouse em TCP/IP na seção da esquerda.
4. Você pode configurar cada endereço IP específico ou pode configurar a porta para todos os endereços IP. Para isso, clique na guia IP Addresses, role até a parte inferior para localizar IPALL e mude o número da porta para a que desejar. Não mude a porta, pois isso exigirá incluir o número da porta quando você se conectar nesse servidor.
5. Reinicie a instância de SQL Server que for alterada. Clique em SQL Server Service no painel de navegação da esquerda.
6. Selecione SQL Server (MSSQLSERVER), clique com o botão direito do mouse e selecione Restart.

Uma vez feita essa alteração, você é obrigado a especificar esse número de porta ao se conectar nesta instância do SQL Server.

Abra uma porta de instância do SQL Server utilizando Firewall do Windows

Se você tentar se conectar no SQL Server a partir de outra máquina neste momento, a tentativa de conexão atingirá o tempo limite. Para se conectar nessa instância, você deve abrir a porta. Isso pode ser feito com o Firewall do Windows, como segue:

1. Abra o Firewall do Windows e clique em Iniciar | Painel de Controle | Firewall do Windows.
2. Na parte superior da página, clique em Configurações Avançadas.
3. Selecione Regras de Entrada no painel de navegação à esquerda.
4. Clique em Nova Regra no painel de navegação à direita.
5. Na página Tipo de regra, selecione o botão de opção Porta e clique em Avançar.
6. Certifique-se de que o botão de opção TCP esteja selecionado e digite **1433** na caixa de texto Portas Locais Específicas. Clique em Avançar.
7. Selecione o botão de opção Permitir a Conexão e clique em Avançar.
8. Na caixa de texto Nome, digite um nome descritivo para sua regra de entrada. Clique em Concluir.

Agora você deverá ser capaz de se conectar nessa instância de SQL Server utilizando várias ferramentas cliente, as quais serão discutidas mais adiante neste livro.

Atualize para o SQL Server 2012

Se você está atualizando um servidor já existente, de uma versão anterior para a seguinte, ou está instalando uma nova versão em um novo servidor, deve refletir cuidadosamente e planejar essa tarefa. Você dispõe de duas opções de atualização: in-place ou side-by-side. Cada uma delas tem vantagens e desvantagens. Em geral, sua escolha dependerá do tempo de paralisação aceitável para seu ambiente, da idade ou do estado dos sistemas existentes e dos recursos financeiros. Durante uma atualização in-place, seu sistema ficará inativo por algum tempo. Se você é membro de uma organização que trabalha ininterruptamente, deixar o sistema inativo talvez não seja uma opção, sendo necessário fazer uma atualização side-by-side. Além disso, se você vai substituir máquinas antigas ou obsoletas, então side-by-side é a única opção. Entretanto, a aquisição de hardware novo tem um custo e, se você não tem recursos financeiros, sua única opção é a atualização in-place.

Atualização in-place

A simples ideia de atualizar qualquer software pode causar calafrios. Felizmente, o processo de atualização para o SQL Server 2012 foi bastante aprimorado no decorrer dos anos. O SQL Server 2012 admite vários caminhos de atualização. Portanto, se hoje você está executando o SQL Server em versões anteriores, pode atualizar rapidamente para o SQL Server 2012 sem atualizar as outras versões. SQL Server 2005 com SP4 é a versão mais antiga de SQL Server que tem um caminho de atualização direto. Se você está executando uma versão mais antiga do que essa, precisará atualizar para ela, antes de fazer uma atualização in-place para o SQL Server 2012. Por exemplo, se atualmente você está executando SQL Server 2000, deve atualizar para o SQL Server 2005 com SP4 antes de realizar uma atualização in-place para o SQL Server 2012.

Como este é um livro introdutório, o modo de fazer realmente a atualização não será abordado; contudo, a lista de verificação de pré-atualização a seguir deverá ajudá-lo, antes de uma atualização in-place:

- Certifique-se de que sua versão de SQL Server tenha um caminho de atualização suportado.
- Faça backup de todos os seus bancos de dados, incluindo os de sistema.
- Execute o SQL Server Upgrade Advisor a fim de preparar para a atualização para o SQL Server 2012.
- Verifique se seu hardware e software satisfazem os requisitos mínimos do SQL Server 2012.
- Interrompa a replicação e certifique-se de que o log de replicação esteja vazio.
- Certifique-se de que todos os logons de servidor de banco de dados estejam armazenados no banco de dados Master.
- Avalie o espaço em disco necessário para os componentes que estão sendo atualizados e certifique-se de que haja espaço em disco suficiente.

Quando estiver pronto para atualizar, você vai repetir a maioria dos passos da seção "Instalando o SQL Server" deste capítulo. As principais diferenças envolverão a configuração. A instalação detecta a versão mais antiga do SQL Server com caminho de atualização suportado e, então, o conduz pelo processo.

Atualização side-by-side

Este tipo de atualização pode não estressá-lo tanto quanto uma atualização in-place, simplesmente porque o servidor antigo permanece no lugar e pode se tornar disponível rapidamente, em caso de falha de instalação. Você seguirá os mesmos passos descritos na seção "Instalando o SQL Server a partir do assistente Setup" deste capítulo. Uma vez concluídos os passos, você precisará migrar sua segurança, os bancos de dados, a configuração de replicação, os planos de manutenção e qualquer outra configuração personalizada que tenha sido adicionada à sua instalação de SQL Server. Esse processo proporciona a vantagem de ter um plano de reversão estável. No caso de uma falha de instalação ou algum outro tipo de catástrofe, você sempre poderá ativar o outro servidor e continuar as operações normalmente. A Figura 2-3 ilustra uma migração side-by-side.

Embora essa estratégia ofereça diversas vantagens, pode exigir que sua organização adquira novo hardware. Além disso, esse método pode exigir um espaço em disco que acomode dois bancos de dados idênticos. Para organizações com bancos de dados muito grandes, isso poderia representar um problema.

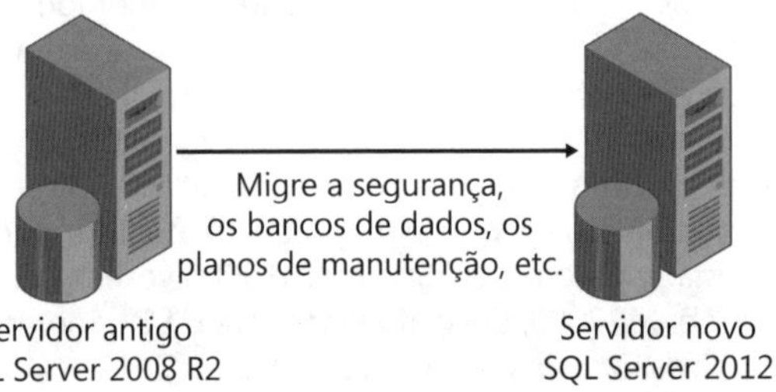

FIGURA 2-3 Migração side-by-side do SQL Server 2012.

Resumo

Conforme descrito neste capítulo, é possível utilizar várias técnicas e métodos para atualizar o SQL Server. Independentemente do método escolhido, o objetivo final muitas vezes é o mesmo. Em qualquer instalação ou atualização, você deve destinar tempo suficiente para desenvolver uma estratégia eficiente e delinear os passos necessários para executar as tarefas. O sucesso de seu plano depende muito desses dois fatores.

CAPÍTULO 3

As ferramentas de administração e desenvolvimento do SQL Server 2012

Neste capítulo, você vai aprender a

- Utilizar o SQL Server 2012 Books Online.
- Criar soluções e projetos com o SQL Server Management Studio.
- Utilizar o Object Explorer.
- Utilizar o SQL Server Data Tools.
- Utilizar o SQL Server Configuration Manager.

O SQL Server Books Online

No decorrer dos anos, o Microsoft SQL Server Books Online (BOL) tem sido criticado por sua falta de conteúdo e sua incapacidade de explicar bem como se faz para usar várias ferramentas e opções do SQL Server. Contudo, à medida que as versões do SQL Server progrediram, o mesmo aconteceu com a documentação. Infelizmente, a percepção do BOL continua prejudicada pelos muitos anos de críticas e, em alguns casos, por seu conteúdo limitado. Embora o BOL não forneça e é provável que não vá fornecer um ensaio sobre cada tarefa possível, ele oferece uma boa base e um bom ponto de partida para quem estiver interessado em aprender sobre todos os recursos do SQL Server.

Nas versões anteriores do SQL Server BOL, o conteúdo era instalado de forma local por padrão. No Microsoft SQL Server 2012, isso mudou um pouco. Quando você abre o BOL pela primeira vez, a caixa de diálogo Online Help Consent aparece, conforme mostrado na Figura 3-1.

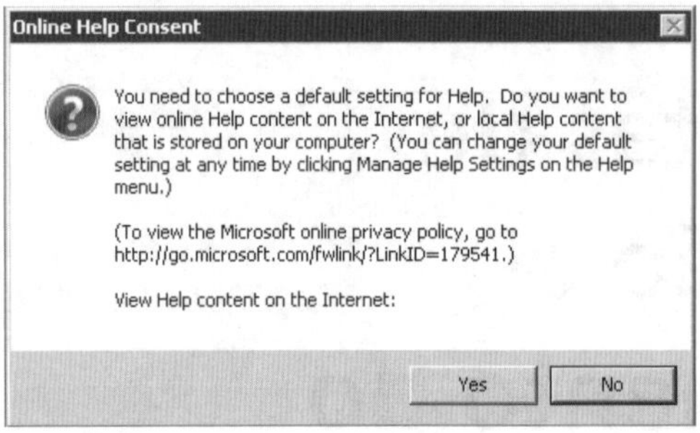

FIGURA 3-1 A caixa de diálogo SQL Server 2012 Online Help Consent aparece na primeira vez que o SQL Server Books Online é aberto.

Você tem a opção de armazenar o conteúdo da ajuda de forma local ou vê-lo online. Se optar por vê-lo online, você sempre poderá mudar a configuração posteriormente. No próximo exercício, você vai instalar o BOL de forma local.

Instale o Books Online de forma local

1. Clique no botão Yes na caixa de diálogo Online Help Consent exibida pelo Microsoft Help Viewer 1.1.
2. Clique no ícone Help Library Manager.
3. Na caixa de diálogo Help Library Manager, clique em Install Content from Online. Começa um processo de busca que apresenta uma lista do conteúdo disponível.
4. Na lista, clique no botão Add ao lado de Books Online, localizado sob a categoria SQL Server 2012.
5. Clique no botão Update. O processo de instalação começa.
6. Quando a atualização estiver concluída, clique no botão Finish.
7. Clique em Exit.
8. Feche o Microsoft Help Viewer.
9. Agora, abra o SQL Server Books Online, clicando em Iniciar | Todos os Programas | Microsoft SQL Server 2012 | Documentation & Community | SQL Server Documentation.
10. Na seção de navegação à esquerda, você deverá ver as opções para o SQL Server.

Passe algum tempo explorando o conteúdo do BOL. Se você está apenas começando a usar o SQL Server ou mesmo se já é um veterano experiente no produto, vai encontrar todos os tipos de informação que dão uma ideia do conjunto completo de recursos disponíveis no SQL Server 2012.

Utilize o SQL Server Management Studio

Sua capacidade de gerenciar e manter seu ambiente SQL Server eficientemente aumentou muito com a introdução do Microsoft SQL Server Management Studio (SSMS) no SQL Server 2005. Os administradores podem configurar outros componentes do SQL Server, como replicação, grupos de disponibilidade, Microsoft SQL Server Agent, change data capture (CDC, captura de dados alterados) e muitos outros recursos que serão discutidos mais adiante neste livro. Além disso, é possível criar bancos de dados e objetos de banco de dados, como tabelas, modos de exibição e stored procedures (procedimentos armazenados). Por fim, após construir um banco de dados, você também pode gerenciar os dados armazenados utilizando SSMS.

Comece a usar o SQL Server Management Studio

1. Para abrir o SSMS, clique em Iniciar | Todos os Programas | Microsoft SQL Server 2012 | SQL Server Management Studio.
2. Quando o SSMS é aberto, aparece a caixa de diálogo Connect to Server. Aceite os padrões para cada opção, exceto a lista suspensa Server Name. Digite o nome de seu servidor e clique no botão Connect.

Antes de começar a usar o SSMS, vamos fazer uma rápida apresentação do ambiente. Primeiro, você pode observar que o ambiente SSMS é muito parecido com o da maioria dos produtos da Microsoft. Na parte superior está o menu principal, o qual tem várias opções. Imediatamente abaixo do menu principal está a barra de ferramentas Standard, que é carregada por padrão. Se você der um clique com o botão direito do mouse em qualquer lugar de uma das barras de ferramentas, aparecerá um menu de contexto. Nesse menu é possível selecionar outras opções que acrescentarão novos itens às barras de ferramentas existentes ou novas barras de ferramentas ao menu. Abaixo de todos os menus e à esquerda da janela está o Object Explorer.

O Object Explorer é uma janela multifuncional disponível no SSMS. Conforme mencionado anteriormente, ela oferece uma interface intuitiva para navegar e acessar recursos de servidor e bancos de dados. Além disso, você pode usar o Object Explorer para se conectar a várias instâncias de SQL Server, Integration Services, Analysis Services e instâncias de Reporting Services. Uma vez conectado, você tem a capacidade de criar bancos de dados e objetos de banco de dados, configurar outros recursos e componentes, criar relatórios de desempenho e executar muitas outras funções. Quando você estiver conectado a uma instância do SQL Server, basta clicar com o botão direito do mouse para acessar funcionalidade adicional que demonstra ainda mais o real poder e flexibilidade do SSMS. Por exemplo, se você der um clique com o botão direito do mouse na pasta Databases, poderá criar, anexar ou restaurar um banco de dados. Talvez você também tenha notado que o Object Explorer tem seu próprio menu. Esse menu permite conectar ou desconectar de uma instância de SQL Server, atualizar os itens exibidos na janela e executar muitas outras funções. Você vai começar a utilizar o Object Explorer no próximo exercício.

Utilize o Object Explorer

1. Abra o SSMS, se ainda não estiver aberto. Quando solicitado pela caixa de diálogo Connect to Server, certifique-se de que Database Engine esteja selecionado na lista suspensa Server Type, digite o nome de seu servidor na lista suspensa Server Name e certifique-se de que Windows Authentication esteja selecionado na lista suspensa Authentication.

2. Se o Object Explorer não abrir, selecione Object Explorer no menu View ou pressione F8.

   O Object Explorer aparecerá à esquerda da janela SSMS.

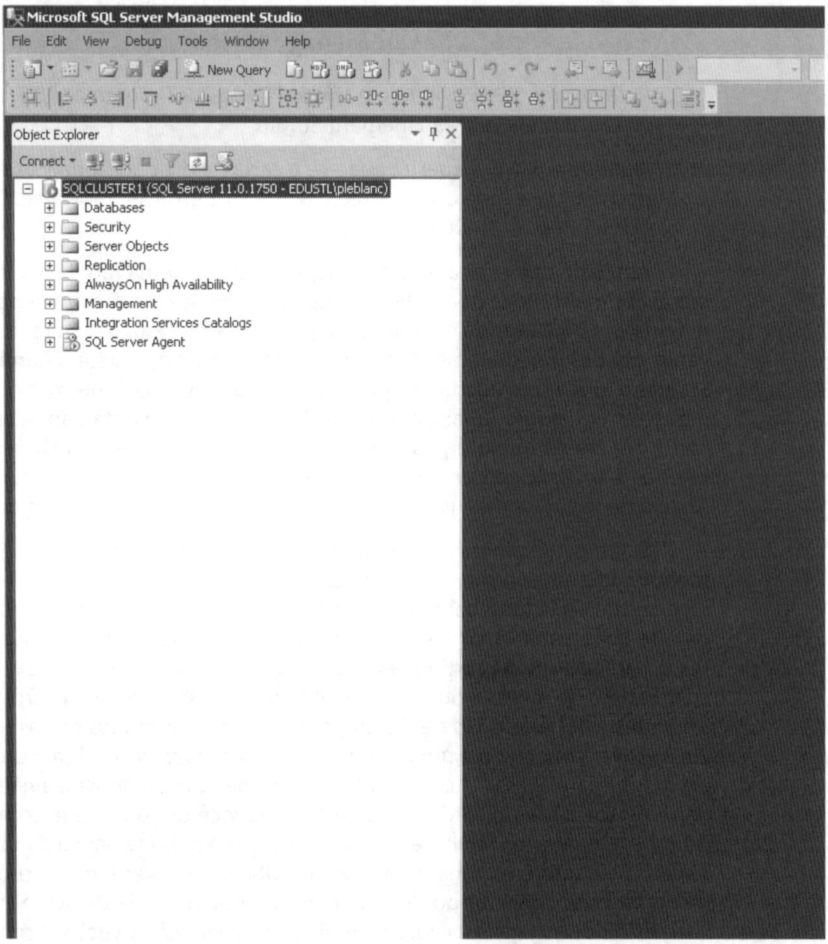

3. Próximo à parte superior do Object Explorer, você deverá ver a palavra *Connect* com uma seta suspensa localizada imediatamente à esquerda. Clique na seta suspensa e utilize o menu que se abre para conectar outros componentes do SQL Server. Como você instalou apenas um Database Engine, esse é o único componente que pode ser conectado, neste momento.

4. Você pode explorar vários objetos de servidor, expandindo qualquer uma das pastas exibidas no Object Explorer. Por exemplo, expanda a pasta Management. Agora, você pode ver e configurar recursos como Data Collection, Database Mail e Extended Events.
5. Clique com o botão direito do mouse no nome do servidor, que é o primeiro item na árvore do Object Explorer. No menu de contexto, selecione Reports | Standard Reports | Server Dashboards. Esse relatório fornece uma visão geral de alto nível do servidor.
6. Para ver informações mais detalhadas, em vez de selecionar Server Dashboards na lista de relatórios, selecione Activity-All Active Sessions. Esse relatório revela todas as sessões ativas abertas nesse servidor.
7. Na barra de ferramentas localizada acima do Object Explorer, clique no botão New Query. Uma nova janela de query (consulta) se abre, na qual é possível escrever consultas para criar objetos, configurar componentes e consultar objetos de banco de dados.

> **Nota** Os passos anteriores fornecem uma rápida visão geral de parte da funcionalidade do SSMS. Ao longo deste livro, você vai conhecer mais detalhes e passos adicionais para ajudá-lo a aproveitar ao máximo os recursos do SSMS.

Embora o SSMS seja configurado para fornecer um conjunto completo de funcionalidade para administradores e desenvolvedores, também pode ser personalizado. Se você não gostar do Object Explorer no lado esquerdo, pode movê-lo; se não gostar da fonte do editor de queries (consultas), pode mudá-la para uma de sua escolha. Existem diversas opções de configuração.

Personalize o SQL Server Management Studio

1. Abra o SSMS, se ainda não estiver aberto.
2. Selecione Tools | Options.
3. Na caixa de diálogo Options, selecione Fonts and Colors.
4. Selecione Courier New na lista suspensa Font.
5. Selecione 16 na lista suspensa Size.
6. Clique em OK.
7. Abra uma janela de query (consulta) e digite **SELECT @@SERVERNAME**. Clique no ícone de ponto de exclamação vermelho na barra de menus para executar a query.
8. Abra o Object Explorer, se ainda não estiver aberto.

9. Clique na seta suspensa localizada à direita das palavras *Object Explorer*. Selecione Float no menu.
10. Clique no Object Explorer e arraste-o para a opção de encaixe à esquerda que aparece. Isso encaixa o Object Explorer de volta em sua posição original. Explore um pouco e mova-o para outros locais de encaixe. Encontre um que seja mais adequado à sua preferência.

Utilize o SQL Server Management Studio para criar soluções e projetos

Embora a maior parte deste capítulo seja específica para administradores, o SSMS também fornece funcionalidade para desenvolvedores. Em outras palavras, é possível criar soluções baseadas em projetos que ajudam a organizar seus scripts de desenvolvimento e configuração. Com o SSMS você pode criar uma solução que é um contêiner de projetos. No SSMS é possível criar dois tipos de projetos:

- SQL Server Scripts
- Analysis Services Scripts

No próximo exercício, você vai criar um projeto "SQL Server Scripts".

Crie soluções e projetos

1. Abra o SSMS, se ainda não estiver aberto.
2. No menu, selecione File | New | Project.
3. A caixa de diálogo New Project se abre.
4. Existem dois "Installed Templates" para escolher. Certifique-se de selecionar o template SQL Server Management Studio Projects. Essa escolha oferece dois tipos de projeto. Selecione SQL Server Scripts.
5. Na parte inferior da tela, na caixa de texto Name, digite **SBS2012Chp3**.
6. Aceite os padrões para as listas suspensas Location e Solution.
7. Digite **SBS2012** na caixa de texto Solution Name.
8. Clique em OK.

   À direita, você notará uma nova janela encaixada, Solution Explorer.
9. Clique com o botão direito do mouse na pasta Connections.

10. Selecione New Connection.
11. Digite o nome de seu servidor na lista suspensa Server Name.
12. Clique em OK.
13. Clique com o botão direito do mouse na pasta Queries.
14. Selecione New Query.
15. Clique com o botão direito do mouse na query recentemente criada e selecione Rename.
16. Mude o nome da query para **Select Server Name**. Certifique-se de não remover o .sql.
17. No editor de queries, digite **SELECT @@SERVERNAME**.
18. Selecione File | Save All.

O SQL Server Data Tools

O SQL Server 2012 introduz um novo ambiente de desenvolvimento para desenvolvedores de bancos de dados do SQL Server, chamado SQL Server Data Tools (SSDT). Embora o principal objetivo dessa ferramenta seja o desenvolvimento, ela pode ser usada para implementação de bancos de dados e configurações em nível de banco de dados. Com o SSDT é possível criar bancos de dados e objetos de banco de dados, como tabelas, modos de exibição, stored procedures (procedimentos armazenados) e triggers (gatilhos). Também é possível editar os dados dentro das tabelas. Além disso, você pode executar queries e fazer comparações de esquemas de banco de dados.

O SSDT substitui o Business Intelligence Development Studio (BIDS). Como resultado, você pode não apenas criar e implementar bancos de dados, mas também criar projetos Analysis Services, Integration Services e Reporting Services. Além disso, esses projetos podem ser verificados em soluções de controle de origem, como o Team Foundation Server.

Utilize o SQL Server Data Tools

1. Clique em Iniciar | Todos os Programas | Microsoft SQL Server 2012 | SQL Server Data Tools.
2. Se essa for a primeira vez que o SSDT é aberto, você verá a tela a seguir. As opções disponíveis variarão de acordo com o software instalado em sua máquina.

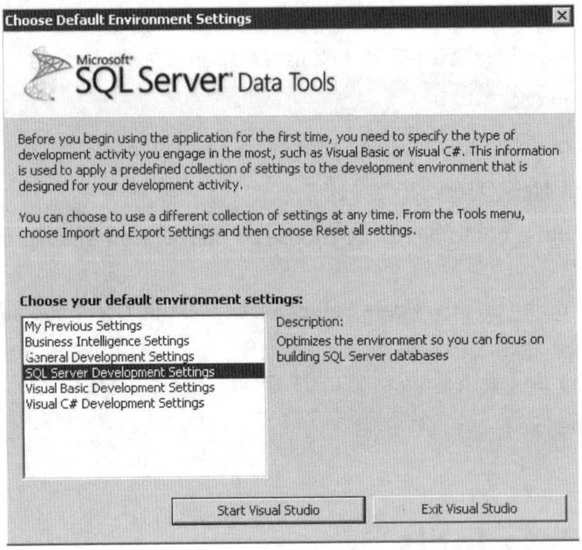

3. Selecione SQL Server Development Settings na caixa de listagem Choose Your Default Environment Settings.
4. Clique em Start Visual Studio.
5. Escolha File | New | Project.
6. No painel Recent Templates localizado à esquerda da caixa de diálogo New Project, selecione SQL Server.
7. Selecione SQL Server Database Project na lista de projetos.
8. Na caixa de texto Name, digite **AdventureWorks**.
9. Aceite o padrão para a lista suspensa Location.
10. Na caixa de texto Solution Name, digite **SBSChp3**.
11. Clique em OK.
12. No Solution Explorer, clique com o botão direito do mouse no projeto AdventureWorks. Selecione Import | Database. A caixa de diálogo Import Database aparece.

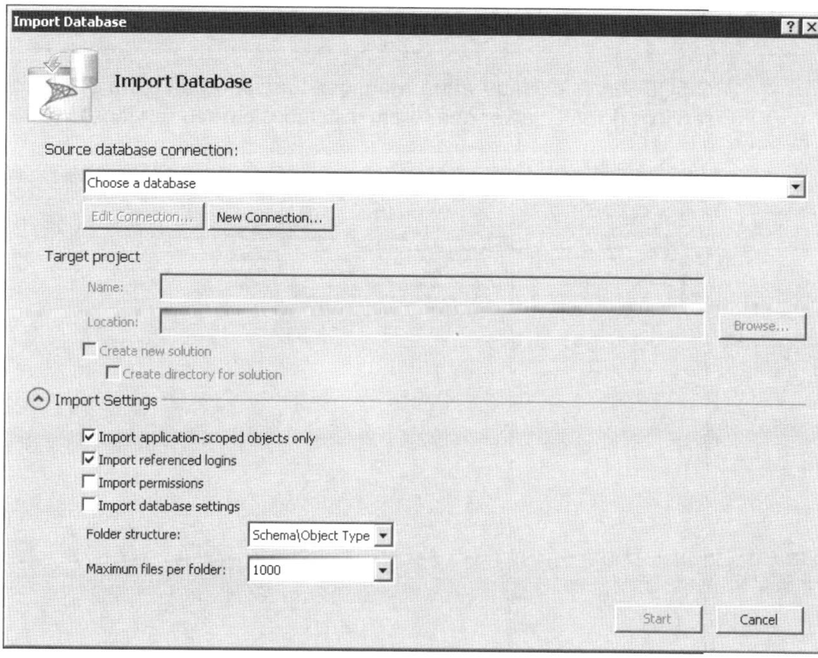

13. Clique no botão New Connection.
14. Digite o nome de seu servidor na lista suspensa Server Name.
15. Selecione AdventureWorks2008R2 na lista suspensa Select or Enter Database Name.
16. Mude a seleção na lista suspensa Folder Structure para Object Type.
17. Clique em OK.
18. Aceite todos os padrões para os itens restantes e clique no botão Start. O processo de importação do banco de dados começa.
19. Quando todos os objetos forem importados, clique no botão Finish.
20. No Solution Explorer, expanda a pasta Tables.
21. Clique duas vezes no item Address.sql.
22. Na view (modo de exibição) table designer, localize AddressLine1 sob a coluna Name. Para essa coluna, mude o Data Type de nvarchar(60) para nvarchar(65).
23. No Solution Explorer, clique com o botão direito do mouse no projeto AdventureWorks e selecione Deploy no menu de contexto. Agora as alterações são implementadas no banco de dados no servidor.

> **Nota** As alterações feitas na view de design são replicadas na view de script. Se as alterações são feitas na view de script, elas são replicadas na view de design.

O SQL Server Configuration Manager

O SQL Server Configuration Manager, ilustrado na Figura 3-2, permite gerenciar os serviços do SQL Server que foram instalados em seu servidor.

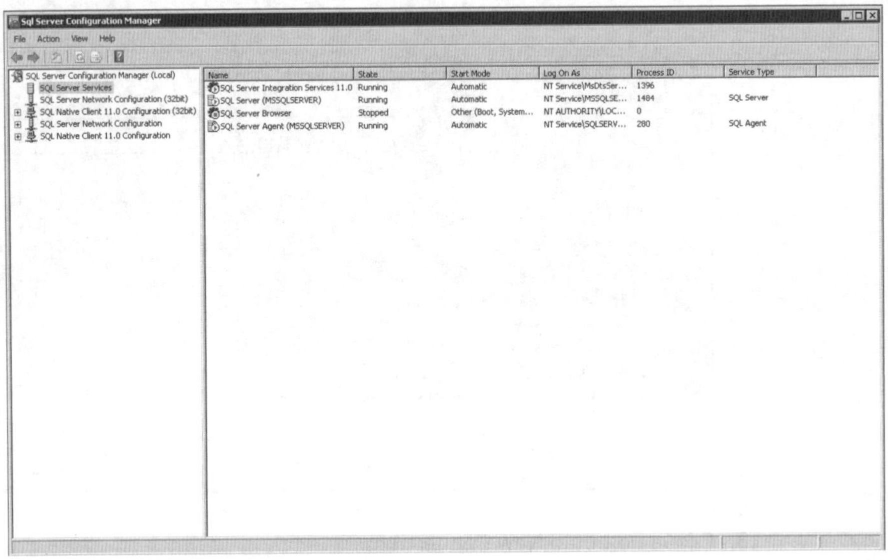

FIGURA 3-2 O SQL Server Configuration Manager.

Com o SQL Server Configuration Manager, você pode executar as seguintes ações:

- Iniciar, parar e pausar um serviço
- Alterar contas de serviço
- Configurar protocolos de rede
- Configurar propriedades avançadas, como AlwaysOn e Filestream

Como esses serviços são centralizados, os administradores podem configurá-los e gerenciá-los a partir de um só local.

Alterar contas e senhas de conta são ações exigidas ou solicitadas muitas vezes. Por exemplo, durante a instalação, você pode ter aceitado os padrões para a conta de serviço que executa o SQL Server e, agora, precisa alterá-los. É uma boa prática, sempre utilizar o SQL Server Configuration Manager para fazer as alterações, pois ele não somente altera a conta, como também configura as alterações necessárias nas permissões de registro para que a conta tenha as permissões apropriadas.

Utilize o SQL Server Configuration Manager

1. Abra o SQL Server Configuration Manager clicando em Iniciar | Todos os Programas | Microsoft SQL Server 2012 | Configuration Tools | SQL Server Configuration Manager.
2. No painel esquerdo, clique com o botão direito do mouse em SQL Server (MSSQLSERVER).
3. Clique em Properties no menu de contexto.
4. Na caixa de diálogo Properties, você notará várias guias. Clique em cada uma delas para ver as opções disponíveis.
5. Com a guia Log On selecionada, clique no botão Stop.
6. Clique no botão Start.
7. Clique em OK.
8. Expanda o item SQL Server Network Configuration.
9. Selecione Protocols from MSSQLSERVER.
10. Se quiser habilitar o protocolo Named Pipes, clique com o botão direito do mouse e selecione Enable no menu de contexto.

Resumo

Neste capítulo, você aprendeu sobre várias ferramentas administrativas e de desenvolvimento incluídas no Microsoft SQL Server 2012. Individualmente, cada uma delas contém mais ferramentas que proporcionam aos administradores e desenvolvedores a capacidade de criar e gerenciar instâncias de SQL Server e objetos em diferentes níveis. Juntas, elas oferecem um amplo conjunto de ferramentas, fornecendo uma fonte única para toda a funcionalidade necessária para manter uma ou diversas instâncias de SQL Server.

PARTE II

Projeto de bancos de dados

CAPÍTULO 4

Projeto de bancos de dados SQL Server

Neste capítulo, você vai aprender a

- Entender os requisitos e funções de cada banco de dados de sistema.
- Entender a estrutura de um banco de dados SQL Server.
- Criar um banco de dados.
- Adicionar e alterar filegroups.
- Adicionar arquivos a filegroups.
- Desanexar e anexar bancos de dados.
- Entender os modelos de recuperação de banco de dados.

O banco de dados é o contêiner de todos os objetos dentro do Microsoft SQL Server para o mecanismo relacional. Neste capítulo, você vai aprender sobre os bancos de dados de sistema que armazenam informações vitais sobre a instância de SQL Server. Vai conhecer também as técnicas fundamentais necessárias para criar bancos de dados definidos pelo usuário, junto com métodos que podem ser utilizados para controlar como e onde os dados são armazenados. Os métodos incluem criar bancos de dados compostos de vários filegroups e diversos arquivos de dados. Por fim, você vai aprender a mover bancos de dados de uma instância de SQL Server para outra, e vai explorar os modelos de recuperação de banco de dados.

Entenda os bancos de dados de sistema do SQL Server

Antes de começar a criar bancos de dados no Microsoft SQL Server 2012, é preciso ter um bom entendimento dos bancos de dados de sistema criados por padrão quando uma instância de SQL Server é instalada. Cada um dos bancos de dados a seguir tem um propósito específico e é necessário para a execução do SQL Server:

- master
- tempdb
- model
- msdb
- resource
- distribution

Banco de dados master

Conforme o nome sugere, o banco de dados master (mestre) é o principal banco de dados do sistema. Sem ele, o SQL Server não pode iniciar. O banco de dados master contém as informações mais importantes sobre os objetos dentro da instância de SQL Server, como estas:

- Bancos de dados
- AlwaysON
- Espelhamento de banco de dados
- Configurações
- Logins
- Resource Governor (Administrador de Recursos)
- Endpoints

Por exemplo, se você quiser obter rapidamente uma lista de todos os bancos de dados em uma instância de SQL Server, pode executar esta query (consulta):

```
//O código a seguir retorna uma lista de todos os bancos de dados em uma instância do
SQL Server
Select * from sys.master_files
```

Essa query retorna uma lista de bancos de dados e também opções de configuração adicionais especificadas para cada banco de dados. Essa estratégia é mais rápida do que usar o Microsoft SQL Server Management Studio (SSMS), onde essas informações são exibidas para um banco de dados de cada vez.

Banco de dados tempdb

O banco de dados tempdb é uma área de armazenamento global para os objetos temporários criados pelos processos internos que executam o SQL Server e objetos temporários criados por usuários ou aplicativos. Esses objetos temporários incluem tabelas temporárias e stored procedures, variáveis de tabela, tabelas temporárias globais e cursores. Além dos objetos temporários, o tempdb armazena row versions (versões do registro) de transações read-committed ou de isolamento "snapshot", operações de índice online e triggers (gatilhos) AFTER. Algo importante a observar sobre o tempdb é que ele é recriado sempre que o SQL Server é reiniciado. Embora seja possível criar objetos no tempdb, você nunca deve utilizá-lo como um banco de dados no qual são armazenadas informações permanentes.

Banco de dados model

O banco de dados model é exatamente o que seu nome sugere: um modelo para todos os bancos de dados criados em uma instância de SQL Server. Em outras palavras, ele é usado como um template sempre que um banco de dados é criado. Por exemplo, se quiser que uma tabela em especial exista em cada banco de dados criado em uma instância de SQL Server, crie essa tabela no banco de dados model. Como resultado, sempre que um banco de dados for criado, ele incluirá essa tabela.

Nota Se o banco de dados model não existir ou estiver offline, o tempdb não poderá ser criado. Isso acontece porque, conforme mencionado, ele é recriado sempre que o SQL Server é reiniciado. Como cada banco de dados utiliza o model como template, e o tempdb não é exceção, ele deve existir para recriar o tempdb na inicialização.

Banco de dados msdb

O msdb serve principalmente como banco de dados de back end para o Microsoft SQL Server Agent. Quando um job do SQL Server Agent é criado ou agendado, os metadados desse job são armazenados nesse banco de dados. Além dos dados do SQL Server Agent, o msdb armazena informações destes componentes:

- Service brokers
- Alertas
- Log shipping
- Pacotes SSIS
- Utility control point (UCP, ponto de controle do utilitário)
- Database mail
- Planos de manutenção

Banco de dados resource

O banco de dados resource é um banco de dados oculto, somente para leitura, que normalmente não é discutido com muita frequência. Seu principal objetivo é melhorar o processo de atualização de uma versão de SQL Server para a versão seguinte. Todos os objetos de sistema de uma instância de SQL Server são armazenados dentro do banco de dados resource. Não é possível fazer backup ou restaurar esse banco de dados. Você não deve tentar alterar nem mover esse banco de dados, a não ser que o Microsoft Customer Support o instrua a fazer isso.

Banco de dados distribution

O último banco de dados de sistema é o distribution. Esse banco de dados só existirá quando você tiver configurado essa instância como distribuidora para replicação. Antes de configurar a replicação, você deve fazer essa configuração. Todos os metadados e o histórico dos vários tipos de replicação são armazenados dentro desse banco de dados.

Consulte também *Para obter mais informações sobre replicação, consulte o Capítulo 19, "Replicação".*

Veja os bancos de dados de sistema

1. Abra o SQL Server Management Studio (SSMS) e conecte-se em um servidor.
2. O Object Explorer deverá abrir. Se não abrir, pressione F8 para abri-lo.
3. No Object Explorer, expanda Databases.
4. Você verá uma pasta System Databases. Expanda-a.

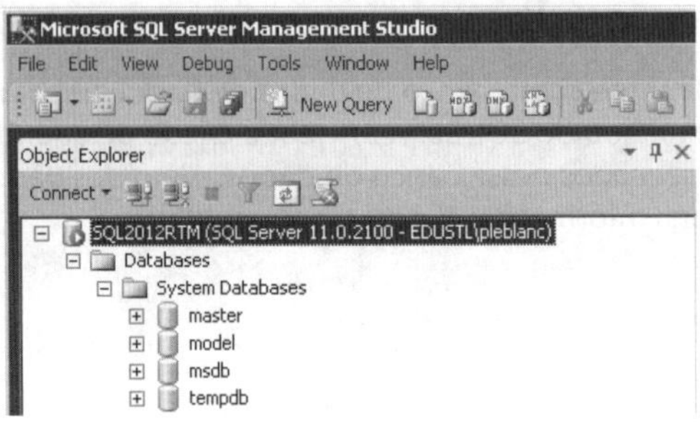

Entenda a estrutura de um banco de dados SQL Server

Conforme mencionado, os bancos de dados são os principais objetos de armazenamento de dados dentro do SQL Server. O processo de criação de um banco de dados, embora seja muito simples, sempre exige cuidados a respeito da estrutura. Os bancos de dados podem ser criados com muitas tecnologias e técnicas diferentes. Neste capítulo, vamos nos concentrar no uso de T-SQL e SSMS. Por padrão, todo banco de dados SQL Server é composto de dois arquivos (consulte a Figura 4-1):

- O *arquivo de dados* contém dados e objetos do banco de dados, como tabelas, views (modos de exibição) e store procedures (procedimentos armazenados).
- O *arquivo de log* contém informações que ajudam na capacidade de recuperação de transações do banco de dados.

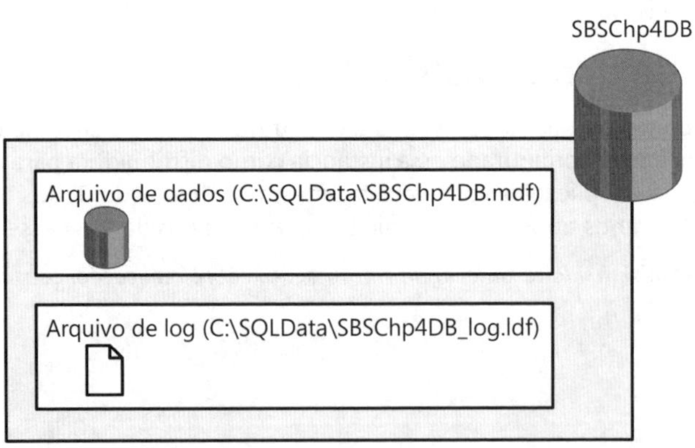

FIGURA 4-1 A estrutura de um banco de dados SQL Server consiste em pelo menos um arquivo de dados e um arquivo de log.

Crie um banco de dados

Existem dois tipos de arquivos de dados: principal e secundário. Quando um banco de dados é criado, o arquivo de dados principal é gerado. Por padrão, ele contém todas as informações de inicialização do banco de dados. Quando os objetos definidos pelo usuário são criados, eles também podem ser armazenados no arquivo de dados principal. Contudo, é possível implementar certas estratégias arquitetônicas para aumentar o desempenho, a escalabilidade e a capacidade de manutenção de seu banco de dados. Essas estratégias serão discutidas na seção "Adicione arquivos e filegroups", mais adiante.

Antes de executar o script, crie duas pastas na raiz de sua unidade C: SQLData e SQLLog.

Crie seu primeiro banco de dados com SSMS

1. Abra o SSMS.
2. Abra o Object Explorer, se ainda não estiver aberto.
3. Clique na seta ao lado de seu servidor.
4. Clique com o botão direito do mouse na pasta Databases.
5. No menu de contexto, selecione New Database.
6. A caixa de diálogo New Database se abre. Certifique-se de que General esteja selecionado na seção Select a Page, à esquerda.
7. Na caixa de texto Database Name, digite **SBSChp4SSMS**.
8. Na seção Database Files, localize a coluna Path. Na primeira linha sob a coluna Path, clique no botão de reticências. Navegue até C:\SQLData.
9. Na mesma linha sob a coluna File Name, digite **SBSChp4SSMS**.
10. Na segunda linha sob a coluna Path, clique no botão de reticências. Navegue até C:\SQLLog.
11. Na mesma linha sob a coluna File Name, digite **SBSChp4SSMS_log**.

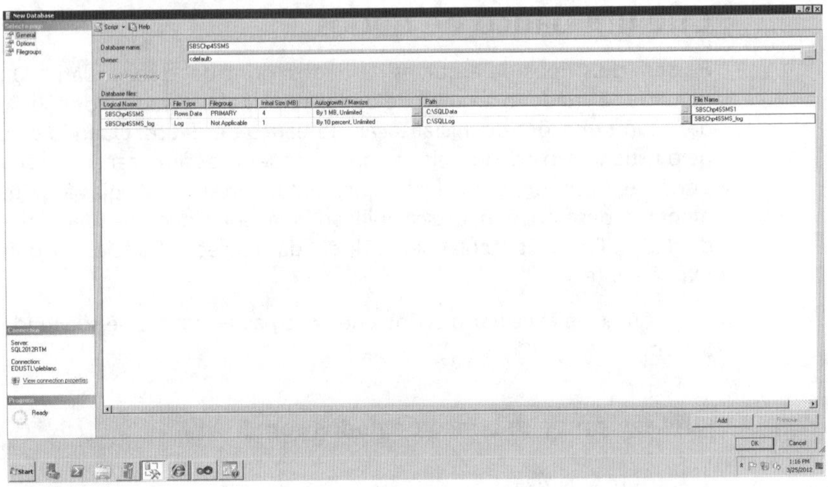

12. Clique em OK.
13. Na seção à esquerda, Select a Page, selecione Filegroup.

Crie seu primeiro banco de dados com T-SQL

1. Abra o editor de query no SSMS.
2. No editor de query, digite o código T-SQL a seguir:

```
--Use este script para criar um banco de dados com T-SQL
USE master;
CREATE DATABASE SBSChp4TSQL
ON PRIMARY
(NAME='SBSChp4TSQL1', FILENAME = 'C:\SQLDATA\SBSTSQL1.mdf', SIZE=10MB,
MAXSIZE=20, FILEGROWTH=10%)
LOG ON
(NAME='SBSChp4TSQL_log', FILENAME = 'C:\SQLLog\SBSTSQL_log.ldf',
SIZE=10MB, MAXSIZE=200, FILEGROWTH=20%);
```

Entenda os argumentos

No script anterior são utilizados vários argumentos para que o banco de dados seja colocado em um diretório específico e para que cresça em determinada velocidade. O SQL Server fornece uma longa lista de argumentos que podem detalhar ainda mais o modo como um banco de dados é criado e onde reside. O script anterior utiliza normalmente estes argumentos:

- *nome_do_banco_de_dados* é o nome do banco de dados, o qual deve ser único em relação à qualquer um dos bancos de dados que existam no momento da criação.
- *ON* especifica o filegroup e inicia a seção em que o arquivo de dados é definido.
- *LOG ON* inicia a seção em que o log é definido.
- *Name* é o nome do arquivo lógico utilizado pelo SQL Server ao referenciar o arquivo. Assim como o *nome_do_banco_de_dados*, ele deve ser exclusivo.
- *FileName* é o caminho no sistema operacional e o nome do arquivo, incluindo a extensão.
- *Size* especifica o tamanho inicial do arquivo em megabytes (MB), por padrão. Também podem ser especificados kilobytes (KB), gigabytes (GB) e terabytes (TB).
- *Maxsize* especifica o tamanho máximo até o qual o arquivo pode crescer (mostrado em megabytes por padrão).
- *Filegrowth* especifica o incremento de crescimento do arquivo. Também é mostrado em megabytes por padrão, mas pode ser especificado como uma porcentagem.

Nota Essa não é uma lista completa das opções de criação de banco de dados disponíveis. À medida que trabalhar cada vez mais com o SQL Server, você poderá descobrir necessidade de outras opções existentes, as quais podem ser encontradas no SQL Server Books Online.

Adicione arquivos e filegroups

Em vez de colocar objetos definidos pelo usuário no arquivo de dados principal, você tem a opção de adicionar um arquivo de dados secundário em seu banco de dados. Esses tipos de arquivo normalmente são diferenciados pela extensão: em geral, os arquivos principais têm o sufixo .mdf, enquanto os arquivos secundários têm o sufixo .ndf. Eles não são obrigatórios; no entanto, a prática recomendada é utilizar essas extensões. Os arquivos de dados secundários muitas vezes são utilizados para propagar dados pelos subsistemas de disco ou para adicionar mais espaço em disco para um banco de dados, no caso de outros arquivos de dados terem atingido a capacidade máxima.

Além de acrescentar vários arquivos a um banco de dados, outra prática recomendada é agrupar os arquivos utilizando filegroups. Quando um banco de dados é criado, o filegroup principal, que contém o arquivo de dados principal, é gerado por padrão. Assim, mais filegroups podem ser criados para facilitar a administração do banco de dados e, normalmente, para agrupar os arquivos de dados (consulte a Figura 4-2).

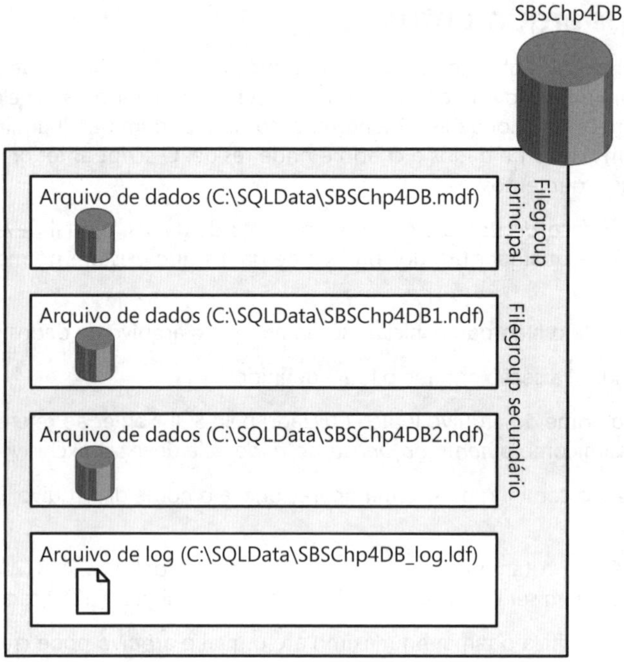

FIGURA 4-2 Arquivos e filegroups do banco de dados.

Na imagem existem dois filegroups:

- O filegroup principal contém o arquivo de dados principal.
- O filegroup secundário contém dois arquivos de dados secundários.

Adicione arquivos e filegroups usando SSMS

1. Abra o SSMS e conecte-se a uma instância do SQL Server.
2. Expanda a pasta Databases.
3. Clique com o botão direito do mouse no banco de dados SBSChp4SSMS e selecione Properties.
4. Selecione Filegroups na seção Select a Page da caixa de diálogo Database Properties.
5. Clique no botão Add sob a seção Rows.
6. Na linha recentemente criada, sob a coluna Name, digite **SBSSSMSGroup1**.
7. Na segunda linha, sob a coluna Default, marque a caixa.

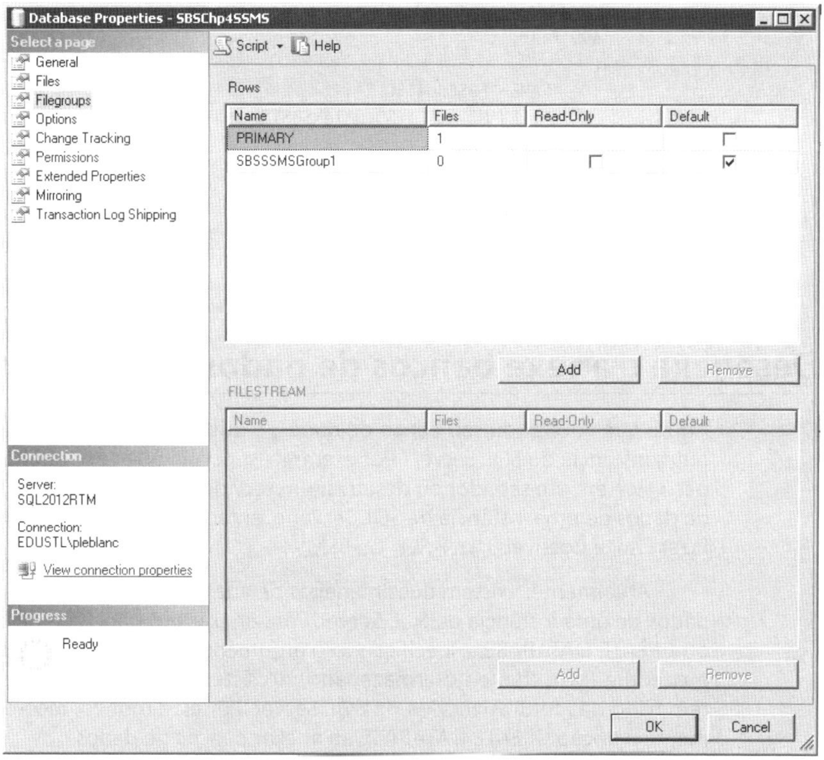

8. Na seção Select a Page, selecione Files e, em seguida, maximize a janela.
9. Clique em Add.
10. Na linha recentemente criada, sob a coluna Logical Name, digite **SBSChp4SSMS1**.
11. Na coluna Filegroup, selecione SBSSSMSGroup1.
12. Na coluna Path, clique no botão de reticências. Navegue até C:\SQLData.
13. Na coluna File Name, digite **SBSChp4SSMS1.ndf**.
14. Clique em OK.

Adicione arquivos e filegroups usando T-SQL

1. Abra o editor de query no SSMS.
2. No editor de query, digite este código T-SQL:

```
--Use este código para adicionar um arquivo e um filegroup a um banco de dados
USE master;
ALTER DATABASE SBSChp4TSQL
    ADD FILEGROUP SBSTSQLGroup1;
```

```
ALTER DATABASE SBSChp4TSQL
    ADD File
    (
        NAME='SBSChp4TSQL2',
        FILENAME = 'C:\SQLDATA\SBSTSQL2.ndf',
        SIZE=10MB,
        MAXSIZE=20,
        FILEGROWTH=10%
    )
TO FILEGROUP SBSTSQLGroup1;
```

Desanexe e anexe bancos de dados no SQL Server

Agora que você criou seu banco de dados, o que acontecerá se precisar movê-lo para outra instância do SQL Server? Por exemplo, suponha que você queira redistribuir o espaço livre em um servidor ou desativar um servidor, o que exigiria desanexar um banco de dados de uma instância de SQL Server e, então, anexá-lo a uma nova instância. Para fazer isso, é possível usar T-SQL ou SSMS.

Atualmente, existem duas maneiras de anexar e uma de desanexar um banco de dados de uma instância de SQL Server. Para anexar um banco de dados, use *sp_attach* ou CREATE DATABASE, especificando o argumento FOR ATTACH. Observe que o store procedure (procedimento armazenado) do sistema *sp_attach* foi desaprovado e será removido das futuras versões de SQL Server. Por este motivo, recomenda-se usar somente a opção CREATE DATABASE ao anexar bancos de dados.

Desanexe um banco de dados SQL usando SSMS

1. Abra o SSMS.
2. Abra o Object Explorer, se ainda não estiver aberto.
3. Expanda o nó do servidor.
4. Expanda a pasta Databases.
5. Clique com o botão direito do mouse no banco de dados SBSChp4SSMS.
6. Selecione Tasks | Detach.
7. Na caixa de diálogo Detach Database, marque as caixas nas colunas Drop Connections e Update Statistics.

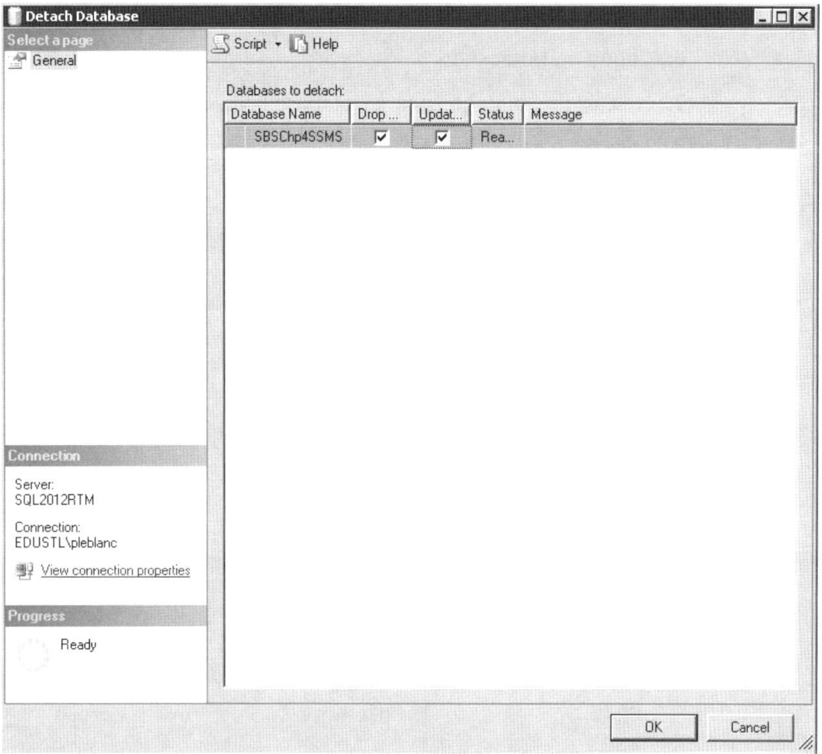

8. Clique em OK.

Agora que o banco de dados está desanexado, você pode copiar os arquivos para o novo local de armazenamento e anexar o banco de dados em uma nova instância de SQL Server.

Desanexe um banco de dados SQL usando T-SQL

1. Abra o SSMS e, então, abra uma nova janela de query.
2. Digite e execute o script a seguir:

```
USE Master;
EXEC sp_detach_db @dbname = 'SBSChp4TSQL';
```

Anexe um banco de dados SQL usando SSMS

1. Abra o SSMS.
2. Abra o Object Explorer, se ainda não estiver aberto.
3. Expanda o nó do servidor.
4. Clique com o botão direito do mouse na pasta Databases.

5. Clique em Attach.
6. Clique no botão Add.
7. Na caixa de diálogo Locate Database Files, expanda a pasta C.
8. Localize e expanda a pasta SQLData; em seguida, selecione o arquivo SBSChp4S-SMS.mdf.

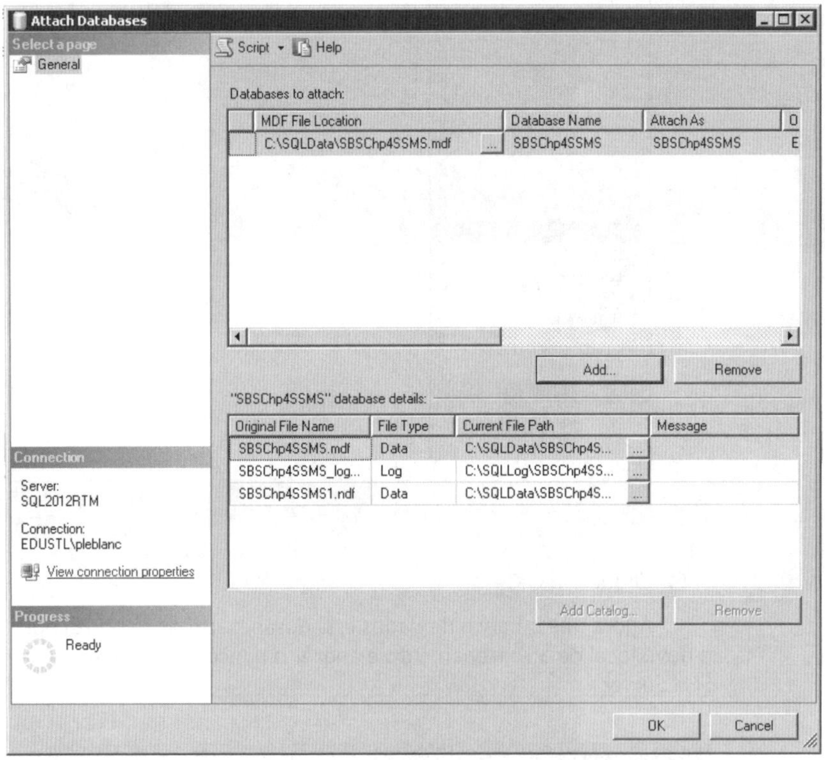

9. Clique em OK.

Anexe um banco de dados SQL usando T-SQL

1. Abra o SSMS e, então, abra uma nova janela de query.
2. Digite e execute o script a seguir:

```
USE master;
CREATE DATABASE SBSChp4TSQL ON
(FILENAME = 'C:\SQLData\SBSTSQL1.mdf'),
(FILENAME = 'C:\SQLData\SBSTSQL2.ndf'),
(FILENAME = 'C:\SQLLog\SBSTSQL_Log.ldf')
FOR ATTACH;
```

Entenda os modelos de recuperação de banco de dados

Um banco de dados SQL Server pode ser definido com um de três modelos de recuperação:

- Simple
- Full
- Bulk-logged

O modelo determina a precisão com que um banco de dados pode ser restaurado.

Modelo simple

O modelo simple não permite backups de log de transação. Como resultado, não é possível restaurar um banco de dados a um ponto no tempo. O banco de dados fica vulnerável à perda de dados ao se usar esse modelo. Dito isso, usar esse modelo facilita a tarefa de administração, pois o SQL Server reclamará espaço do log de transação automaticamente.

Modelo full

Com o modelo "full", a perda de dados é mínima quando o backup do log de transação é feito com regularidade. Cada transação é totalmente registrada no log de transação, e este continuará crescendo até que seu backup seja feito. Embora esse modelo aumente a carga administrativa, seus dados ficam protegidos contra perda.

Modelo bulk-logged

Quando o modelo "bulk-logged" é utilizado, as operações em bloco são registradas de forma mínima, o que reduz o tamanho do log de transação. Observe que isso não elimina a necessidade de fazer backup do log de transação. Ao contrário do modelo de recuperação full, no modelo bulk-logged é possível restaurar somente até o final de qualquer backup; você não pode restaurar até algum ponto no tempo.

Resumo

Os bancos de dados SQL Server podem ser criados com várias ferramentas diferentes. Neste capítulo, você aprendeu dois métodos para criar bancos de dados, mas também pode utilizar outras ferramentas, como SQL Server Data Tools, Windows PowerShell e as linguagens de programação C# e VB .NET. Cada ferramenta oferece certas vantagens e desvantagens; portanto, você deve passar algum tempo explorando todas as opções disponíveis para certificar-se de utilizar a ferramenta mais adequada às suas necessidades de desenvolvimento.

CAPÍTULO 5

Como criar sua primeira tabela

Neste capítulo, você vai aprender a

- Desenvolver um padrão de nomenclatura.
- Entender os esquemas.
- Entender os diferentes tipos de dados do SQL Server.
- Entender as propriedades de coluna.
- Criar e alterar tabelas.
- Entender as colunas calculadas.
- Adicionar restrições a uma tabela.
- Entender o recurso FileTable.
- Criar um diagrama de banco de dados.

Assim como o banco de dados é o principal contêiner de todos os objetos em uma instância do Microsoft SQL Server, a tabela é o principal contêiner de todos os dados. As tabelas são a base de todos os objetos e, sem elas, um banco de dados é inútil. O poder de qualquer aplicativo são os dados que ele aceita e armazena. Sem um sistema de gerenciamento de banco de dados relacional (RDBMS – Relational Database Management System) para armazenar e manter esses dados, o aplicativo provavelmente não existiria.

Embora o principal enfoque deste livro seja o SQL Server, devemos observar que existem muitos tipos e formas de bancos de dados. Por exemplo, o banco de dados mais utilizado é uma planilha do Microsoft Excel. Muitas pessoas extraem ou solicitam dados de um RDBMS e os importam para o Excel. Uma vez que os dados estão no Excel, o usuário final pode criar uma série de planilhas e pastas de trabalho que, juntas, representam uma ferramenta de produção de relatórios muito robusta, contendo respostas para muitas perguntas organizacionais.

A desvantagem dessa estratégia é que essas planilhas e pastas de trabalho do Excel se tornam silos de dados que, em geral, são armazenados nas máquinas dos usuários. Se as planilhas e pastas de trabalho não forem protegidas e não for feito backup delas regularmente, as informações nelas armazenadas ficam vulneráveis a falhas ou catástrofes. Além disso, muitas vezes o processo de preenchimento dessas planilhas e pastas de trabalho é manual, e somente uma pessoa sabe como ele funciona. Por fim, armazenando os dados no Excel, os usuários talvez não percebam as vantagens do SGBDR com relação à colaboração de vários usuários e à integridade dos dados, que são a base da maioria dos sistemas de gerenciamento de banco de dados.

Apenas as desvantagens descritas anteriormente já fornecem uma justificativa suficiente para se usar um SGBDR. Esteja você trabalhando com o SQL Server ou com um sistema similar, a maioria dos SGBDRs oferece um modo de manter e monitorar o acesso e a disponibilidade dos dados de maneira centralizada. Além disso, eles proporcionam controle sobre como os dados são estruturados, organizados e distribuídos. Esses três importantes componentes normalmente não estão disponíveis em algo como uma planilha do Excel. O uso de um SGBDR robusto, como o SQL Server, proporciona aos administradores e desenvolvedores a capacidade de garantir que os dados sejam armazenados em um local centralizado, possibilitando impor padrões de nomenclatura e ter controle adicional que na prática garantem dados consistentes e confiáveis para a toda a organização.

Neste capítulo, primeiro você vai aprender a importância de implementar e impor um padrão de nomenclatura. Então, vai conhecer os vários tipos de dados suportados pelo SQL Server. Em seguida, vai criar sua primeira tabela com Microsoft SQL Server Management Studio (SSMS) e Transact-SQL (T-SQL). Por fim, vai utilizar os mesmos métodos para adicionar restrições e chaves em suas tabelas.

Desenvolva um padrão de nomenclatura

O primeiro passo em qualquer projeto de design de banco de dados é criar um padrão de nomenclatura a ser usado durante o processo de design. Embora a criação de um padrão de nomenclatura não seja um requisito absoluto, não tê-lo poderia gerar um banco de dados desorganizado que poderia apresentar dificuldades aos desenvolvedores para acessar os dados. Padrões de nomenclatura inconsistentes em geral inibem o processo de desenvolvimento indiretamente. Para um desenvolvedor que esteja escrevendo código em T-SQL para modificar ou recuperar dados, os padrões de nomenclatura oferecem caminhos claros para a construção de instruções T-SQL. Por exemplo, vamos supor que você esteja projetando um banco de dados para armazenar dados de recursos humanos. Você precisa criar uma estrutura que abrigue informações sobre funcionários individuais, como seus nomes, endereços, números de telefone e departamentos. Suponha que você tenha projetado o banco de dados mostrado na Figura 5-1.

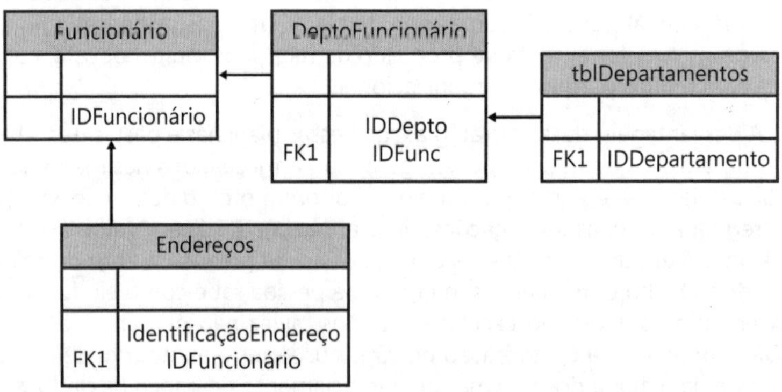

FIGURA 5-1 Este esquema de banco de dados simples não tem convenções de nomenclatura.

O esquema de banco de dados da Figura 5-1 mostra quatro tabelas. Observe que cada tabela utiliza uma convenção de nomenclatura diferente. O nome da tabela que vai armazenar informações de endereço está no plural e o nome da tabela que vai armazenar informações de departamento tem o prefixo *tbl*. Existem outras inconsistências, mas você já pode perceber a situação. Se você fosse um desenvolvedor recém-chegado a esse banco de dados, escrever código T-SQL para ele poderia representar um desafio. Como os nomes de tabela variam, um desenvolvedor precisaria passar um bom tempo familiarizando-se com o banco de dados, antes de escrever consultas. Talvez você também tenha notado inconsistências em nomes de coluna, o que complica ainda mais o trabalho com esse banco de dados.

Impor um controle com relação à nomenclatura de objetos dentro de um banco de dados torna mais fácil trabalhar com ele. A seguir estão algumas práticas recomendadas:

- Padrões em geral
  - Não use espaços dentro de um nome de objeto ou de uma coluna.
  - Caracteres de sublinhado são aceitáveis, mas saiba que podem apresentar alguns desafios com ferramentas de visualização.
  - Utilize PascalCase, que significa colocar a primeira letra de cada palavra em maiúscula para nomes de objeto ou coluna.
  - Não utilize palavras reservadas. Nomes de tabela e coluna no plural são aceitáveis, mas neste livro preferimos o singular. Isso é apenas uma questão de preferência.
- Padrões de nomenclatura de tabela
  - Os nomes devem refletir o conteúdo da tabela.
  - Os nomes devem ser únicos no banco de dados e no esquema.
- Padrões de nomenclatura de coluna
  - Os nomes devem ser únicos em cada tabela.
  - Os nomes devem refletir o uso comercial.
  - Escolha o tipo de dado apropriado, conforme discutido mais adiante neste capítulo.

> **Nota** As convenções de nomenclatura para outros objetos serão discutidas no contexto adequado ao longo do livro.

Quando essas diretrizes são colocadas em prática, o esquema atualizado do exemplo de banco de dados anterior fica semelhante à Figura 5-2.

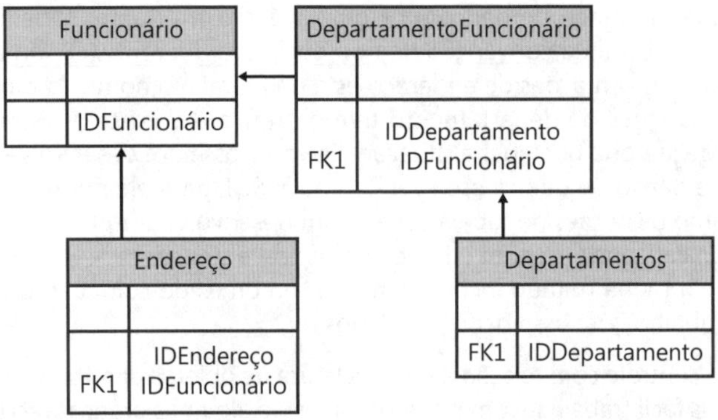

FIGURA 5-2 Este esquema de banco de dados tem convenções de nomenclatura.

Agora todas as tabelas têm um padrão de nomenclatura comum. Cada palavra nova começa com letra maiúscula e os nomes são escritos de forma completa. O principal a observar é que cada nome de tabela reflete o conteúdo da tabela.

Entenda os esquemas

Embora um banco de dados seja o principal contêiner de todos os objetos, os esquemas oferecem outro nível de contenção e organização dentro de um banco de dados. Utilizando um esquema, um usuário pode agrupar objetos de escopo ou posse semelhante. Por padrão, o esquema proprietário do banco de dados (dbo – database owner) é criado automaticamente dentro de um banco de dados. Todo objeto criado é adicionado a esse esquema. É possível alterar esse comportamento de duas maneiras, conforme você vai aprender mais adiante neste livro.

Considere o esquema mostrado na Figura 5-2. Você poderia criar um esquema contendo informações específicas para o departamento de recursos humanos. Contudo, se ampliar o banco de dados para incluir as informações sobre vendas de cada funcionário, você poderá colocar os novos objetos em um esquema Vendas.

Crie um esquema de banco de dados utilizando SSMS

1. Abra o SSMS e conecte-se a uma instância do SQL Server.
2. Expanda a pasta Databases.
3. Expanda o banco de dados SBSChp4SSMS.
4. Expanda a pasta Security.
5. Clique com o botão direito do mouse na pasta Schema e selecione New Schema no menu de contexto.
6. Na caixa de diálogo Schema – New, digite **Sales** na caixa de texto Schema Name e **dbo** na caixa de texto Schema Owner.

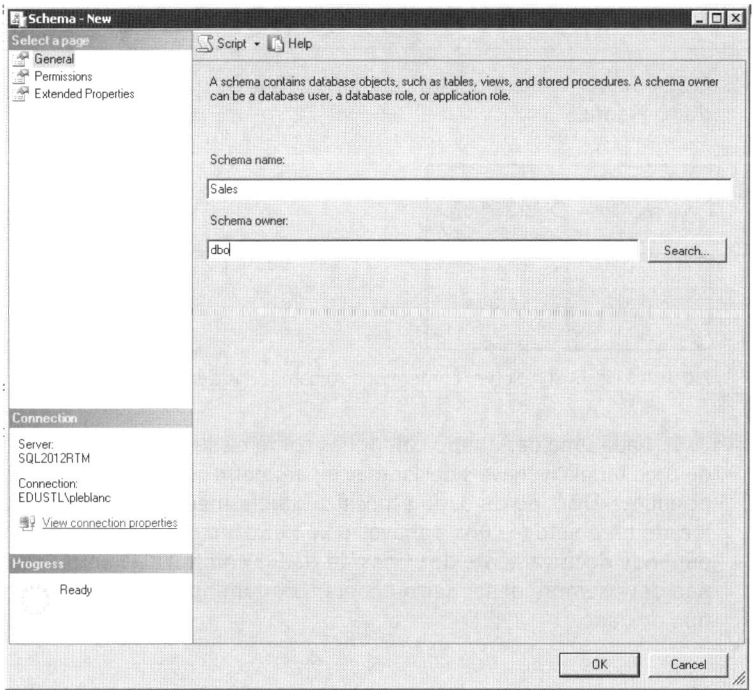

7. Clique em OK.

Crie um esquema de banco de dados utilizando T-SQL

1. Abra o editor de query no SSMS.
2. No editor de query, digite e execute o seguinte código T-SQL:

```
--Use este código para criar um banco de dados SQL Server com um único arquivo
de dados e de log
USE SBSChp4TSQL;
GO
CREATE SCHEMA Sales;
GO
CREATE SCHEMA HumanResources;
GO
```

> **Nota** Tente criar todos os esquemas antes de criar as tabelas. Se isso não for possível, você sempre pode mover uma tabela ou qualquer outro objeto de um para outro, usando a instrução ALTER SCHEMA ... TRANSFER.

Um último detalhe a mencionar sobre os esquemas é que você pode conceder aos usuários permissões para os esquemas. No Capítulo 25, "Segurança do SQL Server", vamos estudar em profundidade todos os aspectos relacionados à segurança do SQL Server, inclusive os esquemas.

Entenda os tipos de dados do SQL Server

O SQL Server contém quatro categorias distintas de tipos de dados, conforme mostrado na Figura 5-3.

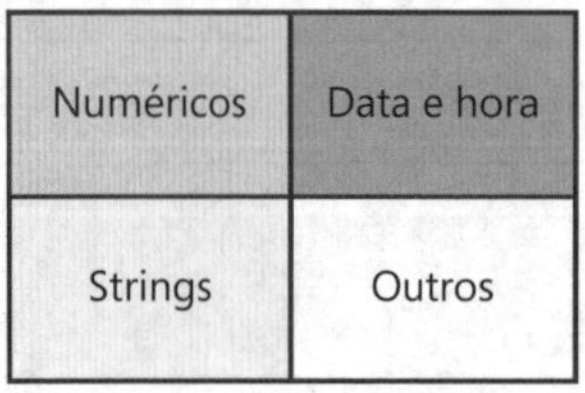

FIGURA 5-3 O SQL Server contém quatro categorias de tipos de dados.

Cada uma das quatro categorias contém subcategorias. Todas as colunas dentro de uma tabela, variáveis declaradas e parâmetros devem ter um tipo de dado correspondente. Um tipo de dado especifica simplesmente qual tipo de dado pode ser colocado no objeto (coluna, variável, parâmetro, etc.). A integridade do banco de dados depende decisivamente dos tipos de dados com escopo apropriado; portanto, você não deve sempre depender ou contar com um aplicativo para impor a utilização do tipo de dado.

Tipos de dados numéricos

Os tipos de dados numéricos têm duas subcategorias: exatos e aproximados. Os tipos de dados exatos se enquadram em um intervalo de números finito. A Tabela 5-1 lista e define cada tipo de dado numérico exato.

TABELA 5-1 Tipos de dados numéricos exatos

Tipo de dado	Intervalo	Armazenamento
bigint	–9.223.372.036.854.775.808 a 9.223.372.036.854.775.807	8 bytes
int	–2.147.483.648 a 2.147.483.647	4 bytes
smallint	–32.768 a 32.767	2 bytes
tinyint	0 a 255	1 byte
money	–922.337.203.685.477,5808 a 922.337.203.685.477,5807	8 bytes
smallmoney	–214.748,3648 a 214.748,3647	4 bytes

Se em uma tabela você precisa de uma coluna que armazene apenas valores entre 1 e 10, deve usar um *tinyint.*

Além dos tipos de dados da Tabela 5-1, a categoria numérica exata contém mais dois tipos: *decimal* e *numérico*. Eles são um pouco diferentes dos outros, pois permitem casas decimais, as quais são restritas por dois valores: precisão e escala. Basicamente, eles são muito parecidos em relação aos dados que armazenam e como fazem isso. Precisão é o número total de dígitos que podem ser armazenados nos dois lados da casa decimal. Esse valor só pode estar entre 1 e 38. Escala é o número total de dígitos que podem ser armazenados à direita da casa decimal e só é especificada quando é fornecida a precisão. Esse valor estará entre 0 e a precisão especificada. Portanto, se quisesse armazenar um número de quatro dígitos, com apenas dois dígitos à direita da casa decimal, você usaria *decimal(4,2)*. A Tabela 5-2 lista os intervalos de precisão e seus requisitos de armazenamento correspondentes.

TABELA 5-2 Intervalos de precisão e requisitos de armazenamento

Precisão	Armazenamento
1–9	5 bytes
10-19	9 bytes
20-28	13 bytes
29-38	17 bytes

A subcategoria aproximada é parecida com os tipos de dados *decimal* e *numérico*, pois aceita um valor de precisão – *float*. A outra não aceita um valor de precisão; em vez disso, pode armazenar até sete dígitos, o que inclui dígitos nos dois lados da casa decimal. Por exemplo, se você tentar armazenar o número 1234,5678 em um tipo de dado *real*, o valor será arredondado para 1234,568. Contudo, se quiser manter a precisão desse valor, você pode armazená-lo em um *float(25)*.

A principal diferença entre os tipos de dados *decimal* e *float* é o nível de armazenamento mais preciso do *decimal*. A Tabela 5-3 lista os intervalos de precisão e os requisitos de armazenamento dos tipos de dados *numéricos* aproximados.

TABELA 5-3 Intervalos de precisão aproximado e requisitos de armazenamento

nvalor	Precisão	Armazenamento
1–24	7 dígitos	4 bytes
25-53	15 dígitos	8 bytes

Tipos de dados string

O tipo de dado string contém três subcategorias: caracter, Unicode e binário. Cada uma contém três tipos de dados específicos. Os tipos de dados são semelhantes, pois cada subcategoria contém um tipo de comprimento fixo, um tipo de comprimento variável e um tipo que foi descontinuado.

> **Nota** *n* define o comprimento da string que pode ser armazenada. Para tipos de dados de comprimento variável, *max* pode ser especificado para *n*, indicando que o tamanho de armazenamento máximo é de 2 GB.

A subcategoria de string caractere armazenará dados não Unicode. Os três tipos são:

- ***char(n)*** Tipo de dado string de comprimento fixo, com comprimento de string entre 1 e 8.000.
- ***varchar(n)*** Tipo de dado string de comprimento variável que pode armazenar até 2 GB de dados.

- ***text*** Tipo de dado descontinuado. Substitua-o por um *varchar(max)*.

A subcategoria de string Unicode armazenará dados Unicode e não Unicode. Os três tipos são:

- ***nchar(n)*** Tipo de dado string de comprimento fixo, com comprimento de string entre 1 e 4.000.
- ***nvarchar(n)*** Tipo de dado string de comprimento variável que pode armazenar até 2 GB de dados.
- ***ntext*** Tipo de dado descontinuado. Substitua-o por *nvarchar(max)*.

A subcategoria de string binário armazenará dados binários. Os três tipos são:

- ***binary(n)*** Tipo de dado binário de comprimento fixo, com comprimento de string entre 1 e 8.000.
- ***varbinary(n)*** Tipo de dado binário de comprimento variável, com comprimento de string de até 2 GB.
- ***image*** Tipo de dado descontinuado. Substitua-o por *varbinary(max)*.

É recomendável usar os tipos de dados de comprimento fixo (*char*, *nchar*, *binary*) em todas as subcategorias, quando os valores que estão sendo armazenados tiverem um tamanho consistente. Quando os valores não forem consistentes, você deverá usar os tipos de dados de comprimento variável (*varchar*, *nvarchar*, *varbinary*).

Tipos de dados de data e hora

Os tipos de dados de data e hora são muito utilizados nos bancos de dados SQL Server. Eles oferecem a conveniência de armazenar a data e a hora de diversas maneiras. Existem seis tipos de dados de data e hora.

- ***time(n)*** Este tipo de dado armazena a hora do dia sem reconhecer o fuso horário, com base em um relógio de 24 horas. *time* aceita um argumento, que é a precisão dos segundos fracionária. Só é possível fornecer valores entre 0 e 7. À medida que o número aumenta, o mesmo acontece com a precisão fracionária. Se você especificar um tipo de dado *time(2)*, poderá armazenar um valor semelhante a 11:51:04:24. Mudar *2* para *3* aumenta a precisão para três números, semelhante a 11:51:04:245.
- ***date*** Este tipo de dado armazena um valor de data entre 01-01-01 e 12-31-9999.
- ***smalldatetime*** Este tipo de dado armazena um valor de data e hora. O valor da data é entre 1/1/1900 e 6/6/2079. A precisão da hora vai até os segundos. Com esse tipo de dado, pode ser armazenado o valor 4/1/2012 11:15:04.
- ***datetime*** Este tipo de dado é semelhante a *smalldatetime*, mas oferece um intervalo de data maior e um nível de precisão mais alto com relação ao tempo. Ele oferece o mesmo intervalo de datas que o parâmetro *date* – 01-01-01 a 12-31-9999 – e tem um valor de tempo mais preciso. Com esse tipo de dado, pode ser armazenado o valor 4/1/2012 11:15:04:888.
- ***datetime2(n)*** Este tipo de dado é semelhante a *datetime*, mas oferece mais flexibilidade de tempo. Ao contrário de *datetime*, é possível controlar a precisão

dos segundos fracionária com um valor. Só é possível fornecer valores entre 0 e 7. Se você especificar um tipo de dado *datetime2(2)*, poderá armazenar um valor semelhante a 4/1/2012 11:51:04:24. Mudar *2* para *3* aumenta a precisão para três números, semelhante a 4/1/2012 11:51:04:245.

- ***datetimeoffset*** Este tipo de dado inclui todas as características de *datetime2* e também reconhece o fuso horário. Isso o torna único entre os tipos de dados de data e hora. Com ele, você pode armazenar a diferença de fuso horário junto com a data e hora. Com esse tipo de dado, pode ser armazenado o valor 4/1/2012 03:10:24 -06:00.

Outros tipos de dados

Além dos tipos de dados abordados nas seções anteriores, o SQL Server contém vários outros. A Tabela 5-4 lista cada tipo de dado adicional, com uma breve descrição.

TABELA 5-4 Outros tipos de dados do SQL Server 2012

Tipo de dado	Descrição
cursor	Uma cópia temporária dos dados que será usada para processos recursivos ou iterativos. De todos os tipos de dados, este é o único que não pode ser incluído como parte de uma tabela.
rowversion(timestamp)	Este tipo de dado gera automaticamente um valor de 8 bytes semelhante a 0x0000000000000001. *rowversion* substitui o tipo de dado *timestamp*, que foi descontinuado. Normalmente, é usado para detectar alterações nos dados.
hierarchyid	Este é um tipo de dado posicional. Ele representa uma posição em uma hierarquia. *hierarchyid* é utilizado para organizar dados, como listas de materiais e organogramas.
sql_variant	Este é o camaleão dos tipos de dados. *sql_variant* pode assumir a identidade de praticamente qualquer tipo de dado da lista de tipos de dados do SQL Server. Antes de efetuar qualquer tipo de operação nele, você deve convertê-lo no respectivo tipo de dado. Por exemplo, se quiser efetuar uma adição, você precisa fazer o casting desse tipo de dado para um int ou algum outro tipo de dado numérico que suporte essa operação.
xml	Com este tipo de dado é possível armazenar dados XML reais.
geospatial	O SQL Server suporta dois tipos de dados geoespaciais: GEOGRAPHY e GEOMETRY. GEOGRAPHY representa dados em um sistema de coordenadas em torno da terra. GEOMETRY é um tipo de dado uniforme ou planar no qual é possível armazenar pontos, linhas e outras figuras geométricas.
filestream	Este tipo de dado permite armazenar dados não estruturados comuns, como documentos e imagens. O SQL Server foi complementado com o sistema de arquivos NTFS, permitindo o armazenamento de *varbinary(max)* no sistema de arquivos.

Como os tipos de dados da Tabela 5-4 são normalmente utilizados para operações avançadas, os detalhes relativos ao seu uso estão fora dos objetivos deste livro. Se você achar necessário se aprofundar nesses tipos de dados, pode procurar alguns bons exemplos no SQL Server Books Online.

Entenda as propriedades das colunas

Você está quase pronto para criar sua primeira tabela. Antes disso, contudo, precisa saber que uma tabela contém uma ou mais colunas, as quais formam as linhas de uma tabela. Cada coluna armazena informações muito específicas. Você pode configurar certas propriedades para determinada coluna com base no tipo de dado selecionado, o qual também é uma propriedade.

A propriedade mais comum é Allow Nulls. Isso significa simplesmente que você pode inserir uma linha na tabela sem fornecer um valor. Por exemplo, digamos que você tenha uma tabela contendo FirstName, MiddleName e LastName (nome, nome do meio e sobrenome). Nem todo mundo tem um nome do meio; portanto, esse valor deve ser opcional. Ao projetar sua tabela, considere a lógica do negócio por trás do valor ao decidir sobre sua nulidade.

> **Nota** NULL é um valor especial no mundo dos bancos de dados. Isso não quer dizer vazio; ao contrário, representa a ausência de um valor e é diferente de uma string vazia.

A segunda propriedade mais comum é Is Identity. Ela aparece em segundo lugar porque só está disponível para a maioria dos tipos de dados numéricos. Quando esse valor é definido para uma coluna, o SQL Server gera um número automaticamente, à medida que cada linha é inserida. É possível personalizar ou configurar o ponto de partida e como o número será incrementado, utilizando as propriedades disponíveis. Veremos como configurar o valor de identidade mais adiante neste capítulo.

O SQL Server 2012 apresenta um novo mecanismo de geração de numeração automática, chamado Sequence, que é um objeto vinculado ao esquema que gera uma sequência de valores numéricos com base em certas opções especificadas durante sua criação. O Capítulo 12, "Modificação de dados", discutirá esse tema detalhadamente.

Crie tabelas

Reconhecidamente, é muito mais fácil criar tabelas com SSMS do que com T-SQL. Contudo, a maior desvantagem de usar SSMS é não ter código muito portável. Uma vez escrito o código T-SQL, ele pode ser salvo e executado na mesma ou em outra instância de SQL Server sem a necessidade de recriar o script, mas isso não acontece com o SSMS. Se você usar o table designer para criar uma tabela, será obrigado a executar os mesmos passos em outra instância de SQL Server, se quiser recriar a tabela. Contudo, é interessante conhecer e entender os passos. Deve-se saber criar a tabela com T-SQL não apenas porque a maioria das coisas no SQL Server é feita com T-SQL, mas também porque proporciona uma fácil portabilidade.

Agora é hora de criar sua própria tabela. Crie uma tabela chamada Addresses, utilizando as informações fornecidas na Tabela 5-5.

TABELA 5-5 Requisitos da tabela Address

Nome	Tipo de dado	Comprimento	Permite valores nulos	Identidade
AddressID	int	NA	Não	Sim (começa em 1 incrementa por 1)
StreetAddress	varchar	125	Não	NA
StreetAddress2	varchar	75	Sim	NA
City	varchar	100	Não	NA
State	char	2	Não	NA
EmployeeID	int	NA	Não	NA

Crie uma tabela utilizando SSMS

1. Com o SSMS aberto, expanda a pasta Databases.
2. Expanda o banco de dados SBSChp4SSMS.
3. Expanda a pasta Security.
4. Clique com o botão direito do mouse na pasta Schemas.
5. Selecione New Schema no menu.
6. Na caixa de diálogo Schema – New, digite **HumanResources** na caixa de texto Schema Name.
7. Digite **dbo** na caixa de texto Schema Owner.
8. Clique em OK.
9. Clique com o botão direito do mouse na pasta Tables. O table designer se abre.
10. Selecione New Table no menu.

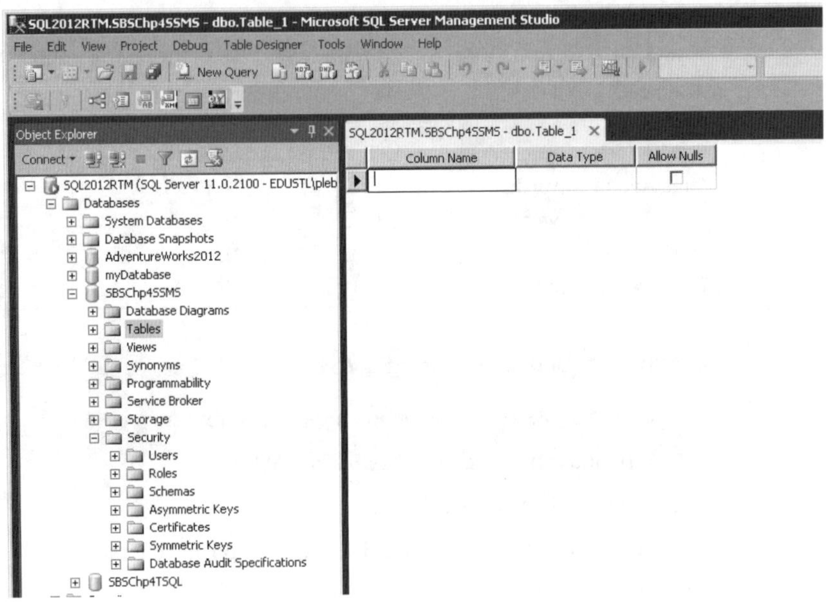

11. Na coluna Column Name, digite **AddressID**.
12. Clique na coluna Data Type e selecione int na lista suspensa.
13. Na guia Column Properties localizada na parte inferior da janela do table designer, role para baixo e expanda Identity Specification.
14. Configure a propriedade Is Identity como Yes.
15. Na linha seguinte da lista de colunas, digite **StreetAddress** na coluna Column Name.
16. Clique na coluna Data Type e selecione varchar na lista suspensa, mudando o comprimento da string de caractere para 125.
17. Desmarque a caixa sob a coluna Allow Nulls.
18. Repita os passos 16 a 18 para cada coluna adicional, configurando a propriedade de acordo com as especificações.

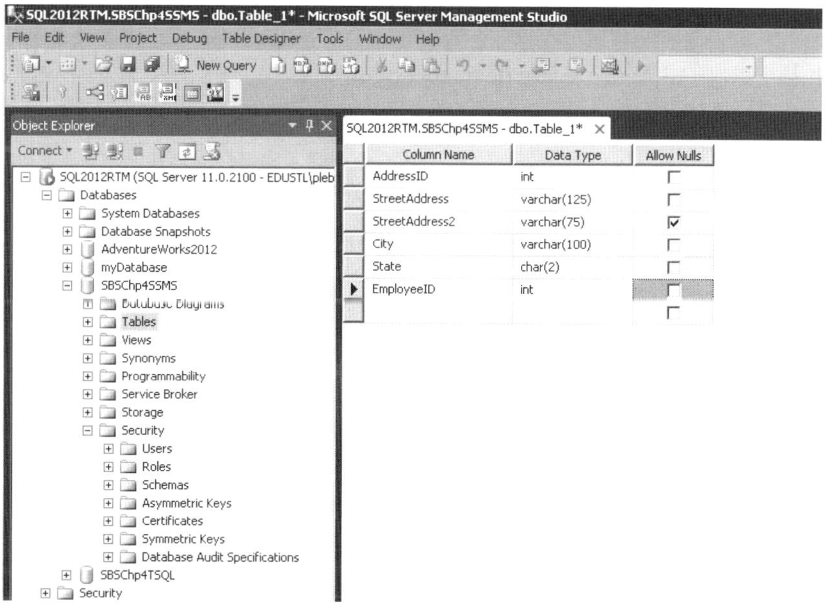

19. Selecione View | Properties. A janela Properties se abre.
20. Localize e clique na propriedade Schema. Selecione HumanResources na lista suspensa.
21. Localize e expanda a propriedade Regular Data Space Specification. Na propriedade Filegroup or Partition Scheme Name, certifique-se de que SBSSSMSGroup1 esteja selecionado.

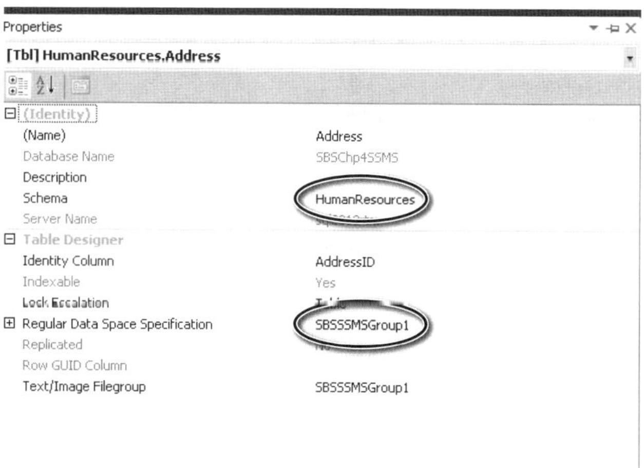

22. Clique no botão Save.
23. Digite **Address** na caixa de texto da janela Choose Name.
24. Clique em OK.

Crie uma tabela utilizando T-SQL

1. Abra o editor de query no SSMS.
2. No editor de query, digite e execute o seguinte código T-SQL:

```
USE SBSChp4TSQL;
CREATE TABLE HumanResources.Address
(
     AddressID int NOT NULL IDENTITY(1,1),
     StreetAddress varchar(125) NOT NULL,
     StreetAddress2 varchar(75) NULL,
     City varchar(100) NOT NULL,
     State char(2) NOT NULL,
     EmployeeID int NOT NULL
) ON [SBSTSQLGroup1];
```

Altere tabelas

Agora você tem as habilidades necessárias para criar tabelas com T-SQL e SSMS, mas e se alguém pedir para alterar uma tabela? Como você fará essa alteração? Não se preocupe – assim como criou as tabelas com T-SQL e SSMS, também pode modificá-las. Com uma ou outra ferramenta, é possível adicionar, alterar e remover colunas.

Antes de examinar o próximo conjunto de passos, execute o script a seguir:

```
USE SBSChp4TSQL;
   CREATE TABLE HumanResources.Employee
   (
          EmployeeID int NOT NULL IDENTITY(1,1),
          FirstName varchar(50) NOT NULL,
          MiddleName varchar(50) NULL,
          LastName varchar(50) NOT NULL
   ) ON [SBSTSQLGroup1];
USE SBSChp4SSMS;CREATE TABLE HumanResources.Employee
   (
          EmployeeID int NOT NULL IDENTITY(1,1),
          FirstName varchar(50) NOT NULL,
          MiddleName varchar(50) NULL,
          LastName varchar(50) NOT NULL
   ) ON [SBSSSMSGroup1];
```

Adicione uma coluna a uma tabela existente utilizando SSMS

1. Certifique-se de que o SSMS esteja aberto e de você estar conectado em seu servidor.
2. Expanda a pasta Databases.
3. Expanda o banco de dados SBSChp4SSMS.
4. Expanda a pasta Tables.

5. Clique com o botão direito do mouse na tabela HumanResources.Employee e selecione Design.
6. Digite **Gender** na primeira linha vazia da coluna Column Name.
7. Na coluna Data Type, digite **char(1)**.
8. Na coluna Allow Nulls, desmarque a caixa.

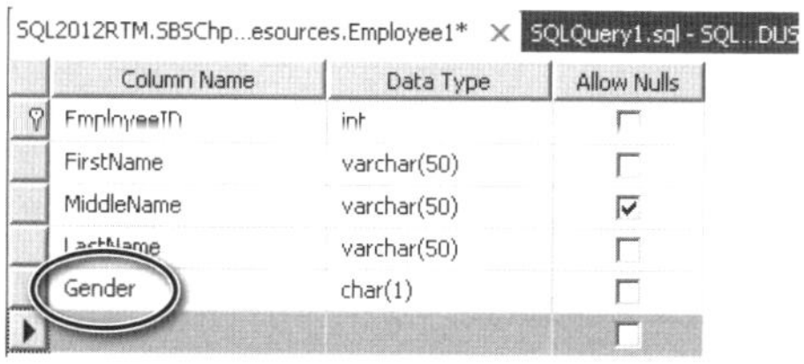

9. Clique em Save.

Adicione uma coluna a uma tabela existente utilizando T-SQL

1. Abra o editor de query no SSMS.
2. No editor de query, digite e execute o seguinte código T-SQL:

```
--Use este código para adicionar a coluna Gender na tabela Employee
USE SBSChp4TSQL;
ALTER TABLE HumanResources.Employee
     ADD Gender char(1) NOT NULL;
```

Entenda as colunas calculadas

Você não apenas pode inserir dados diretamente em colunas, como também pode derivar colunas de outras colunas. Essas colunas são conhecidas como *calculadas*. Normalmente, as colunas calculadas ampliam ou aprimoram os dados armazenados nas colunas tradicionais.

Adicione uma coluna calculada utilizando SSMS

1. Certifique-se de que o SSMS esteja aberto e de você estar conectado em seu servidor.
2. Expanda a pasta Databases.
3. Expanda o banco de dados SBSChp4SSMS.
4. Expanda a pasta Tables.
5. Clique com o botão direito do mouse na tabela HumanResources.Employee e selecione Design.
6. Sob Gender, na linha seguinte, digite **FullName** e pressione a tecla Tab.

7. Na seção Column Properties da parte inferior da tela do table designer, localize e expanda a propriedade Computed Column Specification.
8. Na propriedade Formula, digite **LastName+', '+FirstName**.

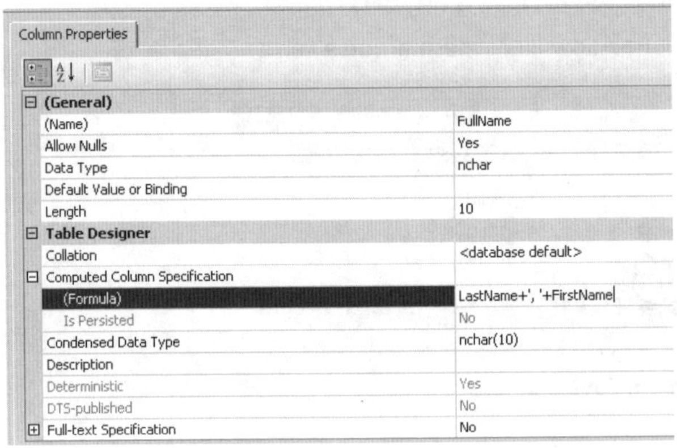

9. Clique em Save.

Adicione uma coluna calculada utilizando T-SQL

1. Abra o editor de query no SSMS.
2. No editor de query, digite e execute o seguinte código T-SQL:

```
--Use este código para adicionar a coluna Gender na tabela Employee
USE SBSChp4TSQL;
ALTER TABLE HumanResources.Employee
    ADD FullName            AS LastName+', '+FirstName;
```

Adicione restrições a uma tabela

O SQL Server 2012 permite adicionar várias restrições a uma tabela. O principal objetivo da maioria das restrições é a integridade dos dados. Em outras palavras, seu propósito é melhorar a validade e a consistência dos dados. Esta seção aborda cinco restrições: primary key, default, unique, check e foreign key.

Restrições primary key (chave primária)

Conforme mencionado, primary key (chave primária) é uma coluna que contém uma lista de valores únicos. Em geral, uma coluna de inteiros é adicionada a uma tabela com a propriedade de identidade e é utilizada como chave primária. Contudo, é possível criar uma chave primária a partir de praticamente qualquer coluna ou combinação de colunas. As principais limitações são que a coluna não pode permitir valores nulos, o valor deve ser único e só pode haver uma chave primária por tabela. Como você já criou duas tabelas, vai gerar chaves primárias para elas. As tabelas Employee e Address têm ambas valores de ID que são únicos e podem ser utilizados como chaves primárias.

Restrições default (padrão)

As restrições padrão são perfeitas quando existe uma coluna que, em geral, contém um valor específico. Uma candidata muito boa para isso é uma coluna que tem o tipo de dado *bit*. O tipo de dado *bit* só aceita 1 ou 0 (verdadeiro ou falso). Se você adicionar uma coluna Active à tabela Employee, especificando se um funcionário está trabalhando na empresa atualmente, é provável que o valor padrão seja verdadeiro, ou 1. Portanto, você deve configurar o valor padrão para essa coluna de forma correspondente.

Restrições unique (únicas)

As restrições unique (únicas) às vezes são confundidas com as de primary key. Essas restrições simplesmente garantem que não possam ser inseridos valores duplicados na coluna correspondente. Por exemplo, vamos supor que você precise adicionar na tabela Employee uma coluna para números de inscrição na previdência social. Como esses números são valores realmente únicos, você deve adicionar uma restrição unique para garantir que determinado número de inscrição só seja inserido uma vez.

Restrições check (verificação)

A última restrição, check (verificação), permite conferir o valor que está sendo inserido em relação a expressões lógicas. Essa restrição é semelhante à coluna de foreign key, pois controla os valores inseridos. A coluna de foreign key recebe seus valores de outra tabela, enquanto as restrições check utilizam expressões.

Adicione restrições utilizando SSMS

Execute esta query antes dos passos deste exercício:

```
USE SBSChp4TSQL;
ALTER TABLE HumanResources.Employee
    ADD Active bit NOT NULL;

ALTER TABLE HumanResources.Employee
    ADD SocialSecurityNumber varchar(10) NOT NULL;

USE SBSChp4SSMS;
ALTER TABLE HumanResources.Employee
    ADD Active bit NOT NULL;

ALTER TABLE HumanResources.Employee
    ADD SocialSecurityNumber varchar(10) NOT NULL;
```

1. Certifique-se de que o SSMS esteja aberto e de você estar conectado em seu servidor.
2. Expanda a pasta Databases.
3. Expanda o banco de dados SBSChp4SSMS.
4. Expanda a pasta Tables.

5. Clique com o botão direito do mouse na tabela HumanResources.Employee e selecione Design.
6. Clique com o botão direito do mouse na coluna EmployeeID e selecione Set Primary Key no menu de contexto.

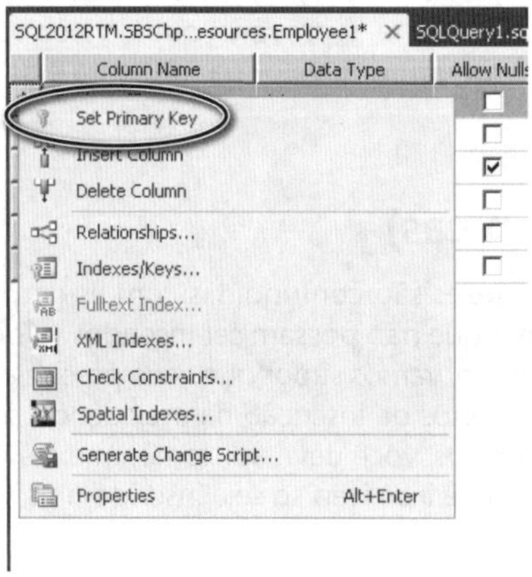

7. Selecione a coluna Active.
8. Na janela Properties, localize a propriedade Default Value or Binding.
9. Digite **1** como valor da propriedade.
10. Na barra de menus, clique no ícone Manage Indexes and Keys.

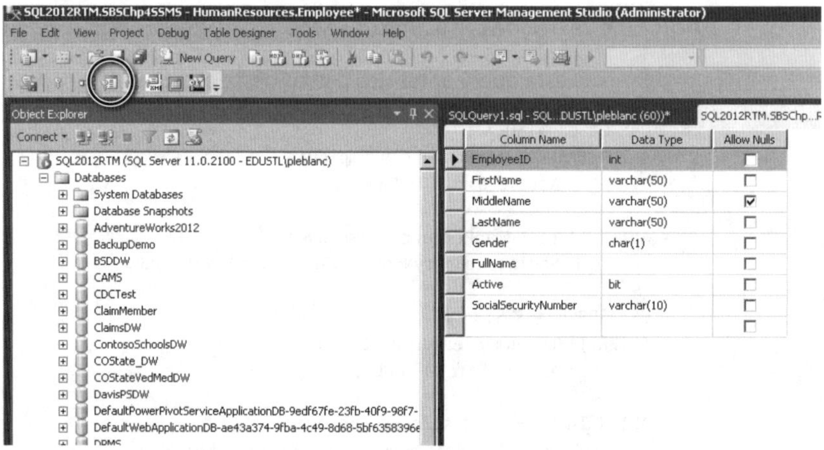

11. Clique no botão Add na janela Indexes/Keys.
12. Localize a propriedade Name e digite **UQ_Employee_SSN** como valor da propriedade.
13. Localize a propriedade Is Unique e configure seu valor como Yes.

14. Localize a propriedade Type e configure o valor como Unique Key.
15. Clique em Close.
16. No Object Explorer, expanda a tabela HumanResources.Employee, se ainda não estiver expandida.
17. Clique com o botão direito do mouse na coluna Constraints e selecione New Constraint no menu de contexto.
18. Na caixa de diálogo Check Constraint, altere o valor da propriedade Name para **CK_Employee_Gender_MF**.
19. Clique na caixa Value da propriedade Expression e clique nas reticências que aparecem.
20. Na caixa Expression, digite **([Gender =** '**Female**' **OR [Gender] =** '**Male**')**.

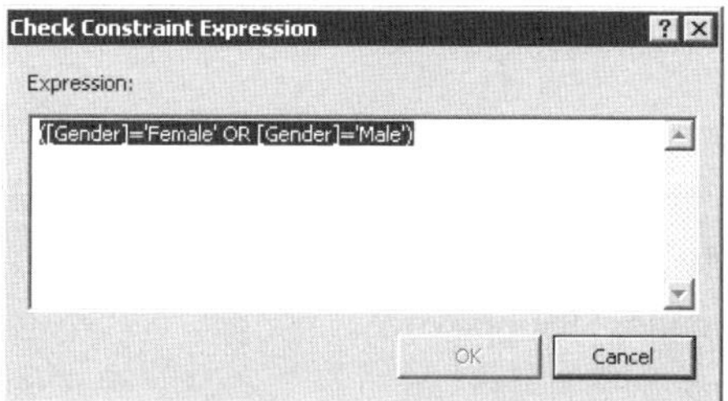

21. Clique em Close.
22. Clique em Save.

Adicione uma coluna calculada utilizando T-SQL

1. Abra o editor de query no SSMS.
2. No editor de query, digite e execute o seguinte código T-SQL:

```
USE SBSChp4TSQL;
ALTER TABLE HumanResources.Employee
     ADD CONSTRAINT PK_HumanResourcesEmployee_EmployeeID
          PRIMARY KEY (EmployeeID);

ALTER TABLE HumanResources.[Address]
     ADD CONSTRAINT PK_HumanResourcesAddress_AddressID
          PRIMARY KEY (AddressID);ALTER TABLE HumanResources.Employee
     ADD CONSTRAINT DF_HumanResourcesEmployee_Active_True DEFAULT(1) FOR
Active;

ALTER TABLE HumanResources.Employee
     ADD CONSTRAINT UQ_HumanResourcesEmployee_SocialSecurityNumber
     UNIQUE (SocialSecurityNumber);
```

Restrições de foreign key (chave estrangeira)

A integridade dos dados é a preocupação mais importante em um banco de dados. Se você permitir a inserção de dados inválidos, será isso que aparecerá na saída. Foreign keys (chaves estrangeiras) desempenham um papel vital na imposição da integridade referencial do banco de dados. Talvez você tenha notado a coluna EmployeeID na tabela Address. Para garantir que somente IDs de funcionários existentes na tabela Employee sejam inseridos na tabela Address, você precisa criar uma restrição foreign key.

Crie restrições foreign key utilizando SSMS

Antes de seguir os passos deste exercício, execute este script:

```
USE SBSChp4SSMS
ALTER TABLE HumanResources.Address
    ADD CONSTRAINT PK_HumanResourcesAddress_AddressID
        PRIMARY KEY (AddressID);
```

1. Certifique-se de que o SSMS esteja aberto e de você estar conectado em seu servidor.
2. Expanda a pasta Databases.
3. Expanda o banco de dados SBSChp4SSMS.
4. Expanda a pasta Tables.
5. Expanda a tabela HumanResources.Address.
6. Clique com o botão direito do mouse na pasta Keys e selecione New Foreign Key.
7. Na caixa de diálogo Foreign Key Relationships, localize a propriedade Name e digite **FK_Employee_To_Address_On_EmployeeID** como valor.

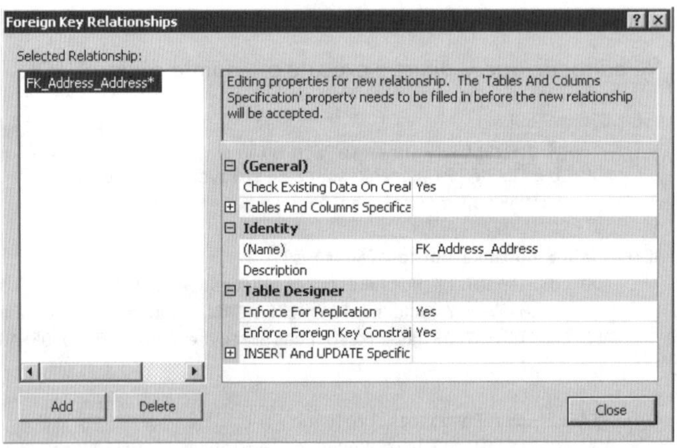

8. Clique na caixa de texto ao lado da propriedade Table and Columns Specification.
9. Clique no botão de reticências que aparece.

10. Na caixa de diálogo Tables and Columns, selecione Employee(HumanResources) na lista suspensa Primary Key Table.
11. Selecione EmployeeID na lista suspensa logo abaixo da lista suspensa Primary Key Table.
12. Na lista suspensa da direita, selecione EmployeeID.
13. Clique em OK.
14. Clique em Close.
15. Clique em Save.
16. Se aparecer uma janela de aviso, clique em Yes.

Crie restrições foreign key utilizando T-SQL

1. Abra o editor de query no SSMS.
2. No editor de query, digite e execute o seguinte código T-SQL:

```
USE SBSChp4TSQL;
ALTER TABLE HumanResources.Address
     ADD CONSTRAINT FK_Employee_To_Address_On_EmployeeID
          FOREIGN KEY (EmployeeID)
               REFERENCES HumanResources.Employee(EmployeeID);
```

> **Nota** A restrição foreign key (chave estrangeira) deve ser criada na tabela onde a coluna da chave não é a chave primária.

Entenda a FileTable

O SQL Server 2012 introduz um novo tipo de tabela, a FileTable. Essa tabela complementa a tecnologia FileStream existente. Portanto, é preciso habilitar os recursos de FileStream antes de criar uma FileTable. O recurso FileTable permite armazenar vários tipos de documentos, e também é possível consultar diretamente os atributos expostos pelo sistema de arquivos do Windows usando T-SQL.

FileStream é um recurso avançado do SQL Server e uma descrição detalhada dele está fora dos objetivos deste livro. No entanto, é necessária uma introdução à FileTable, pois ela oferece alguns recursos únicos para o SGBDR. Ela reúne o SQL Server e o namespace de arquivos do Windows. Como resultado, serviços integrados do SQL Server, como pesquisas full-text e semântica, podem consultar os dados não estruturados armazenados na FileTable.

Crie diagramas de banco de dados

Um dos recursos menos utilizados do SSMS é a ferramenta de diagramação. Certamente, talvez ela não seja tão robusta como algumas ferramentas de diagramação de outros fornecedores, mas, por outro lado, é um produto muito intuitivo. Ela tem todos os recursos necessários para fornecer uma representação visual de um banco de dados.

Crie um diagrama de banco de dados utilizando SSMS

1. Para criar um diagrama de banco de dados, expanda o banco de dados AdventureWorks2012.
2. Expanda a pasta Database Diagram.
3. Você será solicitado a criar objetos de apoio para diagramação, se for a primeira vez que cria um diagrama nesse banco de dados. Clique em Yes.
4. Clique com o botão direito do mouse na pasta Database Diagrams e selecione New Database Diagram. Selecione as tabelas mostradas na imagem a seguir, mantendo a tecla Shift pressionada, enquanto clica nelas.

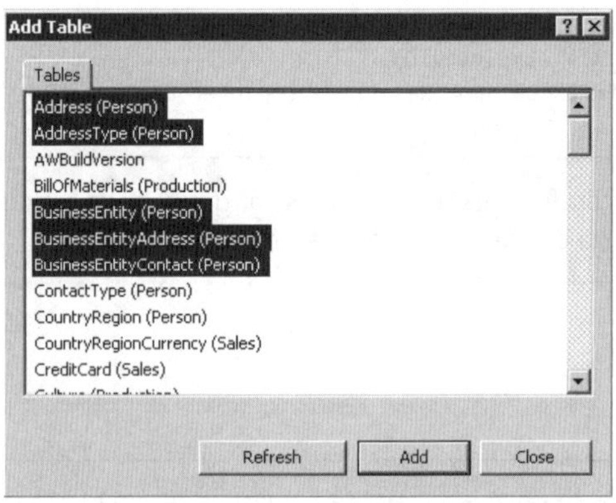

5. Clique em Add

   Você verá um diagrama de banco de dados contendo uma lista completa das colunas de cada tabela e, o mais importante, as relações de foreign key entre as tabelas.

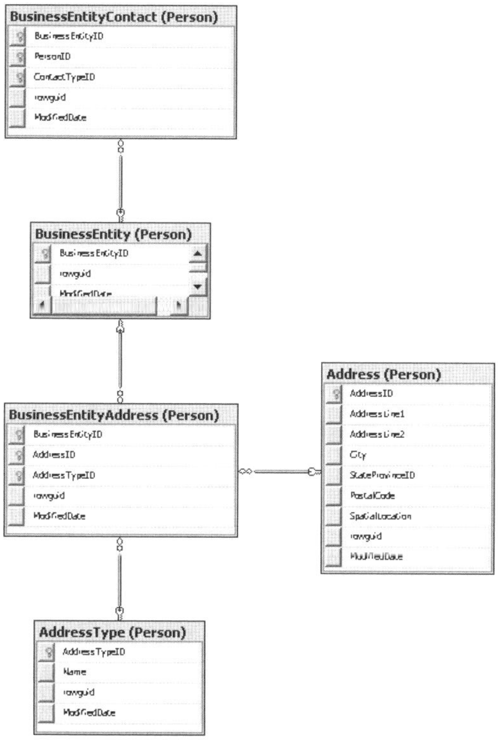

Resumo

Este capítulo fez um passeio por vários conceitos, tecnologias e ferramentas novas. Você criou tabelas contendo colunas de variados tipos de dados. Além disso, aprendeu a adicionar restrições nas tabelas e colunas, as quais ajudam a garantir a consistência e a validade dos dados inseridos ou modificados. Todo o conhecimento obtido neste capítulo continuará sendo útil à medida que você avançar neste livro e complementar o que foi aprendido aqui – a viagem apenas começou.

CAPÍTULO 6

Construção e manutenção de índices

Neste capítulo, você vai aprender a

- Entender a estrutura de um índice.
- Entender os diferentes tipos de índices.
- Criar diferentes tipos de índices.
- Adicionar colunas incluídas e filtros a um índice.
- Inserir um índice em um filegroup.
- Desabilitar e remover um índice.

Um *índice* é uma estrutura de dados no disco, baseada em tabelas e views. Os índices tornam a recuperação de dados mais rápida e eficiente, na maioria dos casos. Contudo, sobrecarregar uma tabela ou view (modo de exibição) com índices poderia afetar negativamente o desempenho de outras operações, como inserções ou atualizações.

Neste capítulo, você vai ver a estrutura básica de índices clusterizados, não clusterizados e columnstore, e vai conhecer as diferenças entre cada um dos tipos de índice citados. Aprenderá também a criar, alterar e remover índices clusterizados e não clusterizados.

Visão geral da estrutura dos índices

Os índices podem ser classificados em dois tipos principais: clusterizados e não clusterizados. Existem vários outros tipos de índices e pormenorizá-los está fora dos objetivos deste livro, mas você pode encontrar mais informações no SQL Server Books Online. Os índices são criados em uma ou mais colunas de tabelas e views. O objetivo dos índices clusterizados e não clusterizados é melhorar o acesso do Microsoft SQL Server Database Engine aos dados.

Embora os dois tipos de índice melhorem as operações de leitura, também existe a possibilidade de afetarem negativamente o desempenho de algumas operações, como inserções e atualizações. Por isso, você precisa ser seletivo ao criar índices. Na maioria dos casos, bancos de dados altamente transacionais são indexados de forma diferente daqueles que suportam principalmente operações de leitura. No próximo conjunto de exercícios, você vai criar um índice clusterizado.

Crie seu primeiro índice clusterizado utilizando SSMS

1. Abra o SQL Server Management Studio (SSMS) e conecte-se em um servidor.
2. Expanda a pasta Databases.
3. Expanda o banco de dados AdventureWorks2012.
4. Expanda a pasta Tables.
5. Expanda a tabela dbo.DatabaseLog.
6. Clique com o botão direito do mouse na pasta Indexes.
7. Selecione New Index | Clustered Index.

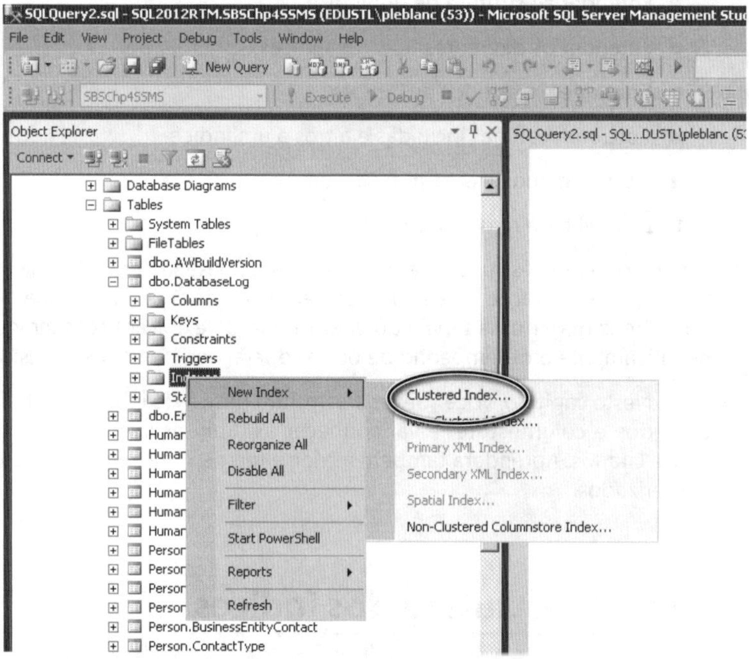

8. Na caixa de diálogo New Index, clique no botão Add.

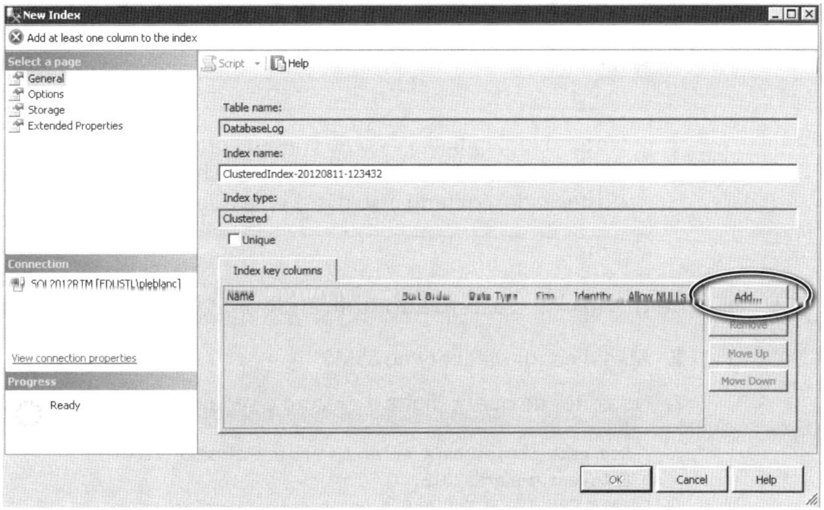

9. Na caixa de diálogo Select Columns, marque a caixa ao lado da coluna PostTime.

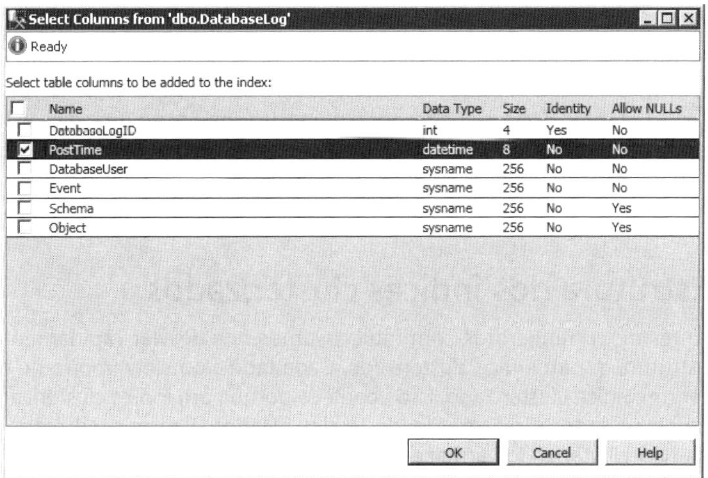

10. Clique em OK.
11. Clique em Ascending na caixa de diálogo New Index.
12. Na lista suspensa recentemente disponível, selecione Descending.

13. Na caixa de texto Name, digite **CIX_DatabaseLog_PostTime**.
14. Clique em OK.

> **Nota** No Capítulo 5, "Como criar sua primeira tabela", você aprendeu a criar chaves primárias. Por padrão, uma chave primária criará um índice clusterizado; contudo, isso não é uma exigência.

Crie um índice clusterizado utilizando T-SQL

1. Abra o editor de query no SSMS.
2. No editor de query, digite e execute o seguinte código T-SQL:

```
--Use este script para criar um índice clusterizado
USE AdventureWorks2012;
CREATE CLUSTERED INDEX CIX_DatabaseLog_PostTime
ON dbo.DatabaseLog
(
    PostTime DESC
)
WITH(DROP_EXISTING = ON);
```

> **Nota** No script anterior é utilizada uma opção de índice, DROP_EXISTING, que remove o índice, caso ele exista, e o recria. Outras opções de índice serão discutidas mais adiante neste capítulo.

Estrutura dos índices clusterizados

Antes de continuarmos com índice, vamos nos desviar rapidamente para discutir a estrutura de um índice clusterizado. Cada tabela ou view (modo de exibição) só pode ter um índice clusterizado. Isso acontece porque um índice clusterizado muda o modo como os dados são armazenados e classificados. Tanto os índices clusterizados como os não clusterizados armazenam as informações em uma *balanced tree* (árvore balanceada) ou *B-tree*. Uma B-tree identifica dados semelhantes e os agrupa. O rápido acesso aos dados proporcionado por um índice pode ser atribuído ao fato de que as pesquisas em uma B-tree são baseadas em valores de chave. Como uma B-tree agrupa registros com chaves semelhantes, o Database Engine precisará navegar por apenas algumas páginas para encontrar os registros.

Consulte também *Mais informações sobre a criação de views indexadas podem ser encontradas no Capítulo 15, "Views".*

Vamos começar no topo. Os dois índices têm uma única página raiz, onde a navegação começa. Essa página contém páginas de índice que contêm linhas de índice. A Figura 6-1 mostra o nível raiz.

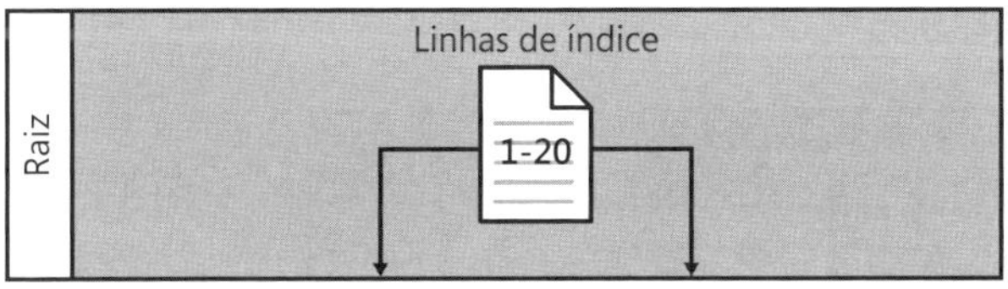

FIGURA 6-1 O nível raiz de um índice clusterizado.

Dentro dessas linhas de índice existem chaves e ponteiros. As chaves são as colunas que você incluiu ao criar o índice. Os ponteiros levam aos próximos níveis da árvore. Eles podem apontar para o nível intermediário ou para o nível folha. O lugar para onde apontam depende do tamanho das linhas de índice e do número de linhas na tabela. A Figura 6-2 mostra os níveis raiz e intermediário de um índice clusterizado.

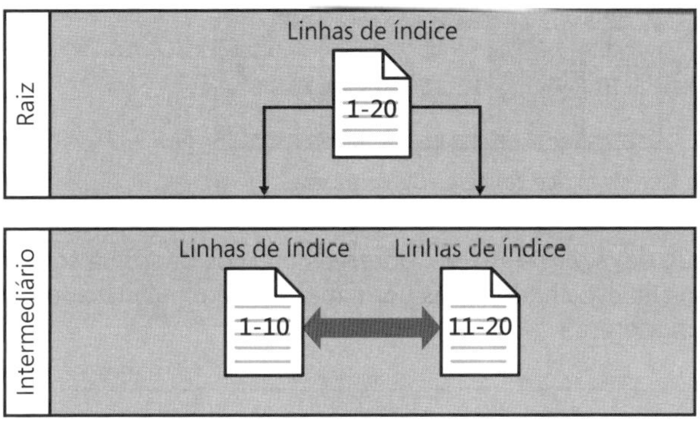

FIGURA 6-2 Os níveis raiz e intermediário de um índice clusterizado.

Observe como os dados são distribuídos igualmente entre as duas páginas no nível intermediário.

> **Nota** Se você criar um índice clusterizado de chave muito grande, contendo várias colunas de chave, menos chaves caberão em uma página. Como resultado, poderá ter mais páginas e, talvez, até mais níveis. Considere escolher uma chave reduzida, o que deverá minimizar o número de páginas no nível intermediário. Por esse motivo, os inteiros são uma excelente escolha para índices clusterizados, especialmente ao se usar colunas de identidade.

O nível inferior – ou nível folha – contém todos os dados. Em outras palavras, os dados são armazenados no índice clusterizado, mas somente no nível folha. Assim, o índice clusterizado mantém os dados da tabela ordenados pela chave. Para chegar a esse nível folha, você terá ponteiros a partir do nível raiz ou do nível intermediário (consulte a Figura 6-3).

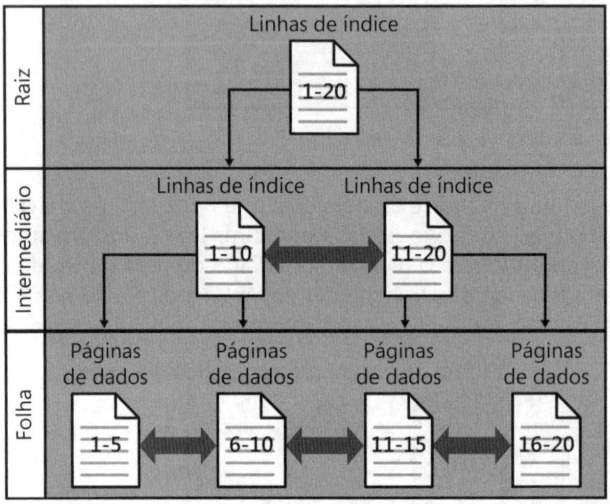

FIGURA 6-3 Uma B-tree de índice clusterizado completa.

À medida que navegar na B-tree, observe como os dados se tornam mais detalhados (granulares) e espalhados, mas permanecem bem balanceados. Isso é o que torna a B-tree tão poderosa.

> **Nota** Uma tabela que não tem um índice clusterizado é chamada de *heap*. Os dados armazenados em um heap não têm qualquer organização e podem ser retornados muito lentamente. Considere adicionar um índice clusterizado em todas as tabelas de seu banco de dados.

Estrutura dos índices não clusterizados

A estrutura B-tree do índice não clusterizado é semelhante à de um índice clusterizado. A B-tree tem uma raiz e um nível folha, como ilustrado na Figura 6-4.

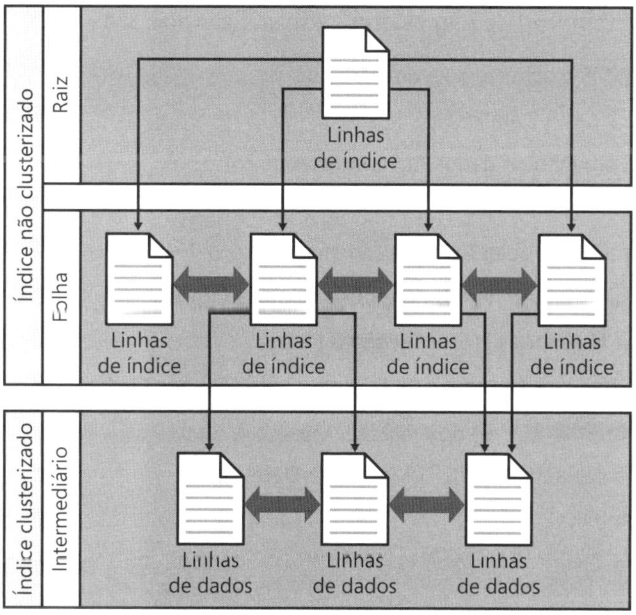

FIGURA 6-4 A estrutura de um índice não clusterizado.

Observe que o nível folha do índice não clusterizado contém linhas de índice em vez de linhas de dados. O nível folha contém indicadores que levam às linhas de dados (nível folha) no índice clusterizado que contém os dados. Como o índice não clusterizado não contém dado, ele não afeta o modo como os dados são armazenados ou classificados. Como resultado, é possível ter vários índices não clusterizados em uma única tabela. No Microsoft SQL Server é possível criar um índice que inclua uma ou mais colunas que já fazem parte de um índice existente. Como resultado, você sempre deve pensar na possibilidade de alterar ou substituir um índice existente, antes de adicionar novos índices.

> **Nota** Você pode criar um índice não clusterizado em tabelas que são heaps. Nesse caso, o nível folha do índice não clusterizado conterá pesquisas de identificador de linha. Embora seja possível criar índices não clusterizados em heaps, os resultados podem não ser os mesmos, pois não existe um índice clusterizado.

Crie seu primeiro índice não clusterizado utilizando SSMS

1. Abra o SSMS e conecte-se a um servidor.
2. Expanda a pasta Databases.
3. Expanda o banco de dados AdventureWorks2012.
4. Expanda a pasta Tables.
5. Expanda a tabela Sales.SalesOrderHeader.
6. Clique com o botão direito do mouse na pasta Indexes.
7. Selecione New Index | Non-Clustered Index.
8. Na caixa de texto Name, digite **IX_SalesOrderHeader_OrderDate**.
9. Clique em Add.
10. Marque a caixa ao lado da coluna OrderDate.
11. Clique em OK.
12. Clique em OK.

Crie um índice não clusterizado utilizando T-SQL

1. Abra o editor de query no SSMS.
2. No editor de query, digite e execute o seguinte código T-SQL:

```
--Use este script para criar um índice não clusterizado
USE AdventureWorks2012;
CREATE NONCLUSTERED INDEX IX_SalesOrderHeader_DueDate
ON Sales.SalesOrderHeader
(
    DueDate
);
```

Estrutura dos índices columnstore

O SQL Server 2012 introduz um novo tipo de índice não clusterizado, chamado *índice columnstore*, que só está disponível na versão Enterprise do SQL Server. Em vez de armazenar as linhas de dados de forma adjacente nas páginas, todos os dados contidos em uma coluna são armazenados de forma adjacente debaixo de um conjunto de páginas. A Figura 6-5 ilustra como os dados são armazenados.

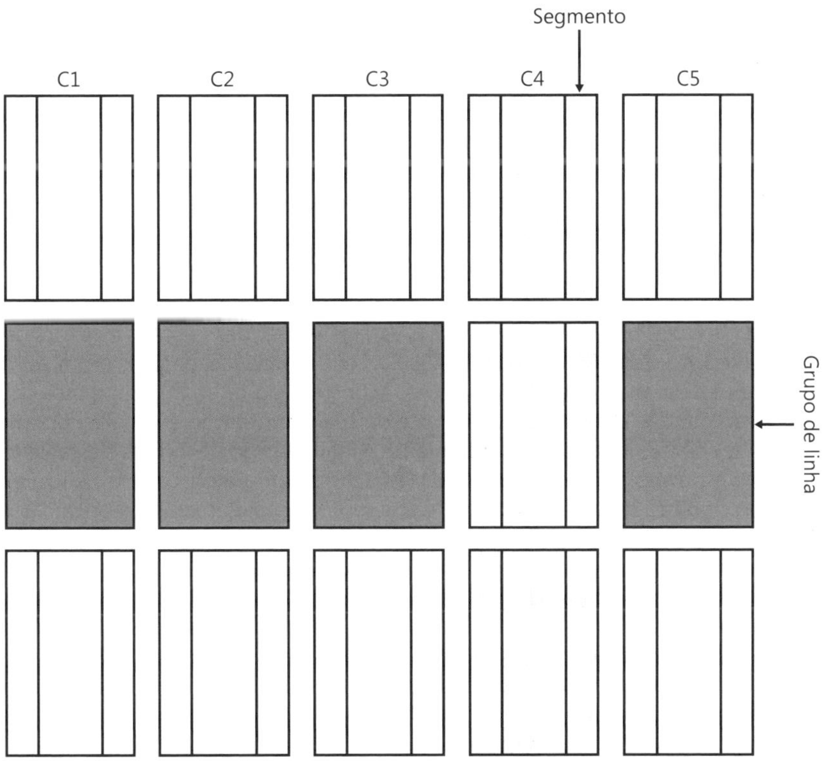

FIGURA 6-5 A estrutura do índice columnstore.

Assim, em vez de armazenar todos os dados em uma única estrutura, eles são particionados horizontalmente em grupos de linhas. Dentro de um índice columnstore existe um *segmento*. Um segmento contém todos os valores de uma coluna de uma linha. Os segmentos são decompostos em grupos de linhas. Os segmentos dos mesmos conjuntos de linhas são armazenados dentro de um *grupo de linhas*.

Esse é um tipo de índice muito diferente dos índices clusterizados e não clusterizados tradicionais. Portanto, você deve considerar cuidadosamente suas necessidades, antes de usar o índice columnstore em seu banco de dados. Aqui estão alguns cenários nos quais você deve usar um índice columnstore:

- O banco de dados é principalmente para leitura.
- A maioria das atualizações anexa novos dados.
- O banco de dados é um data warehouse.

Essas características são incomuns nos bancos de dados operacionais tradicionais. Como resultado, recomenda-se usar índices columnstore somente em data warehouses. Outro fator que contribui para usar índices columnstore atualmente apenas em data warehouses é que não é possível atualizar uma tabela contendo um índice columnstore. Isso pode mudar ou não nas futuras versões de SQL Server. O índice precisa ser removido para que qualquer atualização ocorra. Como resultado, você deve evitar a criação desse tipo de índice em tabelas atualizadas frequentemente ou que exibem pequenas queries de pesquisa.

Adicione opções de índice

Agora que você possui algumas habilidades básicas na criação de índices, é hora de adicionar algumas opções neles, para torná-los um pouco mais flexíveis e robustos. Embora os índices do SQL Server ostentem uma longa lista de opções, nesta seção vamos nos concentrar apenas nas mais comuns. Será fornecida uma breve descrição para as opções que não são totalmente explicadas e descritas.

A opção mais comum é FILLFACTOR. Pensando no nome da opção (fator de preenchimento) é possível deduzir seu objetivo. Cada página de dados no nível folha de um índice clusterizado contém uma quantidade de dados máxima de aproximadamente 8.060 bytes. Existem algumas variações, mas descrevê-las está fora dos objetivos deste livro. FILLFACTOR diz ao SQL Server o quanto as páginas em nível de folha do índice devem ser preenchidas ao se reconstruir ou reorganizar um índice. Reconstruir e reorganizar um índice fazem parte da sua manutenção e isso será discutido em detalhes no Capítulo 21, "Gerenciamento e manutenção de índices e estatísticas". Se você não especificar um valor para FILLFACTOR durante a criação do índice, ele será 100. Isso significa que as páginas de dados serão completamente preenchidas. Quando os dados mudarem devido a operações de inserção, atualização ou exclusão, a página terá de mudar ou, como dizemos no mundo dos bancos de dados, *dividir* (split). Quando uma página for dividida, 50% dos dados ficarão em uma delas e 50% ficarão na outra. Algumas divisões de página não são tão ruins, mas se essa for uma ocorrência habitual, o desempenho de seu banco de dados poderá ser prejudicado. Embora a explicação sobre como determinar qual deve ser o FILLFACTOR seja um assunto muito avançado, como um parâmetro, se você tem uma tabela que é modificada frequentemente, pense na possibilidade de configurar o valor de FILLFACTOR entre 70 e 80. Se uma tabela não é atualizada com muita frequência, um valor de FILLFACTOR de 90 deve ser suficiente.

Nota FILLFACTOR pode ser configurado em nível de índice, mas também em nível de servidor. Se você abrir a caixa de diálogo Properties no servidor e acessar Database Settings, poderá configurar o fator de preenchimento (fill factor) default para os índices.

A opção seguinte, que está intimamente ligada a FILLFACTOR, é PAD_INDEX. Essa opção tem o mesmo efeito que FILLFACTOR nas páginas das estruturas de índice, mas, em vez de páginas de dados, ela controla o quanto as páginas de nível intermediário serão preenchidas. Ao contrário de FILLFACTOR, não é possível configurar um valor para PAD_INDEX; ela herda o valor de FILLFACTOR.

Quando um índice é criado, os dados precisam ser classificados e isso exige que o banco de dados que os contém tenha espaço suficiente para essa operação, o que pode causar problemas de desempenho. Contudo, o uso da opção SORT_IN_TEMPDB desloca as operações de classificação para tempdb. É uma boa prática armazenar tempdb em um conjunto de discos separado dos outros bancos de dados. Fazer isso não apenas melhora o desempenho, como também permite transferir requisitos de espaço em disco para tempdb.

A Tabela 6-1 fornece uma lista das opções de índice adicionais e uma breve descrição de cada uma.

TABELA 6-1 Opções de índice adicionais

Opção	Descrição
IGNORE_DUP_KEY	Durante uma inserção de várias linhas contendo valores de chave duplicados, configurar essa opção como ON garante que somente uma linha exclusiva seja inserida e que a integridade do índice não seja violada.
STATISTICS_NORECOMPUTE	Estatísticas são vitais para o SQL Server, para determinar como uma query será executada. Portanto, elas precisam ser atualizadas regularmente. Você pode impedir o recálculo automático das estatísticas configurando essa opção como ON.
ONLINE	A manutenção do índice é fundamental. Você deve reconstruir e reorganizar seus índices regularmente. No entanto, quando essas operações estão sendo executadas, os usuários não podem acessar os dados. Configurar essa opção como ON permite o acesso aos dados. Observe que é preciso ter a versão Enterprise do SQL Server para usar essa opção; o Capítulo 21 a discutirá com mais detalhes.
ALLOW_ROW_LOCKS	Ao se acessar dados, se essa opção estiver configurada como ON, o SQL Server bloqueará as linhas acessadas.
ALLOW_PAGE_LOCKS	Ao se acessar dados, se essa opção estiver configurada como ON, o SQL Server bloqueará as páginas acessadas.
MAX_DOP	Com essa opção é possível controlar quantos processadores são utilizados durante a criação de índices.
DATA_COMPRESSION	Essa opção só está disponível na versão Enterprise do SQL Server. Existem dois tipos de compactação: ROW e PAGE. Ambas serão discutidas em detalhes no Capítulo 7, "Compactação de tabelas".

Reserve algum tempo e explore as opções de índice. Crie índices com algumas delas para praticar e aumentar ainda mais seu conhecimento.

Altere opções de índice utilizando SSMS

1. Abra o SSMS e conecte-se a um servidor.
2. Expanda a pasta Databases.
3. Expanda o banco de dados AdventureWorks2012.
4. Expanda a pasta Tables.
5. Expanda a tabela dbo.DatabaseLog.
6. Expanda a pasta Indexes.
7. Clique com o botão direito do mouse no índice CIX_DatabaseLog_PostTime e selecione Properties.

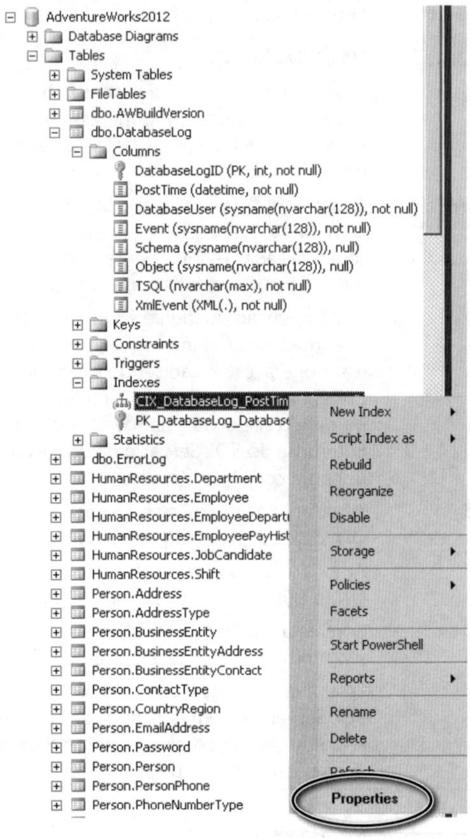

8. Na caixa de diálogo Index Properties, selecione Options na seção Select a Page.
9. Localize a propriedade Sort in tempdb e mude o valor para True.
10. Localize a propriedade Fill Factor e mude o valor para 80.
11. Localize a propriedade Pad Index e altere-a para True.

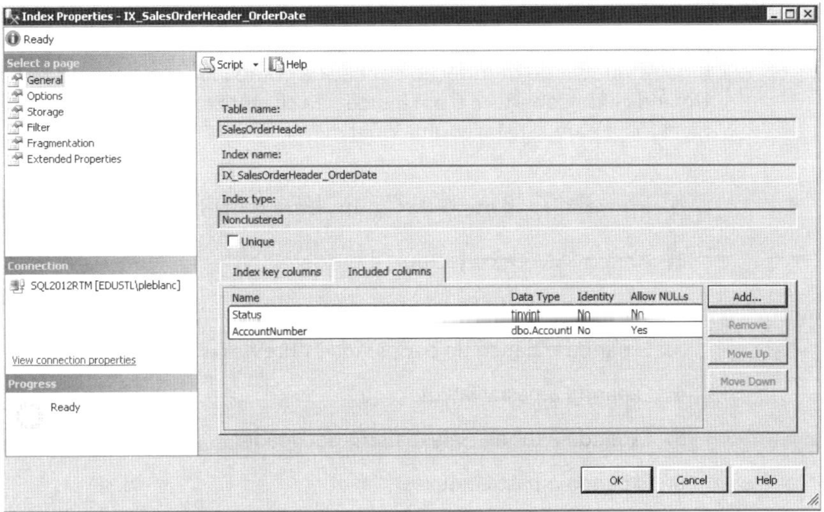

12. Clique em OK duas vezes.

Altere opções de índice utilizando T-SQL

1. Abra o editor de query no SSMS.
2. No editor de query, digite e execute o seguinte código T-SQL:

```
--Use este script para adicionar opções a um índice
USE AdventureWorks2012;
CREATE CLUSTERED INDEX CIX_DatabaseLog_PostTime
ON dbo.DatabaseLog
(
    PostTime DESC
)
WITH(DROP_EXISTING = ON, SORT_IN_TEMPDB = ON, FILLFACTOR = 80, PAD_INDEX = ON);
```

Adicione colunas incluídas

Na discussão sobre índices não clusterizados, vimos que o nível folha contém indicadores de pesquisas para o nível folha do índice clusterizado. Às vezes, essa operação pode retardar o processamento de uma query (consulta). Para contornar esse problema, o SQL Server permite adicionar mais informações no nível folha de um índice não clusterizado. Você faz isso adicionando o argumento INCLUDED em seu script de criação de índice.

Em resumo, a coluna incluída aumenta o desempenho de uma query porque elimina a necessidade de obter dados do índice clusterizado. Essa técnica é semelhante a uma estratégia de otimização conhecida como *índices de cobertura* (covering indexes). Um índice de cobertura é um índice não clusterizado que tem todas as informações no nível folha para satisfazer uma query.

Adicione colunas incluídas a um índice utilizando SSMS

1. Abra o SSMS e conecte-se a um servidor.
2. Expanda a pasta Databases.
3. Expanda o banco de dados AdventureWorks2012.
4. Expanda a pasta Tables.
5. Expanda a tabela Sales.SalesOrderHeader.
6. Expanda a pasta Indexes.
7. Clique com o botão direito do mouse no índice IX_SalesOrderHeader_OrderDate e selecione Properties.
8. Na caixa de diálogo Index Properties, selecione a guia Included Columns.
9. Clique no botão Add.
10. Marque as caixas ao lado das colunas Status e AccountNumber.
11. Clique em OK.

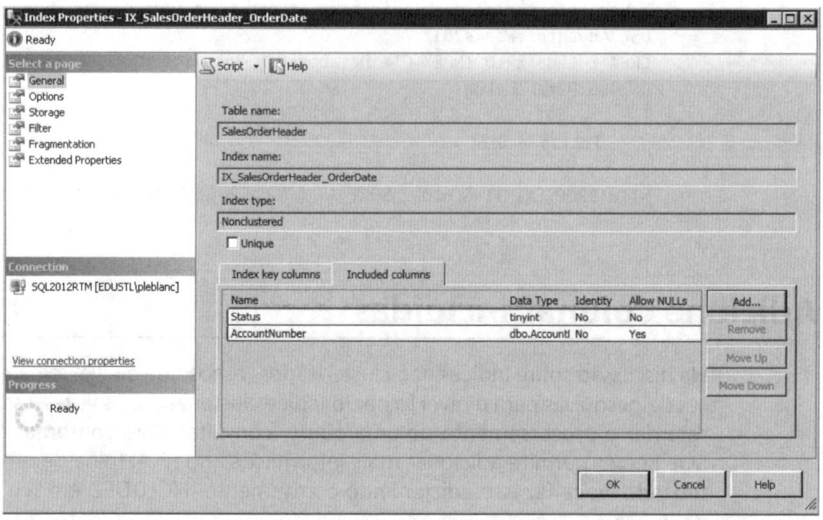

12. Clique em OK duas vezes.

Adicione colunas incluídas a um índice utilizando T-SQL

1. Abra o editor de query no SSMS.
2. No editor de query, digite e execute o seguinte código T-SQL:

```
--Use este script para adicionar colunas incluídas a um índice
USE AdventureWorks2012;
CREATE NONCLUSTERED INDEX IX_SalesOrderHeader_OrderDate
ON Sales.SalesOrderHeader
(
    OrderDate
)
INCLUDE(Status, AccountNumber)
WITH(DROP_EXISTING = ON);
```

Adicione filtros a índices

Assim como as colunas incluídas melhoram os recursos de um índice não clusterizado, o mesmo vale para os filtros. Índices filtrados otimizam o desempenho dos índices não clusterizados, usando um predicado filtrado para refinar os dados até um pequeno subconjunto. Como resultado, você tem um índice menor que exige menos armazenamento e manutenção, proporcionando um maior desempenho. Os índices filtrados são ideais para colunas que contêm um conjunto menor de valores pertinentes para queries (consultas).

Adicione um filtro a um índice utilizando SSMS

1. Abra o SSMS e conecte-se a um servidor.
2. Expanda a pasta Databases.
3. Expanda o banco de dados AdventureWorks2012.
4. Expanda a pasta Tables.
5. Expanda a tabela Sales.SalesOrderHeader.
6. Expanda a pasta Indexes.
7. Clique com o botão direito do mouse no índice IX_SalesOrderHeader_OrderDate e selecione Properties.
8. Clique em Filter na seção Select a Page da caixa de diálogo Index Properties.
9. Digite **OnlineOrderFlag = 0** na caixa de texto Filter Expression.

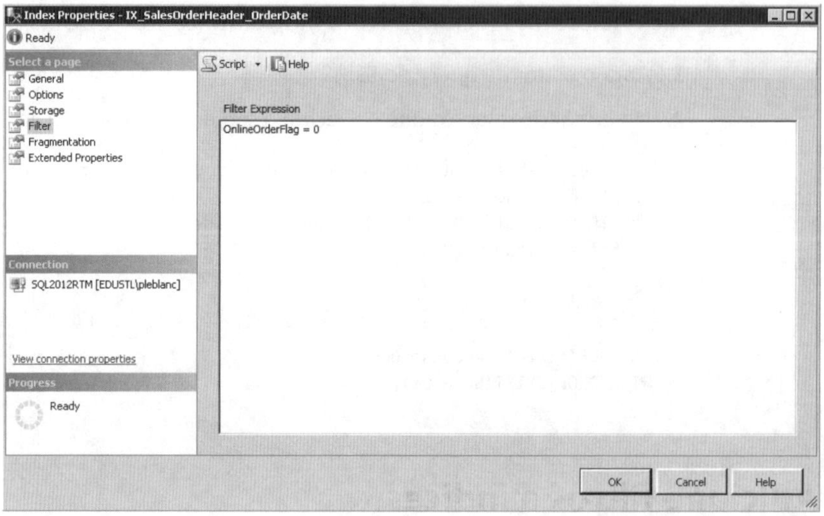

10. Clique em OK duas vezes.

Adicione um filtro a um índice utilizando T-SQL

1. Abra o editor de query no SSMS.
2. No editor de query, digite e execute o seguinte código T-SQL:

```
--Use este script para adicionar um filtro a um índice
USE AdventureWorks2012;
CREATE NONCLUSTERED INDEX IX_SalesOrderHeader_OrderDate
ON Sales.SalesOrderHeader
(
    OrderDate
)
INCLUDE(Status, AccountNumber)
WHERE(OnlineOrderFlag = 0)
WITH(DROP_EXISTING = ON);
```

Insira índices

O último argumento determina onde o índice residirá no disco. Se você não fornecer um local, o índice será inserido no mesmo filegroup da tabela de base. Discutimos os filegroups anteriormente. Contudo, se preferir, você pode inserir um índice em um filegroup ou partição diferente.

Consulte também *O Capítulo 4, "Projeto de bancos de dados SQL Server", discute os filegroups, e o Capítulo 8, "Particionamento de tabelas", aborda as partições em detalhes.*

Se quiser inserir um índice em outro filegroup que não o PRIMARY, você deve primeiro ter um filegroup que inclua um arquivo de dados. O código a seguir adiciona um segundo filegroup e um arquivo de dados ao banco de dados AdventureWorks2012:

```
USE master;
ALTER DATABASE AdventureWorks2012
     ADD FILEGROUP AW2012FileGroup2;

ALTER DATABASE AdventureWorks2012
ADD FILE
(
     NAME = IndexFile,
 FILENAME = 'C:\SQLData\IndexFile.ndf',
 SIZE = 5MB,
 MAXSIZE = 100MB,
 FILEGROWTH = 5MB
)
TO FILEGROUP AW2012FileGroup2;
```

Agora, com as peças no lugar, no próximo exercício você vai modificar um índice existente a fim de movê-lo para o novo filegroup.

Insira um índice em um filegroup utilizando SSMS

1. Abra o SSMS e conecte-se a um servidor.
2. Expanda a pasta Databases.
3. Expanda o banco de dados AdventureWorks2012.
4. Expanda a pasta Tables.
5. Expanda a tabela Sales.SalesOrderHeader.
6. Expanda a pasta Indexes.
7. Clique com o botão direito do mouse no índice IX_SalesOrderHeader_OrderDate e selecione Properties.
8. Selecione Storage na seção Select a Page.
9. Selecione AW2012FileGroup2 na lista suspensa Filegroup.

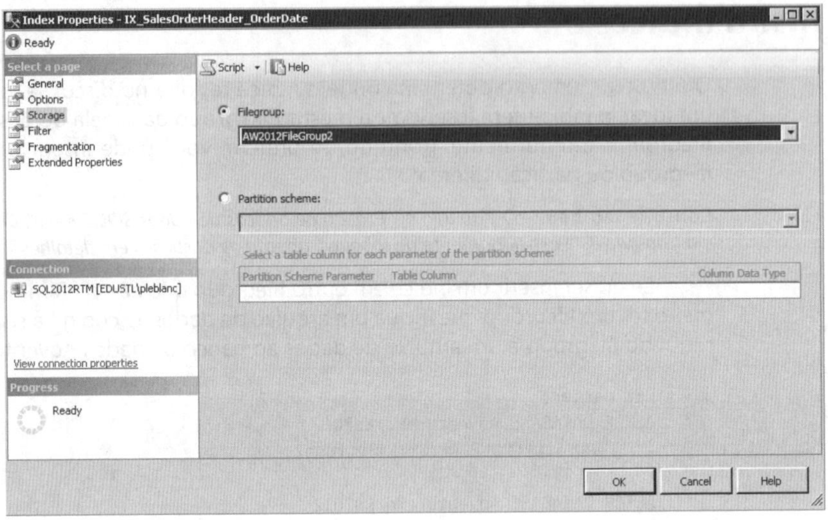

10. Clique em OK duas vezes.

Insira um índice em um filegroup utilizando T-SQL

1. Abra o editor de query no SSMS.
2. No editor de query, digite e execute o seguinte código T-SQL:

```
--Use este script para inserir um índice em um filegroup
USE AdventureWorks2012;
CREATE NONCLUSTERED INDEX IX_SalesOrderHeader_OrderDate
ON Sales.SalesOrderHeader
(
    OrderDate
)
INCLUDE(Status, AccountNumber)
WHERE(OnlineOrderFlag = 0)
WITH(DROP_EXISTING = ON)
ON AW2012FileGroup2;
```

Desabilite e remova índices

Muitas vezes, um índice é criado e, após algum tempo, um administrador ou desenvolvedor de banco de dados pode perceber que, na verdade, ele não é necessário. Como resultado, o administrador ou desenvolvedor normalmente desejará remover o índice. Em alguns casos, em vez de remover o índice, pode ser uma boa ideia desabilitá-lo. Isso permitirá verificar como o desempenho é afetado, sem realmente remover o índice.

Desabilite um índice utilizando SSMS

1. Abra o SSMS e conecte-se a um servidor.
2. Expanda a pasta Databases.
3. Expanda o banco de dados AdventureWorks2012.
4. Expanda a pasta Tables.
5. Expanda a tabela Sales.SalesOrderHeader.
6. Expanda a pasta Indexes.
7. Clique com o botão direito do mouse no índice IX_SalesOrderHeader_OrderDate e selecione Disable.

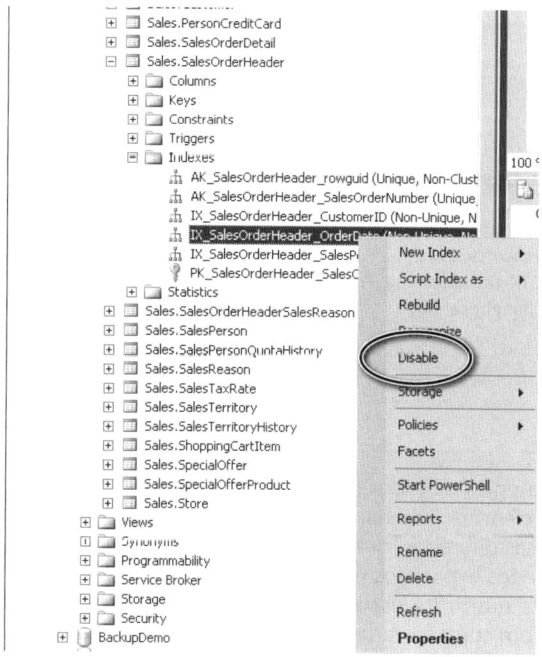

8. Clique em OK.

Desabilite um índice utilizando T-SQL

1. Abra o editor de query no SSMS.
2. No editor de query, digite e execute o seguinte código T-SQL:

```
--Use este script para desabilitar um índice
USE AdventureWorks2012;
ALTER INDEX IX_SalesOrderHeader_OrderDate
    ON Sales.SalesOrderHeader DISABLE;
```

Remova um índice utilizando SSMS

1. Abra o SSMS e conecte-se a um servidor.
2. Expanda a pasta Databases.
3. Expanda o banco de dados AdventureWorks2012.
4. Expanda a pasta Tables.
5. Expanda a tabela Sales.SalesOrderHeader.
6. Expanda a pasta Indexes.
7. Clique com o botão direito do mouse no índice IX_SalesOrderHeader_OrderDate e selecione Delete.
8. Clique em OK.

Remova um índice utilizando T-SQL

1. Abra o editor de query no SSMS.
2. No editor de query, digite e execute o seguinte código T-SQL:

```
--Use este script para remover um índice
USE AdventureWorks2012;
DROP INDEX CIX_DatabaseLog_PostTime
    ON dbo.DatabaseLog;
```

Resumo

Desenvolver estratégias de indexação para qualquer sistema de SGBDR é mais uma arte do que uma ciência. Cada banco de dados – e mais especificamente, cada tabela – tem características diferentes que podem obrigá-lo a adotar técnicas que abrangem um ou mais conceitos explicados neste capítulo. Em alguns casos, você pode criar um novo método que nunca foi usado. Independentemente de sua metodologia, você deve considerar com cuidado cada argumento e opção ao escolher sua estratégia.

PARTE III

Tópicos avançados de projeto de banco de dados

CAPÍTULO 7

Compactação de tabelas

Neste capítulo, você vai aprender a

- Entender os diferentes tipos de compactação.
- Entender como compactar uma tabela ou índice.
- Determinar quando compactar uma tabela ou índice.

Muitas vezes, ouvimos dizer que espaço em disco é barato e que não devemos nos preocupar se os bancos de dados estão crescendo rapidamente. Basta comprar mais discos. Bem, o que a maioria dos gerentes não percebe é que não estamos falando de discos comprados em alguma grande loja de componentes eletrônicos. O Microsoft SQL Server e outros RDBMSs exigem conjuntos de discos rápidos. Essa união eleva muito o preço dos discos. Além disso, se é necessário incluir alta disponibilidade e recuperação de desastres como parte da topologia, os custos duplicam.

Para compensar parte do custo, o SQL Server contém um recurso que permite compactar os dados em diferentes níveis – especificamente, tabelas e índices. É possível compactar:

- Uma tabela armazenada como heap (sem índice clusterizado)
- Uma tabela com índice clusterizado
- Um índice não clusterizado
- Uma view (modo de exibição) indexada
- Uma partição (consulte o Capítulo 8, "Particionamento de tabelas")

Com a compactação, é possível não apenas reduzir os requisitos de disco do SQL Server, mas, na maioria dos casos, também aumentar o desempenho global dos subsistemas de disco e melhorar os tempos de pedidos de query (consulta). A taxa de compactação real depende de dois fatores principais: características dos dados e o tipo de dado correspondente. Embora nem todos os tipos de dados sejam afetados pela compactação, a maioria é. A Tabela 7-1 lista os tipos de dados afetados.

TABELA 7-1 Tipos de dados afetados pela compactação

smallint	*int*	*bigint*	*decimal*	*numeric*
real	*float*	*money*	*smallmoney*	*bit*
datetime	*datetime2*	*datetimeoffset*	*char*	*nchar*
binary	*rowversion*			

O SQL Server tem dois tipos de compactação: de dados e de backup. Neste capítulo, vamos nos concentrar na compactação de dados.

> **Nota** A compactação de dados é suportada apenas na versão Enterprise do SQL Server 2012.

Entenda a compactação de linha

O mais importante na compactação do SQL Server é que ela é transparente para os aplicativos que precisam acessar os dados subjacentes. Embora a compactação mude o modo como os dados são armazenados fisicamente, os desenvolvedores não precisam alterar nada na sintaxe de seus códigos.

Por natureza, a compactação de linha não é um processo muito complicado. Basicamente, ela identifica o tipo de dado de cada coluna, o converte para comprimento variável e, por fim, reduz a quantidade de armazenamento exigida para apenas o necessário. Como resultado, a compactação aumenta o volume de dados que podem ser armazenados em uma página. Além disso, pode reduzir o volume de metadados associados a um registro.

Por exemplo, se você tiver uma coluna com tipo de dado *smallint*, por padrão, ela alocará 2 bytes de armazenamento. Contudo, o valor inserido na coluna pode exigir apenas 1 byte de armazenamento. Se esse for o caso, habilitar a compactação nessa tabela reduzirá a quantidade de armazenamento alocada para somente o que é necessário: 1 byte. Esse processo é repetido para cada coluna da tabela ou do índice.

Conforme mencionado, é possível compactar uma tabela ou um índice. Durante a criação, você pode especificar a opção que compactará os dados dentro de uma tabela. Continuando a tendência, é possível compactar dados com T-SQL e com Microsoft SQL Server Management Studio (SSMS).

Compacte uma tabela ou um índice utilizando SSMS

1. Abra o SSMS e conecte-se a um servidor.
2. Expanda o nó do servidor no Object Explorer.

3. Expanda o banco de dados AdventureWorks2012.
4. Expanda a pasta Tables e clique com o botão direito do mouse na tabela Sales. SalesOrderDetail.
5. No menu de contexto que aparece, selecione Storage | Manage Compression.
6. Quando o Data Compression Wizard aparecer, marque a caixa Do Not Show This Starting Page Again e clique em Next.

   A página a seguir, Select Compression Type, é onde toda a mágica acontece.

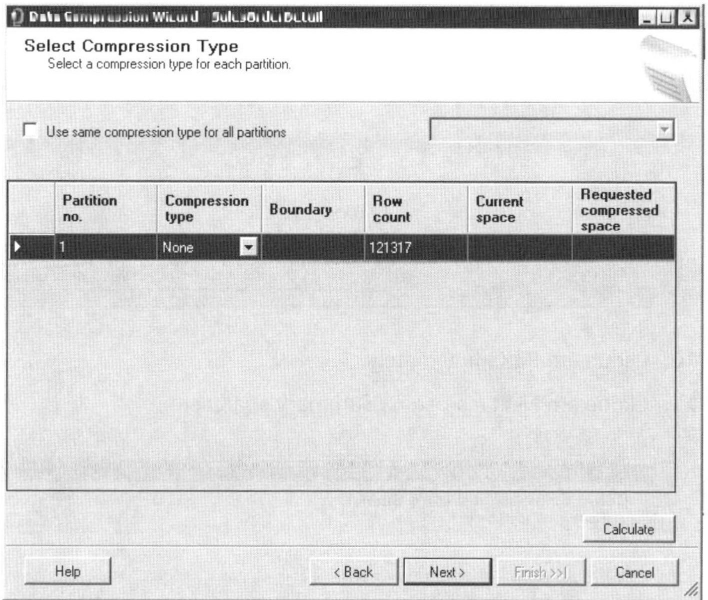

7. Marque a caixa Use Same Compression Type for All Partitions.
8. Selecione Row na lista suspensa e clique em Calculate no canto inferior direito.

   Como pode ser visto, você vai economizar aproximadamente 3 MB de espaço em disco, implementando compactação de linha na tabela.
9. Clique em Next.

   Na página Select an Output Option você especifica como e quando vai compactar os dados.

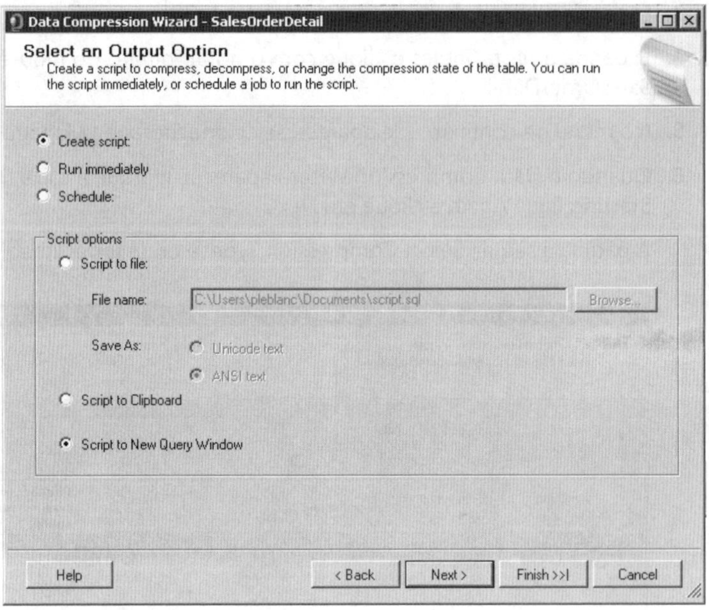

10. Clique em Run Immediately.
11. Clique em Next e a página Summary aparecerá.

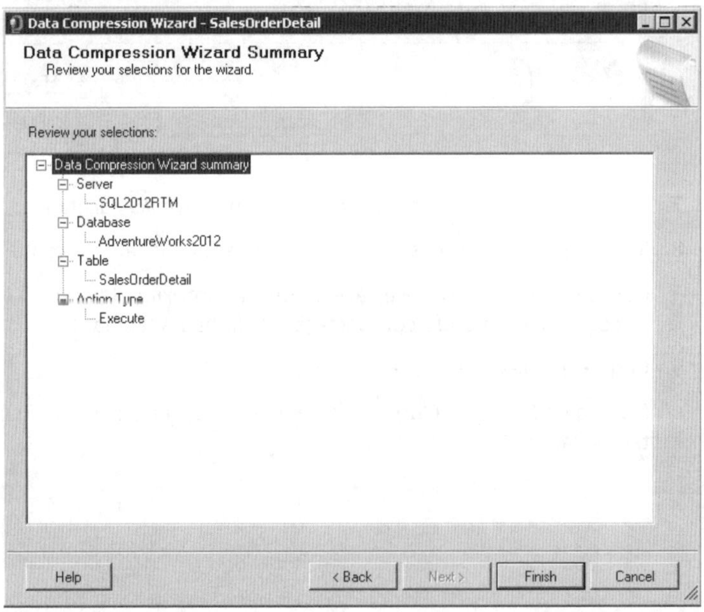

12. Leia as informações de resumo e clique em Finish.
13. A página Compression Wizard Progress aparece.

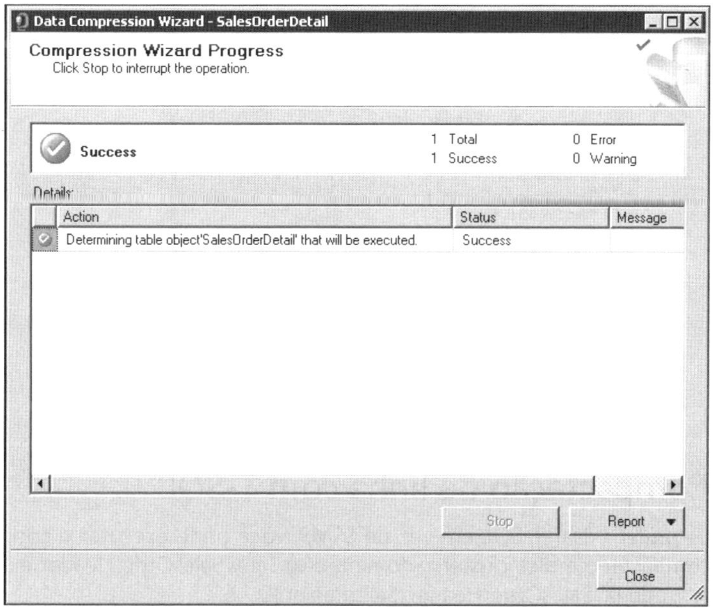

> **Nota** Compactar o heap ou o índice clusterizado não compacta os índices não clusterizados. Se quiser compactar os índices não clusterizados, você precisa fazer isso individualmente.

Compacte um índice não clusterizado utilizando SSMS

1. No Object Explorer, expanda Sales.SalesOrderHeader.
2. Expanda a pasta Indexes.
3. Clique com o botão direito do mouse no índice não clusterizado IX_SalesOrderHeader_SalesPersonID e selecione Storage | Manage Compression.

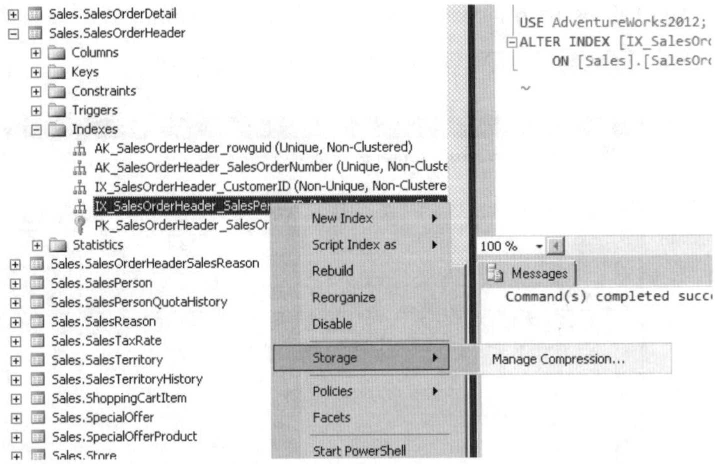

4. Repita os passos 9–13 do exercício anterior.

Compactação de linha com T-SQL

Se preferir usar T-SQL em vez de SSMS, você pode executar o código a seguir para compactar o índice clusterizado na tabela Sales.SalesOrderHeader e o índice não clusterizado IX_SalesOrderHeader_SalesPersonID:

```
   --Use este código para compactar a tabela Sales.SalesOrderHeader
USE AdventureWorks2012;
ALTER TABLE [Sales].[SalesOrderHeader]
     REBUILD WITH(DATA_COMPRESSION = ROW);

--Use este código para compactar um índice não clusterizado na tabela Sales.
SalesOrderHeader
ALTER INDEX IX_SalesOrderHeader_SalesPersonID
     ON Sales.SalesOrderHeader
     REBUILD WITH(DATA_COMPRESSION = ROW);
```

Também é possível compactar uma tabela durante sua criação inicial com T-SQL. O código a seguir cria uma tabela com uma chave primária que será compactada:

```
--Use este código para fazer a compactação de linha de uma tabela durante a
criação
USE AdventureWorks2012;
CREATE TABLE dbo.Ch7RowCompression
(
     ID int PRIMARY KEY,
     FirstName varchar(50),
     LastName varchar(50),
     BirthDate datetime
)
WITH (DATA_COMPRESSION = ROW);
```

Observe que nada muda em relação à criação de uma tabela – no entanto, você precisa adicionar no final a opção que aparece em negrito no script anterior. Agora, quando dados forem inseridos na tabela, ela terá compactação de linha. Com esse método, o índice clusterizado da tabela será compactado ou, se o índice clusterizado não existir, ele compactará o heap.

Entenda a compactação de página

A compactação de página amplia ainda mais a compactação de linha, executando alguns passos adicionais. A compactação de página executa três operações:

- Compactação de linha
- Compactação de prefixo
- Compactação de dicionário

Conforme você pode ver, a compactação de página inclui a compactação de linha como parte do processo. Nada muda no processo de compactação de linha – ele é apenas o primeiro passo da compactação de página. Após a conclusão da compactação de linha, o próximo passo é a compactação de prefixo.

Durante esse passo, cada coluna é percorrida, em busca de um valor que reduza o espaço de armazenamento para cada uma delas. Uma vez identificado o valor, uma linha para cada coluna é armazenada no cabeçalho da página. As informações como um todo se chamam Informações de Compactação (CI – Compression Information), as quais são armazenadas sob o cabeçalho da página. Os valores identificados (valores prefixados) ficam localizados em cada coluna e são substituídos por um ponteiro para o valor na seção CI. A Figura 7-1 ilustra o processo.

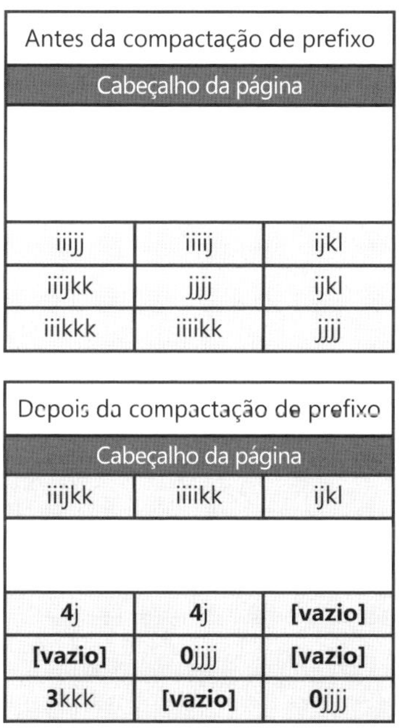

FIGURA 7-1 A compactação de prefixo é o primeiro passo da compactação de página.

Os prefixos que reduzirão o tamanho dos dados são movidos para o cabeçalho da página e os valores de coluna reais são modificados para incluir ponteiros para CI, como mostrado na Figura 7-1. O valor 3kkk representa os três primeiros caracteres do prefixo e kkk.

O passo seguinte é a compactação de dicionário, que percorre a página inteira, em vez de uma única coluna. Os valores repetidos – por exemplo, 4j – são movidos para a seção CI do cabeçalho da página e substituídos por referências para os valores, como mostrado na Figura 7-2.

Depois da compactação de prefixo		
Cabeçalho da página		
iiijkk	iiiikk	ijkl
4j	4j	
0	**0**	**[vazio]**
[vazio]	**1**	**[vazio]**
3kkk	**[vazio]**	**1**

FIGURA 7-2 A compactação de dicionário é o último passo da compactação de página.

O processo de compactação de página com SSMS ou T-SQL é exatamente igual ao da compactação de linha. A diferença é que você especifica PAGE, em vez de ROW.

Compacte uma página utilizando SSMS

1. Repita os passos 1-7 do exercício "Compacte uma tabela ou índice utilizando SSMS".
2. Na página Select Compression Type, selecione Page na lista suspensa.
3. Clique em Calculate. Os resultados podem levar alguns segundos para serem gerados.
4. Clique em Next.
5. Clique em Run Immediately.
6. Clique em Next.
7. Clique em Finish.

Compactação de página com T-SQL

Assim como na compactação de linha, é possível fazer compactação de página com T-SQL. O script a seguir fará a compactação de página do índice clusterizado na tabela Sales.SalesOrderDetail e de um dos índices não clusterizados:

```
--Use este código para fazer a compactação de página da tabela Sales.SalesOrderDetail
USE AdventureWorks2012;
ALTER TABLE Sales.SalesOrderDetail
     REBUILD WITH(DATA_COMPRESSION = PAGE);

--Use este código para fazer a compactação de página de um índice não clusterizado na
tabela Sales.SalesOrderDetail
ALTER INDEX IX_SalesOrderDetail_ProductID
     ON Sales.SalesOrderDetail
     REBUILD WITH(DATA_COMPRESSION = PAGE);
```

As maiores vantagens de usar T-SQL são a portabilidade e a reutilização do código. Embora o SSMS ofereça uma interface de usuário muito intuitiva e flexível, se você quiser reproduzir os passos em outro ambiente, terá de refazê-los para cada tabela ou índice. No entanto, se usar T-SQL, bastará apenas executar uma query.

Estime os efeitos da compactação

>>> Veja novamente a primeira figura deste capítulo, que mostra um botão Calculate, o qual retorna uma estimativa da quantidade de espaço a ser usado pela tabela ou indice após uma compactação de linha e/ou de página. Executar esses passos para estimar a economia de espaço em cada tabela ou índice individual em um banco de dados pode ser uma tarefa árdua. Felizmente, o SQL Server fornece um stored procedure (discutido em detalhes no Capítulo 17, "Stored procedures"), que pode ser utilizado para executar essa ação.

Além disso, com um pouco de tempo e habilidade, você pode criar um processo que faça um loop por todas as tabelas ou índices em um banco de dados e produza os resultados através da chamada de stored procedure. O script a seguir estima a economia de espaço para um único índice na tabela Production.TransactionHistory:

```
exec sp_estimate_data_compression_savings
     @schema_name = 'Production',
     @object_name = 'TransactionHistory',
     @index id = 1,
     @partition_number = NULL,
     @data_compression = 'row'
```

Esse script pode demorar vários minutos para executar, dependendo da quantidade de dados existente e do tipo de compactação selecionada. A coluna size_with_requested_compession_setting(KB) estima o tamanho da tabela ou índice, se for compactado. Esses resultados devem ser considerados em conjunto com outros fatores mencionados na próxima seção, ao se determinar se uma tabela ou índice deve ser compactado.

Considerações sobre a compactação

Você irá considerar cuidadosamente se vai implementar compactação de linha ou de página, antes de fazer isso. Como a maioria das coisas, a compactação tem seu custo. Embora os dados permaneçam compactados na memória, quando selecionados, eles são descompactados. Além disso, quando novas linhas são inseridas, é feita a compactação de linha e/ou de página dos dados. Quando linhas são atualizadas ou excluídas, os objetos com compactação de linha devem persistir em seu nível de compactação atual. Contudo, a compactação de página pode ser recalculada, dependendo do número de alterações ocorridas nos dados.

Como resultado, a determinação de quais objetos serão compactados depende muito das atividades executadas nos objetos correspondentes. Como ponto de partida geral, deve ser feita a compactação de linha dos objetos atualizados com frequência. Os objetos que são principalmente lidos devem ter compactação de página. Existem algumas outras questões a considerar, mas esses são bons pontos de partida. Além disso, as tabelas que só recebem anexação (ou seja, dados são adicionados no final) devem ter compactação de página.

Resumo

Decidir o que e quando compactar exige testes e análise de seu banco de dados atual. Na maioria dos casos, a compactação deve economizar espaço e pode até proporcionar alguma melhora no desempenho em seu ambiente de banco de dados global. O processo de compactação pode ser aplicado a certos objetos de seu banco de dados com SSMS ou T-SQL. Este capítulo examinou dois tipos de compactação, de linha e de página, e mostrou os passos para implementar ambos. Além disso, você aprendeu a estimar a economia de espaço que pode esperar com uma ou outra implementação.

CAPÍTULO 8

Particionamento de tabelas

Neste capítulo, você vai aprender a

- Entender o particionamento de tabelas.
- Criar uma função de particionamento.
- Criar um esquema de particionamento.
- Particionar uma tabela.

O conceito de particionamento não é muito difícil de explicar ou compreender. Vamos supor, por exemplo, que você tenha uma tabela contendo dados de vendas e queira dividi-los em segmentos baseados no ano da venda. Logicamente, a tabela seria semelhante à Figura 8-1

	IDPedido	NúmeroPedido	DataPedido
2010	1	SUS1	1/1/2010
	2	SUS2	1/2/2010
2011	3	SUS3	3/2/2011
	4	SUS4	4/5/2011
2012	5	SUS5	2/2/2012
	6	SUS6	10/2/2012

FIGURA 8-1 Particionamento lógico de tabela.

Como mostrado na Figura 8-1, é simples ilustrar a divisão dos dados por ano. Quando dados forem adicionados à tabela, serão colocados no local apropriado, com base no ano da venda. O particionamento de tabelas oferece vários benefícios, principalmente na forma de manutenção simplificada, possíveis melhoras de desempenho e a capacidade de armazenar dados fisicamente em um único banco de dados em vários discos.

Então, como o particionamento pode ser manipulado fisicamente, enquanto dados são inseridos em uma tabela do Microsoft SQL Server? O processo consiste nos três passos a seguir:

1. Crie uma função de particionamento.
2. Crie um esquema de particionamento.
3. Aplique o esquema de particionamento a uma tabela.

Vamos examinar cada passo nas seções a seguir.

Crie uma função de particionamento

Enquanto o processo de particionamento lógico – ou você poderia até dizer *manual* – é simples, o particionamento de uma tabela no SQL Server não é muito mais difícil. A primeira etapa é criar uma função de partição. Essa função é a que será utilizada para alinhar ou mapear os dados na partição correspondente, com base em uma coluna da tabela.

> **Nota** No SQL Server é possível particionar tabelas que têm e que não têm índices.

Utilize argumentos para a função de particionamento

Ao criar uma função de partição, você deve especificar ou fornecer algumas informações. A primeira e mais óbvia é um nome. A seguinte é o tipo do parâmetro de entrada, que é o tipo de dado da coluna a ser utilizada para o particionamento. Os únicos tipos de dados que não podem ser usados são *text*, *ntext*, *image*, *xml*, *timestamp*, *varchar(max)*, *nvarchar(max)* e *varbinary(max)*, tipos de dados *alias* e tipos de dados *Common Language Runtime (CLR)* definidos pelo usuário. Normalmente, uma coluna de data ou inteir é usada para a função de particionamento. As duas últimas, o limite e o lado do limite (RIGHT ou LEFT), trabalham em equipe para determinar especificamente como os dados serão particionados. O primeiro é o valor limite, que atua como restrição em cada partição. Esse valor é igual a $n + 1$ o número de valores fornecidos. Por exemplo, veja novamente a Figura 8-1 e observe que os valores seriam 2010, 2011 e 2012, e uma quarta partição que conteria todos os dados maiores que 2012. O último argumento define em que lado, LEFT ou RIGHT (esquerdo ou direito), o limite residirá.

> **Nota** No Microsoft SQL Server 2012, o número de partições que podem ser criadas em uma tabela ou índice foi ampliado para 15.000.

> **Nota** Para facilitar a manutenção e, muitas vezes, melhorar o desempenho, recomenda-se colocar cada partição em um filegroup separado. Ao criar seus filegroups, você sempre deve incluir um a mais do que o número de limites especificado em sua função de partição. Os filegroups devem ser colocados em discos diferentes para separar a E/S fisicamente. O script a seguir adiciona vários filegroups ao banco de dados AdventureWorks2012:
>
> ```
> ALTER DATABASE AdventureWorks2012;
>     ADD FILEGROUP Sales2005;
> --Use este código para adicionar vários filegroups ao banco de dados
> AdventureWorks2012
> USE master;
> ALTER DATABASE AdventureWorks2012
> ADD FILE
> ```

```
(
     NAME = 'Sales2005',
  FILENAME = 'C:\SQLData\Sales2005File.ndf',
  SIZE = 5MB,
  MAXSIZE = 200MB,
  FILEGROWTH = 5MB
)
TO FILEGROUP Sales2005;

ALTER DATABASE AdventureWorks2012
     ADD FILEGROUP Sales2006;

ALTER DATABASE AdventureWorks2012
ADD FILE
(
     NAME = 'Sales2006',
  FILENAME = 'C:\SQLData\Sales2006File.ndf',
  SIZE = 5MB,
  MAXSIZE = 200MB,
  FILEGROWTH = 5MB
)
TO FILEGROUP Sales2006;

ALTER DATABASE AdventureWorks2012
     ADD FILEGROUP Sales2007;

ALTER DATABASE AdventureWorks2012
ADD FILE
(
     NAME = 'Sales2007',
  FILENAME = 'C:\SQLData\Sales2007File.ndf',
  SIZE = 5MB,
  MAXSIZE = 200MB,
  FILEGROWTH = 5MB
)
TO FILEGROUP Sales2007;

ALTER DATABASE AdventureWorks2012
     ADD FILEGROUP Sales2008;

ALTER DATABASE AdventureWorks2012
ADD FILE
(
     NAME = 'Sales2008',
  FILENAME = 'C:\SQLData\Sales2008File.ndf',
  SIZE = 5MB,
  MAXSIZE = 200MB,
  FILEGROWTH = 5MB
)
```

```
TO FILEGROUP Sales2008;
ALTER DATABASE AdventureWorks2012
     ADD FILEGROUP Sales2009;

ALTER DATABASE AdventureWorks2012
ADD FILE
(
     NAME = 'Sales2009',
  FILENAME = 'C:\SQLData\Sales2009File.ndf',
  SIZE = 5MB,
  MAXSIZE = 200MB,
  FILEGROWTH = 5MB
)
TO FILEGROUP Sales2009;
```

Embora o SQL Server 2012 ofereça uma interface de usuário muito robusta, que abrange todos os passos exigidos para particionar uma tabela ou um índice, inicialmente você vai usar T-SQL para trabalhar no processo de particionamento.

Crie uma função de particionamento utilizando T-SQL

1. Abra o editor de query no Microsoft SQL Server Management Studio (SSMS).
2. No editor de query, digite e execute o seguinte código T-SQL:

```
--Use este código para criar uma função de particionamento
USE AdventureWorks2012;
CREATE PARTITION FUNCTION fnPOOrderDate (datetime)
AS RANGE LEFT
FOR VALUES('20051231','20061231','20071231','20081231')
```

O script anterior resulta na divisão ou particionamento ilustrado na Figura 8-2.

Partição	1	2	3	4	5
Valores ou intervalos	OrderDate <= 12/31/2005	OrderDate entre 1/1/2006 e 12/31/2006	OrderDate entre 1/1/2007 e 12/31/2007	OrderDate entre 1/1/2008 e 12/31/2008	OrderDate > 12/31/2008
	Qualquer coisa menor que 2006	Somente 2006	Somente 2007	Somente 2008	Qualquer coisa maior que 2008

FIGURA 8-2 Distribuição de dados da função de particionamento.

Crie um esquema de particionamento

Conforme mencionado anteriormente, usar filegroups como parte de sua estratégia de particionamento proporciona várias vantagens. Para garantir a inserção dos dados corretos no filegroup adequado, você vai utilizar um *esquema de particionamento*. O esquema de particionamento atribui ou mapeia em filegroups as partições criadas pela função.

Especifique argumentos para o esquema de particionamento

Você pode especificar quatro argumentos ao criar um esquema de particionamento:

- O nome, cuja definição e objetivo são óbvios.
- O nome da função de particionamento, que deve ser criada antes do esquema. As partições criadas pela função especificada serão mapeadas nos filegroups fornecidos na criação do esquema.
- ALL, que, quando usado, limita o número de filegroups a um.
- O último argumento, que aceita uma lista delimitada por vírgulas de filegroups.

As partições são atribuídas aos filegroups na ordem em que são listadas, partindo da primeira partição especificada na função.

Crie um esquema de particionamento utilizando T-SQL

1. Abra o editor de query no SSMS.
2. No editor de query, digite e execute o seguinte código T-SQL:

```
--Use este código para criar uma função de particionamento
USE AdventureWorks2012;
CREATE PARTITION SCHEME schPOOrderDate
AS PARTITION fnPOOrderDate
TO(Sales2005, Sales2006, Sales2007, Sales2008, Sales2009);
```

Particione tabelas e índices

Conforme mencionado, tanto tabelas como índices podem ser particionados. Mais especificamente, é possível particionar:

- Uma tabela sem índice clusterizado (heap)
- Um índice clusterizado
- Um índice único
- Um índice não clusterizado

Ao se particionar um índice clusterizado, a coluna especificada como coluna de particionamento deve ser incluída na chave de clustering. Se você está particionando um índice clusterizado ou não clusterizado que não é único, a coluna de particionamento não é exigida como parte da chave. Contudo, se ela não for incluída, o SQL Server a adicionará no índice por padrão. Com relação a índices únicos, clusterizados ou não clusterizados, você deve incluir a coluna de particionamento como parte da chave de índice único.

Particione uma tabela utilizando SSMS

1. Abra o SSMS e conecte-se a um servidor.
2. No editor de query, digite e execute o seguinte código T-SQL:

```
USE [AdventureWorks2012];
IF(OBJECT_ID('dbo.PurchaseOrderHeader')) IS NOT NULL
    DROP TABLE dbo.PurchaseOrderHeader

GO
CREATE TABLE dbo.[PurchaseOrderHeader](
     [PurchaseOrderID] [int] NOT NULL,
     [RevisionNumber] [tinyint] NOT NULL,
     [Status] [tinyint] NOT NULL,
     [EmployeeID] [int] NOT NULL,
     [VendorID] [int] NOT NULL,
     [ShipMethodID] [int] NOT NULL,
     [OrderDate] [datetime] NOT NULL,
     [ShipDate] [datetime] NULL,
     [SubTotal] [money] NOT NULL,
     [TaxAmt] [money] NOT NULL,
     [Freight] [money] NOT NULL,
     [TotalDue] money,
     [ModifiedDate] [datetime] NOT NULL
);
```

3. No Object Explorer, expanda a pasta Databases.
4. Expanda o banco de dados AdventureWorks2012.
5. Expanda a pasta Tables.
6. Clique com o botão direito do mouse na tabela Sales.Sales OrderHeader.
7. Selecione Storage | Create Partition no menu de contexto.

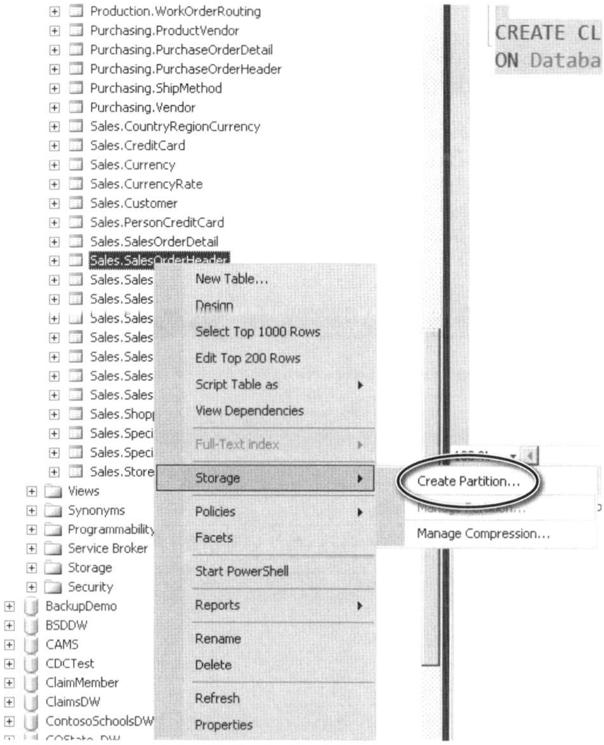

8. Na página Create Partition Wizard, clique em Next.
9. Na página Select a Partitioning Column, clique no botão de opção ao lado da coluna OrderDate.

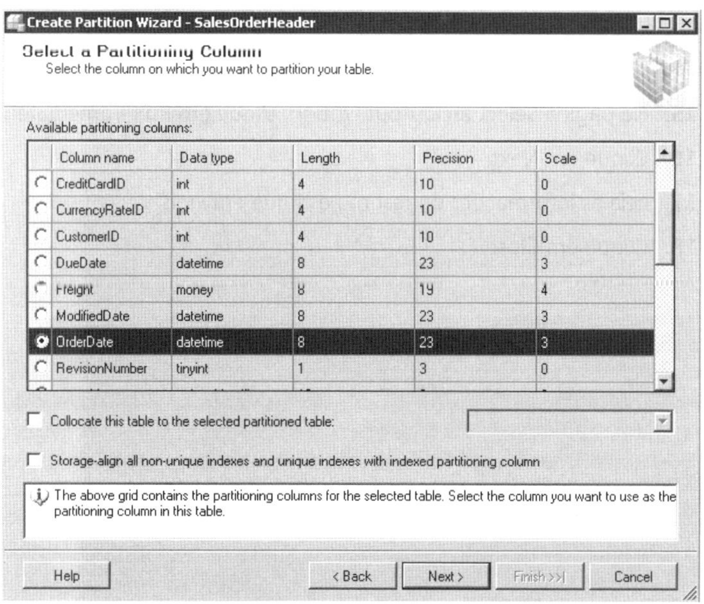

10. Clique em Next.
11. Na página Select a Partition Function, clique em Existing Partition Function e selecione fnPOOrderDate na lista suspensa.
12. Na página Select a Partition Scheme, clique em Existing Partition Scheme e selecione schPOOrderDate na lista suspensa.
13. Como você escolheu uma função e um esquema já existentes, a página Map Partitions deverá ser preenchida com os valores corretos, como mostra a imagem a seguir.

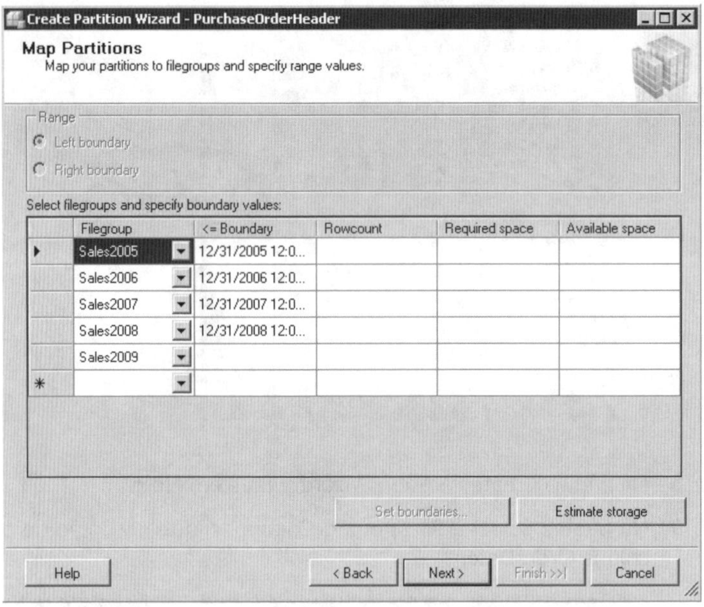

14. Clique em Next.
15. Na página Select an Output Option, clique em Run Immediately.
16. Clique em Next.
17. Leia as informações de resumo e clique em Finish.
18. Clique em Close.

Particione uma tabela utilizando T-SQL

1. Abra o editor de query no SSMS.
2. No editor de query, digite e execute o seguinte código T-SQL:

```
USE [AdventureWorks2012];
IF(OBJECT_ID('dbo.PurchaseOrderHeader')) IS NOT NULL
     DROP TABLE dbo.PurchaseOrderHeader

GO
CREATE TABLE dbo.[PurchaseOrderHeader](
     [PurchaseOrderID] [int] NOT NULL,
     [RevisionNumber] [tinyint] NOT NULL,
     [Status] [tinyint] NOT NULL,
     [EmployeeID] [int] NOT NULL,
     [VendorID] [int] NOT NULL,
     [ShipMethodID] [int] NOT NULL,
     [OrderDate] [datetime] NOT NULL,
     [ShipDate] [datetime] NULL,
     [SubTotal] [money] NOT NULL,
     [TaxAmt] [money] NOT NULL,
     [Freight] [money] NOT NULL,
     [TotalDue] money,
     [ModifiedDate] [datetime] NOT NULL
) ON schPOOrderDate(OrderDate);
```

Nota O script anterior cria uma tabela padrão. Contudo, observe que a última linha em negrito diz ao SQL Server para que crie uma tabela usando o esquema de particionamento especificado e OrderDate como coluna de partição.

Particione uma tabela utilizando SSMS

1. Abra o SSMS e conecte-se a um servidor.
2. No editor de query, digite e execute o seguinte código T-SQL:

```
USE [AdventureWorks2012];
CREATE CLUSTERED INDEX CIX_PurchaseOrderHeader_OrderDate
ON dbo.PurchaseOrderHeader(OrderDate)
```

3. No Object Explorer, expanda a pasta Databases.
4. Expanda o banco de dados AdventureWorks2012.
5. Expanda a pasta Tables.
6. Expanda Indexes.

7. Clique com o botão direito do mouse no índice CIX_PurchaseOrderHeader_OrderDate e selecione Properties no menu de contexto.
8. Clique em Storage na seção Select a Page.
9. Clique em Partition Scheme e selecione schPOOrderDate na lista suspensa.
10. Clique abaixo de Table Column (mais abaixo na tela).
11. Selecione OrderDate na lista suspensa.

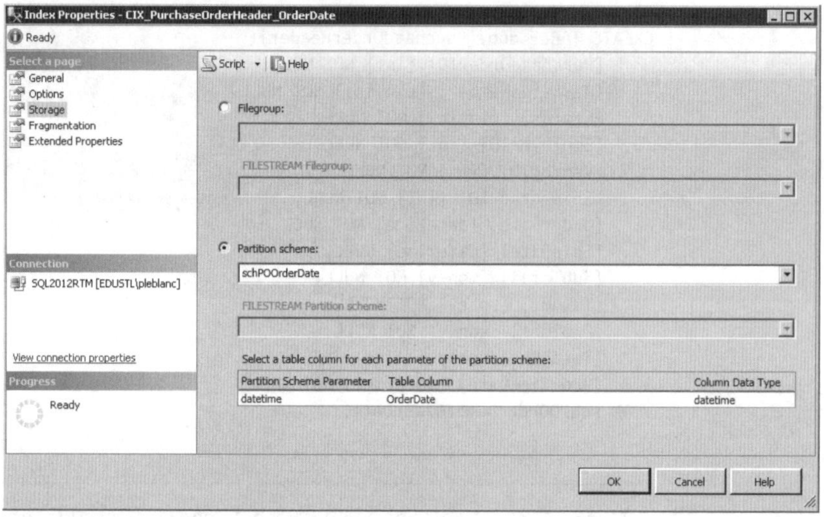

12. Clique em OK.

Particione um índice utilizando T-SQL

1. Abra o editor de query no SSMS.
2. No editor de query, digite e execute o seguinte código T-SQL:

```
USE [AdventureWorks2012];
CREATE CLUSTERED INDEX CIX_PurchaseOrderHeader_OrderDate
ON dbo.PurchaseOrderHeader(OrderDate)
WITH(DROP_EXISTING = ON)
ON schPOOrderDate(OrderDate);
```

Resumo

Este capítulo apresentou um breve panorama do particionamento do SQL Server, incluindo uma introdução aos principais conceitos e termos necessários para um entendimento geral do processo de particionamento. Você acompanhou uma demonstração passo a passo sobre como criar uma função e um esquema de particionamento que podem ser usados para particionar uma tabela ou um índice. Você precisará investigar vários tópicos avançados, quando tiver adquirido um entendimento básico do particionamento. À medida que suas arquiteturas de banco de dados se tornarem mais complexas e os requisitos de espaço para os dados aumentarem, pense na possibilidade de examinar mais tópicos sobre particionamento, incluindo a modificação, a divisão e o alinhamento de partições.

CAPÍTULO 9

Instantâneos de banco de dados

Neste capítulo, você vai aprender a

- Entender os instantâneos (snapshots) de banco de dados.
- Identificar os pré-requisitos dos instantâneos (snapshots) de banco de dados.
- Criar e visualizar um instantâneo (snapshot) de banco de dados.
- Remover um instantâneo (snapshot) de banco de dados.
- Reverter para um instantâneo (snapshot) de banco de dados.

Um instantâneo (ou *snapshot*) *de banco de dados* é uma cópia estática, somente leitura, de um banco de dados Microsoft SQL Server já existente. Ao se falar em instantâneos, o banco de dados existente é denominado banco de dados *de origem*. Quando um instantâneo é criado, ele é uma réplica somente leitura e exata do banco de dados de origem nesse momento. Quando o banco de dados de origem muda, o instantâneo será atualizado para garantir que esteja sincronizado.

Este capítulo abrange as informações necessárias para se determinar quando, como e por que implementar instantâneos. Especificamente, ele destaca as limitações e os pré-requisitos para se usar instantâneos, e você vai aprender a criar e a visualizar snapshots. Por fim, vai aprender a usar um instantâneo como backup, para o caso de não existir um, e também a remover um instantâneo, quando não for mais necessário.

Entenda os pré-requisitos e as limitações dos instantâneos de banco de dados

Ao criar um instantâneo de banco de dados, você deve garantir que seu banco de dados de origem permaneça disponível constantemente e de forma consistente. A seguir, está uma lista dos pré-requisitos e das limitações mais comuns do banco de dados de origem:

- Os instantâneos de banco de dados são suportados apenas na versão Enterprise do SQL Server 2012.
- O banco de dados de origem e o do instantâneo devem residir na mesma instância de SQL Server.
- O banco de dados de origem não pode ser removido, desanexado nem restaurado.
- Os arquivos do banco de dados de origem não podem ser removidos.
- O desempenho poderá ser afetado negativamente, devido a uma maior E/S na origem.

Embora o próprio instantâneo forneça uma cópia somente leitura do banco de dados de origem, você deve considerar vários fatores limitantes, antes de implementar instantâneo em seu ambiente. A seguir está uma lista das limitações comuns do instantâneo:

- Os instantâneos devem residir no mesmo servidor do banco de dados de origem.
- Não é possível fazer backup de instantâneo, restaurá-los ou desanexá-los.
- As alterações feitas no banco de dados de origem farão o banco de dados "snapshot" crescer. Portanto, você deve certificar-se de ter disponível espaço em disco igual ao tamanho de seu banco de dados de origem.
- Se um instantâneo ficar sem espaço, deverá ser excluído e recriado.

Novamente, essa não é uma lista completa das limitações, mas essas são as que normalmente têm impacto, se e quando os instantâneos de banco de dados funcionarem em seu ambiente.

Crie e visualize instantâneos de banco de dados

T-SQL é o principal mecanismo para criar instantâneos (snapshots) de banco de dados. A sintaxe é semelhante a um script de criação de banco de dados tradicional, com algumas pequenas modificações. O código a seguir mostra um exemplo da sintaxe do script:

```
CREATE DATABASE <nome do instantâneo de banco de dados>
ON
(
     NAME = <Nome Lógico do arquivo de banco de dados de origem>,
     FILENAME = <Caminho do Arquivo onde o arquivo será armazenado e o nome do arquivo>
)
AS SNAPSHOT OF <nome do banco de dados de origem>
```

Se o banco de dados de origem tiver vários arquivos de dados, você deverá especificar cada um deles no script. Isso está demonstrado no próximo exercício.

Crie um instantâneo de banco de dados utilizando T-SQL

1. Abra o editor de query no Microsoft SQL Server Management Studio (SSMS).
2. No editor de query, digite e execute o seguinte código T-SQL:

```
--Use este script para criar um instantâneo de um banco de dados
USE master;
CREATE DATABASE SBSChp4TSQL_snapshot_42012200
ON
(
     NAME = SBSChp4TSQL1,
     FILENAME = 'C:\SQLDATA\SBSChp4TSQL1_snapshot_data.ss'
),
```

```
(
    NAME = SBSChp4TSQL2,
    FILENAME = 'C:\SQLDATA\SBSChp4TSQL2_snapshot_data.ss'
)
AS SNAPSHOT OF SBSChp4TSQL;
```

Visualize um instantâneo de banco de dados com SSMS

1. Abra o SSMS e conecte-se a um servidor.
2. No Object Explorer, expanda a pasta Databases.
3. Expanda a pasta Database Snapshots.

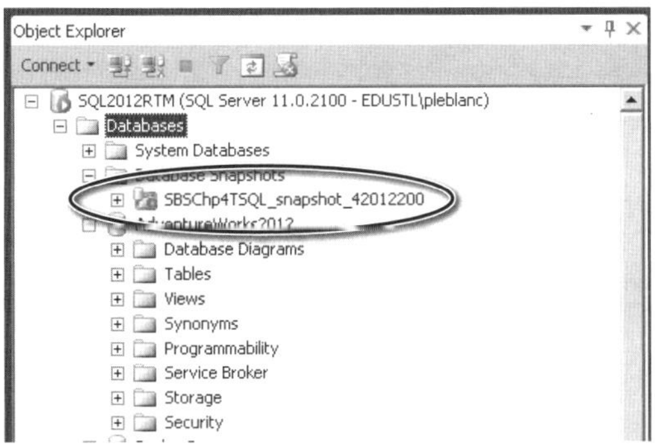

Remova instantâneos de banco de dados

Em algum momento, você pode decidir que um instantâneo de banco de dados não tem mais utilidade ou que ele está consumindo muito espaço e que gostaria de começar um instantâneo novo. Um instantâneo pode ser removido com SSMS ou T-SQL.

Remova um instantâneo de banco de dados utilizando SSMS

1. Abra o SSMS e conecte-se a um servidor.
2. No Object Explorer, expanda a pasta Databases.
3. Expanda a pasta Database Snapshots.
4. Clique com o botão direito do mouse no instantâneo de banco de dados que você deseja remover e selecione Delete no menu de contexto.

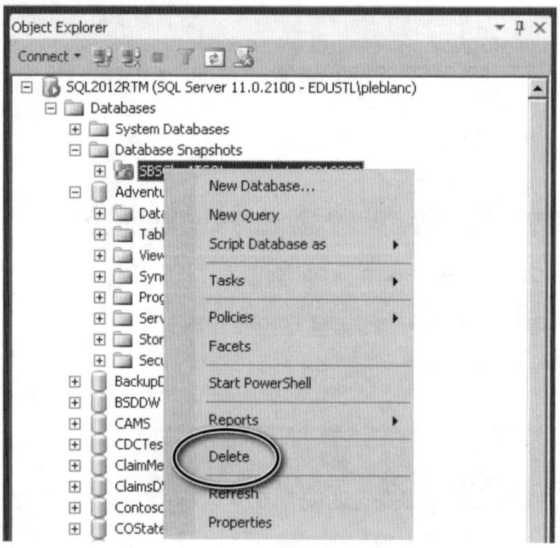

5. Marque a caixa Close Existing Connections.

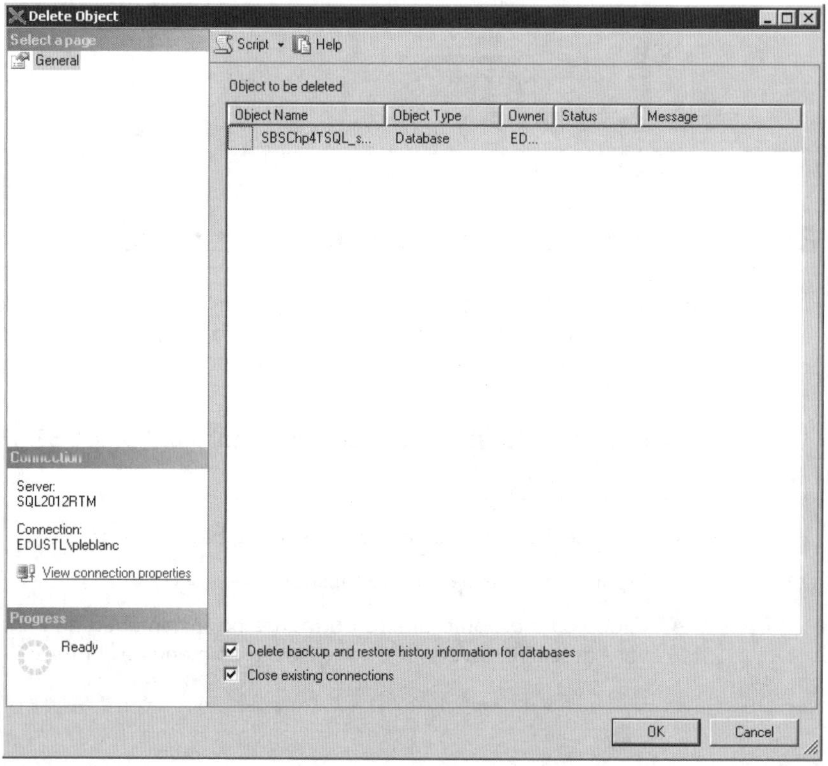

6. Clique em OK.

Remova um instantâneo de banco de dados utilizando T-SQL

1. Abra o editor de query no SSMS.
2. No editor de query, digite e execute o seguinte código T-SQL:

```
--Use este script para criar um instantâneo de um banco de dados
USE master;
CREATE DATABASE SBSChp4TSQL_snapshot_42012400
ON
(

    NAME = SBSChp4TSQL1,
    FILENAME = 'C:\SQLDATA\SBSChp4TSQL14_snapshot_data.ss'
),
(
    NAME = SBSChp4TSQL2,
    FILENAME = 'C:\SQLDATA\SBSChp4TSQL24_snapshot_data.ss'
)
AS SNAPSHOT OF SBSChp4TSQL;
```

3. Abra uma nova janela de query.
4. Na nova janela do editor de query, digite e execute o seguinte código T-SQL:

```
--Use este script para remover um instantâneo de banco de dados
USE master;
DROP DATABASE SBSChp4TSQL_snapshot_42012400;
```

Reverta para um instantâneo do banco de dados

Uma das maiores vantagens que você pode ter criando instantâneos de banco de dados é a capacidade de utilizá-los como backup para um banco de dados. Suponha, por exemplo, que alguém excluiu acidentalmente dados de uma tabela de seu banco de dados ou que uma tabela foi removida. Como você restauraria esse objeto? Poderia usar um backup do banco de dados; contudo, se criasse um instantâneo de banco de dados, poderia utilizar esse instantâneo. O instantâneo pode oferecer uma versão ainda mais recente do esquema e dos dados do banco de dados do que seu último backup.

Reverta para um instantâneo de banco de dados utilizando T-SQL

1. Abra o editor de query no SSMS.
2. No editor de query, digite e execute o seguinte código T-SQL:

```
--Use este script para criar um instantâneo de um banco de dados
USE master;
RESTORE DATABASE SBSChp4TSQL FROM DATABASE_SNAPSHOT = 'SBSChp4TSQL_
snapshot_42012400';
```

Restaurar a partir de um instantâneo do banco de dados é uma opção viável em alguns casos, mas essa não é uma cópia completa do banco de dados. Portanto, se o banco de dados de origem foi corrompido, você não poderá reverter para o instantâneo. Aqui estão mais algumas limitações que você poderá encontrar:

- O banco de dados de origem deve ter apenas um instantâneo.
- Se qualquer um dos arquivos for somente leitura ou estiver offline, você não poderá reverter para um instantâneo.
- As alterações que ocorreram depois da última vez que o instantâneo usado para a reversão foi atualizado serão perdidas.

Resumo

Conforme discutido neste capítulo, os instantâneos (snapshots) de banco de dados oferecem às organizações várias maneiras de aproveitar uma cópia dos dados e do esquema, as quais talvez não estivessem disponíveis anteriormente. Em geral, eles são utilizados como fontes para relatórios e consultas *ad-hoc*. Além disso, você pode utilizá-los como fonte de backup, em caso de perda de dados. Independentemente de seu motivo para aproveitar os instantâneos, você deve levar em conta os requisitos adicionais de espaço em disco e a possibilidade de degradação do desempenho, quando pensar em usar esse recurso.

CAPÍTULO 10

A instrução SELECT

Neste capítulo, você vai aprender a

- Escrever uma instrução SELECT.
- Classificar seus resultados.
- Filtrar uma instrução SELECT com a cláusula WHERE.
- Utilizar operadores de comparação.
- Utilizar o operador BETWEEN.
- Utilizar a cláusula WHERE com várias condições.
- Pesquisar uma lista de valores.
- Utilizar uma pesquisa com curinga.
- Criar alias.
- Utilizar o operador JOIN.
- Limitar os dados retornados em seu conjunto de resultados.
- Utilizar a palavra-chave UNION para combinar conjuntos de resultados.

Até aqui neste livro, você aprendeu a criar bancos de dados e tabelas, mas o que acontece depois que um aplicativo adicionou dados ao banco de dados? Como você extrai os dados? A recuperação de dados no Microsoft SQL Server é um processo muito natural e simples. Para recuperar ou acessar dados dentro de um banco de dados SQL Server, use uma instrução SELECT, que é o assunto deste capítulo.

Escreva uma instrução SELECT

Embora a instrução SELECT ofereça muitos argumentos que podem torná-la muito complexa, em sua forma mais simples ela consiste em duas palavras-chave: uma lista de colunas e um nome de tabela.

Escreva uma instrução SELECT

1. Abra o Microsoft SQL Server Management Studio (SSMS) e conecte-se em um servidor.
2. No Object Explorer, expanda a pasta Databases.
3. Expanda o banco de dados AdventureWorks2012.
4. Expanda a pasta Tables.
5. Expanda a tabela HumanResources.Department.
6. Abra o editor de query no SSMS.
7. No editor de query, digite o seguinte código T-SQL:

```
USE AdventureWorks2012;
SELECT
FROM
```

8. Arraste a pasta Columns abaixo de tabela no Object Explorer para a direita da palavra-chave SELECT. Certifique-se de haver um espaço após a palavra-chave SELECT.
9. Arraste a tabela HumanResources.Department do Object Explorer para a direita da palavra-chave FROM. Certifique-se de haver um espaço após a palavra-chave FROM.

```
--Use esta query para selecionar dados da tabela HumanResources.Department do
banco de dados AdventureWorks2012
USE AdventureWorks2012;
SELECT DepartmentID, Name, GroupName, ModifiedDate
FROM [HumanResources].[Department]
```

10. Execute a query e examine os resultados.

Results | Messages

	DepartmentID	Name	GroupName	ModifiedDate
1	1	Engineering	Research and Development	2002-06-01 00:00:00.000
2	2	Tool Design	Research and Development	2002-06-01 00:00:00.000
3	3	Sales	Sales and Marketing	2002-06-01 00:00:00.000
4	4	Marketing	Sales and Marketing	2002-06-01 00:00:00.000
5	5	Purchasing	Inventory Management	2002-06-01 00:00:00.000
6	6	Research and Development	Research and Development	2002-06-01 00:00:00.000
7	7	Production	Manufacturing	2002-06-01 00:00:00.000
8	8	Production Control	Manufacturing	2002-06-01 00:00:00.000
9	9	Human Resources	Executive General and Administration	2002-06-01 00:00:00.000
10	10	Finance	Executive General and Administration	2002-06-01 00:00:00.000
11	11	Information Services	Executive General and Administration	2002-06-01 00:00:00.000
12	12	Document Control	Quality Assurance	2002-06-01 00:00:00.000
13	13	Quality Assurance	Quality Assurance	2002-06-01 00:00:00.000
14	14	Facilities and Maintenance	Executive General and Administration	2002-06-01 00:00:00.000
15	15	Shipping and Receiving	Inventory Management	2002-06-01 00:00:00.000
16	16	Executive	Executive General and Administration	2002-06-01 00:00:00.000

> **Nota** Se quiser retornar todas as colunas de uma tabela, substitua a lista de colunas por um asterisco (*), assim cada coluna será incluída na instrução SELECT:
>
> ```
> USE AdventureWorks2012;
> SELECT *
> FROM [HumanResources].[Department]
> ```

Classifique os resultados

Agora que você recuperou os dados, talvez queira fazer certas coisas com os resultados da query (consulta). Por exemplo, frequentemente, você desejará classificar os dados. Para classificar dados no SQL Server 2012, use a cláusula ORDER BY. Essa cláusula classifica os dados na ordem especificada – crescente (ASC) ou decrescente (DESC).

Ordene o conjunto de resultados

1. Abra o editor de query no SSMS.
2. No editor de query, digite e execute o seguinte código T-SQL:

```
--Use esta query para classificar os resultados de uma query
USE AdventureWorks2012;
SELECT *
FROM [HumanResources].[Department]
ORDER BY DepartmentID DESC
```

Em vez de retornar os resultados a partir de DepartmentID 1, como mostrado na imagem anterior, os resultados começam com DepartmentID 16. A imagem a seguir mostra os novos resultados.

Results | Messages

	DepartmentID	Name	GroupName	ModifiedDate
1	16	Executive	Executive General and Administration	2002-06-01 00:00:00.000
2	15	Shipping and Receiving	Inventory Management	2002-06-01 00:00:00.000
3	14	Facilities and Maintenance	Executive General and Administration	2002-06-01 00:00:00.000
4	13	Quality Assurance	Quality Assurance	2002-06-01 00:00:00.000
5	12	Document Control	Quality Assurance	2002-06-01 00:00:00.000
6	11	Information Services	Executive General and Administration	2002-06-01 00:00:00.000
7	10	Finance	Executive General and Administration	2002-06-01 00:00:00.000
8	9	Human Resources	Executive General and Administration	2002-06-01 00:00:00.000
9	8	Production Control	Manufacturing	2002-06-01 00:00:00.000
10	7	Production	Manufacturing	2002-06-01 00:00:00.000
11	6	Research and Development	Research and Development	2002-06-01 00:00:00.000
12	5	Purchasing	Inventory Management	2002-06-01 00:00:00.000
13	4	Marketing	Sales and Marketing	2002-06-01 00:00:00.000
14	3	Sales	Sales and Marketing	2002-06-01 00:00:00.000
15	2	Tool Design	Research and Development	2002-06-01 00:00:00.000
16	1	Engineering	Research and Development	2002-06-01 00:00:00.000

> **Nota** Se existe um índice clusterizado na tabela e ORDER BY não é especificado, os resultados normalmente são retornados na ordem definida quando esse índice foi criado. Contudo, quando a lógica precisa que os dados sejam ordenados de determinada maneira, você sempre deve especificar ORDER BY.

Filtre dados com a cláusula WHERE

Até aqui, você retornou todas as linhas de uma tabela. No mundo real, provavelmente não fará isso – na maioria das vezes, você precisará retornar somente subconjuntos dos dados. Por exemplo, vamos supor que você queira escrever uma query que procure um departamento específico ou todos os departamentos que começam com a letra *P*. Para isso, inclua a cláusula WHERE como parte da instrução SELECT. A cláusula WHERE sempre vem após a instrução FROM e precede a cláusula ORDER BY. Existem várias implementações diferentes da cláusula de query, algumas estão listadas a seguir e serão discutidas nas próximas seções:

- Operadores de comparação
- O operador BETWEEN
- Uma cláusula WHERE com várias condições
- Uma pesquisa em uma lista de valores
- Uma pesquisa com curinga

Utilize operadores de comparação

O SQL Server oferece vários operadores de comparação, como = (igual), < (menor que), > (maior que) e >= (maior ou igual a), dentre outros. Unir esses operadores com a cláusula WHERE pode ajudar a limitar os dados de várias maneiras.

Utilize o operador de igualdade

1. Abra o editor de query no SSMS.
2. No editor de query, digite e execute o seguinte código T-SQL:

```
--Use esta query para filtrar dados com o operador de igualdade
USE AdventureWorks2012;
SELECT *
FROM [HumanResources].[Department]
WHERE DepartmentID = 4
```

Results | Messages

	DepartmentID	Name	GroupName	ModifiedDate
1	4	Marketing	Sales and Marketing	2002-06-01 00:00:00.000

Utilize o operador maior que

1. Abra o editor de query no SSMS.
2. No editor de query, digite e execute o seguinte código T-SQL:

```
--Use esta query para filtrar os resultados com o operador maior que
USE AdventureWorks2012;
SELECT *
FROM [HumanResources].[Department]
WHERE DepartmentID > 4
```

Utilize o operador BETWEEN

Em alguns casos, talvez você queira procurar um intervalo consecutivo em seus dados. Por exemplo, talvez queira retornar todas as vendas desde 1º de maio de 2007 até 12 de dezembro de 2007. Você poderia usar duas operações de comparação, mas o SQL Server oferece uma solução mais elegante: o operador BETWEEN.

Utilize o operador BETWEEN

1. Abra o editor de query no SSMS.
2. No editor de query, digite e execute o seguinte código T-SQL:

```
--Use esta query para filtrar os resultados com o operador BETWEEN
USE AdventureWorks2012;
SELECT
    AccountNumber,
    SalesOrderID,
    OrderDate
FROM Sales.SalesOrderHeader
WHERE
    OrderDate BETWEEN '5/1/2007' AND '12/31/2007'
```

Nota Ao usar o operador BETWEEN, observe que ele está em um intervalo inclusivo de números, ou seja, os dois valores especificados na cláusula serão incluídos no filtro.

No exemplo anterior, o conjunto de resultados incluiria todos os dados de pedidos (order) que ocorreram entre 00h00min do dia 1/5/2007 e 12h00min do dia 31/12/2007. Assim, não retornaria nada que aconteceu durante o dia 31/12/2007 após a meia-noite. Se você fosse obrigado a incluir os valores desses dados, poderia escrever a query como segue:

```
SELECT
    AccountNumber,
    SalesOrderID,
    OrderDate
FROM Sales.SalesOrderHeader
WHERE
OrderDate >= '5/1/2007 00:00:00' AND OrderDate<= '12/31/2007'
```

Utilize a cláusula WHERE com múltiplas condições

Às vezes, talvez seja necessário especificar vários filtros em uma única instrução. Por exemplo, pode ser que você queira localizar as vendas de determinado intervalo de datas, mas também somente para um produto específico. Nesse caso, você pode utilizar o operador AND ou OR para combinar os dois filtros.

Escreva uma cláusula WHERE com várias condições

1. Abra o editor de query no SSMS.
2. No editor de query, digite e execute o seguinte código T-SQL:

```
--Use esta query para filtrar os resultados com várias condições
USE AdventureWorks2012;
SELECT
    SalesOrderDetailID,
    OrderQty,
    ProductID,
    ModifiedDate
FROM Sales.SalesOrderDetail s
WHERE
    ModifiedDate BETWEEN '5/1/2007' AND '12/31/2007' AND
    ProductID = 809
```

Pesquise uma lista de valores

Outro cenário típico envolve recuperar um conjunto de resultados baseado em uma lista de valores. Por exemplo, talvez você precise retornar todas as vendas de uma lista de produtos em especial. Usando o operador IN, o SQL Server determina se os itens de uma lista específica correspondem ao valor dado.

Utilize o operador IN

1. Abra o editor de query no SSMS.
2. No editor de query, digite e execute o seguinte código T-SQL:

```
--Use esta query para filtrar os resultados com o operador IN
USE AdventureWorks2012;
SELECT
    SalesOrderDetailID,
    OrderQty,
    ProductID,
    ModifiedDate
FROM Sales.SalesOrderDetail s
WHERE
    ProductID IN (776, 778, 747, 809)
```

Utilize uma pesquisa com curinga

A última variação da cláusula WHERE abordada aqui é a pesquisa com curinga. Suponha, por exemplo, que você queira retornar todos os departamentos de sua organização que começam com as letras *PR*. Para isso, utilize uma comparação LIKE. Quando LIKE é utilizado, o SQL Server pode determinar se um caractere ou uma string de caracteres especificada corresponde a um valor em seu banco de dados.

Utilize a comparação LIKE

1. Abra o editor de query no SSMS.
2. No editor de query, digite e execute o seguinte código T-SQL:

```
--Use esta query para filtrar os resultados com LIKE
USE AdventureWorks2012;
SELECT
    *
FROM HumanResources.Department
WHERE
    Name LIKE 'Pr%'
```

O *Pr%* usado na query anterior diz ao SQL Server para que retorne todos os departamentos cujos nomes começam com *Pr* e qualquer caractere subsequente.

A sintaxe de LIKE não utiliza um conjunto de curingas de expressão regular típico. Conforme demonstrado no script anterior, % representa qualquer string de zero ou mais caracteres. Além desse, outros caracteres curinga são os estes:

- _ (um único caractere)
- *[abc]* (um único caractere em um conjunto)
- *[^abc]* (um único caractere que não está no conjunto)

Crie alias

Um *alias* – que pode ser um nome mais curto ou mais compreensível – é criado para nomes de tabela e coluna a fim de facilitar o trabalho com agregações, expressões e query que envolvem várias tabelas. Além disso, seu banco de dados pode conter nomes de coluna enigmáticos, e talvez você queira fornecer nomes mais significativos para aplicativos e usuários finais. O uso de alias permite a você alterar ou encurtar os nomes de tabelas e colunas.

Crie alias para tabela e coluna

1. Abra o editor de query no SSMS.
2. No editor de query, digite e execute o seguinte código T-SQL:

```
--Use esta query para criar um alias para uma tabela e uma coluna
USE AdventureWorks2012;
SELECT
     DepartmentID,
     Name AS DepartmentName,
     GroupName AS DepartmentGroupName
FROM HumanResources.Department AS d
```

Na query anterior, o nome da coluna Name é mudado para DepartmentName, o da coluna GroupName é mudado para DepartmentGroupName e o alias criado para a tabela é simplesmente d. Agora, você pode referenciar a tabela como d, em vez de seu nome completo, por toda a query. O uso de alias de tabela está explicado na próxima seção.

Nota A palavra-chave AS utilizada na query anterior é opcional ao se gerar alias para itens dentro de uma query do SQL Server. Isso significa que o nome original da tabela não pode ser mais usado; portanto, HumanResources.Department.DepartmentName não será mais resolvido na query.

Utilize o operador JOIN para retornar dados de múltiplas tabelas

Até agora, nos concentramos principalmente na recuperação de dados de uma única tabela. Na prática, é muito improvável que suas queries referenciem apenas uma tabela – na maioria das vezes, será necessário retornar dados de várias tabelas. Para isso, utilize o operador JOIN. Embora existam vários tipos de JOIN, neste capítulo nos concentraremos nos três mais utilizados:

- INNER
- LEFT OUTER
- RIGHT OUTER

Utilize INNER JOIN

Dos três operadores JOIN mais usados, é provável que você utilize INNER JOIN regularmente. INNER JOIN é uma correspondência de igualdade entre duas ou mais tabelas. Vamos supor, por exemplo, que você tenha uma tabela contendo produtos e outra contendo vendas, e queira localizar somente os produtos que foram vendidos. Basicamente, você está procurando a interseção das duas tabelas em algum valor. A Figura 10-1 ilustra a interseção.

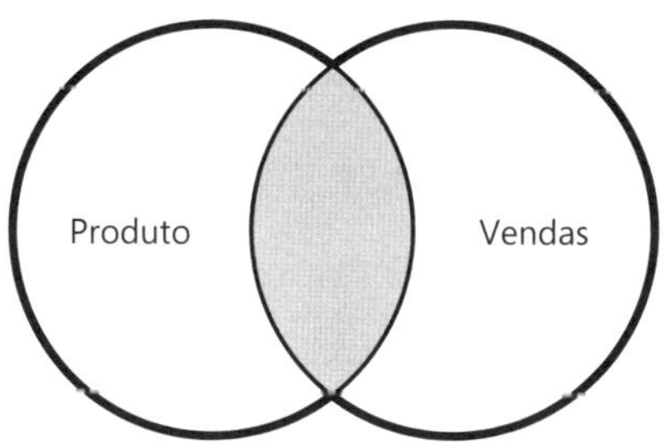

FIGURA 10-1 Uma interseção INNER JOIN.

A área sombreada da Figura 10-1 representa as linhas que serão retornadas de uma query que uniria as tabelas Sales e Product.

A sintaxe de JOIN

Independentemente de estar escrevendo uma junção INNER ou uma junção OUTER, você começa com uma instrução SELECT básica. Use a query a seguir como ponto de partida:

```
USE AdventureWorks2012;
SELECT
    p.FirstName,
    p.LastName
FROM Person.Person p
```

A tabela na cláusula FROM deve incluir uma coluna com valores que existem na tabela em que você pretende fazer a junção. Neste caso, você quer incluir um endereço de e-mail no conjunto de resultados. Para isso, deve referenciar uma segunda tabela na query, conforme ilustrado a seguir:

```
USE AdventureWorks2012;
SELECT
     p.FirstName,
     p.LastName,
     ea.EmailAddress
FROM Person.Person AS p
INNER JOIN Person.EmailAddress AS ea
     ON p.BusinessEntityID = ea.BusinessEntityID
```

As palavras-chave INNER JOIN foram incluídas, o que permite especificar uma segunda tabela na query. INNER JOIN ou qualquer JOIN deve ser combinada com a palavra-chave ON. Na cláusula ON, você especifica qual coluna (ou colunas) será usada para conectar (JOIN) as duas tabelas. O segredo para juntar duas tabelas com sucesso é identificar seus dados de interseção, os quais normalmente são alinhados em relações de primary key e de foreign key (consulte o Capítulo 5, "Como criar sua primeira tabela"). Se quiser fazer uma LEFT OUTER ou uma RIGHT OUTER JOIN na query anterior, substitua INNER por LEFT OUTER ou por RIGHT OUTER.

> **Nota** É possível juntar várias tabelas em uma única instrução SELECT, incluindo mais combinações de JOIN e ON.

Escreva uma query INNER JOIN

1. Abra o editor de query no SSMS.
2. No editor de query, digite e execute o seguinte código T-SQL:

```
--Use a query para fazer uma INNER JOIN em duas tabelas
USE AdventureWorks2012;
SELECT
     p.ProductID,
     p.Name AS ProductName,
     sd.OrderQty,
     sd.UnitPrice
FROM Production.Product AS p
INNER JOIN Sales.SalesOrderDetail sd
     ON p.ProductID = sd.ProductID
```

Utilize OUTER JOINs

Existem dois tipos básicos de OUTER JOINs: LEFT e RIGHT. Ambos oferecem funcionalidade muito parecida, mas há uma pequena diferença que depende da ordem das tabelas na query. Usando o exemplo anterior de vendas de produto, se você começar a ler a query da esquerda para a direita, qual tabela encontrará primeiro? A tabela Production.Product, o que a torna a tabela da esquerda. A segunda tabela que você encontra (ainda lendo da esquerda para a direita) é Sales.SalesOrderDetail, a tabela da direita. Essa tendência continua por toda a query.

Portanto, se quiser recuperar uma lista de produtos independentemente de sua existência na tabela Sales.SalesOrderDetail, LEFT OUTER JOIN deverá ser sua escolha. A Figura 10-2 ilustra uma LEFT OUTER JOIN.

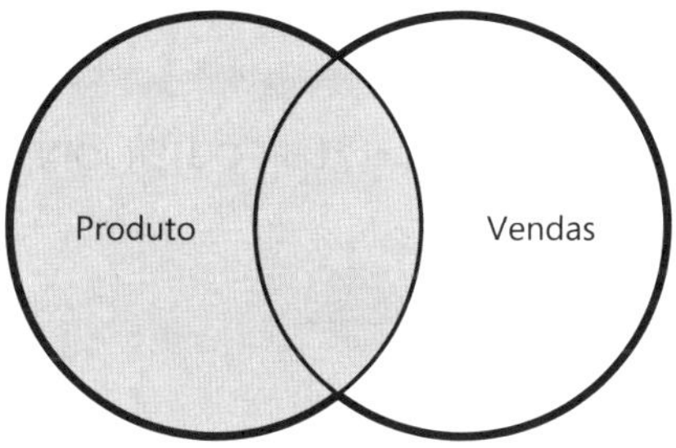

FIGURA 10-2 Uma interseção LEFT OUTER JOIN.

Por outro lado, se estiver tentando recuperar todas as vendas, estejam ou não associadas a um produto, você deve escolher uma RIGHT OUTER JOIN. A Figura 10-3 ilustra uma RIGHT OUTER JOIN.

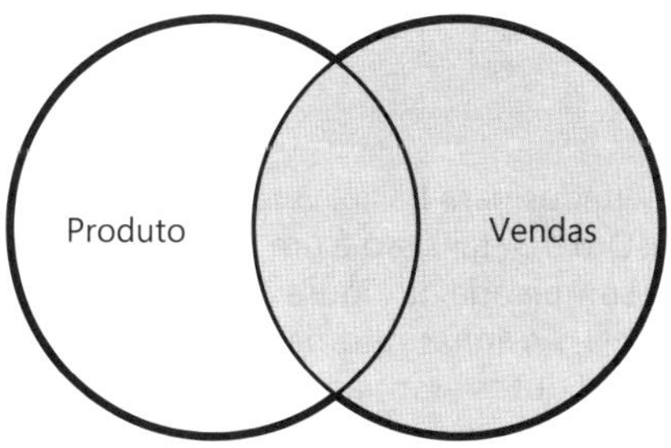

FIGURA 10-3 Uma interseção RIGHT OUTER JOIN.

Independentemente do tipo de OUTER JOIN, a sintaxe é semelhante à de uma INNER JOIN. Substitua INNER por LEFT OUTER ou RIGHT OUTER.

Escreva uma consulta OUTER JOIN

1. Abra o editor de query no SSMS.
2. No editor de query, digite e execute o seguinte código T-SQL:

```
--Use esta query para fazer uma LEFT OUTER JOIN
USE AdventureWorks2012;
SELECT
    p.ProductID,
    sd.ProductID,
    p.Name AS ProductName,
    sd.OrderQty,
    sd.UnitPrice
FROM Production.Product AS p
LEFT OUTER JOIN Sales.SalesOrderDetail sd
    ON p.ProductID = sd.ProductID
```

A imagem a seguir mostra os resultados da query LEFT OUTER JOIN.

Results | Messages

	ProductID	ProductID	ProductName	OrderQty	UnitPrice
1...	879	879	All-Purpose Bike Stand	1	159.00
1...	712	712	AWC Logo Cap	1	8.99
1...	355	NULL	Guide Pulley	NULL	NULL
1...	378	NULL	Hex Nut 17	NULL	NULL
1...	401	NULL	HL Hub	NULL	NULL
1...	524	NULL	HL Spindle/Axle	NULL	NULL
1...	361	NULL	Thin-Jam Hex Nut 1	NULL	NULL
1...	418	NULL	Internal Lock Washer 10	NULL	NULL
1...	424	NULL	Thin-Jam Lock Nut 1	NULL	NULL
1...	464	NULL	Lock Washer 5	NULL	NULL
1...	438	NULL	Lock Nut 5	NULL	NULL
1...	507	NULL	LL Mountain Rim	NULL	NULL
1...	458	NULL	Lock Nut 4	NULL	NULL
1...	481	NULL	Metal Plate 3	NULL	NULL

Se você rolar o conjunto de resultados para baixo, verá valores NULL nas colunas que fazem parte da tabela Sales.SalesOrderDetail. Isso é um resultado direto do uso de uma OUTER JOIN. Lembre-se da área sombreada da Figura 10-2, que ilustra o conjunto de resultados de uma LEFT OUTER JOIN. As linhas retornadas pela query são as esperadas. São retornados não apenas os produtos associados às vendas, mas também os sem vendas.

Limite os dados retornados em seu conjunto de resultados

Além de usar uma cláusula WHERE em sua query, existem várias outras maneiras de limitar os dados retornados em seu conjunto de resultados. Embora haja uma longa lista de métodos e técnicas que você pode usar, o SQL Server apresenta palavras-chave que oferecem uma estratégia muito simples para limitar seu conjunto de resultados.

Utilize TOP

A palavra-chave TOP limita o número de linhas retornadas em um resultado a uma quantidade específica ou a determinada porcentagem de linhas. TOP sempre deve ser usada com a cláusula ORDER BY. Na maioria dos casos, você estará procurando o maior ou o menor conjunto de valores para determinada coluna, e classificar os dados fornecerá essa informação. Por exemplo, se você deseja retornar as cinco maiores vendas de sua tabela Sales, adicione TOP (5) imediatamente após a palavra-chave SELECT. Além disso, inclua uma cláusula ORDER BY especificando como coluna de ordenação aquela que continha o valor de venda real para cada linha.

Escreva uma query TOP

1. Abra o editor de query no SSMS.
2. No editor de query, digite e execute o seguinte código T-SQL:

```
--Use esta query para retornar as cinco maiores vendas
USE AdventureWorks2012;
SELECT TOP(5)
     SalesOrderID,
     OrderDate,
     SalesOrderNumber,
     TotalDue
FROM Sales.SalesOrderHeader
ORDER BY
     TotalDue DESC
```

Utilize DISTINCT e NULL

DISTINCT retorna uma lista de valores únicos ou distintos de cada coluna especificada em uma instrução SELECT. Se houver valores duplicados na lista, serão removidos todos eles, exceto um. Por exemplo, se você executar a query a seguir, o resultado retornará uma lista de produtos com alguns dos nomes de produto repetidos várias vezes:

```
USE AdventureWorks2012;
SELECT
     p.Name AS ProductName
FROM Production.Product AS p
INNER JOIN Sales.SalesOrderDetail sd
     ON p.ProductID = sd.ProductID
```

Colocando DISTINCT imediatamente após a instrução SELECT, você remove todos os registros duplicados da lista.

Além disso, se quiser limitar o resultado apenas para os produtos que não foram despachados, adicione a cláusula WHERE. Neste exemplo, a cláusula WHERE precisa identificar todas as linhas de SalesOrderProduct que contêm CarrierTrackingNumber NULL.

NULL é um valor especial. Na verdade, ele não é um valor – é a ausência de um valor. Como resultado, existem valores de comparação especiais que podem ser utilizados ao referenciar NULL em uma cláusula WHERE. Se estivesse procurando valores NULL, você usaria o seguinte:

```
WHERE <nome da coluna> IS NULL
```

Se estivesse pesquisando colunas NOT NULL, usaria isto:

```
WHERE <nome da coluna> IS NOT NULL
```

Neste exemplo, você está procurando todos os produtos que não foram despachados – ou seja, todas as linhas no conjunto de resultados que tenham o valor NULL para a coluna CarrierTrackingNumber de SalesOrderDetail.

O passo seguinte é remover todas as colunas da lista, se alguma estiver listada, exceto a coluna Product Name. Se não, a distinção de cada linha será baseada em todas as colunas na instrução SELECT, em vez de unicamente na coluna Product Name. Por fim, se ainda não foi incluída, coloque a palavra-chave DISTINCT entre a palavra-chave SELECT e o nome da coluna.

Escreva uma query que inclua DISTINCT

1. Abra o editor de query no SSMS.
2. No editor de query, digite e execute o seguinte código T-SQL:

```
--Use esta query para retornar uma lista distinta de produtos que não foram
despachados
USE AdventureWorks2012;
SELECT DISTINCT
     p.Name AS ProductName
FROM Production.Product AS p
INNER JOIN Sales.SalesOrderDetail sd
     ON p.ProductID = sd.ProductID
WHERE
     sd.CarrierTrackingNumber IS NULL
     ORDER BY productname
```

Utilize UNION para combinar conjuntos de resultados

Muitas vezes, você terá duas instruções SELECT que precisam ser combinadas em um resultado para consumo de um aplicativo ou usuário final. Utilizando a palavra-chave UNION, é possível fazer exatamente isso. UNION tem duas variações:

- Apenas UNION, que remove qualquer linha duplicada no conjunto de resultados.
- UNION ALL, que inclui registro duplicado. Se registros duplicados são possíveis, use UNION ALL; ela é muito mais rápida, porque não precisa incluir DISTINCT.

O pseudocódigo a seguir ilustra o uso de UNION:

```
SELECT coluna1, coluna2 FROM TABELA1
UNION
SELECT coluna1, coluna2 FROM TABELA2
```

Ao se escrever uma query com UNION, as duas instruções SELECT devem conter o mesmo número de colunas e os tipos de dados devem corresponder para cada coluna. Ao usar UNION, forneça apenas uma cláusula ORDER BY após a última instrução SELECT.

Escreva uma query que inclua UNION

1. Abra o editor de query no SSMS.
2. No editor de query, digite e execute o seguinte código T-SQL:

```
--Use esta query para retornar uma lista de produtos pretos e prata
USE AdventureWorks2012;
SELECT
    Name AS ProductName
FROM Production.Product
WHERE
    Color = 'Black'
UNION
SELECT
    Name AS ProductName
FROM Production.Product
WHERE
    Color = 'Silver'
```

Resumo

O potencial da instrução SELECT é limitado apenas por seu conhecimento das relações de tabela e dados e de como pode manipulá-las com a sintaxe de SELECT. Neste capítulo, você aprendeu sobre os métodos de SELECT normalmente usados, os quais fornecem uma base sólida para sua experimentação com T-SQL. Você explorou vários métodos que o ajudarão na junção de dados de várias tabelas e na limitação do resultado.

PARTE IV

Como usar Transact-SQL (T-SQL)

CAPÍTULO 11

Tópicos avançados de recuperação de dados

Neste capítulo, você vai aprender a

- Escrever queries (consultas) com PIVOT e UNPIVOT.
- Escrever uma query (consulta) de paginação.
- Escrever uma expressão de tabela comum.
- Utilizar uma variável.

O Capítulo 10, "A instrução SELECT", forneceu uma boa introdução à recuperação de dados utilizando a query (consulta) SELECT. Neste capítulo, você vai complementar esse conhecimento introdutório e examinar alguns tópicos avançados que melhorarão o modo de retornar dados e os dados retornados. À medida que você interage cada vez mais com dados do Microsoft SQL Server, pode encontrar situações nas quais os conceitos básicos não são suficientes. Este capítulo o equipará com habilidades adicionais para ajudá-lo a resolver problemas mais avançados.

Transforme e desfaça a transformação nos dados (pivoting)

O conceito de transformação (pivoting) em dados no SQL Server se refere-se a reestruturá-los em outro formato. Estão disponíveis duas formas: PIVOT e UNPIVOT.

Utilize o operador PIVOT

Suponha que os dados estejam armazenados em um formato semelhante ao mostrado na Tabela 11-1.

TABELA 11-1 Dados linha por linha

IDPedidoDeCompra	IDCliente	IDVendedor
43659	29825	279
43660	29672	279
43661	29734	282
43662	29994	276
43663	29565	280
43664	29898	283

Cada linha da tabela representa um pedido feito por um cliente e o vendedor que o recebeu. Em vez de exibir essas informações linha por linha, você pode usar o operador PIVOT para retornar o número de pedidos feitos por cada cliente, agrupados por vendedor. A Tabela 11-2 ilustra a transformação de uma pequena amostra dos dados.

TABELA 11-2 Transformação de dados

IDVendedor	29825	29672	29734	29994	29565	29898
279	5	1	0	2	1	0
282	6	2	1	3	2	1
275	7	3	2	4	3	2
280	2	5	5	2	1	1
283	3	6	6	3	2	2

A primeira coluna da tabela representa o vendedor e cada coluna subsequente representa um cliente e quantas vendas foram feitas para ele. A primeira linha de cada coluna, além da coluna que contém IDVendedor, contém um IDCliente.

No próximo exercício, você vai escrever sua própria query de transformação.

Escreva uma query de transformação

1. Abra o editor de query no Microsoft SQL Server Management Studio (SSMS).
2. No editor de query, digite e execute o seguinte código T-SQL:

```
SELECT SalesOrderID, CustomerID, SalesPersonID
FROM Sales.SalesOrderHeader
WHERE SalesPersonID IS NOT NULL
```

   Essa query representa a base da transformação. Ela retorna os dados linha por linha.

3. Imediatamente acima dessa query, digite o seguinte código T-SQL:

```
USE AdventureWorks2012;
SELECT
    SalesPersonID, [29486] AS Cust1,
    [29487] AS Cust2, [29488] AS Cust3, [29491] AS Cust4,[29492] AS Cust5,
[29512] AS
Cust6
FROM
(
```

   Essa parte da query representa como os dados serão retornados.

4. Por fim, imediatamente abaixo da query do passo 2, digite a seguinte query:

```
) AS p
PIVOT
(
COUNT(SalesOrderID)
FOR CustomerID IN
(
[29486],[29487],[29488],[29491],[29492],[29512])
) AS pvt
ORDER BY SalesPersonID
```

   Essa parte da query especifica o operador PIVOT, o que vai ser agregado e quais clientes serão incluídos no conjunto de resultados.

5. A última query deve ser semelhante à seguinte:

```
USE AdventureWorks2012;
SELECT SalesPersonID, [29486] AS Cust1, [29487] AS Cust2, [29488] AS Cust3,
[29491] AS Cust4,[29492] AS Cust5, [29512] AS Cust6
FROM
(
SELECT SalesOrderID, CustomerID, SalesPersonID
FROM Sales.SalesOrderHeader
WHERE SalesPersonID IS NOT NULL
) AS p
PIVOT
(
COUNT(SalesOrderID)
FOR CustomerID IN
(
[29486],[29487],[29488],[29491],[29492],[29512])
) AS pvt
ORDER BY SalesPersonID
```

6. Execute a query e ela retornará os resultados transformados a seguir

Results | Messages

	SalesPersonID	Cust1	Cust2	Cust3	Cust4	Cust5	Cust6
1	274	0	0	0	1	0	0
2	275	6	6	0	3	5	0
3	276	0	0	0	0	0	0
4	277	6	5	0	0	1	0
5	278	0	0	0	0	0	0
6	279	0	0	0	0	0	0
7	200	0	0	0	U	U	U
8	281	0	0	0	0	0	0
9	282	0	0	0	0	0	0
10	283	0	0	0	0	0	0
11	284	0	0	0	0	0	0
12	285	0	0	1	0	0	3
13	286	0	0	3	0	0	1
14	287	0	0	0	0	0	0

   Como você pode ver, na lista transformada, cada linha se agrega para mostrar uma lista distinta de vendedores e quantas vendas foram feitas para cada cliente.

Utilize o operador UNPIVOT

Se seus dados são parecidos com os mostrados na figura anterior e você quer que cada linha represente uma venda para cliente, use o operador UNPIVOT. O conjunto de resultados seria exatamente como o mostrado na Tabela 11-1. No próximo exercício, você vai escrever uma query com UNPIVOT.

Escreva uma query com UNPIVOT

1. Abra o editor de query no SSMS.
2. No editor de query, digite e execute o seguinte código T-SQL:

```
USE AdventureWorks2012
GO
IF(OBJECT_ID('dbo.unPvt')) IS NOT NULL
    DROP TABLE dbo.unPvt
GO
CREATE TABLE dbo.unPvt
(
    SalesPersonID int,
    Cust1 int,
    Cust2 int,
    Cust3 int,
    Cust4 int,
    Cust5 int,
    Cust6 int
)
GO
INSERT INTO dbo.unPvt
(
    SalesPersonID, Cust1, Cust2, Cust3, Cust4, Cust5, Cust6
)
VALUES
    (274, 5, 6, 4, 2, 6, 7),
    (275, 1, 7, 2, 3, 6, 8),
    (276, 0, 2, 8, 9, 6, 3),
    (277, 6, 3, 1, 7, 6, 1),
    (278, 5, 4, 9, 0, 2, 0),
    (279, 2, 1, 0, 1, 8, 9)
GO
```

Na verdade, isso não faz parte da query com UNPIVOT, mas são os dados que precisam ser fornecidos para mostrar um exemplo prático.

3. Abra uma nova janela de query no SSMS e digite o seguinte:

```
SELECT SalesPersonID, Cust1, Cust2, Cust3, Cust4, Cust5, Cust6
FROM unPvt
```

Essa é a base da query com UNPIVOT que fornece os dados básicos.

4. Imediatamente acima dessa query, digite o seguinte:

```
USE AdventureWorks2012
GO
SELECT SalesPersonID, Customer, Sales
FROM
(
```

Isso representa os dados que serão retornados quando a última query for executada.

5. Imediatamente abaixo da instrução do passo 2, digite o seguinte:

```
) up
UNPIVOT
(
          Sales FOR Customer IN
          (
               Cust1, Cust2, Cust3, Cust4, Cust5, Cust6
          )
)AS unpvt;
GO
```

Essa parte da query inclui o operador UNPIVOT que, em vez de agregar dados, como PIVOT, contém uma lista de clientes que serão incluídos no conjunto de resultados linha por linha.

6. A última query será semelhante à seguinte:

```
USE AdventureWorks2012
GO
SELECT SalesPersonID, Customer, Sales
FROM
(
     SELECT SalesPersonID, Cust1, Cust2, Cust3, Cust4, Cust5, Cust6
     FROM unPvt
) up
UNPIVOT
(
          Sales FOR Customer IN
          (
               Cust1, Cust2, Cust3, Cust4, Cust5, Cust6
          )
)AS unpvt;
GO
```

7. Execute a query.

Como mostrado aqui, cada linha representa o número de vendas feitas para determinado cliente.

Results | Messages

	SalesPersonID	Customer	Sales
1	274	Cust1	5
2	274	Cust2	6
3	274	Cust3	4
4	274	Cust4	2
5	274	Cust5	6
6	274	Cust6	7
7	275	Cust1	1
8	275	Cust2	7
9	275	Cust3	2
10	275	Cust4	3
11	275	Cust5	6
12	275	Cust6	8
13	276	Cust1	0
14	276	Cust2	2
15	276	Cust3	8
16	276	Cust4	9

Pagine dados

Uma solicitação comum de aplicativo é a paginação de dados. Em vez de retornar o conjunto de resultados inteiro, muitas vezes é preferível ter uma pequena lista, dividida por uma página e algum número de linhas. Antes do SQL Server 2012, os desenvolvedores e DBAs podiam usar várias técnicas para simular a paginação, mas com o SQL Server 2012 agora temos uma verdadeira paginação nativa no lado do banco de dados.

O SQL Server 2012 introduz duas palavras-chave que oferecem uma solução de paginação elegante e eficiente. Usando OFFSET e FETCH é possível escrever uma única query (consulta) que retorna dados uma página por vez para um aplicativo cliente ou para o usuário final:

- **OFFSET** Denota quantas linhas devem ser puladas, antes que a query comece a retornar linhas
- **FETCH** Especifica quantas linhas devem ser retornadas após o processamento de OFFSET

OFFSET é sinônimo de número de página e FETCH é sinônimo de número de linhas a serem exibidas por página.

Tanto OFFSET como FETCH tem mais alguns argumentos que devem ser incluídos na sintaxe. A seguir está um exemplo de sintaxe para escrever uma query de paginação:

```
SELECT <lista de colunas>
FROM <nome da tabela>
ORDER BY <nome da coluna>
OFFSET <linhas começam em> ROWS
FETCH NEXT <número de linhas a retornar> ROW ONLY
```

Com OFFSET, você pode fornecer um valor inteiro ou uma expressão (consulte o Capítulo 14, "Tópicos avançados de T-SQL") especificando a linha inicial. A palavra-chave ROWS também deve ser incluída. FETCH exige a palavra-chave NEXT, um inteiro ou uma expressão especificando o número de linhas a retornar e a palavra-chave ROWS.

Escreva uma query de paginação

1. Abra o editor de query no SSMS.
2. No editor de query, digite e execute o seguinte código T-SQL:

```
--Use este script para escrever uma query de paginação
USE AdventureWorks2012;
SELECT
     ProductID,
     ProductNumber,
     Name AS ProductName,
     ListPrice
FROM Production.Product
ORDER BY ProductID
OFFSET 0 ROWS
FETCH NEXT 10 ROWS ONLY
```

Um requisito adicional – e provavelmente o mais importante – é que esse par deve ser precedido por uma cláusula ORDER BY. A coluna especificada na cláusula ORDER BY determina a ordem e quais linhas serão retornadas. A consulta a seguir foi ligeiramente modificada, de modo que, em vez de começar na primeira linha, o deslocamento (offset) foi alterado para 10:

```
USE AdventureWorks2012;
SELECT
     ProductID,
     ProductNumber,
     Name AS ProductName,
     ListPrice
FROM Production.Product
ORDER BY ProductID
OFFSET 10 ROWS
FETCH NEXT 10 ROWS ONLY
```

Quando OFFSET é alterado, observe que é retornado um novo conjunto de produtos.

Escreva expressões

Muitas vezes, é necessário combinar os valores de duas colunas em um único valor. Uma breve introdução desse conceito está na seção "Entenda as colunas calculadas" do Capítulo 5, "Como criar sua primeira tabela", onde as colunas FirstName e LastName da tabela foram concatenadas para formar uma única coluna. Também é possível fazer isso em uma instrução SELECT, como mostrado no script a seguir:

```
USE AdventureWorks2012;
SELECT
     FirstName+' '+LastName AS FullName
FROM Person.Person
```

> **Nota** No SQL Server, o sinal de adição (+) é usado para concatenar strings.

O resultado dessa query será uma única coluna contendo o valor das duas colunas com um espaço no meio, como mostrado na Figura 11-1.

	FullName
1	Syed Abbas
2	Catherine Abel
3	Kim Abercrombie
4	Kim Abercrombie
5	Kim Abercrombie
6	Hazem Abolrous
7	Sam Abolrous
8	Humberto Acevedo
9	Gustavo Achong
10	Pilar Ackerman
11	Pilar Ackerman
12	Aaron Adams
13	Adam Adams
14	Alex Adams

FIGURA 11-1 Este resultado abreviado de uma query utiliza uma expressão em inline.

Embora o exemplo anterior seja elementar, o SQL Server permite criar expressões baseadas em constantes, em outras expressões, em funções escalares ou em variáveis. Utilizando esses argumentos, você pode efetuar cálculos lógicos, booleanos e de classificação. Para demonstrar isso, no próximo exercício, você vai escrever uma query com uma expressão constante.

Escreva uma query com uma expressão constante

1. Abra o editor de query no SSMS.
2. No editor de query, digite e execute o seguinte código T-SQL:

```
--Use este script para escrever uma query com uma expressão
USE AdventureWorks2012;
SELECT
     (SubTotal+TaxAmt)*1.05 AS TotalDue
FROM Sales.SalesOrderHeader
```

Utilize variáveis

Durante a recuperação de dados, você poderá encontrar uma situação na qual precisa armazenar um valor temporariamente, para uso posterior em sua query. Pode ser um valor de uma instrução SELECT ou um valor constante que será usado depois em uma query. Para utilizar uma variável, primeiro você deve declará-la. Em seguida, prefixe a variável com o símbolo de arroba (@). Por fim, especifique o tipo de dado que será armazenado na variável. A sintaxe para declarar uma variável é a seguinte:

```
DECLARE @variavel int
```

Uma vez declarada a variável, você atribui valores a ela. Existem três métodos para isso: você pode usar a palavra-chave SET, que é o método preferido, pode atribuir um valor utilizando a instrução SELECT ou pode atribuir um valor durante a declaração da variável. A sintaxe para atribuir valores a uma variável utilizando esses métodos é a seguinte:

```
--Use esta sintaxe para atribuir um valor usando a palavra-chave SET
DECLARE @variavel int
SET @variavel = <valor>

--Use esta sintaxe para atribuir um valor usando uma instrução SELECT
SELECT @variavel = <coluna ou expressão>
FROM <nome da tabela>

--Use esta sintaxe para atribuir um valor a uma variável quando ela é declarada
DECLARE @variavel int = <valor>
```

Escreva uma query que utilize uma variável

1. Abra o editor de query no SSMS.
2. No editor de query, digite o seguinte código T-SQL:

   ```
   USE AdventureWorks2012;
   DECLARE @ProductID int = 1;
   ```

   Essa parte do código declara e atribui um valor à variável ProductID.
3. No editor de query, imediatamente abaixo da instrução digitada no passo 2, digite o seguinte código T-SQL e execute a query:

   ```
   SELECT
        ProductID,
        ProductNumber,
        Name AS ProductName
   FROM Production.Product
   WHERE ProductID = @ProductID
   ```

   Essa parte do código seleciona informações de produto com uma cláusula WHERE de igualdade, usando a variável como valor de filtro.

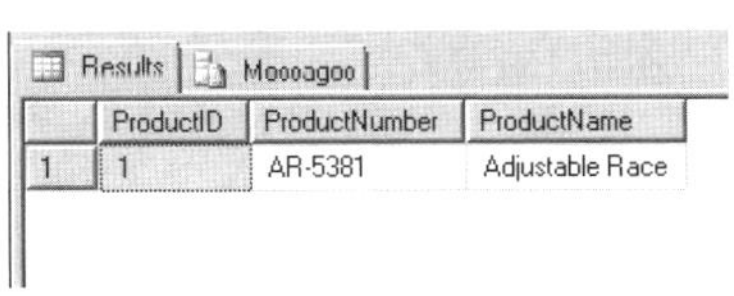

Resumo

Os temas apresentados neste capítulo dão uma ideia do quanto a linguagem de programação T-SQL pode ser poderosa. Você aprendeu a utilizar os operadores PIVOT e UNPIVOT para alterar fisicamente a estrutura de um conjunto de resultados. Além disso, conheceu novas construções de paginação do Microsoft SQL Server 2012. Por último, você aprendeu a escrever expressões e a retorná-las como parte de um conjunto de resultados. Esses conceitos podem ajudá-lo na solução de problemas mais complexos, e você aprenderá vários outros ao longo deste livro.

CAPÍTULO 12

Modificação de dados

Neste capítulo, você vai aprender a

- Inserir dados em tabelas do SQL Server.
- Atualizar dados em tabelas.
- Excluir dados de tabelas.
- Mesclar dados.
- Retornar dados de saída.

Até aqui neste livro, você trabalhou com tabelas que continham dados. Na maioria dos casos, um aplicativo baseado em cliente será o principal mecanismo para inserir e modificar dados em tabelas do Microsoft SQL Server. Contudo, pode surgir uma situação na qual você precise adicionar ou modificar dados dentro das tabelas de seu banco de dados. O SQL Server oferece várias maneiras diferentes de modificar dados. Neste capítulo, você vai aprender a fazer inserções, atualizações e exclusões simples. Também vai ver como se mesclar dados de duas origens em uma e como se retornar dados de saída.

Insira dados em tabelas no SQL Server

Embora seja possível usar várias técnicas e métodos para inserir dados em tabelas no SQL Server, a melhor estratégia é começar com as duas maneiras mais simples:

- A instrução INSERT INTO
- A instrução SELECT INTO

Utilize a instrução INSERT INTO

O primeiro método para inserir dados em tabelas do SQL Server envolve o uso de uma instrução INSERT INTO, a qual adiciona uma ou várias linhas. Com esse método é possível inserir dados em todas as colunas, em colunas específicas, em colunas de identificação e diversas outras variações.

Insira uma linha em uma tabela usando a instrução INSERT INTO

1. Abra o editor de query no Microsoft SQL Server Management Studio (SSMS).
2 No editor de query, digite e execute o seguinte código T-SQL:

```
USE AdventureWorks2012;
INSERT INTO HumanResources.Department(Name, GroupName, ModifiedDate)
VALUES('Payroll', 'Executive General and Administration', '6/12/2012');
```

> **Nota** A lista de colunas é opcional na instrução INSERT INTO, mas, por clareza, ela é sempre recomendada. Se não for incluída, os valores serão inseridos na tabela com base na ordem das colunas. As colunas de identificação não são incluídas na ordem.

Nem toda coluna da tabela precisa aparecer na instrução INSERT. É preciso especificar um valor na cláusula VALUES para todas as colunas listadas. Na query anterior, DepartmentID foi omitida na lista de colunas. Executar a query a seguir mostrará a nova linha:

```
USE AdventureWorks2012;
SELECT
    DepartmentID, Name, GroupName, ModifiedDate
FROM HumanResources.Department
ORDER BY DepartmentID DESC;
```

Results | Messages

	DepartmentID	Name	GroupName	ModifiedDate
1	17	Payroll	Executive General and Administration	2012-06-12 00:00:00.000
2	16	Executive	Executive General and Administration	2002-06-01 00:00:00.000
3	15	Shipping and Receiving	Inventory Management	2002-06-01 00:00:00.000
4	14	Facilities and Maintenance	Executive General and Administration	2002-06-01 00:00:00.000
5	13	Quality Assurance	Quality Assurance	2002-06-01 00:00:00.000
6	12	Document Control	Quality Assurance	2002-06-01 00:00:00.000
7	11	Information Services	Executive General and Administration	2002-06-01 00:00:00.000
8	10	Finance	Executive General and Administration	2002-06-01 00:00:00.000
9	9	Human Resources	Executive General and Administration	2002-06-01 00:00:00.000
10	8	Production Control	Manufacturing	2002-06-01 00:00:00.000

Como DepartmentID é uma coluna de identificação, um valor foi inserido automaticamente nela. Se quiser inserir um valor em uma coluna de identificação, use a instrução SET IDENTITY_INSERT. Ao fazer uma inserção em uma coluna de identificação, você deve listar cada coluna explicitamente na lista de colunas.

Insira dados em uma coluna de identificação usando a instrução INSERT INTO

1. Abra o editor de query no SSMS.
2. No editor de query, digite e execute o seguinte código T-SQL:

```
USE AdventureWorks2012;
SET IDENTITY_INSERT HumanResources.Department ON
INSERT INTO HumanResources.Department(DepartmentID, Name, GroupName,
ModifiedDate)
VALUES(18, 'International Marketing', 'Sales and Marketing', '5/20/2012'),
SET IDENTITY_INSERT HumanResources.Department OFF
```

As duas estratégias mencionadas inserem apenas uma linha. Aproveitando a cláusula VALUES é possível inserir várias linhas em uma tabela com apenas uma instrução.

Utilize sequência de números

Antes do Microsoft SQL Server 2012, o único mecanismo para a geração automática de números no SQL Server era uma coluna de identificação. Na versão mais recente, a Microsoft introduziu a sequência de números. Uma sequência de números é um objeto definido pelo usuário que se comporta como uma coluna de identificação, pois gera valores numéricos automaticamente. Entretanto, ao contrário da coluna de identificação, ela não está associada a um objeto específico no banco de dados. Como resultado, os números gerados pela sequência podem ser usados em várias tabelas.

As sequências têm algumas limitações que podem fazer com que alguns desenvolvedores de banco de dados não as utilizem. A primeira delas é que não há garantia de que os números gerados pela sequência sejam únicos. Segundo, esses números podem ser alterados, o que é uma grande diferença em relação às colunas de identificação. Por último, a probabilidade de haver lacunas entre os números é maior, especialmente quando a sequência é compartilhada por várias tabelas.

A sintaxe básica é a seguinte:

```
CREATE SEQUENCE <ESQUEMA>.<NOME DA SEQUÊNCIA>
AS int
START WITH <ALGUM NÚMERO>
INCREMENT BY <ALGUM NÚMERO>;
```

> **Nota** É preciso saber duas coisas a respeito do script anterior. Primeiro, o tipo de dado especificado pode ser qualquer inteiro de banco de dados e, por padrão, é *bigint*. Segundo, as palavras-chave START WITH são opcionais.

Utilize uma sequência ao inserir dados

1. Abra o editor de query no SSMS.
2. No editor de query, digite e execute o seguinte código T-SQL:

```
USE AdventureWorks2012
GO
IF(OBJECT_ID('dbo.States')) IS NOT NULL
    DROP TABLE dbo.States
GO
CREATE TABLE dbo.States
(
    StateID int PRIMARY KEY,
    StateName varchar(50),
    StateAbbrev char(2)
)
GO
```

O script anterior cria uma tabela que será utilizada para demonstrar o uso da sequência. Observe que IDENTITY não foi especificado para a coluna DepartmentID.

3. Abra uma nova janela de query, digite e execute o seguinte código T-SQL:

```
USE AdventureWorks2012
GO
CREATE SEQUENCE dbo.StateSeq
AS int
START WITH 1
INCREMENT BY 1
GO
```

Nesse script foi especificado o tipo de dado *int* e, usando as palavras-chave START WITH e INCREMENT, a sequência começará em 1 e será incrementada por 1. Ou seja, a primeira instrução INSERT que utilizar a sequência começará com valor 1, a seguinte com 2, a próxima com 3 e assim por diante.

4. Abra uma nova janela de query, digite e execute o seguinte código T-SQL:

```
USE AdventureWorks2012
GO
INSERT INTO dbo.States(StateID, StateAbbrev, StateName)
VALUES (NEXT VALUE FOR dbo.StateSeq, 'LA', 'Louisiana')
INSERT INTO dbo.States(StateID, StateAbbrev, StateName)
VALUES (NEXT VALUE FOR dbo.StateSeq, 'TX', 'Texas')
INSERT INTO dbo.States(StateID, StateAbbrev, StateName)
VALUES (NEXT VALUE FOR dbo.StateSeq, 'FL', 'Florida')
GO
SELECT * FROM dbo.States
```

Na query anterior, as palavras-chave NEXT VALUE FOR são especificadas no lugar de um valor real para StateID. Um novo valor é gerado para cada inserção e incrementado por 1. Pode-se ver isso no conjunto de resultados exibido após a execução da query.

Insira várias linhas em uma tabela usando a instrução INSERT INTO

1. Abra o editor de query no SSMS.
2. No editor de query, digite e execute o seguinte código T-SQL:

```
USE AdventureWorks2012;
INSERT INTO HumanResources.Department
VALUES
     ('International Sales', 'Sales and Marketing', '5/26/2012'),
     ('Media Control', 'Quality Assurance', '5/26/2012')
```

Em vez de escrever uma instrução INSERT para cada linha, você pode fornecer na cláusula VALUES uma lista delimitada por vírgulas de valores para cada linha. A figura a seguir ilustra o resultado da inserção de várias linhas.

Results | Messages

	DepartmentID	Name	GroupName	ModifiedDate
1	19	Media Control	Quality Assurance	2012-05-26 00:00:00.000
2	18	International Sales	Sales and Marketing	2012-05-26 00:00:00.000
3	17	Payroll	Executive General and Administration	2012-06-12 00:00:00.000
4	16	Executive	Executive General and Administration	2002-06-01 00:00:00.000
5	15	Shipping and Receiving	Inventory Management	2002-06-01 00:00:00.000
6	14	Facilities and Maintenance	Executive General and Administration	2002-06-01 00:00:00.000
7	13	Quality Assurance	Quality Assurance	2002-06-01 00:00:00.000
8	12	Document Control	Quality Assurance	2002-06-01 00:00:00.000

Além de usar a cláusula VALUES para inserir várias linhas, você pode inserir várias linhas de uma tabela existente em outra tabela usando a instrução SELECT.

Insira dados utilizando uma instrução SELECT

1. Abra o editor de query no SSMS.
2. No editor de query, digite e execute o seguinte código T-SQL:

```
USE AdventureWorks2012;
INSERT INTO HumanResources.Department(Name, GroupName, ModifiedDate)
SELECT
     Name+' USA', GroupName, ModifiedDate
FROM HumanResources.Department
WHERE DepartmentID IN (20, 19)
```

Utilize a instrução SELECT INTO

O segundo método que pode ser usado para inserir dados em tabelas do SQL Server é a instrução SELECT INTO. Na verdade, esse método cria uma nova tabela e insere todas as linhas da instrução SELECT nessa tabela recentemente criada.

Insira dados em uma tabela usando a instrução SELECT INTO

1. Abra o editor de query no SSMS.
2. No editor de query, digite e execute o seguinte código T-SQL:

```
USE AdventureWorks2012;
SELECT
    DepartmentID, Name, GroupName, ModifiedDate
INTO dbo.Department
FROM HumanResources.Department
```

A nova tabela pode ter características semelhantes ao esquema da tabela que atua como origem. Contudo, o comprimento das colunas – tanto string como numéricas – pode mudar, e as chaves, os índices e as restrições não serão criados na nova tabela. Portanto, você não deve usar SELECT INTO para uma tabela permanente.

Atualize dados em tabelas

Agora que alguns dados estão no banco de dados, você vai aprender a alterá-los para o caso de serem inseridos valores incorretos. O SQL Server contém uma instrução UPDATE que pode ser usada para modificar uma ou várias linhas. É necessário cautela ao executar uma instrução UPDATE, pois é altamente improvável que toda linha de uma tabela precise ser atualizada. Portanto, sempre pense na possibilidade de incluir uma cláusula WHERE com cada instrução UPDATE. Se WHERE não for incluída, você pode atualizar todas as linhas acidentalmente.

Atualize uma única linha

1. Abra o editor de query no SSMS.
2. No editor de query, digite e execute o seguinte código T-SQL:

```
USE AdventureWorks2012;
UPDATE HumanResources.Department
SET Name = Name +' Europe'
WHERE DepartmentID = 19
```

Essa instrução UPDATE utiliza uma expressão para anexar Europe na coluna Name em uma linha da tabela Department.

	DepartmentID	[illegible]	GroupName	ModifiedDate
1	19	Media Control Europe	Quality Assurance	2012-05-26 00:00:00.000
2	18	[illegible]	Sales and Marketing	2012-05-26 00:00:00.000
3	17	Payroll	Executive General and Administration	2012-06-12 00:00:00.000
4	16	Executive	Executive General and Administration	2002-06-01 00:00:00.000
5	15	Shipping and Receiving	Inventory Management	2002-06-01 00:00:00.000
6	14	Facilities and Maintenance	Executive General and Administration	2002-06-01 00:00:00.000
7	13	Quality Assurance	Quality Assurance	2002-06-01 00:00:00.000
8	12	Document Control	Quality Assurance	2002-06-01 00:00:00.000
9	11	Information Services	Executive General and Administration	2002-06-01 00:00:00.000

Como precaução, você deve adicionar mais um filtro à cláusula WHERE para garantir que a instrução UPDATE não possa ser repetida. Em outras palavras, se a query fosse executada duas vezes acidentalmente, não teria efeito sobre os dados. Isso é especialmente importante ao se fazer uma concatenação ou uma alteração matemática. A query a seguir mostra como fazer isso.

```
USE AdventureWorks2012;
UPDATE HumanResources.Department
SET Name = Name +' Europe'
WHERE DepartmentID = 19
AND NAME NOT LIKE '% Europe'
```

O novo filtro que usa LIKE garante que, se a query for executada novamente, não terá efeito sobre os dados que foram atualizados anteriormente.

Atualize linhas ao referenciar várias tabelas

Você pode encontrar uma situação na qual precisa referenciar tabelas adicionais enquanto atualiza uma linha. As tabelas adicionais poderiam ser usadas para limitar as linhas que serão atualizadas ou poderiam fornecer um valor a ser usado em uma expressão como parte da atualização. Com a cláusula JOIN é possível referenciar tabelas adicionais, exatamente como se faz com uma instrução SELECT.

Atualize linhas enquanto referencia várias tabelas

1. Abra o editor de query no SSMS.
2. No editor de query, digite e execute o seguinte código T-SQL:

```
USE AdventureWorks2012;
UPDATE Production.Product
SET ListPrice = p.ListPrice * 1.05
FROM Production.Product p
INNER JOIN Production.ProductSubcategory ps
    ON p.ProductSubcategoryID = ps.ProductSubcategoryID
WHERE
    ps.Name = 'Socks'
```

A query anterior utiliza a tabela Production.ProductSubcategory para limitar o número de linhas atualizadas a somente as que estão incluídas na subcategoria Socks. O ListPrice de cada linha que está nesse subconjunto é aumentado em 5%.

Exclua dados de tabelas

Antes de passarmos para a discussão sobre a remoção de dados de tabelas do SQL Server, preste atenção à instrução a seguir e procure nunca se esquecer dela: assim como na instrução UPDATE, sempre pense na possibilidade de incluir uma cláusula WHERE ao executar uma instrução DELETE. Se você não incluir WHERE como parte da instrução DELETE, todos os dados serão removidos após a execução da query. O SQL Server não tem um botão "desfazer" explicitamente. Existem maneiras de incorporar um mecanismo que oferece uma operação "desfazer", mas você sempre deve usar a inclusão de uma cláusula WHERE.

Existem dois métodos principais para remover dados do SQL Server: a instrução DELETE e a instrução TRUNCATE. Ambas removem dados – a principal diferença é que com a instrução DELETE é possível limitar o número de linhas excluídas e com TRUNCATE, não.

Utilize DELETE para excluir uma linha

1. Abra o editor de query no SSMS.
2. No editor de query, digite e execute o seguinte código T-SQL:

```
USE AdventureWorks2012;
DELETE FROM HumanResources.Department
WHERE DepartmentID = 22
```

Exclua linhas enquanto referencia várias tabelas

1. Abra o editor de query no SSMS.
2. No editor de query, digite e execute o seguinte código T-SQL:

```
USE AdventureWorks2012;
DELETE FROM HumanResources.Department
FROM HumanResources.Department d
LEFT OUTER JOIN HumanResources.EmployeeDepartmentHistory ed
    ON d.DepartmentID = ed.DepartmentID
WHERE ed.DepartmentID IS NULL
```

Na query anterior, a tabela HumanResources.EmployeeDepartmentHistory é usada para identificar os departamentos da tabela HumanResources.Department que não estão associados a nenhuma linha na tabela referenciada. Unir essa referência LEFT OUTER JOIN com a cláusula WHERE garante que somente essas linhas sejam excluídas.

Utilize TRUNCATE para excluir todas as linhas

1. Abra o editor de query no SSMS.
2. No editor de query, digite e execute o seguinte código T-SQL:

```
USE AdventureWorks2012;
TRUNCATE TABLE dbo.Department
```

Lembre-se de que a instrução TRUNCATE remove todas as linhas da tabela referenciada. Antes de executar essa instrução, você deve certificar-se de que é exatamente isso que pretende fazer. Uma vez executada a instrução, todos os dados serão removidos.

Mesclagem de dados

A instrução MERGE é híbrida, podendo inserir, atualizar e excluir dados em uma única query (consulta). Dependendo de como a query é escrita, ela pode realizar praticamente qualquer combinação de inserção, atualização e exclusão. Uma instrução MERGE normalmente é usada para fazer uma *upsert*, que é uma combinação lógica de inserção e atualização de dados. MERGE verifica a existência de uma linha e, se ela não existe, uma nova linha é adicionada. Se a linha existe, então é atualizada.

Em geral, a instrução MERGE faz a junção entre uma tabela de origem e uma tabela de destino. A tabela de origem contém os dados que serão adicionados ou atualizados na tabela de destino. A tabela de destino aceita as inserções ou atualizações.

Utilize MERGE para inserir e atualizar dados

1. Abra o editor de query no SSMS.
2. No editor de query, digite e execute o seguinte código T-SQL:

```
USE AdventureWorks2012;
MERGE dbo.Department destination
    USING HumanResources.Department source
        ON destination.Name = source.Name
    WHEN MATCHED THEN
        UPDATE
            SET destination.Name = source.Name,
                destination.GroupName = source.GroupName,
                destination.ModifiedDate = source.ModifiedDate
    WHEN NOT MATCHED BY TARGET THEN
        INSERT (Name, GroupName, ModifiedDate)
        VALUES (source.Name, source.GroupName, source.ModifiedDate);
```

Na query anterior, dbo.Department é a tabela de destino e será atualizada ou receberá uma inserção. HumanResources.Department é a tabela de origem e fornecerá os dados para a tabela de destino. Semelhante a JOIN, a palavra-chave ON é utilizada para fazer a correspondência entre as duas tabelas. Em outras palavras, se houver uma correspondência entre os dois valores de cada tabela (WHEN MATCHED), as linhas serão atualizadas. Se não houver uma correspondência (WHEN NOT MATCHED), essas linhas serão inseridas.

Nota Você pode usar palavras-chave adicionais para ampliar a funcionalidade da instrução MERGE. As inserções e atualizações podem ser baseadas no destino ou na origem.

Retorne dados de saída

Depois de executar operações INSERT, UPDATE, DELETE ou MERGE, talvez você precise arquivar ou fazer uma auditoria das linhas afetadas. Usando a cláusula OUTPUT é possível retornar esses dados para a interface que estiver processando o pedido. Os resultados de OUTPUT podem ser inseridos em uma tabela ou simplesmente retornados para o cliente que fez a chamada.

Gere saída para os resultados de uma instrução INSERT

1. Abra o editor de query no SSMS.
2. No editor de query, digite e execute o seguinte código T-SQL:

```
USE AdventureWorks2012;
INSERT INTO HumanResources.Department
     OUTPUT inserted.DepartmentID, inserted.Name, inserted.GroupName, inserted.
ModifiedDate
VALUES('International Marketing', 'Sales and Marketing', '5/26/2012');
```

A instrução OUTPUT simplesmente retorna as linhas afetadas pela entrada no cliente. Para gerar a saída dos dados de uma inserção, referencie um nome de tabela lógica inserida. Essa tabela existe dentro do escopo da query e só então os dados podem ser acessados.

Gere saída para os resultados de uma instrução UPDATE

1. Abra o editor de query no SSMS.
2. No editor de query, digite e execute o seguinte código T-SQL:

```
USE AdventureWorks2012;
UPDATE HumanResources.Department
SET Name = Name +' Europe'
OUTPUT
     deleted.Name AS OldName,
     inserted.Name AS UpdateValue
WHERE DepartmentID = 25
```

Ao gerar a saída dos dados de uma atualização, você terá acesso não apenas à tabela lógica inserida, mas também a uma tabela excluída. A tabela excluída contém os valores antes da atualização e a tabela inserida contém os valores após a atualização.

Results | Messages

	OldName	UpdateValue
1	International Marketing	International Marketing Europe

Como mencionado anteriormente, o uso típico da cláusula OUTPUT é na auditoria de alterações feitas nos dados. Em geral, as empresas exigem que os aplicativos monitorem as exclusões feitas em seus bancos de dados. Aproveitando a cláusula OUTPUT, você pode implementar um mecanismo que faz exatamente isso.

Insira dados de OUTPUT em uma tabela

1. Abra o editor de query no SSMS.
2. No editor de query, digite e execute o seguinte código T-SQL:

```
USE AdventureWorks2012;
GO
CREATE TABLE dbo.Department_Audit
(
    DepartmentID int NOT NULL,
    Name nvarchar(50) NOT NULL,
    GroupName nvarchar(50) NOT NULL,
    DeletedDate datetime NOT NULL
        CONSTRAINT DF_Department_Audit_DeletedDate_Today DEFAULT(GETDATE())
)
```

> **Nota** A restrição default (padrão) no script anterior usa a função escalar GETDATE, a qual inserirá a data e hora atuais quando uma linha for adicionada à tabela. Você também pode monitorar nomes de usuário, nomes de host e outras propriedades de string de conexão, usando outras funções escalares do sistema. As funções escalares serão discutidas em detalhes no Capítulo 13, "Funções escalares predefinidas".

3. No editor de query, digite e execute o seguinte código T-SQL:

```
USE AdventureWorks2012;
DELETE FROM dbo.Department
OUTPUT deleted.Departmentid, deleted.Name, deleted.GroupName
INTO dbo.Department_Audit(DepartmentID, Name, GroupName)
WHERE DepartmentID = 16
```

   A query anterior exclui uma linha da tabela Department e também insere o conteúdo da linha excluída em uma tabela de auditoria.

4. Para ver o conteúdo atual da tabela de auditoria, execute a query a seguir:

```
USE AdventureWorks2012;
SELECT *
FROM dbo.Department_Audit
```

   Você vai ver os dados exatos que a tabela Department continha antes da exclusão.

Resumo

A capacidade de manipular dados é vital em qualquer SGBDR. Normalmente, a origem da maioria das modificações de dados é um aplicativo cliente. Mas sempre haverá ocasiões em que você precisará usar T-SQL para fazer alterações em seus dados. Conforme você aprendeu neste capítulo, o SQL Server fornece um poderoso conjunto de métodos que oferecem flexibilidade e capacidade de extensão para tratar da maioria de suas alterações de dados.

CAPÍTULO 13

Funções escalares predefinidas

Neste capítulo, você vai aprender a

- Retornar e manipular valores de data e hora com funções de data e hora.
- Converter dados com as funções CAST e CONVERT.
- Manipular valores de string.
- Adicionar lógica a instruções T-SQL utilizando funções predefinidas.

O Microsoft SQL Server possui muitas funções escalares predefinidas, cujos propósitos e resultados variam de acordo com o tipo e o uso. Dentro do SQL Server, as funções escalares são agrupadas em 12 categorias. Dessas, discutiremos quatro neste capítulo: data e hora, conversão, string e lógicas. Várias funções escalares novas foram adicionadas ao SQL Server 2012.

> **Nota** Se quiser explorar todas as funções escalares predefinidas disponíveis, consulte a página "Built-in Functions (Transact-SQL)" no MSDN: *http://msdn.microsoft.com/en-us/library/ms174318*.

Utilize funções de data e hora

Conforme mencionado no Capítulo 5, "Criando sua primeira tabela", o SQL Server permite armazenar valores de data e hora em vários formatos. Embora seja possível armazenar valores de data e hora em praticamente qualquer formato, o melhor é usar as funções do SQL Server para retorná-los em um formato que atenda as suas necessidades. Com essas funções, você pode fazer o seguinte:

- Retornar valores de data e hora de variadas precisões
- Retornar partes de valores de data e hora
- Extrair valores de data e hora de partes de datas e horas (um recurso novo no SQL Server 2012)
- Obter diferenças de data e hora
- Modificar valores de data e hora
- Validar valores de data e hora

Retorne valores de data e hora

1. Abra o editor de query no Microsoft SQL Server Management Studio (SSMS).
2. No editor de query, digite e execute o seguinte código T-SQL:

```
SELECT GETDATE() AS GETDATE, SYSDATETIME() AS SYSDATETIME;
```

O conjunto de resultados será um único valor de data e hora igual à data e hora em que você executou a query.

	GETDATE	SYSDATETIME
1	2012-06-30 07:08:54.373	2012-06-30 07:08:54.3748532

Você deverá notar imediatamente que a precisão dos valores é diferente. A função *GETDATE()* retorna um tipo de dados *DATETIME* e a função *SYSDATETIME* retorna um *datetime2(7)*. Este último é um valor mais preciso, e é esse o motivo de você ver mais números após a última casa decimal.

Retorne partes de valores de data e hora

1. Abra o editor de query no SSMS.
2. No editor de query, digite e execute o seguinte código T-SQL:

```
SELECT
    DAY(GETDATE()) AS DAY,
    MONTH(GETDATE()) AS MONTH,
    YEAR(GETDATE()) AS YEAR,
    DATENAME(WEEKDAY, GETDATE()) AS DATENAMEWeekDay,
    DATEPART(M, GETDATE()) AS DATEPART,
    DATEPART(WEEKDAY, GETDATE()) AS DatePartWeekDay,
    DATENAME(MONTH, GETDATE()) AS DateNameMonth
```

A imagem a seguir mostra o conjunto de resultados da query.

	DAY	MONTH	YEAR	DateNameWeekDay	DATEPART	DatePartWeekDay	DateNameMonth
1	2	7	2012	Monday	7	2	July

Os valores de retorno das primeiras três funções – *DAY*, *MONTH* e *YEAR* – são óbvios. Contudo, as duas últimas funções, *DATENAME* e *DATEPART*, oferecem um pouco mais de funcionalidade. Ao contrário das três primeiras funções, *DATENAME* e *DATEPART* aceitam um parâmetro adicional conhecido como *datepart*. Esse parâmetro diz à função qual parte da data deve ser retornada. A Tabela 13-1 lista todos os parâmetros *datepart* que podem ser utilizados.

TABELA 13-1 Argumentos *datepart* válidos

datepart	Abreviações
year	yy, yyyy
quarter	qq, q
month	mm, m
dayofyear	dy, y
week	wk, ww
weekday	dw
hour	hh
minute	mi, n
second	ss, s
millisecond	ms
microsecond	mcs
nanosecond	ns
TZoffset	tz
ISO_WEEK	Isowk, isoww

Normalmente, cada argumento *datepart* retorna um valor inteiro. Contudo, talvez você tenha observado que valores de string são incluídos na figura anterior ao se usar *month* e *weekday* como argumento *datepart* para a função *DATENAME*. Essa é a principal diferença entre as duas funções. A função *DATEPART* retorna o tipo de dado como um valor inteiro. Como a função *DATENAME* pode retornar valores de string, seu tipo de dado de retorno é *nvarchar*.

Derivação de datas a partir de "parts"

Antes do lançamento do SQL Server 2012, você podia extrair datas de outros valores e expressões utilizando T-SQL. Embora isso fosse possível, essa estratégia muitas vezes exigia muita codificação e, em alguns casos, produzia resultados inconsistentes. Como resultado, no SQL Server 2012 a Microsoft incluiu várias funções novas que permitem derivar data e hora a partir de "parts".

Use a função escalar DATEFROMPARTS

1. Abra o editor de query no SSMS.
2. No editor de query, digite e execute o seguinte código T-SQL:

```
SELECT
    DATEFROMPARTS ( 1972, 5, 26) AS DATEFROMPARTS,
    DATETIME2FROMPARTS ( 1972, 5, 26, 7, 14, 16, 10, 3 ) AS DATETIME2FROMPARTS,
    DATETIMEFROMPARTS ( 1972, 5, 26, 7, 14, 16, 10) AS DATETIMEFROMPARTS,
    DATETIMEOFFSETFROMPARTS ( 1972, 5, 26, 7, 14, 16, 10, 12, 0, 3 ) AS
```

```
DATETIMEOFFSETFROMPARTS,
     SMALLDATETIMEFROMPARTS ( 1972, 5, 26, 7, 14) SMALLDATETIMEFROMPARTS,
     TIMEFROMPARTS(7, 14, 16, 10, 3) TIMEFROMPARTS
```

O resultado dessa query é semelhante à imagem a seguir.

Results | Messages

	DATEFROMPARTS	DATETIME2FROMPARTS	DATETIMEFROMPARTS	DATETIMEOFFSETFROMPARTS	SMALLDATETIMEFROMPARTS	TIMEFROMPARTS
1	1972-05-26	1972-05-26 07:14:16.010	1972-05-26 07:14:16.010	1972-05-26 07:14:16.010 +12:00	1972-05-26 07:14:00	07:14:16.010

Agora é possível produzir valores de data e hora variados, com diferentes graus de precisão, utilizando funções predefinidas, em vez de escrever código T-SQL personalizado.

Diferencie, modifique e valide valores de data

Além de oferecer as funções já mencionadas, o T-SQL permite efetuar cálculos com valores de data e validar esses valores. Por exemplo, é possível calcular o número de dias entre duas datas ou somar um mês ou um ano a uma data. No SQL Server 2012, a Microsoft introduziu a função *EOMONTH*, a qual determina a última data de um mês específico.

Efetue cálculos e validações de data

1. Abra o editor de query no SSMS.
2. No editor de query, digite e execute o seguinte código T-SQL:

```
SELECT
    DATEDIFF(dd, GETDATE(), '5/26/2013') AS DaysUntilMyBirthday,
    DATEADD(y, 1, GETDATE()) AS DateAdd,
    EOMONTH(GETDATE()) AS EOMonth, --New to SQL Server 2012
    ISDATE(GETDATE()) AS IsValidDate,
    ISDATE('13/1/2122') AS InvalidDate
```

Com *DATEDIFF* é possível saber quantos dias, meses ou anos existem entre dois valores de data. O argumento *datepart*, que é *dd*, determina a parte da data a ser retornada. *DATEADD* também utiliza um argumento *datepart*; contudo, pode somar ou subtrair um valor de data. A função *EOMONTH*, novidade do SQL Server 2012, retorna o último dia do mês de determinado valor de data. Por fim, é possível determinar se uma data é válida ou não, usando a função *ISDATE*. A figura a seguir mostra os resultados da query anterior. Observe que 1 é retornado quando a data é válida e 0 é retornado para datas inválidas.

Results | Messages

	DayUntilMyBirthday	DateAdd	EOMonth	IsValidDate	InvalidDate
1	325	2012-07-06 16:24:29.793	2012-07-31	1	0

Utilize funções de conversão

As funções de conversão são divididas em duas categorias:

- *CAST*
- *CONVERT*

A principal finalidade dos dois tipos é mudar um valor de um tipo de dado para outro. CONVERT é diferente de *CAST*, pois permite formatar a saída de uma conversão. O SQL Server 2012 introduz quatro novas funções de conversão:

- *PARSE*
- *TRY_PARSE*
- *TRY_CAST*
- *TRY_CONVERT*

Um exemplo de cada uma delas aparece no exercício "Converta datas utilizando as novas funções do SQL Server 2012", a seguir.

> **Nota** Independentemente do tipo de função, você pode usar o valor resultante em uma atribuição de variável ou como valor em uma instrução SELECT. Caso precise recordar a atribuição de variáveis, consulte a seção "Utilize variáveis" no Capítulo 11, "Tópicos avançados de recuperação de dados".

Converta dados utilizando CAST

1. Abra o editor de query no SSMS.
2. No editor de query, digite e execute o seguinte código T-SQL:

```
USE AdventureWorks2012;
SELECT TOP(10)
     SalesOrderNumber,
     TotalDue,
     CAST(TotalDue AS decimal(10,2)) AS TotalDueCast,
     OrderDate,
     CAST(OrderDate AS DATE) AS OrderDateCast
FROM Sales.SalesOrderHeader;
```

A imagem a seguir mostra o conjunto de resultados da query anterior.

	SalesOrderNumber	TotalDue	TotalDueCast	OrderDate	OrderDateCast
1	SO43659	23153.2339	23153.23	2005-07-01 00:00:00.000	2005-07-01
2	SO43660	1457.3288	1457.33	2005-07-01 00:00:00.000	2005-07-01
3	SO43661	36865.8012	36865.80	2005-07-01 00:00:00.000	2005-07-01
4	SO43662	32474.9324	32474.93	2005-07-01 00:00:00.000	2005-07-01
5	SO43663	472.3108	472.31	2005-07-01 00:00:00.000	2005-07-01
6	SO43664	27510.4109	27510.41	2005-07-01 00:00:00.000	2005-07-01
7	SO43665	16158.6961	16158.70	2005-07-01 00:00:00.000	2005-07-01
8	SO43666	5694.8564	5694.86	2005-07-01 00:00:00.000	2005-07-01
9	SO43667	6876.3649	6876.36	2005-07-01 00:00:00.000	2005-07-01
10	SO43668	40487.7233	40487.72	2005-07-01 00:00:00.000	2005-07-01

Na query anterior, os valores originais da coluna TotalDue foram armazenados, permitindo até quatro números após a casa decimal. Com a função *CAST*, você pode mudar o número de casas decimais retornadas, como mostra a coluna TotalDueCast. Além disso, em vez de retornar um valor de data e hora para a data do pedido (order date), você pode usar a função *CAST* para retornar apenas o valor de data, o que pode ser visto na coluna OrderDateCast.

Embora as funções *CONVERT* e *CAST* executem a mesma atividade primária, a função *CONVERT* é um pouco mais flexível do que *CAST*, pois você pode formatar a saída de seu conjunto de resultados utilizando o argumento *style*. É possível aplicar estilos nos tipos de dados *date*, *time*, *real*, *float*, *money*, *xml* e *binary*.

> **Nota** Uma lista detalhada dos códigos utilizados para cada tipo de estilo pode ser encontrada na seção sobre *CAST* e *CONVERT* do SQL Server Books Online, no endereço *http://msdn.microsoft.com/en-us/library/ms187928*.

Converta dados utilizando CONVERT

1. Abra o editor de query no SSMS.
2. No editor de query, digite e execute o seguinte código T-SQL:

```
SELECT
    CONVERT(VARCHAR(20), GETDATE()) AS [Default],
    CONVERT(VARCHAR(20), GETDATE(), 100) AS DefaultWithStyle,
    CONVERT(VARCHAR(10), GETDATE(), 103) AS BritishFrenchStyle,
    CONVERT(VARCHAR(8), GETDATE(), 105) AS ItalianStyle,
    CONVERT(VARCHAR(8), GETDATE(), 112) AS ISOStyle,
    CONVERT(VARCHAR(15), CAST('111111.22' AS MONEY), 1) AS MoneyWithCommas
```

O que você deve notar imediatamente é que a função *CONVERT* recebe três argumentos. O primeiro é o tipo de dado de destino ou o tipo para o qual você deseja converter determinado valor. O segundo argumento é o valor que será convertido e o último argumento é o estilo. Este último argumento é opcional e, se não for fornecido, o SQL Server usará valores padrão. A imagem a seguir mostra os resultados da execução da query anterior.

Results | Messages

	Default	DefaultWithStyle	BritishFrenchStyle	ItalianStyle	ISOStyle	MoneyWithCommas
1	Jul 6 2012 8:24AM	Jul 6 2012 8:24AM	06/07/2012	06-07-20	20120706	111,111.23

As primeiras cinco colunas representam conversões de data para diferentes países. A última coluna ilustra o uso da função *CONVERT* para adicionar vírgulas a um valor com tipo de dado *money*. Na query, a função *CAST* é usada na última linha de código para converter a string para *money* e, então, a função *CONVERT* é usada para converter esse valor de volta para uma string com vírgulas.

Novas funções de conversão do SQL Server 2012

O SQL Server 2012 introduziu quatro novas funções de conversão. *PARSE* e *TRY_PARSE* são totalmente novas no SQL Server, enquanto *TRY_CONVERT* e *TRY_CAST* são extensões das funções *CONVERT* e *CAST* já existentes. A função *PARSE* só deve ser usada ao se converter de strings para os tipos de dados data/hora e número. As outras, prefixadas com *TRY_*, adicionam funcionalidade às funções *CONVERT*, *CAST* e *PARSE* básicas. Converter um valor usando uma das funções mencionadas anteriormente pode fazer a instrução inteira falhar. Contudo, ao usar qualquer uma das versões *TRY* da função, será retornado um valor NULL.

Converta datas utilizando as novas funções do SQL Server 2012

1. Abra o editor de query no SSMS.
2. No editor de query, digite e execute o seguinte código T-SQL:

```
SELECT
    TRY_CAST('PATRICK' AS INT) TryCast,
    TRY_CONVERT(DATETIME, '13/2/2999', 112) AS TryConvert,
    PARSE('Saturday, 26 May 2012' AS DATETIME USING 'en-US') AS Parse,
    TRY_PARSE('Patricks BirthDay' AS DATETIME USING 'en-US') AS TryParse
```

A figura a seguir ilustra o uso de todas as novas funções.

Results | Messages

	TryCast	TryConvert	Parse	TryParse
1	NULL	NULL	2012-05-26 00:00:00.000	NULL

Em vez de fazer a execução da query falhar, as novas funções *TRY* oferecem uma estratégia mais elegante no retorno de valores NULL.

Utilize funções de string

O SQL Server 2012 contém 25 funções escalares de string predefinidas, incluindo duas novas:

- *CONCAT*
- *FORMAT*

Cada função executa alguma operação sobre um valor de string ou numérico fornecido. Algo a notar é que, se você tentar combinar ou concatenar uma string e um valor numérico, primeiramente o valor numérico deverá ser convertido em uma string.

> **Nota** Embora estejam disponíveis numerosas funções, este livro se concentra apenas nas mais utilizadas. Se estiver interessado em aprender sobre todas as funções, visite a página "String Functions (Transact-SQL)" do MSDN: *http://msdn.microsoft.com/en-us/library/ms181984*.

Utilize funções de string do SQL Server

1. Abra o editor de query no SSMS.
2. No editor de query, digite e execute o seguinte código T-SQL:

```
SELECT
    'LEBLANC '+', '+' PATRICK' RawValues,
    RTRIM('LEBLANC ')+', '+LTRIM(' PATRICK') TrimValue,
    LEFT('PatrickDTomorr', 7) [Left],
    RIGHT('DTomorrLeBlanc', 7) [Right],
    SUBSTRING('DTomorrPatrick',8,LEN('DTomorrPatrick')) [SubString],
    '12/'+CAST(1 AS VARCHAR)+'/2012' WithoutConcat,
    CONCAT('12/',1,'/2012') WithConcat
```

A imagem a seguir mostra o uso de várias funções de string.

Results | Messages

	RawValues	TrimValue	Left	Right	SubString	WithoutContact	WithConcat
1	LEBLANC , PATRICK	LEBLANC, PATRICK	Patrick	LeBlanc	Patrick	12/1/2012	12/1/2012

As duas primeiras colunas no conjunto de resultados concatenam dois valores de string. A diferença entre as duas é que uma contém espaços antes e depois da vírgula e a outra, não. Utilizando as funções *RTRIM* e *LTRIM*, você pode remover espaços à direita (*RTRIM*) e à esquerda (*LTRIM*) da string. As duas colunas seguintes utilizam as funções *LEFT* e *RIGHT*, que simplesmente retornam o valor mais à esquerda e mais à direita do valor de string fornecido, com base no segundo argumento. Na query anterior, a função *LEFT* retorna os sete primeiros caracteres a partir da esquerda e a função *RIGHT* faz o mesmo, mas a partir da direita.

A função *SUBSTRING* retorna uma parte de uma string com base em um ponto de partida e um ponto final, que são os dois últimos argumentos fornecidos para a função. Na query anterior, a função é usada para retornar um valor a partir do caractere 8, terminando no fim da expressão de string fornecida como primeiro argumento. Esse valor final é extraído com a função *LEN*, que retorna o comprimento de uma string. Nas duas últimas colunas, as datas são extraídas de três valores diferentes. Observe que, na coluna WithoutConcat, uma função *CAST* é usada para converter o valor inteiro em uma string para garantir o êxito da concatenação. Contudo, ao se usar a nova função *CONCAT*, a necessidade de *CAST* é reduzida, pois ela converte valores que não são string em strings automaticamente.

Utilize funções lógicas

O SQL Server 2012 contém duas novas funções lógicas que permitem mais seleção de dados com pouco código:

- *CHOOSE*
- *IIF*

CHOOSE retorna um valor de uma lista com base em um índice especificado. *IIF* retorna um valor com base na avaliação de uma expressão booleana como verdadeira ou falsa.

Utilize as funções CHOOSE e IIF

1. Abra o editor de query no SSMS.
2. No editor de query, digite e execute o seguinte código T-SQL:

```
declare @choosevar int = 3
SELECT
    CHOOSE(@choosevar, 'ONE', 'TWO', 'PATRICK', 'THREE') [Choose],
    IIF(DATENAME(MONTH, GETDATE()) = 'July', 'The 4th is this month', 'No
Fireworks') AS
[IIF]
```

Na query anterior, você selecionou o terceiro item de uma lista de strings utilizando a função *CHOOSE*. Se você mudasse 3 para 1, a função retornaria o primeiro valor, ONE, da lista de strings, em vez do terceiro. Na última linha do código da query anterior, a função *IIF* é usada para determinar qual das duas strings vai ser retornada. O primeiro argumento utilizado na função *IIF* é avaliado como verdadeiro ou falso. Nesse exemplo, é utilizada uma expressão para determinar se o mês atual é julho (July). Se a expressão for avaliada como verdadeira, o primeiro valor de string será retornado; caso contrário, será retornado o segundo valor.

A imagem a seguir mostra os resultados da query anterior.

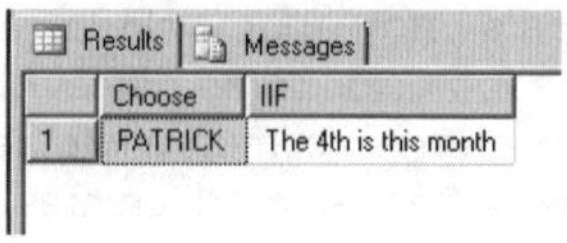

Resumo

Conforme você aprendeu neste capítulo, o Microsoft SQL Server contém vários tipos de funções predefinidas. Nos próximos capítulos serão apresentados outros. Embora apenas um conjunto selecionado seja discutido neste livro, você deve dedicar algum tempo para examinar o SQL Server Books Online e explorar os vários recursos de todas as funções disponíveis.

PARTE V

Como criar outros objetos de banco de dados

CAPÍTULO 14

Tópicos avançados de T-SQL

Neste capítulo, você vai aprender a

- Fazer agregação, agrupamento e visualização em janelas.
- Utilizar objetos temporários do SQL Server.
- Tratar erros de T-SQL dentro de queries (consultas).
- Adicionar lógica de controle em torno e dentro de instruções T-SQL.

Até aqui, as instruções T-SQL e a lógica que você construiu foram muito básicas e simples. Neste capítulo, você vai conhecer mais construções para aumentar a funcionalidade do código T-SQL. Primeiro, vai investigar como fazer agregações, visualização em janelas e agrupamento com T-SQL. Em seguida, aprenderá a usar objetos temporários no Microsoft SQL Server. Por último, vai ver exemplos de como tratar erros e controlar o fluxo de queries (consultas) T-SQL.

Agregação, visualização em janelas e agrupamento

Normalmente, quando dados são armazenados em um banco de dados relacional, cada linha representa um único valor. Por exemplo, em um banco de dados de vendas, você pode gravar uma linha para cada venda feita por um vendedor. Ou, em um banco de dados bancário, pode gravar uma linha para cada transação ocorrida na conta de um cliente. Independentemente dos dados armazenados, em algum momento eles precisarão ser agregados de alguma maneira. No exemplo do banco de dados de vendas, talvez você queira ver todas as vendas de cada vendedor, ao passo que no exemplo do banco de dados bancário, talvez queira ver o saldo da conta de cada cliente. Utilizando sintaxe T-SQL, você pode agregar os dados com funções escalares de agregação predefinidas e agrupá-los usando a palavra-chave GROUP BY para efetuar essas operações.

Além de agregar os dados, você pode usar funções de visualização em janelas para efetuar operações de classificação em um conjunto de linhas. A visualização em janelas, que será discutida em detalhes mais adiante neste capítulo, efetua operações em um conjunto de dados, normalmente em relação à linha atual.

Faça agregações

A agregação mais comum é a adição, que soma todos os valores de determinado conjunto de dados. A adição de dados é suportada por meio da função SUM de T-SQL.

```
SUM( [ ALL | DISTINCT ] expressão)
```

A palavra-chave *ALL* aplica a agregação a cada valor no resultado, enquanto *DISTINCT* agrega apenas os valores únicos. A palavra-chave *ALL* é usada por padrão; portanto, não é necessário especificá-la como parte da query. A expressão fornecida deve ser um tipo de dados numérico, que pode ser uma constante, variável, coluna ou função.

Faça uma agregação simples

1. Abra o editor de query no Microsoft SQL Server Management Studio (SSMS).
2. No editor de query, digite o seguinte código T-SQL:

```
USE AdventureWorks2012;
SELECT
     SUM(poh.TotalDue) AS TotalDue
FROM Purchasing.PurchaseOrderHeader poh
```

3. Execute a query e examine os resultados.

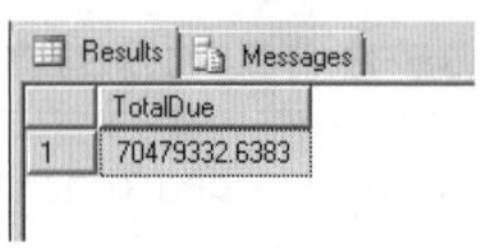

Essa query apresenta o total devido para todos os pedidos de compra feitos.

4. Adicione à query três novas agregações, que tiram a média do total devido e contam o número de funcionários de duas maneiras diferentes (representadas em negrito).

```
USE AdventureWorks2012;
SELECT
     SUM(poh.TotalDue) AS [TotalDue],
     AVG(poh.TotalDue) AS [Average TotalDue],
     COUNT(poh.EmployeeID) [NumberOfEmployees],
     COUNT(DISTINCT poh.EmployeeID) [DistinctNumberOfEmployees]
FROM Purchasing.PurchaseOrderHeader poh
```

5. Execute a query e examine os resultados.

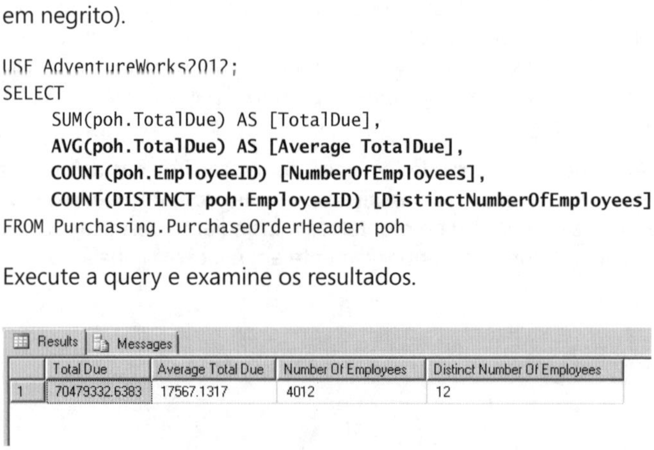

Essa query adiciona três novas colunas ao conjunto de resultados. Lembre-se de que todas as agregações na imagem anterior têm o mesmo nível de granularidade.

- Average Total Due utiliza a função AVG para calcular a média no conjunto de resultados inteiro. Ela soma o total devido, conta o número de linhas, divide os dois valores e retorna a média.
- Number Of Employees utiliza a função *COUNT* para cada funcionário no resultado, incluindo valores duplicados da coluna fornecida, EmployeeID.
- Distinct Number Of Employees utiliza a função *COUNT*, mas inclui a palavra-chave *DISTINCT* para garantir que os registros duplicados sejam ignorados.

Talvez você tenha notado que a sintaxe de cada função usada na query anterior é muito parecida. Isso acontece com a maioria das funções de agregação. Existem algumas pequenas variações, mas essa sintaxe é padrão.

Faça agregações com agrupamentos

Agregar os dados holisticamente dentro de um resultado provavelmente não é algo que se vê com frequência. Em geral, os dados são decompostos ou agrupados em categorias ou segmentos, como ano, região, país ou vendedor. Com a palavra-chave *GROUP BY* é possível resumir o conjunto de resultados selecionado por uma ou mais colunas ou expressões. Para usar agrupamentos em uma query T-SQL, você poderia começar com uma instrução *SELECT* básica, terminando com uma cláusula *GROUP BY*. A seguir está um exemplo da sintaxe:

```
SELECT
FROM
GROUP BY <coluna1>, <coluna2>,...
```

Qualquer coluna não utilizada por uma função de agregação listada na instrução *SELECT* pode ser incluída na cláusula *GROUP BY*. Contudo, a coluna pode estar incluída na cláusula *GROUP BY*, mas não na instrução *SELECT*.

Fazendo agregações com a cláusula GROUP BY

1. Abra o editor de query no SSMS.
2. No editor de query, digite o seguinte código T-SQL:

```
USE AdventureWorks2012;
SELECT
     sm.Name AS ShippingMethod
       SUM(poh.TotalDue) AS [Total Due],
       AVG(poh.TotalDue) AS [Average Total Due],
       COUNT(poh.EmployeeID) [Number Of Employees],
       COUNT(DISTINCT poh.EmployeeID) [Distinct Number Of Employees]
FROM Purchasing.PurchaseOrderHeader poh
INNER JOIN Purchasing.ShipMethod sm
       ON poh.ShipMethodID = sm.ShipMethodID
```

3. Execute a query e examine os resultados.

   Você deve ter recebido o seguinte erro:

```
Msg 8120, Level 16, State 1, Line 3
Column 'Purchasing.ShipMethod.Name' is invalid in the select list because it is
not contained in either an aggregate function or the GROUP BY clause. (A coluna
'Purchasing.ShipMethod.Name' é inválida na lista de seleção, pois não está
contida em uma função de agregação nem na cláusula GROUP BY.)
```

   Se você ler o erro com atenção, verá que ele informa como corrigir o problema.

4. Adicione a cláusula *GROUP BY* ao final da instrução.

```
USE AdventureWorks2012;
SELECT
     sm.Name AS ShippingMethod,
     SUM(poh.TotalDue) AS [Total Due],
     AVG(poh.TotalDue) AS [Average Total Due],
     COUNT(poh.EmployeeID) AS [Number Of Employees],
     COUNT(DISTINCT poh.EmployeeID) AS [Distinct Number Of Employees]
FROM Purchasing.PurchaseOrderHeader poh
INNER JOIN Purchasing.ShipMethod sm
     ON poh.ShipMethodID = sm.ShipMethodID
GROUP BY sm.Name
```

5. Execute a query e examine os resultados.

Results | Messages

	ShippingMethod	Total Due	Average Total Due	Number Of Employees	Distinct Number Of Employees
1	XRQ - TRUCK GROUND	3330909.2897	5655.194	589	12
2	ZY - EXPRESS	14874601.7677	22709.3156	655	12
3	OVERSEAS - DELUXE	8002938.997	50018.3687	160	12
4	OVERNIGHT J-FAST	11965191.1871	11027.8259	1085	12
5	CARGO TRANSPORT 5	32305691.3968	21211.8787	1523	12

   Com a inclusão da cláusula *GROUP BY* na coluna Name da tabela ShippingMethod, a query foi capaz de fornecer agregações para cada método de despacho individual utilizado. É possível agrupar por mais de uma coluna ou expressão.

6. Adicione uma expressão que extraia o ano da coluna OrderDate na tabela PurchaseOrderHeader:

```
USE AdventureWorks2012;
SELECT
     sm.Name AS ShippingMethod,
     YEAR(poh.OrderDate) AS OrderYear,
     SUM(poh.TotalDue) AS [Total Due],
     AVG(poh.TotalDue) AS [Average Total Due],
     COUNT(poh.EmployeeID) AS [Number Of Employees],
     COUNT(DISTINCT poh.EmployeeID) AS [Distinct Number Of Employees]
FROM Purchasing.PurchaseOrderHeader poh
INNER JOIN Purchasing.ShipMethod sm
     ON poh.ShipMethodID = sm.ShipMethodID
GROUP BY
   sm.Name,
   YEAR(poh.OrderDate)
```

7. Execute a query e examine os resultados.

Results | Messages

	ShippingMethod	OrderYear	Total Due	Average Total Due	Number Of Employees	Distinct Number Of Employees
1	XRQ - TRUCK GROUND	2006	238226.7076	5672.0644	42	12
2	XRQ - TRUCK GROUND	2007	931577.2578	6128.7977	152	12
3	XRQ - TRUCK GROUND	2008	2161105.3243	5471.1527	395	12
4	ZY - EXPRESS	2005	9776.2665	9776.2665	1	1
5	ZY - EXPRESS	2006	1128598.8326	24534.7572	46	12
6	ZY - EXPRESS	2007	3657789.9952	21902.9341	167	12
7	ZY - EXPRESS	2008	10078436.6734	22853.5978	441	12
8	OVERSEAS - DELUXE	2005	81233.7049	27077.9016	3	3
9	OVERSEAS - DELUXE	2006	326145.231	36238.359	9	5
10	OVERSEAS - DELUXE	2007	1333639.9307	38103.998	35	10
11	OVERSEAS - DELUXE	2008	6261920.1304	55415.2223	113	12
12	OVERNIGHT J-FAST	2005	22539.0165	22539.0165	1	1
13	OVERNIGHT J-FAST	2006	750384.0766	10875.1315	69	12
14	OVERNIGHT J-FAST	2007	3295912.2337	11210.5858	294	12
15	OVERNIGHT J-FAST	2008	7896355.8603	10951.9498	721	12
16	CARGO TRANSPORT 5	2005	1255.8943	418.6314	3	3
17	CARGO TRANSPORT 5	2006	2226522.1526	21004.9259	106	12
18	CARGO TRANSPORT 5	2007	8073385.8419	20861.4621	387	12
19	CARGO TRANSPORT 5	2008	22004527.508	21426.0248	1027	12

Os resultados mostram que, adicionando uma segunda coluna ao grupo, você pode agregar os dados ainda mais. Agora, dentro de cada método de despacho os dados estão agregados por ano.

Visualize em janelas

Visualizar dados em janelas usando T-SQL é uma maneira de fornecer uma nova perspectiva deles. Essa nova perspectiva ou nova janela de dados é criada pela cláusula *OVER()*. Depois que a nova janela é criada, é gerado um valor para cada linha no conjunto de resultados. Esses valores são obtidos com as funções de agregação e/ou funções de classificação do T SQL. As funções de agregação foram discutidas na seção "Faça agregações" deste capítulo. Existem quatro funções de classificação básicas: *ROW_NUMBER*, *RANK*, *DENSE_RANK* e *NTILE*.

- ***ROW_NUMBER*** Gera inteiros incrementados automaticamente, de acordo com a classificação na cláusula *OVER*.
- ***RANK*** Gera um valor baseado na classificação visualizada em janelas, como se as linhas estivessem competindo. Se houver empates, as duas linhas recebem o mesmo valor.
- ***DENSE_RANK*** Gera um valor muito parecido com a função *RANK*. Contudo, se houver empate, somente um valor (igual) é usado.
- ***NTILE*** Organiza as linhas em algum número de grupos, chamados *tiles*.

Deve-se observar que visualizar dados em janelas pode resultar em instruções T-SQL muito complexas. Portanto, neste capítulo será fornecida apenas uma breve introdução. Para mais detalhes e exemplos de visualização de dados em janelas, consulte o SQL Server Books Online.

Visualize dados em janelas utilizando a função ROW_NUMBER

1. Abra o editor de query no SSMS.
2. No editor de query, digite e execute o seguinte código T-SQL:

```
USE AdventureWorks2012
GO
;WITH ProductQty
AS
(
    SELECT TOP(10)
        p.ProductID,
        SUM(OrderQty) AS OrderQty
    FROM Sales.SalesOrderDetail AS sod
    INNER JOIN Production.Product AS p
        ON sod.ProductID = p.ProductID
    GROUP BY p.ProductID
)
SELECT
    p.NAME AS ProductName,
    pq.OrderQty,
    ROW_NUMBER() OVER(ORDER BY pq.OrderQty DESC) ROWNUMBER,
    RANK() OVER(ORDER BY pq.OrderQty DESC) [RANK],
    DENSE_RANK() OVER(ORDER BY pq.OrderQty DESC) [DENSERANK]
FROM ProductQty AS pq
INNER JOIN Production.Product AS p
    ON pq.ProductID = p.ProductID
```

Results | Messages

	ProductName	OrderQty	ROWNUMBER	RANK	DENSERANK
1	Mountain-200 Silver, 38	2394	1	1	1
2	Men's Bib-Shorts, M	1616	2	2	2
3	LL Mountain Frame - Black, 44	625	3	3	3
4	Road-450 Red, 44	346	4	4	4
5	Touring-2000 Blue, 50	322	5	5	5
6	All-Purpose Bike Stand	249	6	6	6
7	LL Fork	190	7	7	7
8	ML Road Frame - Red, 52	90	8	8	8
9	Mountain Bike Socks, L	90	9	8	8
10	LL Touring Frame - Yellow, 58	36	10	10	9

Como você pode ver na imagem anterior, a função *ROW_NUMBER* gera um número para cada linha em sequência, com base em *ORDER BY*. Neste caso, o produto com OrderQty mais alto aparece em primeiro lugar e todas as linhas subsequentes recebem um valor baseado na quantidade. Para as funções *RANK* e *DENSE_RANK* o comportamento é semelhante, a menos que encontrem empates. Se existirem empates, todas as linhas receberão o mesmo valor. No entanto, como pode ser visto na imagem, quando *RANK* é usada, o número gerado para as linhas que estão após o empate pula um valor. Isso depende do número de linhas incluídas no empate. No caso de *DENSE_RANK*, diante de um empate não é pulado um valor. Essa query utiliza uma expressão de tabela comum, a qual está explicada na seção "Expressões de tabela comuns" deste capítulo.

Novos recursos de visualização em janelas de T-SQL

O SQL Server 2012 introduz vários argumentos novos de visualização em janelas que podem ser usados com a cláusula *OVER*. Embora este capítulo não forneça exemplos desses argumentos, certamente é importante mencioná-los. A Tabela 14-1 lista cada argumento e fornece uma breve descrição.

TABELA 14-1 Novos recursos de visualização em janelas do SQL Server 2012

Argumento	Descrição
ROWS/RANGE	Limita as linhas com base na linha atual
CURRENT ROW	Declara o ponto inicial ou final como a linha atual
BETWEEN	É acoplado a *ROWS* ou *RANGE* para especificar os pontos iniciais e finais
UNBOUND PRECEDING	Declara onde a janela vai começar
UNBOUND FOLLOWING	Declara onde a janela vai terminar

Utilize a cláusula *HAVING*

A cláusula *HAVING* se comporta de modo semelhante a uma instrução *SELECT*. Contudo, pode aproveitar a agregação. Você só pode utilizá-la com uma instrução *SELECT* e, normalmente, ela é usada com uma cláusula *GROUP BY*.

Limite as linhas agregadas com uma cláusula *HAVING*

1. Abra o editor de query no SSMS.
2. No editor de query, digite o seguinte código T-SQL:

```
USE AdventureWorks2012;
SELECT
    sm.Name AS ShippingMethod,
    YEAR(poh.OrderDate) OrderYear,
    SUM(poh.TotalDue) AS [Total Due],
    AVG(poh.TotalDue) AS [Average Total Due],
    COUNT(poh.EmployeeID) AS [Number Of Employees],
    COUNT(DISTINCT poh.EmployeeID) AS [Distinct Number Of Employees]
FROM Purchasing.PurchaseOrderHeader poh
INNER JOIN Purchasing.ShipMethod sm
    ON poh.ShipMethodID = sm.ShipMethodID
GROUP BY sm.Name,YEAR(poh.OrderDate)
HAVING SUM(poh.TotalDue) > 5000000
```

3. Execute a query e examine os resultados.

Results | Messages

	ShippingMethod	OrderYear	Total Due	Average Total Due	Number Of Employees	Distinct Number Of Employees
1	ZY - EXPRESS	2008	10078436.6734	22853.5978	441	12
2	OVERSEAS - DELUXE	2008	6261920.1304	55415.2223	113	12
3	OVERNIGHT J-FAST	2008	7896355.8603	10951.9498	721	12
4	CARGO TRANSPORT 5	2007	8073385.8419	20861.4621	387	12
5	CARGO TRANSPORT 5	2008	22004527.508	21426.0248	1027	12

Agora, em vez de retornar cada linha, o resultado é limitado apenas aos métodos de despacho cujo total devido anual é maior do que 5 milhões.

Utilize objetos temporários do SQL Server

Ao trabalhar com T-SQL, muitas vezes você precisará armazenar um conjunto de dados temporariamente para uso posterior. Considere as queries *GROUP BY* anteriores, por exemplo. Se você agregasse por vendedor, mostrando nome, nome do meio, sobrenome e endereço, a query poderia se tornar muito dispendiosa, devido ao número de colunas na cláusula *GROUP BY* e ao número de *JOIN*s envolvidos.

Portanto, em vez de unir cada tabela e agrupar em todas as colunas retornadas, você pode usar um objeto temporário para armazenar os dados agregados e unir as tabelas adicionais, retornando as colunas necessárias. O SQL Server 2012 tem três objetos temporários principais:

- Expressões de tabela comuns
- Variáveis de tabela
- Tabelas temporárias

Quando e como eles devem ser utilizados depende de vários fatores.

Expressões de tabela comuns

Uma expressão de tabela comum (CTE – common table expression) é um conjunto de resultado temporário definido durante a execução de uma instrução *SELECT*, *INSERT*, *UPDATE*, *DELETE* ou *CREATE VIEW*. A CTE só está disponível durante a execução da query e não é armazenada como outros objetos no banco de dados. As CTEs são normalmente utilizadas para substituir views, agrupar dados, realizar recursão e criar várias referências para uma única tabela. A sintaxe é a seguinte:

```
WITH <nome_da_expressão> [(nome_da_coluna [,...n])]
AS
(definição_da_query_CTE)
```

nome_da_expressão é como a CTE será referenciada na query, e é obrigatório. A listagem de colunas é opcional, mas recomendada; se os nomes de coluna na definição da query não forem exclusivos, você receberá um erro quando executar a query. Você pode utilizar a listagem de colunas para corrigir o problema ou corrigi-lo na definição da query com alias.

Imediatamente após a definição da CTE, você deve executar uma query que a referencie. Como mencionado antes, pode ser uma instrução *INSERT*, *UPDATE* ou *DELETE*.

Crie e utilize uma expressão de tabela comum

1. Abra o editor de query no SSMS.
2. No editor de query, digite o seguinte código T-SQL:

```
USE AdventureWorks2012;
WITH EmployeePOs (EmployeeID, [Total Due])
AS
(
     SELECT
          poh.EmployeeID,
          CONVERT(varchar(20), SUM(poh.TotalDue),1)
     FROM Purchasing.PurchaseOrderHeader poh
     GROUP BY
          poh.EmployeeID
)
SELECT *
FROM EmployeePOs
```

3. Execute a query e examine os resultados.

Results | Messages

	EmployeeID	Total Due
1	261	7,239,495.37
2	252	2,978,027.37
3	258	5,556,272.23
4	255	0,305,115.83
5	259	5,186,032.12
6	250	2,501,613.04
7	256	6,552,648.57
8	253	7,423,411.20
9	254	6,578,521.33
10	251	7,426,610.64
11	257	6,942,815.77
12	260	5,788,769.16

A agregação é definida na definição da CTE e agora pode ser usada na instrução *SELECT* que vem imediatamente após a CTE.

4. Adicione um *JOIN* à tabela Person para acrescentar os nomes e sobrenomes dos funcionários.

```
WITH EmployeePOs (EmployeeID, [Total Due])
AS
(
     SELECT
          poh.EmployeeID,
          CONVERT(varchar(20), SUM(poh.TotalDue),1)
     FROM Purchasing.PurchaseOrderHeader poh
     GROUP BY
          poh.EmployccID
)
SELECT
     ep.EmployeeID,
     p.FirstName,
     p.LastName,
     ep.[Total Due]
FROM EmployeePOs ep
INNER JOIN Person.Person p
     ON ep.EmployeeID = p.BusinessEntityID
```

5. Execute a query e examine os resultados.

	EmployeeID	FirstName	LastName	Total Due
1	261	Reinout	Hillmann	7,239,495.37
2	252	Arvind	Rao	2,978,027.37
3	258	Erin	Hagens	5,556,272.23
4	255	Gordon	Hee	6,305,115.83
5	259	Ben	Miller	5,186,032.12
6	250	Sheela	Word	2,501,613.04
7	256	Frank	Pellow	6,552,648.57
8	253	Linda	Meisner	7,423,411.20
9	254	Fukiko	Ogisu	6,578,521.33
10	251	Mikael	Sandberg	7,426,610.64
11	257	Eric	Kurjan	6,942,815.77
12	260	Annette	Hill	5,788,769.16

Agora você agregou os dados de cada funcionário sem incorrer na sobrecarga de executar uma adição incluindo várias colunas.

Variáveis de tabela

As variáveis de tabela têm comportamento semelhante às variáveis locais. Normalmente, elas são utilizadas para armazenar pequenos volumes de dados (menos de 500 linhas) e só estão disponíveis dentro do escopo do lote, função ou stored procedure no qual são declaradas. A sintaxe para declarar uma variável de tabela é a seguinte:

```
DECLARE @variável_local [AS] tabela
(
     [(definição_da_coluna) [,...n])]
)
```

No script anterior, você pode substituir *variável_local* pelo nome que preferir, mas deve prefixá-lo com uma arroba (@). Em seguida, você deve definir cada coluna da tabela. Cada coluna será definida da mesma maneira como se define colunas ao criar uma tabela.

Declare e utilize variáveis de tabela

1. Abra o editor de query no SSMS.
2. No editor de query, digite o seguinte código T-SQL:

```
USE AdventureWorks2012;

DECLARE @EmployeePOs AS TABLE
(
     EmployeeID int,
     TotalDue money
)

INSERT INTO @EmployeePOs
SELECT
     poh.EmployeeID,
     CONVERT(varchar(20), SUM(poh.TotalDue),1)
```

```
FROM Purchasing.PurchaseOrderHeader poh
GROUP BY
     poh.EmployeeID
```

Na query anterior é declarada uma variável de tabela e os resultados de uma query são inseridos na variável.

3. No editor de query, adicione uma instrução *SELECT* que referencie a variável de tabela e una-a à tabela Person.

```
USE AdventureWorks2012;
DECLARE @EmployeePOs AS TABLE
(
     EmployeeID int,
     TotalDue money
)

INSERT INTO @EmployeePOs
SELECT
     poh.EmployeeID,
     CONVERT(varchar(20), SUM(poh.TotalDue),1)
FROM Purchasing.PurchaseOrderHeader poh
GROUP BY
     poh.EmployeeID

SELECT
     ep.EmployeeID,
     p.FirstName,
     p.LastName,
     ep.[TotalDue]
FROM @EmployeePOs ep
INNER JOIN Person.Person p
     ON ep.EmployeeID = p.BusinessEntityID
```

4. Execute a query e examine os resultados.

Results | Messages

	EmployeeID	FirstName	LastName	Total Due
1	261	Reinout	Hillmann	7,239,495.37
2	252	Arvind	Rao	2,978,027.37
3	258	Erin	Hagens	5,556,272.23
4	255	Gordon	Hee	6,305,115.83
5	259	Ben	Miller	5,186,032.12
6	250	Sheela	Word	2,501,613.04
7	256	Frank	Pellow	6,552,648.57
8	253	Linda	Meisner	7,423,411.20
9	254	Fukiko	Ogisu	6,578,521.33
10	251	Mikael	Sandberg	7,426,610.64
11	257	Eric	Kurjan	6,942,815.77
12	260	Annette	Hill	5,788,769.16

> **Nota** Uma variável de tabela deve ter um alias quando você desejar referenciá-la em uma query.

Os resultados são exatamente iguais aos retornados com a CTE. Contudo, a vantagem das variáveis de tabela em relação às CTEs é que elas podem ser acessadas durante o lote (batch) ou sessão inteira.

Tabelas temporárias

É possível criar tabelas temporárias locais e globais. As tabelas temporárias locais estão disponíveis dentro do escopo da sessão atual e são removidas ao final de uma sessão. Elas devem ser prefixadas com o símbolo #.

As tabelas temporárias globais estão disponíveis para todas as sessões e são removidas quando a sessão que as criou e todas as sessões que fazem referência a elas são fechadas. Elas devem ser prefixadas com dois símbolos ##.

A sintaxe para criar uma ou outra é exatamente a mesma da criação de uma tabela tradicional, mas você deve incluir o sinal # ou ##, conforme acabamos de dizer. Ao contrário do que acontece com os outros dois objetos temporários, é alocado espaço para tabelas temporárias. Observe que as tabelas temporárias normalmente não são gravadas no disco, mas, em alguns casos, podem utilizar recursos.

Crie e utilize tabelas temporárias

1. Abra o editor de query no SSMS.
2. No editor de query, digite o seguinte código T-SQL:

```
USE AdventureWorks2012;
CREATE TABLE #EmployeePOs
(
     EmployeeID int,
     TotalDue money
)

INSERT INTO #EmployeePOs
SELECT
     poh.EmployeeID,
     CONVERT(varchar(20), SUM(poh.TotalDue),1)
FROM Purchasing.PurchaseOrderHeader poh
GROUP BY
     poh.EmployeeID
```

   Esse código cria a tabela temporária e insere nela os resultados de uma query.

3. No editor de query, adicione uma instrução SELECT que referencie a tabela temporária e una-a à tabela Person.

```
USE AdventureWorks2012;
CREATE TABLE #EmployeePOs
(
     EmployeeID int,
     TotalDue money
)
INSERT INTO #EmployeePOs
SELECT
```

```
        poh.EmployeeID,
        CONVERT(varchar(20), SUM(poh.TotalDue),1)
    FROM Purchasing.PurchaseOrderHeader poh
    GROUP BY
        poh.EmployeeID

    SELECT
        ep.EmployeeID,
        p.FirstName,
        p.LastName,
        ep.[TotalDue]
    FROM #EmployeePOs ep
    INNER JOIN Person.Person p
        ON ep.EmployeeID = p.BusinessEntityID
```

4. Execute a query e examine os resultados, que serão idênticos aos retornados nos passos da CTE.

Se você executar a query novamente na mesma janela de query, receberá um erro dizendo que a tabela temporária já existe. Isso porque a sessão ainda está aberta. Se você abrir um novo editor de query e executar a query, ela será bem-sucedida. Uma vez fechada ou finalizada uma sessão que referencie a tabela temporária, a tabela é removida automaticamente. Essa é a única desvantagem de usar tabelas temporárias em comparação com as CTEs e as variáveis de tabela. Ao passo que as duas últimas são removidas automaticamente, a tabela temporária precisa ser removida explicitamente dentro da mesma sessão ou a sessão deve ser finalizada. Deve-se notar que, para melhorar o desempenho, as variáveis de tabela e as tabelas temporárias podem ser declaradas com chaves primárias e índices. No entanto, não devem ser adicionados índices a tabelas temporárias depois que elas foram criadas, pois isso poderia afetar negativamente os planos de execução.

Trate erros de T-SQL

Assim como toda linguagem de programação, T-SQL fornece métodos elegantes para tratar (ou manipular) erros e exceções durante a execução. T-SQL usa *TRY...CATCH*, semelhante ao Microsoft Visual C#. Ao escrever em T-SQL, você posiciona o código no bloco *TRY* e, se ocorre um erro, o controle é enviado para o bloco *CATCH*. O código T-SQL que tratará os erros deve ser incluído dentro do bloco *CATCH*. A seguir está a sintaxe de *TRY...CATCH*.

```
BEGIN TRY
    { instrução_sql |bloco_de_instruções}
END TRY
BEGIN CATCH
    [{ instrução_sql |bloco_de_instruções}]
END CATCH
```

instrução_sql é uma única instrução T-SQL e *bloco_de_instruções* é qualquer conjunto ou lote de instruções T-SQL. Isso se aplica a blocos *TRY* e *CATCH*. Os blocos *TRY* e *CATCH* devem ser construídos juntos.

Por fim, no SQL Server 2012, a Microsoft introduziu a instrução *THROW*, que lança uma exceção e transfere a execução para um bloco *CATCH*.

```
THROW [ { número_do_erro | @variável_local },
   { mensagem | @variável_local },
  { estado | @variável_local },
] [ ; ]
```

número_do_erro deve estar entre 50.000 e 2.147.483.647 e pode ser uma constante ou uma variável, mas é opcional ao se implementar tratamento de erro com T-SQL. *mensagem* descreve o erro e pode ser uma string ou uma variável. *estado* deve estar entre 0 e 255 e pode ser uma constante ou uma variável. A instrução que precede *THROW* deve ser terminada com um ponto e vírgula (;).

Implemente tratamento de erro utilizando construções de T-SQL

1. Abra o editor de query no SSMS.
2. No editor de query, digite o seguinte código T-SQL:

```
BEGIN TRY
     SELECT 1/0;
END TRY
BEGIN CATCH

END CATCH
```

3. Execute a query e veja os resultados.

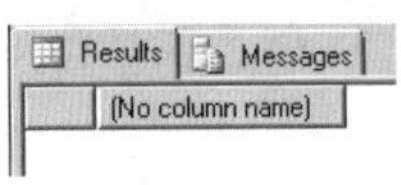

Observe que a query retornou um conjunto vazio, mas o mais importante é que não retornou um erro. Em vez de retornar ou exibir um erro, o bloco *CATCH* consome o erro.

4. Dentro do bloco *CATCH*, adicione uma instrução *THROW*.

```
BEGIN TRY
     SELECT 1/0;
END TRY
BEGIN CATCH
     THROW;
END CATCH
```

5. Execute a query e veja os resultados.

   Adicionar a instrução *THROW* ao bloco *CATCH* obriga o cliente a exibir a mensagem de erro. *THROW* retorna resultados mais precisos e, na maioria dos casos, fornece ao desenvolvedor informações suficientes para tratar o erro efetivamente.

6. Se quiser personalizar o erro que será fornecido pelo SQL Server, substitua a instrução *THROW* no passo 4 pelo código a seguir.

```
THROW 51000, 'Você dividiu meu ZERO!!!', 1;
```

   Agora, quando a query for executada, você receberá o erro que especificou na instrução THROW.

Palavras-chave de controle de fluxo

Determinar quando e como o código deve reagir ou funcionar junto é uma parte essencial de qualquer linguagem de programação. T-SQL inclui um conjunto de palavras-chave que permitem agrupar uma série de instruções e tomar decisões em tempo de execução baseadas na lógica dentro do código. As palavras-chave são as seguintes:

- *BEGIN...END*
- *BREAK*
- *CONTINUE*
- *GOTO*
- *IF...ELSE*
- *RETURN*
- *WAITFOR*
- *WHILE*

Tecnicamente, o bloco *TRY...CATCH* e as instruções *THROW* são incluídas como palavras-chave de controle de fluxo; elas foram omitidas da lista, pois as discutimos na seção anterior. As seções a seguir detalham as palavras-chave *BEGIN...END*, *IF...ELSE* e *WHILE*.

BEGIN...END

A união de palavras-chave *BEGIN...END* simplesmente engloba um grupo ou uma série de instruções T-SQL. Blocos *BEGIN...END* podem ser aninhados.

```
BEGIN
{
   instrução_sql | bloco_de_instruções
}
END
```

Utilize o bloco *BEGIN...END*

1. Abra o editor de query no SSMS.
2. No editor de query, digite o seguinte código T-SQL:

```
USE AdventureWorks2012;
BEGIN
     DECLARE @StartingHireDate datetime = '12/31/2001'

     SELECT e.BusinessEntityID, p.FirstName, p.LastName, e.HireDate
     FROM HumanResources.Employee e
     INNER JOIN Person.Person p
          ON e.BusinessEntityID = p.BusinessEntityID
     WHERE HireDate <= @StartingHireDate
END
```

3. Execute a query e examine os resultados.

Results | Messages

	BusinessEntityID	FirstName	LastName	HireDate
1	3	Roberto	Tamburello	2001-12-12
2	17	Kevin	Brown	2001-02-26
3	28	Guy	Gilbert	2000-07-31

Na query anterior, primeiramente uma variável é declarada e recebe um valor. Então, ela é usada para limitar o resultado a apenas os funcionários cuja data de contratação é menor ou igual ao valor atribuído a essa variável.

IF...ELSE

O bloco *IF...ELSE* simplesmente diz à linguagem de programação para que execute uma instrução ou um conjunto de instruções T-SQL se a condição especificada for satisfeita, ou outra instrução ou um conjunto de instruções T-SQL, se não for. O *IF* pode existir sem o *ELSE*, mas o *ELSE* não pode existir sem o *IF*.

```
IF expressão_booleana { instrução_sql | bloco_de_instruções }
 [ ELSE { instrução_sql |bloco_de_instruções} ]
```

Utilize o bloco *IF...ELSE*

1. Abra o editor de query no SSMS.
2. No editor de query, digite o seguinte código T-SQL:

```
IF(DATENAME(M, GETDATE())='December')
BEGIN
     SELECT 'Time for the holidays!!!!' Results
END
ELSE
BEGIN
     SELECT 'Not sure what''s going on now :(' Results
END
```

3. Execute a query e examine os resultados.

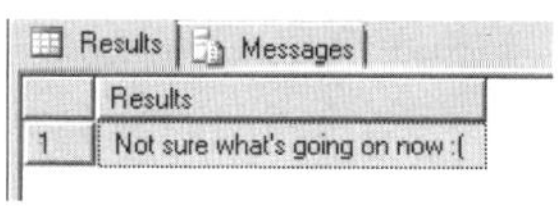

Como o mês não é dezembro (December), a expressão booleana retornou falso. Portanto, o controle foi enviado para o bloco *ELSE* e a instrução dentro desse bloco foi executada.

WHILE

WHILE é um mecanismo de loop baseado em uma expressão booleana. Enquanto a expressão for avaliada como verdadeira, a instrução ou bloco de código T-SQL especificado executará. Duas palavras-chave opcionais, *BREAK* e *CONTINUE*, podem ser incluídas com a palavra-chave *WHILE* para ajudar na lógica de controle dentro do loop. Se, em qualquer ponto durante o loop *WHILE*, a palavra-chave *BREAK* fizer a execução da query terminar, o código T-SQL após a palavra-chave *END* será executado. A palavra-chave *CONTINUE*, por outro lado, faz o loop reiniciar. As instruções após a palavra-chave *CONTINUE* são ignoradas.

```
WHILE expressão_booleana
  { instrução_sql |bloco_de_instruções | BREAK | CONTINUE }
```

Utilize o loop *WHILE* com *BREAK* e *CONTINUE*

1. Abra o editor de query no SSMS.
2. No editor de query, digite o seguinte código T-SQL:

```
DECLARE @count int = 0
WHILE (@count < 10)
BEGIN
     SET @count = @count + 1;
          IF(@count < 5)
          BEGIN
               SELECT @count AS Counter
               CONTINUE;
          END
          ELSE
               BREAK;
END
```

3. Execute a query e veja os resultados.

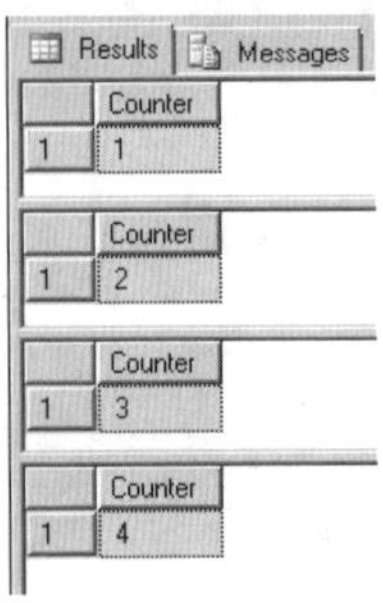

Essa query utiliza uma variável na expressão do loop *WHILE*. Durante cada execução do loop, a variável é incrementada por 1 e, quando ela atinge 10, o loop deve terminar. Contudo, como é acrescentada lógica adicional que faz escapar do loop com *BREAK*, se o contador for menor do que cinco, isso resultará em apenas quatro iterações do loop.

Cada uma das palavras-chave descritas anteriormente tem a capacidade de alterar logicamente o fluxo de uma instrução T-SQL. Embora *RETURN* e *GOTO* não tenham sido discutidas, ambas – quando bem utilizadas – podem ajudar a melhorar o fluxo de uma query. A palavra-chave *RETURN* termina uma query imediatamente. Por exemplo, você poderia finalizar a execução de uma query com base na lógica incluída nela. A palavra-chave *GOTO* envia o contexto de execução da instrução de seu ponto atual para a linha especificada em *GOTO*.

Resumo

Embora este capítulo tenha apenas focado superficialmente estas construções de programação T-SQL mais avançadas, você deve ter um bom ponto de partida para desenvolver suas habilidades como programador de T-SQL. Controlar a execução com lógica é fundamental para qualquer linguagem de programação. As palavras-chave de controle de fluxo muitas vezes oferecem eficiência e aumento de desempenho por eliminar a execução de código desnecessário.

CAPÍTULO 15

Views

Neste capítulo, você vai aprender a

- Entender as views (modos de exibição).
- Criar, alterar e remover views (modos de exibição).
- Criar views (modos de exibição) de índice.

A Parte IV deste livro se concentrou na linguagem T-SQL como um todo e em muitas das construções e palavras-chave disponíveis. Todo código T-SQL escrito até aqui foi *descartado*, significando que não é reutilizável. Nesta parte do livro, vamos nos concentrar na escrita de código que cria objetos reutilizáveis dentro do banco de dados. A discussão começará com as views (modos de exibição) e passará por outros objetos reutilizáveis de T-SQL.

O que são views?

Uma *view* (ou um *modo de exibição*) é um objeto ou tabela virtual cujo conjunto de resultados é extraído de uma query. É muito parecida com uma tabela real, pois contém colunas e linhas de dados. O único momento em que uma view é materializada (armazenada no disco) é quando é indexada. As views indexadas serão discutidas mais adiante neste capítulo. A seguir estão alguns usos típicos de views:

- Filtrar dados de tabelas subjacentes
- Filtrar dados para propósitos de segurança
- Centralizar dados distribuídos por vários servidores
- Criar um conjunto de dados reutilizável

As views podem ser criadas usando a interface gráfica de usuário (GUI) do Microsoft SQL Server Management Studio (SSMS) ou com T-SQL. Antes de criar views, é preciso entender o seguinte:

- As views, muitas vezes, são usadas como uma camada de abstração por desenvolvedores de banco de dados. Às vezes, também são usadas para dar segurança aos dados de diversas maneiras. Por exemplo, você pode criar uma view que exponha somente dados específicos. Assim, em vez de conceder aos usuários permissões para a tabela subjacente, você pode conceder permissões para a view que expõe algumas das colunas.

- Não se deve utilizar *SELECT* * em views. Caso *SELECT* * seja usado, quando os esquemas de tabela mudarem, o mesmo acontecerá com a listagem de colunas das views. Ao se escrever queries, somente as colunas exigidas devem ser retornadas.
- Não se deve usar *ORDER BY* em views, pois não serão válidas; só é válido quando usado com *TOP*. Nesse caso, *ORDER BY* é usado para determinar quais linhas serão retornadas.

Crie views com SSMS e T-SQL

1. Abra o SSMS e conecte-se a um servidor.
2. Se a janela do Object Explorer não estiver aberta, abra-a. Se ainda não se conectou a um servidor de banco de dados, faça isso.
3. Expanda o nó do servidor e, em seguida, expanda a pasta Databases.
4. Expanda o banco de dados AdventureWorks2012.
5. Clique com o botão direito do mouse na pasta Views e selecione New View no menu de contexto.

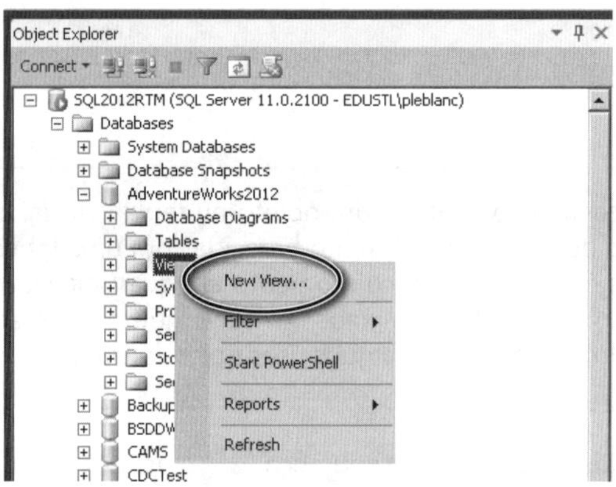

A caixa de diálogo Add Table aparecerá.

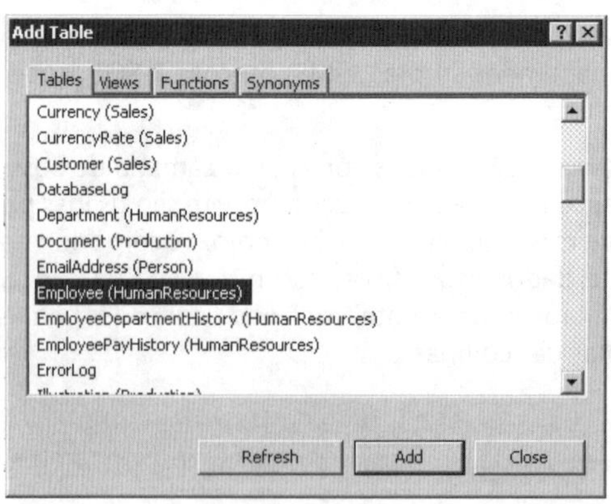

6. Role para baixo pela lista, localize e selecione a tabela Employee(HumanResources). Clique em Add. A tabela Employee aparecerá no painel Diagram.
7. Role para baixo pela lista, localize e selecione a tabela Person(Person). Clique em Add e, em seguida, clique em Close.

   Sua tela deve se parecer com a imagem a seguir. As duas tabelas aparecem vinculadas no designer devido às relações de foreign key existentes.

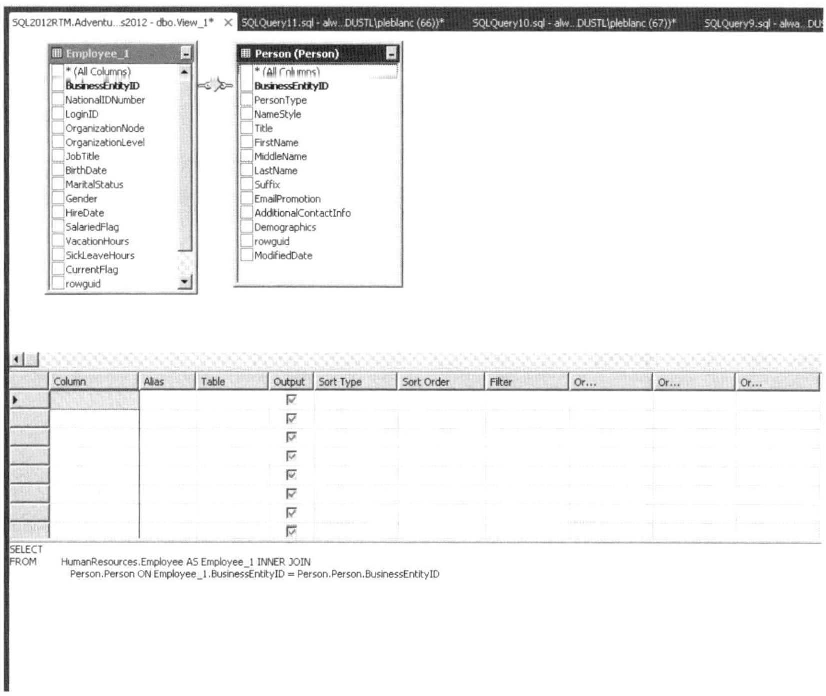

8. No painel de diagrama, clique na caixa ao lado das colunas para selecionar Title, FirstName, MiddleName e LastName na tabela Person.
9. No painel de diagrama, clique na caixa ao lado das colunas JobTitle, BirthDate e Gender na tabela Employee.

   Agora sua tela deve se parecer com a imagem a seguir.

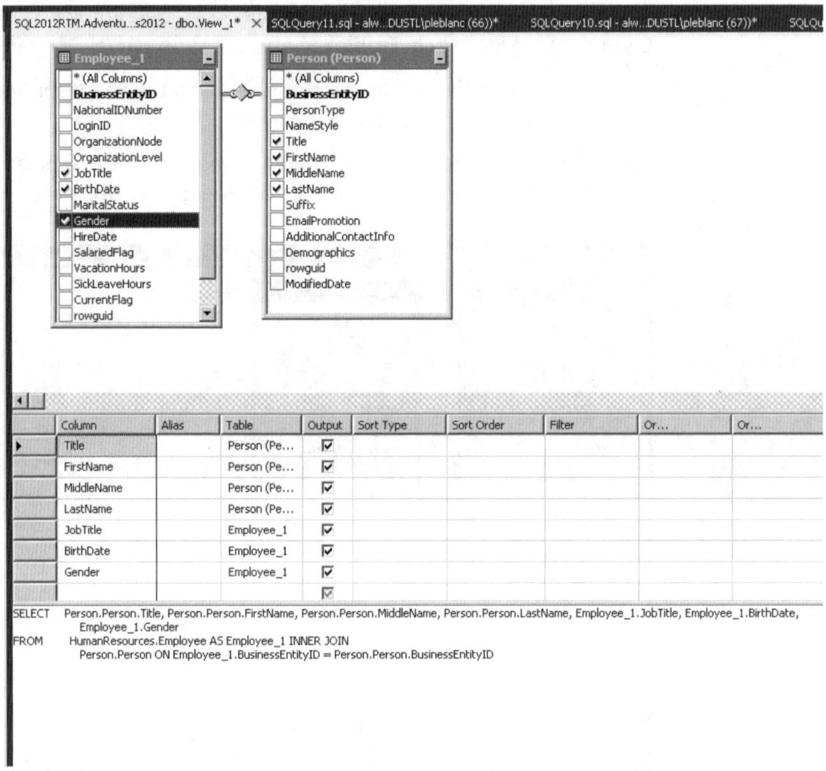

10. Clique no ícone de salvamento da barra de menu do SSMS e a caixa de diálogo Choose Name aparecerá. Digite **vwEmployeeInformation** na caixa de texto Enter a Name for the View e clique em OK.

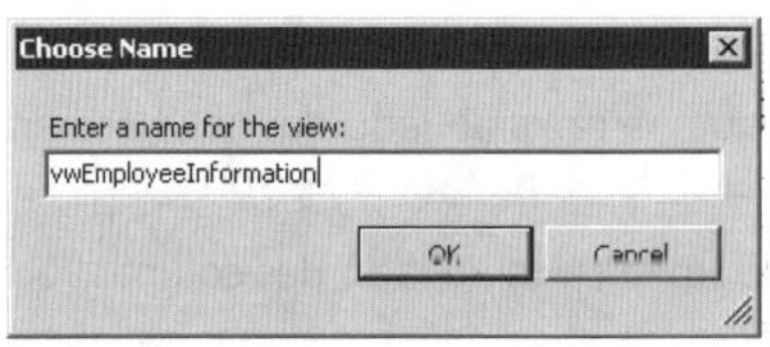

11. Clique no *X* no canto da nova guia da view para fechá-la.

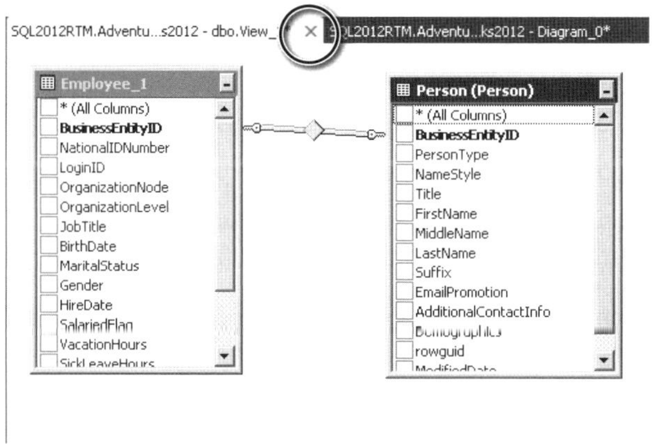

12. No Object Explorer, expanda a pasta Views e você verá a view que acabou de criar.
13. Abra uma nova janela de query e digite código a seguir:

```
USE AdventureWorks2012;
SELECT * FROM dbo.vwEmployeeInformation
```

14. Execute a query e veja os resultados.

Results | Messages

	Title	FirstName	MiddleName	LastName	JobTitle	BirthDate	Gender
104	NULL	Randy	T	Reeves	Production Technician - WC60	1964-05-29	M
105	NULL	Michael	J	Zwilling	Production Technician - WC60	1967-10-07	M
106	NULL	Maciej	W	Dusza	Production Technician - WC60	1949-03-02	M
107	NULL	John	T	Campbell	Production Supervisor - WC60	1950-09-08	M
108	NULL	Diane	H	Tibbott	Production Technician - WC50	1983-09-10	F
109	NULL	Pete	C	Male	Production Technician - WC50	1971-03-07	M
110	NULL	Bob	N	Hohman	Production Technician - WC50	1973-09-16	M
111	NULL	Kendall	C	Keil	Production Technician - WC50	1980-06-30	M
112	NULL	Frank	T	Miller	Production Technician - WC50	1965-08-24	M
113	NULL	Denise	H	Smith	Production Technician - WC50	1982-08-07	F
114	NULL	Taylor	R	Maxwell	Production Supervisor - WC50	1950-05-03	M
115	NULL	Bonnie	N	Kearney	Production Technician - WC10	1980-10-11	F
116	NULL	Diane	R	Glimp	Production Technician - WC10	1950-04-30	F
117	NULL	Doris	M	Hartwig	Production Technician - WC10	1950-05-06	F
118	NULL	Jeffrey	L	Ford	Production Technician - WC10	1950-08-12	M
119	NULL	Sidney	M	Higa	Production Technician - WC10	1950-10-01	M
120	NULL	Barry	K	Johnson	Production Technician - WC10	1950-04-27	M
121	NULL	Ruth	Ann	Ellerbrock	Production Technician - WC10	1950-07-06	F
122	NULL	Andrew	R	Hill	Production Supervisor - WC10	1982-10-08	M

Agora, em vez de escrever uma query que una as duas tabelas sempre que você precisar dessa informação, os usuários finais e os aplicativos podem utilizar a view para acessar os dados rapidamente.

Assim como uma view pode ser criada com SSMS e T-SQL, também pode ser alterada e removida.

Altere e remova views

1. Abra o SSMS e conecte-se a um servidor.
2. Se a janela do Object Explorer não estiver aberta, abra-a.
3. Expanda o nó do servidor e, em seguida, expanda a pasta Databases.
4. Expanda o banco de dados AdventureWorks2012.
5. Expanda a pasta Views.
6. Clique com o botão direito do mouse na view dbo.vsEmployeeInformation e selecione Design no menu de contexto.

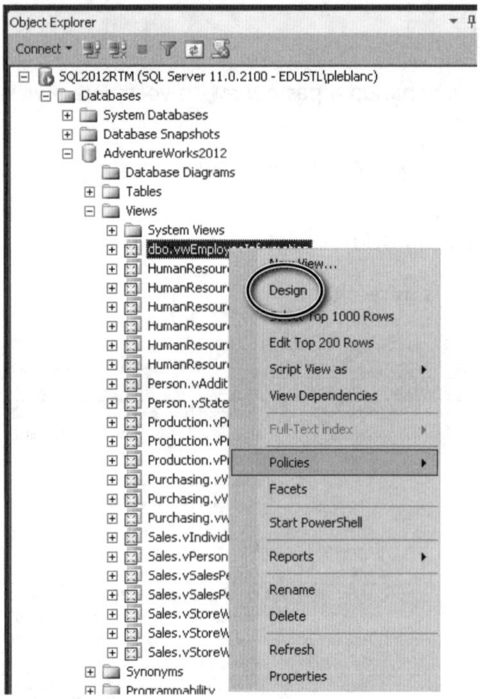

7. Na seção Column, na primeira coluna disponível, que deve estar após Gender, digite o seguinte:

```
FirstName+' '+LastName
```

8. Na coluna Alias, substitua Expr1 por **FullName**.

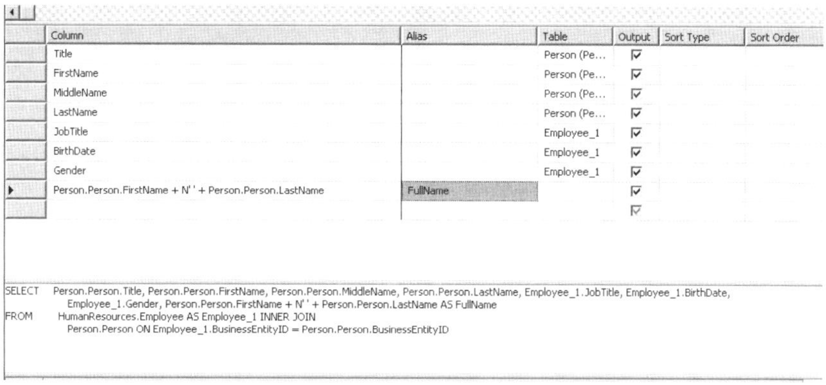

Observe que, quando você faz alterações na seção de colunas, a seção de T-SQL também é atualizada.

9. Clique no botão Save e feche a view.

10. Abra uma nova janela de query e execute a query a seguir:

```
USE AdventureWorks2012;
SELECT * FROM dbo.vwEmployeeInformation
```

Agora você verá a coluna FullName adicionada ao conjunto de resultados.

11. Para remover a view, clique com o botão direito do mouse na view dbo.vwEmployeeInformation no Object Explorer e selecione Delete no menu de contexto. A caixa de diálogo Delete Object aparecerá.

12. Clique em OK e a view será removida.

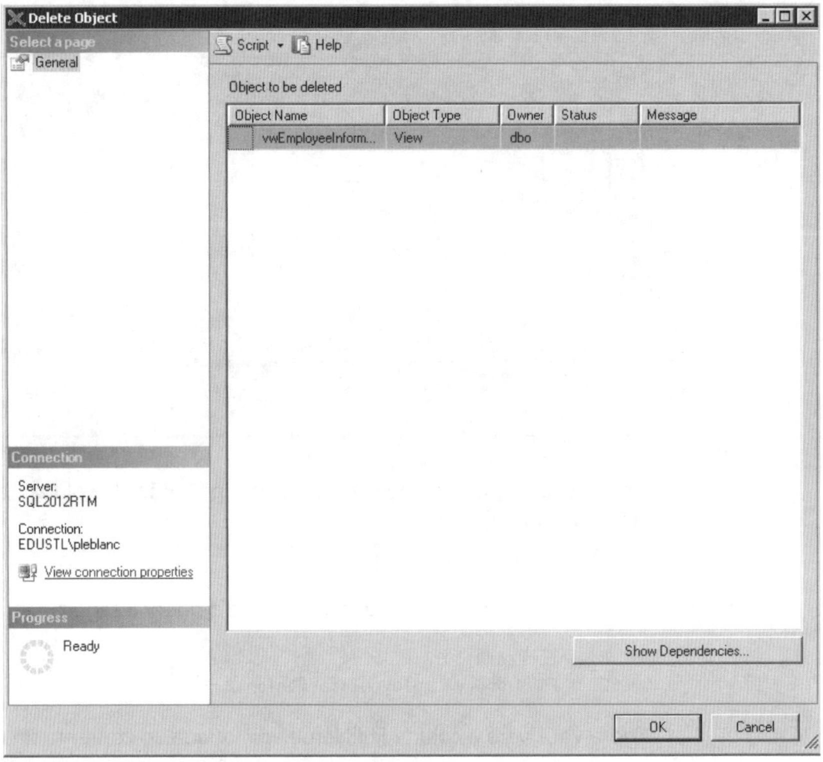

Crie views indexadas

Uma view indexada é diferente das outras views, pois é materializada e armazenada no disco da mesma maneira que uma tabela. Um ponto interessante sobre as views indexadas é que o otimizador de queries pode referenciar uma view para aumentar o desempenho, mesmo que ela não seja referenciada na query. Esse recurso só está disponível na edição Enterprise do SQL Server.

Requisitos de tabela referenciada

Antes de criar uma view indexada, você precisa garantir que todas as tabelas referenciadas satisfaçam alguns requisitos. Primeiramente, todas elas devem estar contidas no mesmo banco de dados. Se quaisquer colunas calculadas nas tabelas de base não forem determinísticas, elas devem ser removidas. A definição de *determinística* é: sempre retorna o mesmo valor ou conjunto de resultados. Como um requisito de uma view indexada é ser determinística, todas as colunas da tabela de base também devem ser determinísticas. Para determinar se a coluna é determinística, você pode usar o código a seguir, que utiliza a função escalar *COLUMNPROPERTY*:

```
USE AdventureWorks2012;
GO
SELECT COLUMNPROPERTY( OBJECT_ID('Sales.SalesOrderDetail'),'LineTotal'
,'IsDeterministic')AS 'Column Length';
GO
```

Além de ser determinística, a coluna calculada também pode ser marcada como *PERSISTED*. Isso depende de o tipo de dado ser impreciso. Todo tipo de dado *float* ou *real* é considerado impreciso e não pode ser a chave de um índice, a não ser que seja marcado como *PERSISTED*.

Por último, é necessário que as opções *ANSI_NULLS* e *QUOTED_IDENTIFIER* tenham sido definidas como true quando as tabelas referenciadas foram criadas.

Requisitos de views indexadas

Além dos requisitos das tabelas referenciadas, você precisa garantir mais algumas coisas, antes de criar uma view e como parte da criação. As seguintes opções de SET devem ser ON:

- *ANSI_NULLS*
- *ANSI_PADDING*
- *ANSI_WARNINGS*
- *ARITHABORT*
- *CONCAT_NULL_YIELDS_NULL*
- *QUOTED_IDENTIFIER*

A opção *NUMERIC_ROUNDABORT* deve ser definida como OFF. É preciso definir essas opções antes de criar a view.

Em seguida, você precisa verificar se a view é determinística. Conforme mencionado anteriormente, isso significa que a view retornará os mesmos valores sempre que for consultada. Quando a view está sendo criada é preciso utilizar a opção *WITH SCHEMABINDING*, a qual vincula a view ao esquema das tabelas subjacentes. Por fim, o primeiro índice deve ser *UNIQUE CLUSTERED*.

Crie uma view indexada

1. Abra o editor de query no SSMS.
2. No editor de query, digite o seguinte código T-SQL:

```
USE AdventureWorks2012;
GO
--Configura as opções para suportar views indexadas
SET NUMERIC_ROUNDABORT OFF;
SET ANSI_PADDING, ANSI_WARNINGS, CONCAT_NULL_YIELDS_NULL, ARITHABORT,
  QUOTED_IDENTIFIER, ANSI_NULLS ON;
```

```
GO
--Verifica se já existe uma view com o mesmo nome
IF(OBJECT_ID('Purchasing.vwPurchaseOrders')) IS NOT NULL
    DROP VIEW Purchasing.vwPurchaseOrders
GO
--Cria a view
CREATE VIEW Purchasing.vwPurchaseOrders
WITH SCHEMABINDING
AS
SELECT
    poh.OrderDate,
    pod.ProductID,
    SUM(poh.TotalDue) TotalDue,
    COUNT_BIG(*) POCount
FROM Purchasing.PurchaseOrderHeader poh
INNER JOIN Purchasing.PurchaseOrderDetail pod
    ON poh.PurchaseOrderID = pod.PurchaseOrderID
GROUP BY poh.OrderDate, pod.ProductID
GO

--Adiciona um índice clusterizado único
CREATE UNIQUE CLUSTERED INDEX CIX_vwPurchaseOrders_OrderDateProductID
ON Purchasing.vwPurchaseOrders(OrderDate, ProductID)
```

3. Execute a query

Assim como acontece com a view normal, agora você pode escrever queries para acessar esses dados. A vantagem é que outras queries que não referenciam a view diretamente podem ser usadas pelo otimizador para aumentar o desempenho. A desvantagem é que você precisa manter o índice e então essa view passará a consumir espaço em disco. À medida que os dados aumentarem nas tabelas subjacentes, o mesmo acontecerá com as views. Então você estará basicamente armazenando várias cópias dos mesmos dados.

Resumo

As views oferecem vantagens em relação às tabelas, pois podem ser consumidas da mesma maneira que as tabelas normais, sem incorrer em custo, a não ser que você esteja indexando a view. Contudo, conforme você aprendeu neste capítulo, existem certas vantagens na indexação de views. Por outro lado, como as views indexadas são materializadas no disco, é possível notar ganhos de desempenho sem fazer qualquer alteração nas queries que utilizam a tabela de base. Independentemente de seu método, tanto as views normais como as indexadas criam código reutilizável que pode simplificar a escrita de queries e melhorar o acesso aos dados.

CAPÍTULO 16

Funções definidas pelo usuário

Neste capítulo, você vai aprender a

- Entender as funções definidas pelo usuário.
- Criar, alterar e excluir funções.
- Entender as diferenças entre funções escalares e table-valued (de tabela, que retornam valor).

As funções definidas pelo usuário são semelhantes às funções de outras linguagens de programação. O Microsoft SQL Server 2012 permite criar dois tipos de funções: *escalares* e *table-valued*. Essas funções possibilitam um tipo de programação modular, onde o código e a lógica podem ser incluídos dentro da função. Então, outros aplicativos, rotinas e objetos de banco de dados podem utilizar a função. Essa estratégia também permite determinar padrões e controlar como o código é desenvolvido e distribuído.

Funções são códigos em T-SQL que podem aceitar parâmetros, efetuar cálculos lógicos e complexos, e retornar dados. As funções escalares retornam um único valor e as funções table-valued retornam um conjunto de resultados. As funções podem ser usadas como *CHECK CONSTRAINTS* em tabelas, por views, para definir uma coluna, em uma instrução *SELECT* e de muitas outras maneiras.

Neste capítulo, você vai conhecer as diferenças entre os dois tipos de funções definidas pelo usuário. Vai criar, alterar e remover essas funções. Além disso, vai utilizar as funções em queries T-SQL. Por último, vai conhecer as diferenças entre funções escalares e table-valued.

Funções *versus* stored procedures

Embora as funções sejam muito parecidas com os stored procedures (procedimentos armazenados), elas diferem de várias maneiras. A diferença mais notável é que as funções table-valued podem ser utilizadas em uma instrução *SELECT*, de modo que podem ser unidas a tabelas, views e até outras funções. Os stored procedures não podem ser usados dessa maneira.

Entenda as funções escalares definidas pelo usuário

Uma função escalar definida pelo usuário é uma rotina que retorna um único valor. Em geral, essas funções são utilizadas para centralizar a lógica de um cálculo complexo que pode ser utilizado por vários outros recursos de banco de dados ou de aplicativo. A sintaxe é a seguinte:

```
CREATE FUNCTION [ nome_do_esquema. ] nome_da_função
( [ { @nome_do_parâmetro [ AS ][ nome_do_tipo_de_esquema. ] tipo_de_dado_do_parâmetro
 [ = padrão ] [ READONLY ] }
 [,...n ]
 ]
)
RETURNS tipo_de_dado_de_retorno
 [ WITH <opção_de_função> [,...n ] ]
 [ AS ]
 BEGIN
 corpo_da_função
 RETURN expressão_escalar
 END
[ ; ]
```

Poucos itens são obrigatórios na sintaxe anterior. Os únicos que devem ser especificados são *nome_da_função*, o tipo de dado *RETURN* e o bloco de código *BEGIN... END* que contém o código T-SQL real.

Parametrize funções

Embora esta seção discuta especificamente as funções escalares, a parametrização se aplica aos dois tipos de funções. No campo da programação de funções com T-SQL, um parâmetro é um valor de entrada que pode ser passado para o código a partir da função chamadora. Um parâmetro pode ser definido como uma constante, uma coluna de uma tabela, uma expressão e outros valores. As funções podem conter três tipos de parâmetros:

- **Entrada** É o valor passado para o corpo da função.
- **Opcional** Conforme o nome indica, este parâmetro não é exigido para se executar a função.
- **Padrão** Indica quando um valor é atribuído ao parâmetro durante a criação. Em outras palavras, é o valor especificado quando a função é criada.

O exemplo de script a seguir demonstra como especificar cada parâmetro:

```
--Parâmetro de entrada
CREATE FUNCTION dbo.Input
@parameter1 int
...
--Parâmetro opcional
CREATE FUNCTION dbo.Optional
@parameter1 int = NULL
...
```

```
--Parâmetro padrão
CREATE FUNCTION dbo.Default
@parameter1 int = 1
...
```

Como você pode ver, se o parâmetro de entrada não tem um valor padrão, deve ser fornecido um valor quando a função for chamada. O parâmetro opcional é definido como *NULL* durante a criação, de modo que, quando a função for utilizada, pode ser chamada sem o fornecimento de um valor. Por fim, o parâmetro padrão recebe um valor durante a criação, mas quando a função é executada, é possível especificar *DEFAULT* no lugar do parâmetro.

Crie, altere e remova uma função definida pelo usuário

1. Abra o Microsoft SQL Server Management Studio (SSMS) e conecte-se em um servidor.
2. Abra a janela do Object Explorer, se ainda não estiver aberta.
3. Expanda o nó do servidor e, em seguida, expanda a pasta Databases.
4. Expanda o banco de dados AdventureWorks2012.
5. Expanda a pasta Programmability.
6. Clique com o botão direito do mouse na pasta Functions e selecione New | Scalar-valued Function.

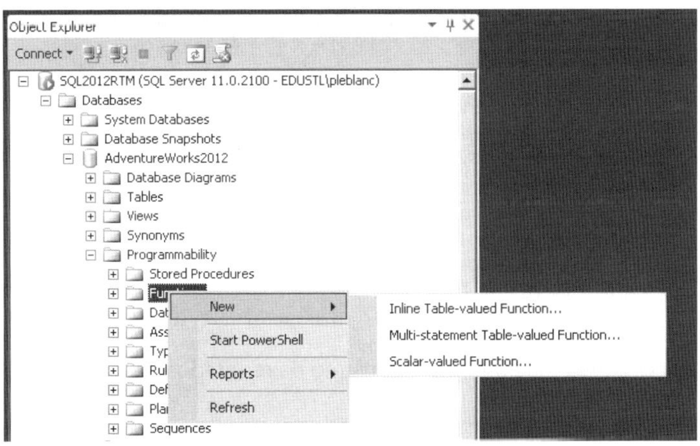

7. É aberta uma janela de query, com um template que você pode utilizar como ponto de partida para criar a função escalar.
8. Algumas modificações foram adicionadas ao template. Abra uma nova janela de query e cole o código a seguir:

```
USE AdventureWorks2012
-- ================================================
SET ANSI_NULLS ON
GO
SET QUOTED_IDENTIFIER ON
GO
-- =============================================
-- Autor: Patrick LeBlanc
-- Data de criação: 08/07/2012
-- Descrição: Função escalar que será usada para retornar idade de funcionário
-- =============================================
CREATE FUNCTION dbo.GetEmployeeAge
(
     @BirthDate datetime
)
RETURNS int
AS
BEGIN
     -- Declara a variável de retorno aqui
     DECLARE @Age int
     -- Adicione as instruções T-SQL para calcular o valor de retorno aqui
     SELECT @Age = DATEDIFF(DAY, @BirthDate, GETDATE())
     -- Retorna o resultado da função
     RETURN @Age
END
GO
```

O código anterior cria uma função escalar que aceita um valor de data como parâmetro e retorna um inteiro que é calculado no bloco *BEGIN...END* do código.

9. Execute a query
10. Abra uma nova janela de query e cole o código a seguir:

```
USE AdventureWorks2012;
SELECT TOP(10)
     p.FirstName, p.LastName, e.BirthDate,
dbo.GetEmployeeAge(BirthDate) EmployeeAge
FROM HumanResources.Employee e
INNER JOIN Person.Person p
     ON e.BusinessEntityID = p.BusinessEntityID
```

11. Execute a query e veja o conjunto de resultados.

Results | Messages

	FirstName	LastName	BirthDate	EmployeeAge
1	Ken	Sánchez	1963-03-02	18026
2	Terri	Duffy	1965-09-01	17112
3	Roberto	Tamburello	1968-12-13	15913
4	Rob	Walters	1969-01-23	15872
5	Gail	Erickson	1946-10-29	23994
6	Jossef	Goldberg	1953-04-11	21638
7	Dylan	Miller	1981-03-27	11426
8	Diane	Margheim	1980-07-06	11690
9	Gigi	Matthew	1973-02-21	14382
10	Michael	Raheem	1979-01-01	12242

As funções escalares são utilizadas com a mesma sintaxe das funções predefinidas, discutidas no Capítulo 13, "Funções escalares predefinidas". Se o parâmetro é opcional, você pode chamar a função sem especificar um valor. Por outro lado, se um valor padrão fosse atribuído à função, a chamada de função seria semelhante à sintaxe a seguir:

```
dbo.GetEmployeeAge(DEFAULT)
```

A palavra-chave *DEFAULT* diz ao SQL Server Engine para que use o valor atribuído ao parâmetro quando foi criado.

Uma vantagem importante de usar funções é que, agora, em vez de efetuar cálculo, uma função pode ser utilizada para retornar a idade (age), como neste exemplo. Essa função pode ser reutilizada por outros programadores, oferecendo um mecanismo consistente para calcular os dados. Talvez você tenha notado que a idade não é calculada corretamente – em vez de retornar os anos, a função retorna os dias. A seguir, você vai alterar a função para retornar anos, em vez de dias.

12. No Object Explorer, expanda a pasta Functions.

13. Expanda a pasta Scalar-valued Functions.

14. Clique com o botão direito do mouse na função dbo.GetEmployeeAge e selecione Modify no menu de contexto.

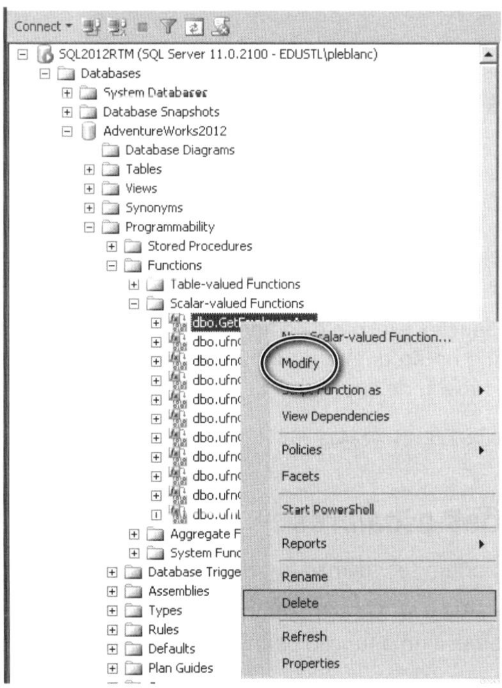

15. No editor de query, localize a instrução *SELECT* e mude a palavra *day* para **year**.

Seu código deve se parecer com o seguinte. A seção em negrito indica a alteração.

```
USE [AdventureWorks2012]
GO
/****** Object: UserDefinedFunction [dbo].[GetEmployeeAge] Script Date:
7/8/2012 1:03:20
PM
******/
SET ANSI_NULLS ON
GO
SET QUOTED_IDENTIFIER ON
GO
-- =============================================
-- Autor: Patrick LeBlanc
-- Data de criação: 08/06/2012
-- Descrição: Função escalar que será usada para retornar idade de funcionário
-- =============================================
ALTER FUNCTION [dbo].[GetEmployeeAge]
(
     @BirthDate datetime
)
RETURNS int
AS
BEGIN
     -- Declara a variável de retorno aqui
     DECLARE @Age int

     -- Adicione as instruções T-SQL para calcular o valor de retorno aqui
     SELECT @Age = DATEDIFF(Year, @BirthDate, GETDATE())

     -- Retorna o resultado da função
     RETURN @Age
END
```

16. Execute a query novamente a partir do passo 10 e os resultados deverão mostrar anos, em vez de dias.

17. Para remover a função, execute o código T-SQL a seguir. (Como alternativa, você pode clicar com o botão direito do mouse na função no Object Explorer e selecionar Delete no menu de contexto.)

```
DROP FUNCTION dbo.GetEmployeeAge
```

Execute funções escalares

As funções escalares podem ser chamadas por meio de dois métodos:

- Dentro de uma instrução *SELECT* (como demonstrado no passo 10 no exercício "Crie, altere e remova uma função definida pelo usuário")
- Pelo uso da palavra-chave *EXECUTE*

Independentemente do método utilizado para selecionar a saída, se os valores de parâmetro forem consistentes, os resultados de uma ou outra execução serão os mesmos.

Chamando funções escalares inline

Conforme mencionado anteriormente, uma função escalar pode ser incluída em uma instrução *SELECT*. Os parâmetros podem ser uma coluna, uma constante ou uma expressão.

```
SELECT dbo.GetEmployeeAge ('5/26/1972')
```

Esse é o uso típico de uma função escalar. Esse método é muito simples e apresenta um desafio somente quando vários tipos de parâmetros (entrada, opcional e padrão) são especificados. Se existe apenas um parâmetro de entrada e qualquer combinação de outros tipos de parâmetros, você deve garantir que a ordem em que eles são passados corresponda à ordem na qual são especificados na função. Na função a seguir existem dois parâmetros:

- Um parâmetro padrão
- Um parâmetro opcional

```
USE [AdventureWorks2012]
GO
IF(OBJECT_ID('dbo.GetEmployeeAge')) IS NOT NULL
    DROP FUNCTION dbo.GetEmployeeAge
GO
CREATE FUNCTION [dbo].[GetEmployeeAge]
(
    @BirthDate datetime = '5/26/1972', --DEFAULT
    @Temp datetime = NULL --OPTIONAL
)
RETURNS int
AS
BEGIN
    -- Declara a variável de retorno aqui
    DECLARE @Age int
    -- Adiciona as instruções T-SQL para calcular o valor de retorno aqui
    SELECT @Age = DATEDIFF(Year, @BirthDate, GETDATE())
    -- Retorna o resultado da função
    RETURN @Age
END
```

No trecho de código a seguir, a primeira instrução *SELECT* chama a função com um único parâmetro. Ela tem sucesso, porque o segundo parâmetro é de entrada e opcional. A atribuição do valor *NULL* ao segundo parâmetro informa ao SQL Server que ele é opcional. A segunda instrução *SELECT* tem dois parâmetros. Como os dois valores são fornecidos, ela é bem-sucedida. O único desafio agora é garantir que os valores estejam sendo passados na ordem correta.

```
--Parâmetro de entrada único
SELECT dbo.GetEmployeeAge('5/26/1972')
--O primeiro parâmetro é padrão e o segundo é de entrada
SELECT dbo.GetEmployeeAge('5/26/1972', '1/10/1972')
```

É interessante sempre fornecer um valor, independentemente do tipo. O trecho de código a seguir utiliza a função criada no início desta seção.

```
--Parâmetros de entrada e opcional
SELECT dbo.GetEmployeeAge('5/26/1972', NULL)
--Parâmetros padrão e de entrada
SELECT dbo.GetEmployeeAge(DEFAULT, '1/10/1972')
```

Na primeira linha de código, a função aceita um parâmetro de entrada e um opcional. Observe que é fornecida uma data real para o primeiro parâmetro, pois ele é de entrada. Como o segundo parâmetro é opcional, *NULL* é especificado. Isso diz ao SQL Server para que não especifique um valor.

Na linha seguinte, o primeiro parâmetro é padrão e o segundo é de entrada. Como *DEFAULT* está especificado como primeiro valor, o SQL Server usará o valor atribuído a esse parâmetro e o valor da data será atribuído ao parâmetro de entrada.

Chame funções escalares com a palavra-chave *EXECUTE*

Na seção anterior, você aprendeu a chamar uma função escalar inline. Uma função escalar também pode ser chamada com a palavra-chave *EXECUTE*, o que será discutido com mais detalhes no Capítulo 17, "Stored procedures". Por enquanto, é suficiente saber que é possível usar essa palavra-chave para executar funções escalares. Para obter a saída de uma função escalar com a palavra-chave *EXECUTE*, você deve declarar a variável que armazenará a saída:

```
USE AdventureWorks2012;
GO
DECLARE @Age int;
EXECUTE @Age = dbo.GetEmployeeAge @BirthDate = '5/26/1972'
SELECT @Age;
```

No script anterior é declarada a variável *@Age*. Então, a função é chamada usando a palavra-chave *EXECUTE*, atribuindo o valor de retorno à variável. Por fim, é executada uma instrução *SELECT* para obter os resultados.

Outra coisa a destacar é que o nome do parâmetro não é obrigatório. Contudo, se você especificar vários parâmetros de diferentes tipos, deve mencionar os nomes explicitamente. Isso garante que o valor correto seja atribuído ao parâmetro apropriado. Suponha, por exemplo, que foi criada uma função que exige dois parâmetros de data. Se os valores dos parâmetros forem especificados na ordem errada, os resultados poderão ser incorretos, mas a execução da função ainda seria bem-sucedida, possivelmente retornando dados enganosos. Especificar os nomes dos parâmetros ajuda a reduzir esse problema.

Para complicar ainda mais as coisas, suponha que tenhamos uma função que tem um parâmetro de entrada, um parâmetro opcional e um parâmetro que tem um valor padrão. No mínimo, você deve incluir o nome do parâmetro de entrada. Se quiser anular ou especificar um valor para os outros dois tipos, você deve incluir também os nomes dos parâmetros.

Independentemente dos tipos de parâmetros e do método de execução, o segredo é especificar um valor para cada parâmetro e garantir que a ordem dos valores corresponda à ordem dos parâmetros.

Entenda as funções table-valued

Existem dois tipos de funções table-valued:

- Inline
- De várias instruções

A função inline simplesmente retorna um conjunto de resultados e a função de várias instruções oferece a capacidade de incluir lógica dentro do corpo da função. Ambas retornam um resultado completo, semelhante a fazer uma seleção em uma tabela ou view, mas a função de várias instruções pode efetuar lógica e retornar dados. Um exemplo da sintaxe de ambas é o seguinte:

```
--Sintaxe da função table-valued inline
CREATE FUNCTION [ nome_do_esquema. ] nome_da_função
( [ { @nome_do_parâmetro [ AS ] [ nome_do_tipo_de_esquema. ] tipo_de_dado_do_parâmetro
 [ = padrão ] [ READONLY ] }
 [,...n ]
 ]
)
RETURNS TABLE
 [ WITH <opção_de_função> [,...n ] ]
 [ AS ]
 RETURN [ ( ] inst_seleção [ ) ]
[ ; ]

--Sintaxe da função table-valued de várias instruções
CREATE FUNCTION [ nome_do_esquema. ] nome_da_função
( [ { @nome_do_parâmetro [ AS ] [ nome_do_tipo_de_esquema. ] tipo_de_dado_do_parâmetro
 [ = padrão ] [READONLY] }
 [,...n ]
 ]
)
RETURNS @variável_de_retorno TABLE <definição_de_tipo_de_tabela>
 [ WITH <opção_de_função> [,...n ] ]
 [ AS ]
 BEGIN
 corpo_da_função
 RETURN
 END
[ ; ]
```

Assim como na função escalar, a maior parte do código é opcional. O que você deve notar aqui é que ambas podem retornar uma tabela. A função inline retorna somente o resultado de uma instrução *SELECT* como conjunto, enquanto a função de várias instruções utiliza uma variável de tabela que pode ser definida. As linhas de dados são adicionadas à tabela de acordo com o código e podem ser manipuladas antes que os dados sejam retornados. Isso é diferente da função table-valued inline, onde qualquer manipulação ou filtragem de dados deve ser feita na própria query.

Crie uma função table-valued inline

1. Abra o SSMS e conecte-se a um servidor.
2. Abra a janela do Object Explorer, se ainda não estiver aberta.
3. Expanda o nó do servidor e, em seguida, expanda a pasta Databases.
4. Expanda o banco de dados AdventureWorks2012.
5. Expanda a pasta Programmability.
6. Clique com o botão direito do mouse na pasta Functions e selecione New | Inline Table-valued Function.

   É aberta uma janela de query, com um template que você pode utilizar como ponto de partida para criar a função escalar. Algumas modificações foram adicionadas ao template.
7. Abra uma nova janela de query e cole o código a seguir:

```
USE AdventureWorks2012;
SET ANSI_NULLS ON
GO
SET QUOTED_IDENTIFIER ON
GO
-- ==============================================
-- Autor: Patrick LeBlanc
-- Data de criação: 08/06/2012
-- Descrição: Retorna os itens de linha para determinado orderid
-- ==============================================
CREATE FUNCTION dbo.GetOrderDetails
(
    @SalesOrderID int
)
RETURNS TABLE
AS
RETURN
(
    SELECT
        sod.SalesOrderID,
        sod.SalesOrderDetailID,
        sod.CarrierTrackingNumber,
        p.Name ProductName,
        so.Description
    FROM Sales.SalesOrderDetail sod
    INNER JOIN Production.Product p
        ON sod.ProductID = p.ProductID
    INNER JOIN Sales.SpecialOffer so
        ON sod.SpecialOfferID = so.SpecialOfferID
    WHERE
        sod.SalesOrderID = @SalesOrderID
)
GO
```

A função table-valued inline aceita um parâmetro, SalesOrderID. Esse parâmetro é usado na função para limitar o conjunto de resultados apenas às linhas associadas a esse valor. Dentro da função há uma instrução T-SQL limitada pelo parâmetro.

8. Execute a query
9. Abra uma nova janela de query e cole o código a seguir:

```
USE AdventureWorks2012;
SELECT *
FROM dbo.GetOrderDetails(43659);
```

10. Execute a query e examine os resultados.

Utilize funções table-valued

Uma função table-valued pode ser usada da mesma maneira que uma tabela ou view é usada em uma instrução *SELECT*, como demonstrado no passo 10 do exercício "Crie uma função table-valued inline". Você pode fazer uma união nessa função como se ela fosse uma tabela ou inserir os resultados em uma variável de tabela ou a uma tabela temporária.

Mais importante, o uso e os tipos dos parâmetros são iguais àqueles usados com funções escalares. Deve-se ter cuidado ao misturar parâmetros de entrada, padrão e opcionais.

```
SELECT *
FROM dbo.GetOrderDetails(43659, DEFAULT, NULL)
```

No script anterior, a função aceita todos os três tipos de parâmetro – entrada, padrão e opcional – e nessa ordem. Se você tentasse executar a função sem especificar *NULL*, ela falharia. Portanto, se houver valores padrão, você deve fornecer um valor ou usar a palavra-chave *DEFAULT*. Além disso, se houver um parâmetro opcional, você deve especificar um valor ou fornecer *NULL*.

Para alterar ou remover a função, siga os mesmos passos utilizados para alterar ou remover a função escalar.

Limitações das funções

Assim como qualquer objeto dentro do SQL Server, as funções definidas pelo usuário têm limitações. Uma delas é que não se pode usar um bloco *TRY...CATCH* dentro de uma função. Portanto, você precisa criar seus próprios mecanismos de manipulação de erros para lidar com eles de modo elegante. Uma limitação específica das funções escalares é que elas não podem retornar tipos de dados *text*, *ntext*, *image*, *cursor* ou *timestamp*. Por fim, as funções definidas pelo usuário não podem ser usadas para modificar o estado do banco de dados. O uso de funções em uma instrução *SELECT* pode afetar negativamente o desempenho da query. Isso acontece porque a função será chamada uma vez para cada linha retornada. Assim, tenha cuidado ao usar funções complexas para retornar conjuntos de resultados grandes.

Resumo

Este capítulo abordou os dois tipos de funções definidas pelo usuário disponíveis no Microsoft SQL Server 2012: escalares e table-valued. Ambas oferecem programação modular aos desenvolvedores; contudo, seus objetivos básicos são diferentes. As funções escalares retornam um único valor, enquanto as funções table-valued retornam um conjunto completo. Conforme você aprendeu neste capítulo, existem algumas limitações no uso de funções, mas elas oferecem vantagens claras por serem armazenadas no banco de dados e poderem ser reutilizadas.

CAPÍTULO 17

Stored procedures

Neste capítulo, você vai aprender a

- Entender os stored procedures (procedimentos armazenados).
- Trabalhar com stored procedures (procedimentos armazenados).
- Criar, alterar e excluir stored procedures (procedimentos armazenados).
- Utilizar diferentes tipos de parâmetros com stored procedures (procedimentos armazenados).

Os stored procedures (procedimentos armazenados) são um conjunto de instruções (uma ou mais) SQL, normalmente agrupadas para executar uma rotina específica. Eles podem ser criados em qualquer banco de dados definido pelo usuário e de sistema, exceto o banco de dados de recursos. Os stored procedures são comparáveis às funções de várias instruções, mas possuem recursos e flexibilidades impossíveis dentro de funções. Algumas das vantagens de usar stored procedures são as seguintes:

- Oferecem maior desempenho, devido ao código compilado.
- São fáceis de manter, pois as alterações são centralizadas, em vez de serem feitas com código.
- Como as operações de banco de dados podem ser efetuadas dentro dos stored procedures, eles oferecem um alto nível de segurança. Em vez de o acesso ser concedido ao objeto subjacente, a permissão pode ser dada somente para o stored procedure. Basicamente, os stored procedures criam um nível de abstração para permissões – em vez de se conceder ao usuário direitos *SELECT*, *INSERT*, *UPDATE* ou *DELETE*, ele pode receber direitos *EXECUTE* para um stored procedure.

  O Microsoft SQL Server 2012 tem quatro tipos de stored procedures:

- Definido pelo usuário
- Sistema
- Temporário
- Definido pelo usuário estendido

Os stored procedures definidos pelo usuário estendidos foram substituídos por procedimentos Common Language Runtime (CLR). Se quiser mais informações sobre stored procedures CLR, consulte a seção "CLR stored procedure" do SQL Server Books Online.

Neste capítulo, vamos nos concentrar nos stored procedures definidos pelo usuário. A sintaxe básica para criar um stored procedure é a seguinte:

```
-- Sintaxe para stored procedure
CREATE { PROC | PROCEDURE } [nome_do_esquema.] nome_do_procedimento [ ; número ]
 [ { @parâmetro [ nome_do_esquema_do_tipo. ] tipo_de_dado }
 [ VARYING ] [ = padrão ] [ OUT | OUTPUT ] [READONLY]
 ] [,...n ]
[ WITH <opção_do_procedimento> [,...n ] ]
[ FOR REPLICATION ]
AS { [ BEGIN ] instrução_sql [;] [ ...n ] [ END ] }
[;]
<opção_do_procedimento> ::=
 [ ENCRYPTION ]
 [ RECOMPILE ]
 [ EXECUTE AS Clause ]
```

Semelhante a uma função, ao se criar um stored procedure é possível definir várias opções. Contudo, somente o *nome_do_procedure* e a(s) *instrução(ções)_sql* são obrigatórios.

Trabalhe com stored procedures

Basicamente, os stored procedures são criados utilizando-se apenas T-SQL. Contudo, assim como acontece com as funções, o Microsoft SQL Server Management Studio (SSMS) fornece templates que podem ser utilizados como ponto de partida.

Crie stored procedures

1. Abra o SSMS e conecte-se a um servidor.
2. Se a janela do Object Explorer ainda não estiver aberta, abra-a.
3. Expanda o nó do servidor e expanda a pasta Databases.
4. Expanda o banco de dados AdventureWorks2012.
5. Expanda a pasta Programmability.
6. Clique com o botão direito do mouse na pasta Stored Procedures e selecione New Stored Procedure.

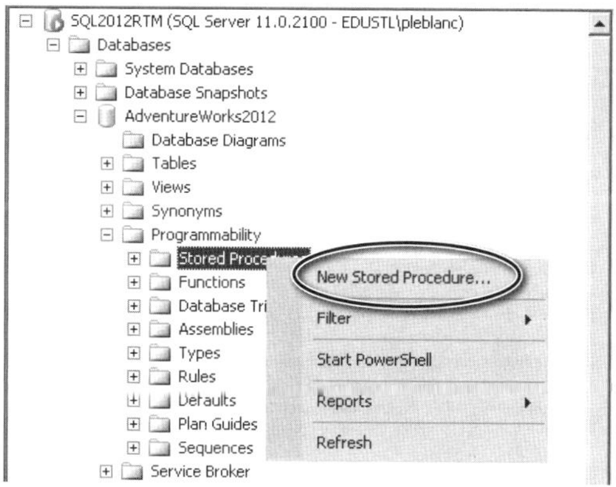

7. Será aberta uma janela de query com um template que você pode utilizar como ponto de partida para criar o stored procedure. Algumas modificações foram adicionadas ao template.
8. Abra uma nova janela de query e cole o código a seguir:

```
USE AdventureWorks2012;
SET ANSI_NULLS ON
GO
SET QUOTED_IDENTIFIER ON
GO
-- ============================================
-- Autor: Patrick LeBlanc
-- Data de criação: 09/06/2012
-- Descrição: <Description,,> Get PurchaseOrder Information
-- ============================================
CREATE PROCEDURE dbo.PurchaseOrderInformation
AS
BEGIN
    SELECT
        poh.PurchaseOrderID, pod.PurchaseOrderDetailID,
        poh.OrderDate, poh.TotalDue, pod.ReceivedQty, p.Name ProductName
    FROM Purchasing.PurchaseOrderHeader poh
    INNER JOIN Purchasing.PurchaseOrderDetail pod
        ON poh.PurchaseOrderID = pod.PurchaseOrderID
    INNER JOIN Production.Product p
        ON pod.ProductID = p.ProductID
END
GO
```

No código anterior, foi criado um stored procedure simples que não espera nenhum parâmetro e contém apenas uma instrução T-SQL.

9. Execute a query.
10. No Object Explorer, expanda a pasta Stored Procedures. dbo.PurchaseOrderInformation aparecerá na lista de stored procedures disponíveis.

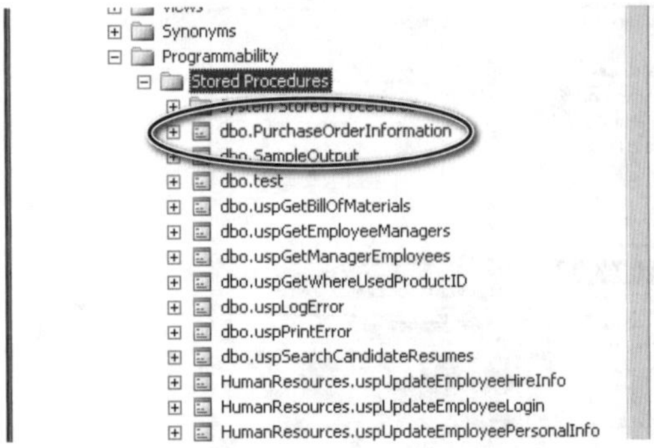

Utilize a palavra-chave EXECUTE

Para executar um stored procedure com T-SQL, use a palavra-chave *EXECUTE*. A sintaxe é a seguinte:

```
EXECUTE | EXEC nome_do_procedimento [parâmetro1, parâmetro2, n...]
```

Observe que você pode usar *EXECUTE* ou *EXEC*. Essa palavra-chave foi aprimorada no SQL Server 2012. Na versão mais recente do SQL Server, você pode mudar os nomes e tipos de dados de cada coluna no conjunto de resultados ou redefinir esse conjunto. A sintaxe é a seguinte:

```
EXECUTE | EXEC nome_do_procedimento [parâmetro1, parâmetro2, n...]
WITH RESULT SETS
(
     ( [definição_da_coluna1, definição_da_coluna2, n...])
)
```

Para alterar o conjunto de resultados, execute o comando *EXECUTE* normalmente, mas adicione uma instrução *WITH RESULT SETS* e, dentro dos parênteses, forneça uma definição para cada coluna do conjunto de resultados.

Execute stored procedures e redefina conjuntos de resultados

1. Abra o editor de queries no SSMS.
2. No editor de queries, digite o seguinte código T-SQL:

```
USE AdventureWorks2012
EXEC dbo.PurchaseOrderInformation
```

3. Execute a query e examine os resultados.

Results | Messages

	PurchaseOrderID	PurchaseOrderDetailID	OrderDate	TotalDue	ReceivedQty	ProductName
1	1	1	2005-05-17 00:00:00.000	222.1492	3.00	Adjustable Race
2	2	2	2005-05-17 00:00:00.000	300.6721	3.00	Thin-Jam Hex Nut 9
3	2	3	2005-05-17 00:00:00.000	300.6721	3.00	Thin-Jam Hex Nut 10
4	3	4	2005-05-17 00:00:00.000	9776.2665	550.00	Seat Post
5	4	5	2005-05-17 00:00:00.000	189.0395	2.00	Headset Ball Bearings
6	5	6	2005-05-31 00:00:00.000	22539.0165	550.00	HL Road Rim
7	6	7	2005-05-31 00:00:00.000	16164.0229	468.00	Touring Rim
8	7	8	2005-05-31 00:00:00.000	64847.5328	550.00	LL Crankarm
9	7	9	2005-05-31 00:00:00.000	64847.5328	550.00	ML Crankarm
10	7	10	2005-05-31 00:00:00.000	64847.5328	550.00	HL Crankarm
11	8	11	2005-05-31 00:00:00.000	766.1827	3.00	External Lock Washer 3
12	8	12	2005-05-31 00:00:00.000	766.1827	3.00	External Lock Washer 4
13	8	13	2005-05-31 00:00:00.000	766.1827	3.00	External Lock Washer 9
14	8	14	2005-05-31 00:00:00.000	766.1827	3.00	External Lock Washer 5
15	8	15	2005-05-31 00:00:00.000	766.1827	3.00	External Lock Washer 7
16	9	16	2006-01-14 00:00:00.000	767.0528	3.00	Thin-Jam Lock Nut 9
17	9	17	2006-01-14 00:00:00.000	767.0528	3.00	Thin-Jam Lock Nut 10
18	9	18	2006-01-14 00:00:00.000	767.0528	3.00	Thin-Jam Lock Nut 1
19	9	19	2006-01-14 00:00:00.000	767.0528	3.00	Thin-Jam Lock Nut 2

Esse é um conjunto de resultados abreviado. Na verdade, a query dentro do stored procedure retorna todos os dados das tabelas referenciadas. Normalmente, quando você desenvolve um stored procedure, o resultado é filtrado para que ele retorne um conjunto formado para resolver um problema específico. Habitualmente, isso é feito com parâmetros e lógica adicional. Os detalhes de como fazer isso são discutidos na próxima seção, sobre parâmetros. Contudo, antes de examinarmos os parâmetros, você vai redefinir o conjunto de resultados usando *EXEC*.

4. Abra o editor de query no SSMS e digite o seguinte código T-SQL:

```
USE AdventureWorks2012;
EXEC dbo.PurchaseOrderInformation
WITH RESULT SETS
(
	(
		[Purchase Order ID] int,
		[Purchase Order Detail ID] int,
		[Order Date] datetime,
		[Total Due] Money,
		[Received Quantity] float,
		[Product Name] varchar(50)
	)
)
```

Na query anterior, a palavra-chave *EXEC* é usada para a execução de um stored procedure padrão. No entanto, as colunas e os tipos de dados foram mudados para tornar os nomes de coluna amigáveis.

5. Execute a query e examine os resultados.

Results | Messages

	Purchase Order ID	Purchase Order Detail ID	Order Date	Total Due	Received Quantity	Product Name
1	1	1	2005-05-17 00:00:00.000	222.1492	3	Adjustable Race
2	2	2	2005-05-17 00:00:00.000	300.6721	3	Thin-Jam Hex Nut 9
3	2	3	2005-05-17 00:00:00.000	300.6721	3	Thin-Jam Hex Nut 10
4	3	4	2005-05-17 00:00:00.000	9776.2665	550	Seat Post
5	4	5	2005-05-17 00:00:00.000	189.0395	2	Headset Ball Bearings
6	5	6	2005-05-31 00:00:00.000	22539.0165	550	HL Road Rim
7	6	7	2005-05-31 00:00:00.000	16164.0229	468	Touring Rim
8	7	8	2005-05-31 00:00:00.000	64847.5328	550	LL Crankarm
9	7	9	2005-05-31 00:00:00.000	64847.5328	550	ML Crankarm
10	7	10	2005-05-31 00:00:00.000	64847.5328	550	HL Crankarm
11	8	11	2005-05-31 00:00:00.000	766.1827	3	External Lock Washer 3
12	8	12	2005-05-31 00:00:00.000	766.1827	3	External Lock Washer 4
13	8	13	2005-05-31 00:00:00.000	766.1827	3	External Lock Washer 9
14	8	14	2005-05-31 00:00:00.000	766.1827	3	External Lock Washer 5
15	8	15	2005-05-31 00:00:00.000	766.1827	3	External Lock Washer 7

Observe os novos nomes de coluna na imagem anterior e compare com a imagem do passo 3.

Parametrize stored procedures

Semelhantes às funções, os stored procedures podem incluir parâmetros como parte de seu código. A criação de um stored procedure com parâmetros permite aos programas chamadores passar valores para o procedimento. Os parâmetros dos stored procedures são diferentes dos parâmetros das funções, pois é possível especificar a direção, se é um parâmetro de entrada ou de saída. Ou seja, você pode especificar se o parâmetro vai aceitar um valor (entrada) ou se vai retornar um valor (saída). Os parâmetros *OUTPUT* podem ser usados para atribuir um valor produzido por um stored procedure diretamente a uma variável ou a um aplicativo no contexto de execução.

Os stored procedures podem ter parâmetros opcionais e padrão, semelhantes às funções. Como e o que é atribuído aos valores é um pouco diferente, mas os significados e a forma como são especificados sintaticamente são iguais.

Se seu stored procedure contém um parâmetro padrão, ao contrário do que acontece com uma função, você não é obrigado a fornecer a palavra-chave *DEFAULT*. Basta executar o stored procedure utilizando a palavra-chave *EXEC* e o valor atribuído será usado em tempo de execução. O mesmo se aplica se você incluir um parâmetro opcional. Recomenda-se especificar cada nome de parâmetro e atribuir um valor a cada um. Isso garante que o valor correto seja atribuído ao parâmetro apropriado, como segue:

```
EXEC [dbo].[PurchaseOrderInformation] @parameter1 = 1, @parameter2 = default, @
parameter3 = null
```

O exemplo de stored procedure inclui um parâmetro de entrada, um padrão e um opcional. Para evitar o alinhamento errado de valores e parâmetros, cada parâmetro é especificado com um valor correspondente.

Conforme mencionado anteriormente, além dos tipos de parâmetros compartilhados pelas funções e stored procedures, estes também podem mudar a direção de um parâmetro para *OUTPUT*. Isso significa que, em vez de atribuir um valor ao parâmetro quando o stored procedure for executado, será retornado um valor e ele poderá ser acessado por meio desse parâmetro.

```
USE AdventureWorks2012;
GO
--Cria proc com param OUTPUT
CREATE PROC dbo.SampleOutput
@Parameter2 int OUTPUT
as
SELECT @Parameter2 = 10
--Executa proc com param OUTPUT
DECLARE @HoldParameter2 INT
EXEC dbo.SampleOutput
    @HoldParameter2 OUTPUT
SELECT @HoldParameter2
```

Na primeira parte do código anterior é criado um stored procedure que tem um único parâmetro de saída. O parâmetro de saída inclui a palavra-chave *OUTPUT*. O stored procedure contém apenas uma instrução T-SQL que atribui 10 ao parâmetro.

Na segunda parte do código é declarada uma variável para armazenar o valor do parâmetro de saída. A palavra-chave *EXEC* é usada para executar o stored procedures. Além disso, a variável declarada é especificada com a palavra-chave *OUTPUT*. Por último, é executada uma instrução *SELECT* para exibir o valor da saída.

Altere um stored procedure para adicionar parâmetros

1. Abra o SSMS e conecte-se a um servidor.
2. Se a janela do Object Explorer não estiver aberta, abra-a.
3. Expanda o nó do servidor e, em seguida, expanda a pasta Databases.
4. Expanda o banco de dados AdventureWorks2012.
5. Expanda a pasta Programmability.
6. Expanda a pasta Stored Procedures.
7. Localize o stored procedure dbo.PurchaseOrderInformation, clique nele com o botão direito do mouse e selecione Modify. Será aberta uma nova janela de query contendo o script do stored procedure. Então, você pode modificar o stored procedure.
8. Abra uma nova janela de query e digite o código T-SQL a seguir:

```
USE AdventureWorks2012;
GO
ALTER PROCEDURE [dbo].[PurchaseOrderInformation]
@EmployeeID int,
@OrderYear int = 2005
AS
BEGIN
    SELECT
        poh.PurchaseOrderID, pod.PurchaseOrderDetailID,
```

```
        poh.OrderDate, poh.TotalDue, pod.ReceivedQty, p.Name ProductName
    FROM Purchasing.PurchaseOrderHeader poh
    INNER JOIN Purchasing.PurchaseOrderDetail pod
        ON poh.PurchaseOrderID = pod.PurchaseOrderID
    INNER JOIN Production.Product p
        ON pod.ProductID = p.ProductID
    WHERE
        poh.EmployeeID = @EmployeeID AND
        YEAR(poh.OrderDate) = @OrderYear
END
```

No stored procedure anterior foram especificados dois parâmetros: de entrada e padrão. No final da query T-SQL foi incluída uma cláusula *WHERE* que limita o resultado com base nos valores dos dois parâmetros.

9. Execute a query
10. Abra uma nova janela de query e digite o código T-SQL a seguir:

```
USE AdventureWorks2012;
EXEC [dbo].[PurchaseOrderInformation]
    @EmployeeID = 258;
```

Somente o parâmetro de entrada foi especificado, o que está certo, pois o outro parâmetro tem um valor padrão. Embora a query seja bem-sucedida, você sempre deve especificar um valor para todos os parâmetros.

```
USE AdventureWorks2012;
EXEC [dbo].[PurchaseOrderInformation]
    @EmployeeID = 258,
    @OrderYear = 2006;
```

No código anterior, o valor padrão para o parâmetro OrderYear foi sobrescrito com 2006.

11. Execute a query e examine os resultados.

Results | Messages

	PurchaseOrderID	PurchaseOrderDetailID	OrderDate	TotalDue	ReceivedQty	ProductName
1	11	24	2006-01-14 00:00:00.000	553.8221	3.00	Lock Nut 5
2	11	25	2006-01-14 00:00:00.000	553.8221	3.00	Lock Nut 6
3	11	26	2006-01-14 00:00:00.000	553.8221	3.00	Lock Nut 16
4	11	27	2006-01-14 00:00:00.000	553.8221	3.00	Lock Nut 17
5	31	77	2006-02-08 00:00:00.000	157.3647	3.00	Keyed Washer
6	41	95	2006-02-16 00:00:00.000	24880.9811	550.00	HL Mountain Seat/Saddle
7	51	116	2006-02-20 00:00:00.000	108.2513	3.00	LL Nipple
8	51	117	2006-02-20 00:00:00.000	108.2513	3.00	HL Nipple
9	61	136	2006-02-24 00:00:00.000	560.3312	3.00	External Lock Washer 3
10	61	137	2006-02-24 00:00:00.000	560.3312	3.00	External Lock Washer 4
11	61	138	2006-02-24 00:00:00.000	560.3312	3.00	External Lock Washer 9
12	61	139	2006-02-24 00:00:00.000	560.3312	3.00	External Lock Washer 5
13	71	161	2006-02-25 00:00:00.000	2214.0703	3.00	Chainring Bolts
14	71	162	2006-02-25 00:00:00.000	2214.0703	3.00	Chainring Nut
15	71	163	2006-02-25 00:00:00.000	2214.0703	60.00	Chainring
16	81	182	2006-03-12 00:00:00.000	618.8078	3.00	Thin-Jam Hex Nut 1
17	81	183	2006-03-12 00:00:00.000	618.8078	3.00	Thin-Jam Hex Nut 2
18	81	184	2006-03-12 00:00:00.000	618.8078	3.00	Thin-Jam Hex Nut 15
19	81	185	2006-03-12 00:00:00.000	618.8078	3.00	Thin-Jam Hex Nut 16

Esse é apenas um subconjunto do conjunto de dados real retornado, mas preste atenção ao ano: para todo OrderDate o ano é 2006.

Remova stored procedures

Existem duas maneiras de remover um stored procedure (procedimento armazenado) de um banco de dados: com SSMS ou com T-SQL. Com T-SQL, execute a seguinte instrução:

```
DROP PROCEDURE nome_do_esquema.nome_do_procedimento
```

Se quiser fazer o mesmo com SSMS, você precisará seguir alguns passos.

Remova um stored procedure

1. Abra o SSMS e conecte-se a um servidor.
2. Abra o Object Explorer, se ainda não estiver aberto.
3. Expanda o nó do servidor e, em seguida, expanda a pasta Databases.
4. Expanda o banco de dados AdventureWorks2012.
5. Expanda a pasta Programmability.
6. Expanda a pasta Stored Procedures.
7. Localize o stored procedure dbo.PurchaseOrderInformation, clique nele com o botão direito do mouse e selecione Delete.

Resumo

Este capítulo discutiu o objeto de banco de dados chamado de stored procedure. Os stored procedures estão entre as ferramentas de programação mais robustas disponíveis no banco de dados Microsoft SQL Server. Conforme você aprendeu neste capítulo, é possível utilizar stored procedures de várias maneiras para fazer muitas coisas. Normalmente, os programadores centralizam o acesso aos dados de um aplicativo dentro de stored procedures e incluem a lógica real no código. Em alguns casos, os dois são misturados dentro do stored procedure; na verdade, isso é apenas uma questão de preferência.

CAPÍTULO 18

Triggers de manipulação de dados

Neste capítulo, você vai aprender a

- Explicar os diferentes tipos de triggers (gatilhos).
- Criar, alterar e remover triggers (gatilhos).
- Explicar os usos práticos dos triggers (gatilhos).

Os triggers (ou gatilhos) de manipulação de dados são conjuntos de instruções T-SQL que executam uma ação específica. Muitas vezes, eles são considerados um tipo especial de stored procedure. Ao contrário dos stored procedures, os triggers (gatilhos) são executados somente quando um usuário ou aplicativo tenta modificar dados utilizando Data Manipulation Language (DML). A DML inclui execuções de instruções *INSERT*, *UPDATE* e *DELETE* em views e tabelas.

Neste capítulo, você vai ver diferentes tipos de triggers (gatilhos) DML. Também vai aprender a criar, implantar e remover triggers (gatilhos). Por último, vai percorrer os passos necessários para habilitar ou desabilitar um trigger (gatilhos) já existente.

Tipos de triggers

Assim como a maioria dos objetos contidos em um banco de dados Microsoft SQL Server, existem muitos tipos de triggers (gatilhos). São eles: *AFTER*, *INSTEAD OF* e *CLR*. Este capítulo se concentra nos triggers *AFTER* e *INSTEAD OF*.

Conforme o nome sugere, o trigger *AFTER* é executado após um evento DML e é a ação padrão para um trigger novo, caso não seja especificado um tipo. Esse é o tipo de trigger mais utilizado. Por exemplo, suponha que um aplicativo execute uma instrução *INSERT* que adiciona uma única linha a uma tabela que contém um trigger *AFTER*. Uma vez concluída a inserção, o código dentro do trigger será executado, mas dentro da mesma transação da inserção que disparou o trigger. Esse é um fato muito importante a lembrar. É o motivo pelo qual os triggers podem ser executados com integridade relacional; porém, também pode reduzir o desempenho. A transação original não será efetivada nem retrocederá até que o trigger também seja efetivado ou retroceda.

Se um *INSERT* for executado em uma tabela, o trigger *INSTEAD OF* será executado no lugar de *INSERT*. Ou seja, o *INSERT* não será executado e o código dentro do trigger *DML* será executado em seu lugar, como parte da transação que disparou o trigger.

O seguinte exemplo em pseudocódigo pode ser utilizado como ponto de partida para criação de um trigger *DML*:

```
CREATE TRIGGER [ nome_do_esquema . ]nome_do_trigger
ON { tabela | view }
[ WITH <opção_de_trigger_dml> [,...n ] ]
{ FOR | AFTER | INSTEAD OF}
{ [ INSERT ] [, ] [ UPDATE ] [, ] [ DELETE ] }
[ NOT FOR REPLICATION ]
AS { instrução_sql [ ; ] [,...n ] | EXTERNAL NAME <especificador_de_método [ ; ] > }
<opção_de_trigger_dml> ::=
    [ ENCRYPTION ]
    [ EXECUTE AS Clause ]
<especificador_de_método> ::=
    nome_do_assembly.nome_da_classe.nome_do_método
```

Nota As restrições, incluindo operações de foreign key em cascata, são verificadas antes da execução de qualquer tipo de trigger (gatilhos). Se for um trigger *INSTEAD OF*, a restrição será verificada após a conclusão do trigger. Se for um trigger *AFTER*, a restrição será verificada antes da execução do trigger. Independentemente do tipo de trigger, quando o evento do trigger retroceder, causará uma violação de restrição. Para triggers *INSTEAD OF*, o evento inteiro é desfeito ou retrocedido e, no caso de triggers *FOR*, nada é executado.

Crie triggers

Conforme mencionado, os triggers (gatilhos) são criados em tabelas e views. Mesmo sendo normalmente considerados tipos especiais de stored procedures, você não verá uma pasta para eles sob a seção Programmability no Object Explorer para um banco de dados. É preciso expandir uma tabela e ver os triggers lá, como demonstrado no próximo procedimento.

Veja triggers em tabelas

1. Abra o SQL Server Management Studio (SSMS) e conecte-se em um servidor.
2. Abra o Object Explorer, se ainda não estiver aberto.
3. Expanda o nó do servidor e, em seguida, expanda a pasta Databases.
4. Expanda o banco de dados AdventureWorks2012.
5. Expanda a pasta Tables.
6. Expanda a tabela HumanResources.Employee.
7. Expanda a pasta Triggers. Você verá o trigger dEmployee.

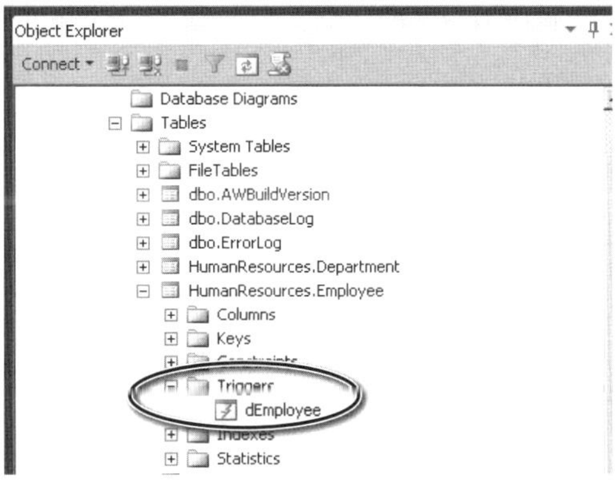

Como um trigger pode estar associado a uma view e a uma tabela específica, você precisará ir até esse local para encontrar a lista de triggers de um objeto.

Crie um trigger *FOR* utilizando T-SQL

1. Abra o SSMS e conecte-se a um servidor.
2. Abra o Object Explorer, se ainda não estiver aberto.
3. Expanda o nó do servidor e, em seguida, expanda a pasta Databases.
4. Expanda o banco de dados AdventureWorks2012.
5. Expanda a pasta Tables.
6. Expanda a tabela HumanResources.Department.
7. Clique com o botão direito do mouse na pasta Triggers e selecione New Trigger.

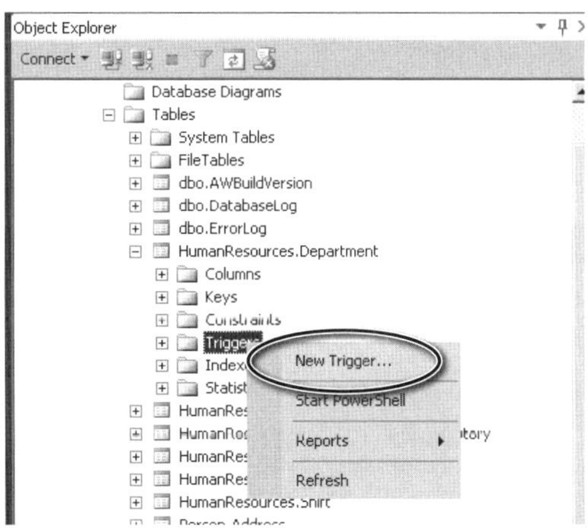

Será aberta uma nova janela de query contendo um script de template de trigger. Esse script é um bom ponto de partida para você criar um trigger.

8. Abra uma nova janela de query e digite o código T-SQL a seguir:

```
USE AdventureWorks2012;
GO
CREATE TRIGGER HumanResources.iCheckModifedDate
ON HumanResources.Department
FOR INSERT
AS
BEGIN
     DECLARE @modifieddate datetime, @DepartmentID int
     SELECT @modifieddate = modifieddate, @DepartmentID = departmentid FROM
inserted;

     IF(DATEDIFF(Day, @modifiedDate, getdate()) > 0)
          BEGIN
              UPDATE HumanResources.Department
              SET ModifiedDate = GETDATE()
              WHERE DepartmentID = @DepartmentID
          END
END
```

9. Execute a query

   A query anterior cria um trigger que verifica a data de modificação. Ele garante que, durante a inserção de um novo departamento, a data de modificação seja o dia atual. Se não for, a linha será atualizada, configurando *ModifiedDate* com a data e hora atuais.

10. Abra um novo editor de query e digite o código T-SQL a seguir:

```
USE AdventureWorks2012;
INSERT INTO HumanResources.Department
VALUES('Executive Marketing', 'Executive General and Administration',
'2/12/2011');

SELECT *
FROM HumanResources.Department
```

11. Execute a query e examine os resultados.

Results | Messages

	DepartmentID	Name	GroupName	ModifiedDate
1	1	Engineering	Research and Development	2002-06-01 00:00:00.000
2	2	Tool Design	Research and Development	2002-06-01 00:00:00.000
3	3	Sales	Sales and Marketing	2002-06-01 00:00:00.000
4	4	Marketing	Sales and Marketing	2002-06-01 00:00:00.000
5	5	Purchasing	Inventory Management	2002-06-01 00:00:00.000
6	6	Research and Development	Research and Development	2002-06-01 00:00:00.000
7	7	Production	Manufacturing	2002-06-01 00:00:00.000
8	8	Production Control	Manufacturing	2002-06-01 00:00:00.000
9	9	Human Resources	Executive General and Administration	2002-06-01 00:00:00.000
10	10	Finance	Executive General and Administration	2002-06-01 00:00:00.000
11	11	Information Services	Executive General and Administration	2002-06-01 00:00:00.000
12	12	Document Control	Quality Assurance	2002-06-01 00:00:00.000
13	13	Quality Assurance	Quality Assurance	2002-06-01 00:00:00.000
14	14	Facilities and Maintenance	Executive General and Administration	2002-06-01 00:00:00.000
15	15	Shipping and Receiving	Inventory Management	2002-06-01 00:00:00.000
16	16	Executive	Executive General and Administration	2002-06-01 00:00:00.000
17	17	Payroll	Executive General and Administration	2012-08-11 12:54:13.533
18	18	International Sales	Sales and Marketing	[illegible]
19	19	Media Control Europe	Quality Assurance	2012-09-11 14:00:12.660

Na última linha do conjunto de resultados, você verá a linha recentemente inserida. Observe que a data de modificação não é o valor que foi especificado na inserção. Deve ser a data e hora atuais da inserção.

Nota No código do trigger, especificamente a instrução *SELECT*, é referenciada uma tabela lógica chamada *inserted*. Na verdade, existem duas tabelas desse tipo – a segunda é deleted. Essas tabelas estão disponíveis no contexto do trigger. Não é possível modificar a estrutura ou o conteúdo dessas tabelas. A tabela inserted armazena uma cópia de uma ou mais linhas que foram inseridas ou uma cópia dos novos valores de linhas que foram atualizadas. Durante uma atualização, a tabela inserted armazena os dados novos ou atualizados. A segunda tabela (deleted) armazena os dados anteriores a uma atualização e uma ou mais linhas que foram excluídas em uma instrução *DELETE*.

Altere triggers

Assim como todos os outros objetos programáveis no SQL Server, um trigger só pode ser modificado com T-SQL. Pode surgir uma situação na qual você precisará alterar a lógica dentro do trigger. Em vez de remover e recriar o trigger, você pode usar a palavra-chave *ALTER* para modificar o trigger rapidamente.

Altere um trigger existente

1. Abra o SSMS e conecte-se a um servidor.
2. Abra o Object Explorer, se ainda não estiver aberto.
3. Expanda o nó do servidor e, em seguida, expanda a pasta Databases.

4. Expanda o banco de dados AdventureWorks2012.
5. Expanda a pasta Tables.
6. Expanda a tabela HumanResources.Department.
7. Expanda a pasta Triggers.
8. Clique com o botão direito do mouse no trigger iCheckModifiedDate e selecione Modify no menu de contexto.

   O trigger recentemente criado aparecerá em uma nova janela de query.
9. Localize a instrução a seguir:

   ```
   SET ModifiedDate = GETDATE()
   ```
10. Altere a instrução anterior para o seguinte:

   ```
   SET ModifiedDate = DATEADD(day, -1, GETDATE() )
   ```
11. Execute a query.
12. Abra uma nova janela de query e digite o código T-SQL a seguir:

   ```
   USE AdventureWorks2012;
   INSERT INTO HumanResources.Department
   VALUES('Executive Purchasing', 'Executive General and Administration',
   '2/12/2011');

   SELECT *
   FROM HumanResources.Department
   ```
13. Execute a query e examine os resultados.

   Na última linha dos resultados, você deverá ver uma data de modificação definida com a data de ontem.

Remova triggers

Para remover triggers é possível usar T-SQL ou SSMS. Para removê-lo com T-SQL, use o código a seguir:

```
DROP TRIGGER HumanResources.iCheckModifedDate
```

Para removê-lo com SSMS, siga os passos desta seção.

Remova um trigger utilizando SSMS

1. Abra o SSMS e conecte-se a um servidor.
2. Abra o Object Explorer, se ainda não estiver aberto.
3. Expanda o nó do servidor e, em seguida, expanda a pasta Databases.
4. Expanda o banco de dados AdventureWorks2012.
5. Expanda a pasta Tables.
6. Expanda a tabela HumanResources.Department.
7. Expanda a pasta Triggers.
8. Clique com o botão direito do mouse em iCheckModifiedDate e selecione Delete no menu de contexto.

   Essa ação remove o trigger da tabela.

Habilite e desabilite triggers

Em alguns casos, talvez você não queira excluir um trigger, mas impedir sua execução durante uma operação DML grande ou para propósitos de teste. O SQL Server oferece a capacidade de desabilitar um trigger e, uma vez feito isso, você pode habilitá-lo novamente. Isso pode ser feito com T-SQL ou SSMS.

Para desabilitar ou habilitar um trigger com T-SQL, use o código a seguir:

```
USE AdventureWorks2012;
--Desabilita um trigger com T-SQL
DISABLE TRIGGER HumanResources.iCheckModifedDate
ON HumanResources.Department;

--Habilita um trigger com T-SQL
ENABLE TRIGGER HumanResources.iCheckModifedDate
ON HumanResources.Department;
```

Para desabilitar ou habilitar um trigger com SSMS, siga os passos desta seção.

Desabilite e habilite um trigger utilizando SSMS

1. Abra o SSMS e conecte-se a um servidor.
2. Abra o Object Explorer, se ainda não estiver aberto.
3. Expanda o nó do servidor e, em seguida, expanda a pasta Databases.

4. Expanda o banco de dados AdventureWorks2012.
5. Expanda a pasta Tables.
6. Expanda a tabela HumanResources.Department.
7. Expanda a pasta Triggers.
8. Clique com o botão direito do mouse em iCheckModifiedDate e selecione Disable no menu de contexto. A caixa de diálogo Disable Triggers aparece.

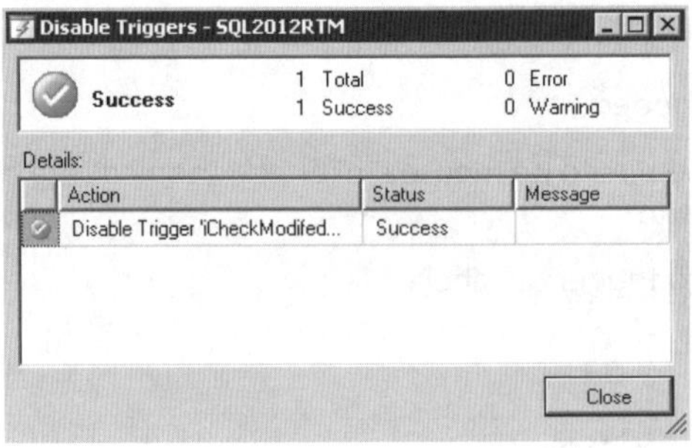

   Agora o trigger está desabilitado e não será executado no caso de uma inserção.

9. Clique com o botão direito do mouse no trigger novamente e selecione Enable para habilitá-lo.

Resumo

Neste capítulo, você aprendeu sobre triggers (gatilhos), os quais são associados a uma tabela ou view específica. Em caso de uma operação DML nessa tabela ou view, o trigger será executado, realizando alguma ação. Existem três tipos de triggers: *AFTER*, *INSTEAD OF* e *CLR*. Este capítulo se concentrou nos triggers *AFTER* e *INSTEAD OF* e seus recursos.

PARTE VI

Replicação no SQL Server

CAPÍTULO 19

Replicação

Neste capítulo, você vai aprender a

- Entender os diferentes tipos de replicação.
- Entender os diferentes agentes de replicação.
- Configurar e monitorar replicação.

Mover dados de um servidor para outro ou de um centro de dados para outro é algo que você fará com frequência ao trabalhar com dados empresariais. Os motivos específicos variam, mas, em geral, há necessidade de uma cópia secundária para relatórios, backup e possivelmente recuperação de desastres. Independentemente do motivo para mover os dados, deve estar disponível uma solução viável que permita um procedimento transparente e consistente.

Replicação é um grupo de tecnologias do Microsoft SQL Server 2012 usado para copiar e mover dados e objetos de um banco de dados para outro. Três tipos principais de replicação serão discutidos neste capítulo. O tipo a ser escolhido depende de vários fatores, os quais podem incluir o tamanho dos dados, a frequência da movimentação, o hardware e o local dos computadores. Esses não são os únicos fatores a considerar, mas estão entre os mais importantes.

Normalmente, existem três tipos de servidores em uma topologia de replicação:

- **Editor (Publisher)** Servidor de banco de dados que contém os dados de origem.
- **Assinante (Subscriber)** Servidor de banco de dados onde os dados e objetos do banco de dados são copiados.
- **Distribuidor (Distributor)** Servidor de banco de dados que armazena as alterações. Essas informações são armazenadas em um banco de dados *de distribuição*.

A consistência dos dados é mantida por um processo de sincronismo de replicação.

Neste capítulo, você vai conhecer os diferentes tipos de replicação. Será mostrada uma breve discussão sobre os componentes da replicação e haverá uma apresentação de alto nível de cada componente. Então, você vai acompanhar o processo de configuração da replicação. Por fim, aprenderá a monitorar a replicação utilizando ferramentas nativas do SQL Server.

Tipos de replicação

Existem cinco tipos de replicação:

- Snapshot (instantâneo)
- Transactional (transacional)
- Merge (mesclagem)
- Oracle Publisher
- Peer-to-peer (ponto-a-ponto)

Todos os cinco movem ou replicam dados, mas a frequência com que os dados são distribuídos e a direção podem variar entre eles. Ao longo deste capítulo, vamos nos concentrar nos três primeiros: snapshot, transactional e merge. Os dois últimos são para situações especiais e estão fora dos objetivos deste livro. Oracle Publisher normalmente é usado quando se quer mover dados de um banco de dados Oracle para um banco de dados SQL Server. A replicação peer-to-peer amplia a base da replicação transactional, mas é uma implantação expandida e de alta disponibilidade.

Snapshot

A replicação *snapshot* (instantâneo) é exatamente o que o nome indica: um instantâneo dos dados e objetos do banco de dados, conforme existem em determinado momento. Quando a replicação snapshot é configurada, geralmente é agendada para que ocorra em algum intervalo específico. Uma cópia inteira (um instantâneo) dos dados é criada e enviada para o Assinante por meio do Distribuidor. Como o conjunto de dados inteiro é enviado, não é necessário monitorar as alterações de DML. Isso tem um valor agregado, pois monitorar alterações acrescenta sobrecarga ao processo de replicação. Por outro lado, se o instantâneo é muito grande, distribuir os dados para o destino pode ser um processo prolongado. Você pode agendar a geração e a implantação do instantâneo de modo a melhor atender as suas necessidades.

Normalmente, a replicação usando snapshot é usada com o seguinte:

- Pequenos volumes de dados
- Conexões de alta latência ou de rede intermitentes
- Dados que mudam com pouca frequência
- Cópias de dados que podem ser de uma hora, um dia, uma semana ou um mês atrás

Transactional

A replicação *transactional* (transacional), assim como a snapshot, começa com um instantâneo. Contudo, os dados e o esquema iniciais do instantâneo mudam no Editor e são enviados de forma assíncrona (em ordem) para o banco de dados de distribuição. Então, os assinantes recebem as transações, mantendo-as atualizadas com o Editor.

Normalmente, a replicação transactional é usada em situações que exigem o seguinte:

- Dados quase em tempo real em um ou mais assinantes
- Dados que precisam ser carregados gradualmente
- Dados altamente transacionais ou que mudam com frequência

Merge

Assim como os tipos anteriores, a replicação *merge* (mesclagem) normalmente começa com um instantâneo do banco de dados de origem. Então, as alterações são controladas com triggers (gatilhos). Esse tipo de replicação é comum quando os usuários trabalham de maneira desconectada e os dados precisam ser sincronizados de um repositório centralizado para dispositivos móveis e vice-versa. Quando o usuário se conecta, as alterações são sincronizadas entre os dois dispositivos.

> **Nota** Como a replicação snapshot não monitora as alterações, não conta com o banco de dados de distribuição. A alteração de dados dentro desse banco de dados é utilizada apenas pelas replicações transacionais e peer-to-peer. No caso da replicação merge, ela usa o repositório para histórico de processos. O Distribuidor pode residir em um Editor ou em um servidor remoto. Recomenda-se usar um Distribuidor remoto, pois isso permite isentar-se de parte do processamento e o Distribuidor remoto pode atuar como um repositório centralizado para vários Editores. Nesse servidor também será criada uma distribuição de nomes de banco de dados; é nela que todos os metadados e o histórico das alterações feitas nos dados serão armazenados para todos os tipos de replicação.

Agentes de replicação

Mover dados e objetos de banco de dados entre servidores pode ser uma tarefa enorme. Para isso, o SQL Server utiliza quatro agentes:

- Snapshot Agent
- Distribution Agent
- Log Reader Agent
- Merge Agent

Snapshot Agent

Conforme mencionado anteriormente, todos os tipos de replicação utilizam um instantâneo para dar início ao processo. Como resultado, todos eles usam esse agente. O Snapshot Agent gera o arquivo de instantâneo, o qual contém todos os dados necessários para mover os dados e objetos de banco de dados que você deseja replicar. Esse agente grava todas as informações no sistema de arquivos. Ele é executado na instância de SQL Server que atua como Editor.

Distribution Agent

Esse agente é utilizado principalmente por replicação snapshot e transactional. A replicação snapshot usa o Distribution Agent para aplicar os instantâneos gerados em todos os Assinantes. A replicação transactional o utiliza para aplicar todas as alterações subsequentes aos Assinantes, desde o instantâneo inicial. Esse agente é executado na instância de SQL Server que atua como Distribuidor para assinaturas push e no Assinante do SQL Server para assinaturas pull.

Log Reader Agent

Esse agente é utilizado somente pela replicação transactional. Ele move as transações do log de transação para o banco de dados de distribuição. Caso existam vários bancos de dados configurados para usar replicação transactional, haverá vários Log Reader Agents, um para cada banco de dados. O Log Reader Agent é executado na instância de SQL Server que atua como Distribuidor.

Merge Agent

Esse agente é utilizado somente pela replicação merge. O Merge Agent move o instantâneo inicial e as sucessivas alterações incrementais dos Editores para os Assinantes. Ele detecta alterações nos bancos de dados de origem (Editor) e destino (Assinante) ocorridas desde a última execução agendada do Merge Agent. A replicação merge contém um conjunto de recursos que tratam de conflitos, incluindo tabelas que armazenam valores conflitantes. Por exemplo, suponha que exista uma linha no Assinante com a chave primária 555 e uma linha no Editor também com a chave primária 555. Quando a sincronização acontecer, ocorrerá um conflito e todas as informações serão registradas na tabela de conflitos. Você pode ver essas informações utilizando o Replication Conflict Viewer. Assim como o Distribution Agent, o Merge Agent é executado na instância do SQL Server que atua como Distribuidor para assinaturas push e no SQL Server que atua como Assinante para assinaturas pull.

Configure a replicação

Agora que você está familiarizado com a terminologia básica e com os componentes da replicação, é hora de investigar a configuração e a implantação de uma topologia de replicação. As topologias de replicação típicas consistem, no mínimo, de um Editor e um Assinante, os quais, na maioria dos casos, são dois servidores separados. Além desses servidores, um terceiro, o Distribuidor, também pode ser incluído para aumentar o desempenho.

Configure o Distribuidor

1. Abra o SQL Server Management Studio (SSMS) e conecte-se em uma instância de SQL Server.
2. No Object Explorer, expanda a pasta Databases.
3. Clique com o botão direito do mouse na pasta Replication.

4. Selecione Configure Distribution no menu.

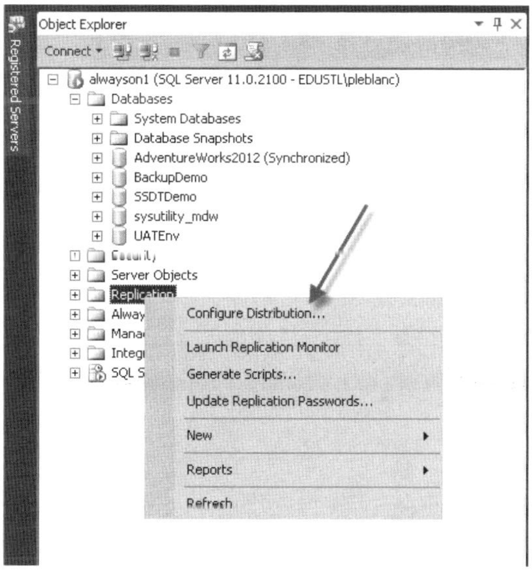

5. Clique em Next.
6. Na página Distributor, aceite os padrões e clique em Next.

   Na página seguinte, Snapshot Folder, você verá um aviso referente à localização da pasta para o snapshot. Se estiver configurando um Distribuidor remoto, você deve especificar um caminho UNC: *Nome do Computador**caminho da pasta*.

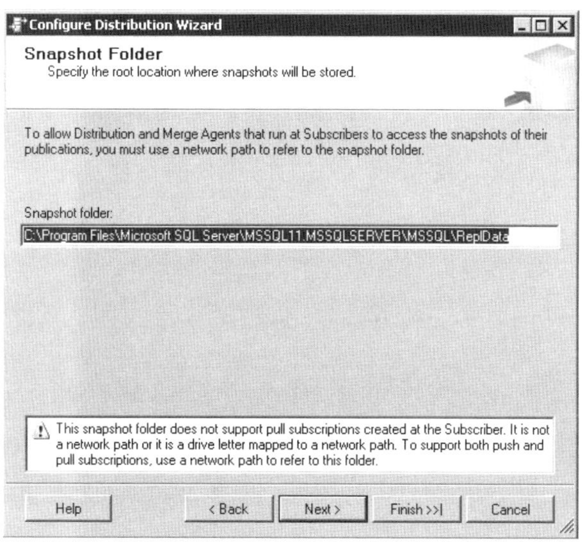

7. Clique em Next.

8. Na página Distribution Database, mude o nome do banco de dados e especifique um novo local para os arquivos de banco de dados e de log.

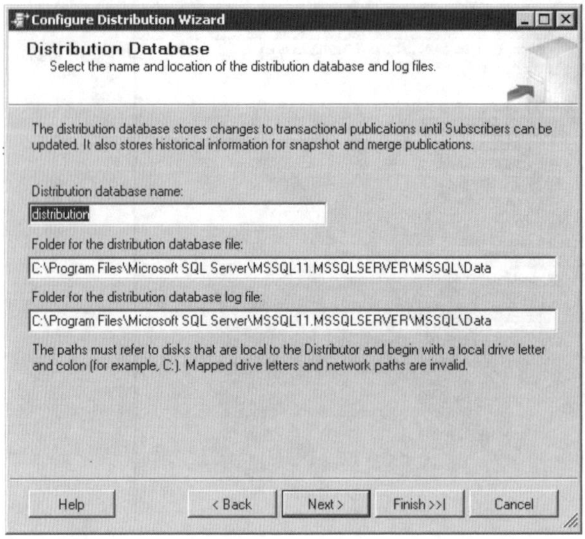

9. Aceite os padrões e clique em Next.

10. Na página Publishers, você pode habilitar outros servidores para utilizar esse servidor como Distribuidor. Por padrão, o servidor atual é incluído automaticamente.

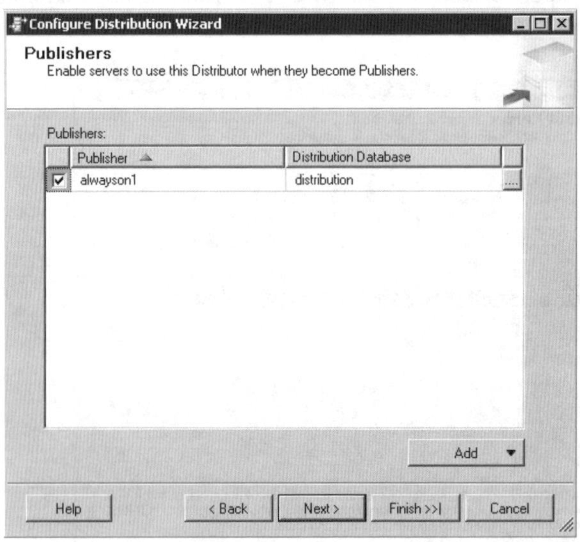

11. Aceite os padrões e clique em Next.
12. Na última página, Wizard Actions, além de configurar a distribuição, você pode gerar um script contendo todos os passos do assistente. Por enquanto, aceite os padrões e clique em Next.
13. Na página Complete the Wizard, leia o resumo e clique em Finish.
14. A configuração começa e o andamento aparece na página Configuring. Clique em Close.

Configure um Editor transacional

1. Abra o SSMS e conecte-se em uma instância de SQL Server.
2. Expanda a pasta Replication.
3. Clique com o botão direito do mouse na pasta Local Publications e selecione New Publication no menu.

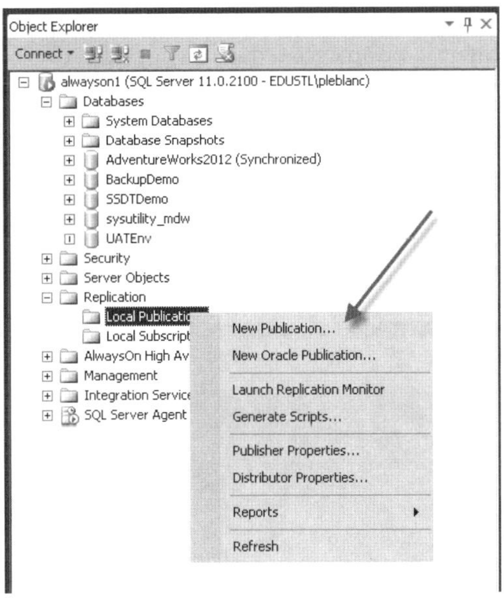

4. Clique em Next na página New Publication Wizard.
5. Selecione o banco de dados AdventureWorks2012 na página Publication Database e clique em Next.

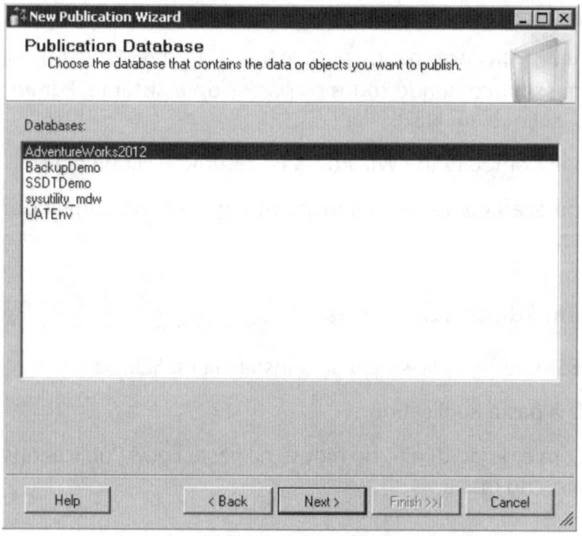

6. Na página Publication Type aparecem quatro tipos de publicação. O tipo a selecionar depende de seus requisitos. Selecione Transactional Publication na lista e clique em Next.

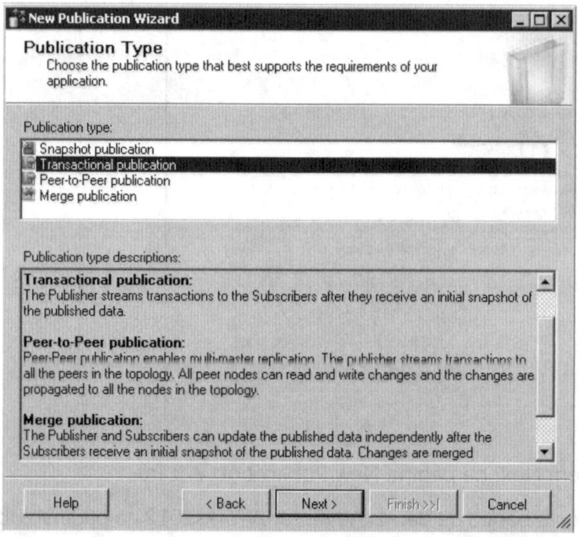

7. A página Articles é onde você especifica os objetos de banco de dados que deseja replicar. Como mostrado na página, é possível replicar vários objetos. Vamos nos concentrar principalmente nas tabelas. Cada objeto replicado é referenciado como *article* (artigo). Expanda Tables e, em seguida, expanda a tabela BusinessEntity. Você pode replicar holisticamente a tabela inteira ou selecionar apenas as colunas que deseja replicar.

8. Selecione a caixa ao lado da tabela BusinessEntity.

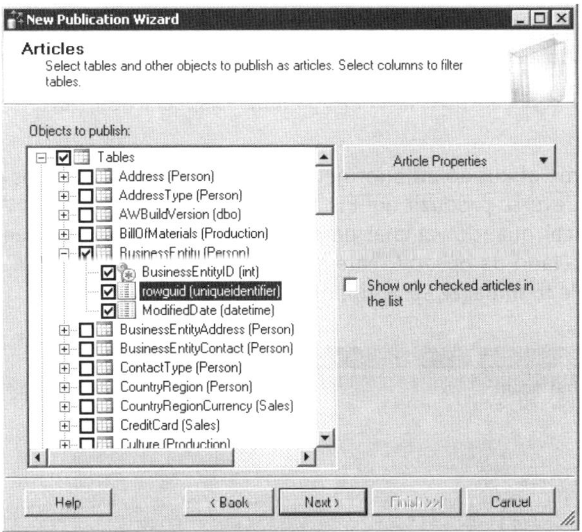

9. À direita da lista de artigos existe um botão Article Properties. Clique na seta suspensa localizada no botão e selecione Set Properties of Highlighted Table Article.

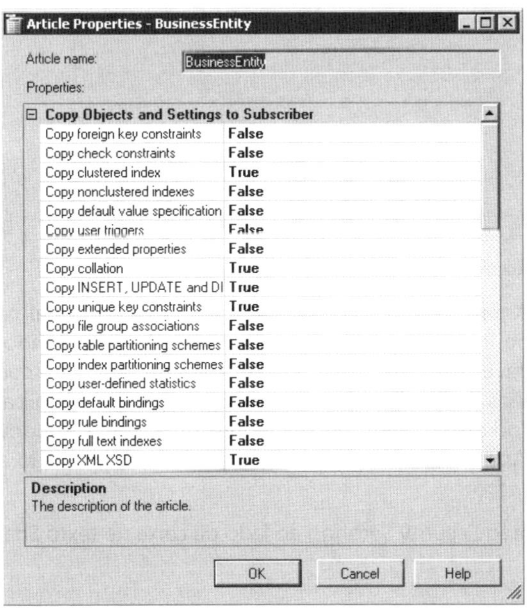

Usando a caixa de diálogo Article Properties, você especifica se deseja ou não copiar restrições, triggers, índices clusterizados etc. Role pela lista e veja o que está disponível.

10. Aceite todos os padrões por enquanto e clique em OK. Na página Articles, clique em Next.

    Em alguns casos, talvez você queira replicar somente certas linhas de uma tabela. Utilizando a opção de filtro, é possível limitar as linhas com uma cláusula *WHERE*.

11. Você vai replicar todas as linhas da tabela especificada; portanto, basta clicar em Next.

    Conforme discutido anteriormente, antes de configurar todos os tipos de replicação, deve-se produzir um instantâneo. Na página Snapshot Agent, você pode especificar quando vai criar um instantâneo e com que frequência. Selecione a caixa ao lado da opção Create a Snapshot Immediately and Keep the Snapshot Available to Initialize Subscriptions.

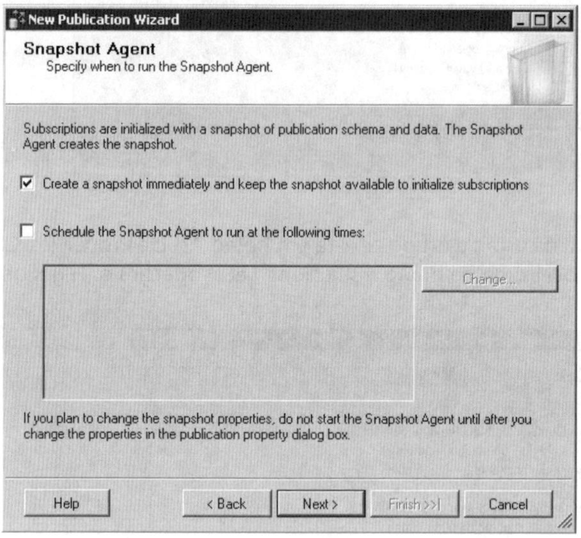

12. Clique em Next.

13. Na página Agent Security, você deve especificar sob qual conta o Snapshot Agent e o Log Reader Agent serão executados. A conta Windows utilizada para os agentes deve ser membro da função (role) de banco de dados *db_owner* no banco de dados de distribuição e no banco de dados de publicação – neste caso, AdventureWorks2012. Além desses requisitos, a conta Windows utilizada para o Snapshot Agent deve ter permissões para leitura, gravação e modificação na pasta do snapshot.

14. Clique no botão Security Settings, ao lado da caixa de texto Snapshot Agent.

15. Na caixa de diálogo Snapshot Agent Security, selecione a opção Run Under the SQL Server Agent Service Account. Observe que a caixa de diálogo informa que selecionar essa opção não é recomendado, mas para propósitos de teste, isso será suficiente. Contudo, ao colocar em produção, você deve criar uma nova conta no Active Directory para uso exclusivo do Snapshot Agent.

16. Na seção inferior da mesma caixa de diálogo, selecione a opção By Impersonating the Process Account.

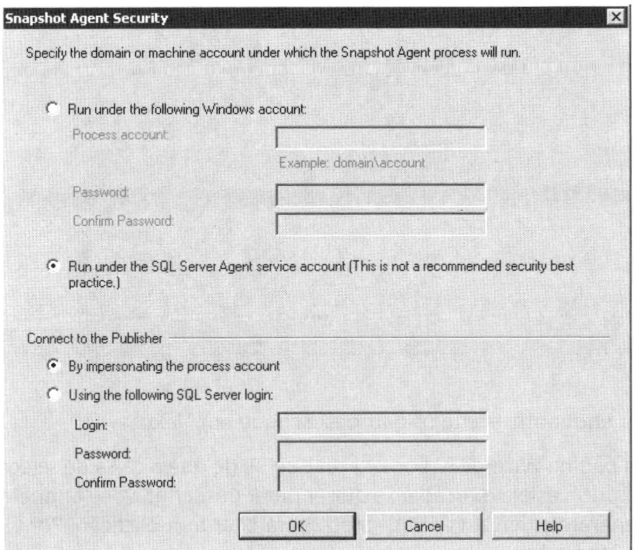

17. Clique em OK. Lembre-se de que essas configurações não são a melhor prática, pois a conta de serviço que está executando o agente pode ter permissões além das exigidas pela replicação.

18. De volta à página Agent Security, você verá que os dois agentes foram configurados. Isso porque, por padrão, o assistente utiliza as configurações de segurança do Snapshot Agent para o Log Reader Agent.

É possível ignorar esse padrão, desmarcando a caixa de seleção Use the Security Settings from the Snapshot Agent e fazendo as configurações manualmente.

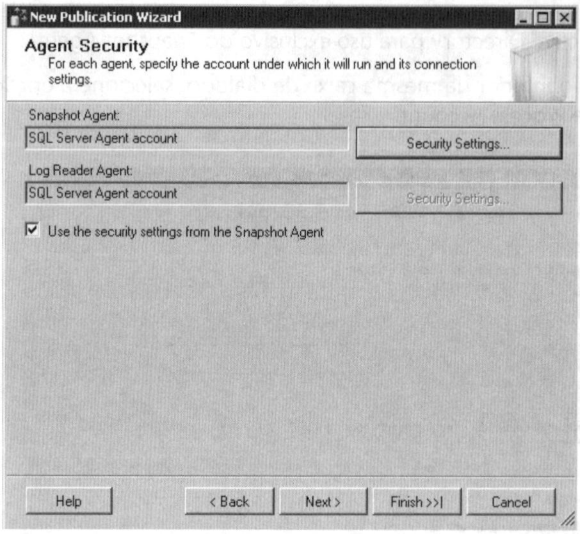

19. Por enquanto, aceite os padrões e clique em Next.

20. Na página Wizards Actions, certifique-se de que a caixa de seleção Create the Publication esteja marcada. Se quiser gerar um script, você também pode selecionar Generate a Script File with Steps para criar a publicação. Por enquanto, deixe-o desmarcado.

21. Na página Complete the Wizard, digite **BusinessEntity** na caixa de texto Publication Name, leia o resumo e clique em Finish.

    A configuração começa e o andamento aparece na página Creating Publication.

22. Clique em Close.

    Você verá a publicação recentemente criada no Object Explorer, sob Replication | Local Publications. Além disso, um job de Snapshot Agent e um job de Log Reader Agent foram criados em sua instância de SQL Server; você pode vê-los no Object Explorer, sob SQL Server Agent | Jobs.

Configure um Assinante transacional

1. Abra o SSMS e conecte-se em uma instância de SQL Server.
2. Abra uma nova janela de query e digite o código T-SQL a seguir:

```
USE master;
CREATE DATABASE ADRepl;
```

3. Execute a query
4. Expanda a pasta Replication no Object Explorer.
5. Clique com o botão direito do mouse na pasta Local Subscriptions e selecione New Subscriber no menu.
6. Clique em Next.
7. Na página Publication do New Subscription Wizard, certifique-se de que a publicação BusinessEntity esteja selecionada e clique em Next.

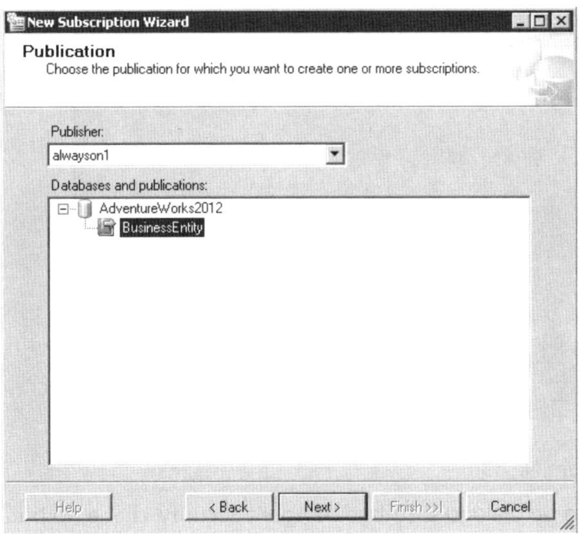

8. Agora você pode escolher entre executar o Distribution Agent no Distribuidor para replicação push ou no Assinante, para replicação pull. Embora executar o Distribution Agent no Assinante descarregue parte do trabalho do Editor, se for executado no Assinante, este suportará a carga. Ao fazer essa escolha, considere como cada um será afetado e certifique-se de que a escolha selecionada tenha recursos suficientes para suportar sua decisão.

   Em geral, coloque o Distribuidor em uma máquina mais poderosa ou na máquina com a menor latência de conexão de rede. Por enquanto, aceite os padrões e clique em Next.

9. Na página Subscribers, marque a caixa da escolha disponível, que será a máquina local, e selecione ADRepl na coluna Subscription Database. Opcionalmente, você pode adicionar um novo assinante, clicando no botão Add Subscriber.

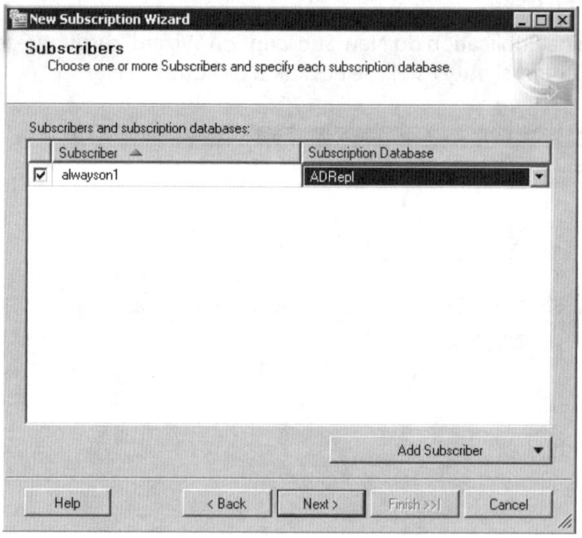

10. Clique em Next.

11. Na caixa de diálogo Distribution Agent Security, clique no botão de reticências. Semelhante ao Snapshot Agent e ao Log Reader Agent, opte por executar o agente sob a conta de serviço do SQL Server Agent e conecte-se no Distribuidor e no Assinante usando a conta de processo. De novo, você deve usar uma nova conta no Active Directory criada especificamente para esse propósito.

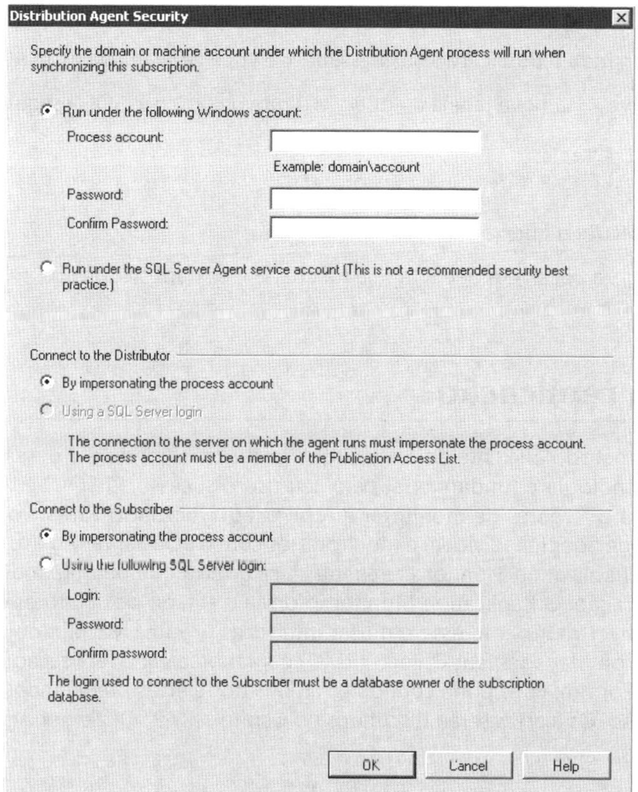

12. Clique em OK e clique em Next.
13. Na página seguinte, Synchronization Schedule, selecione Run Continuously na coluna Agent Schedule. Também é possível sincronizar a pedido ou definir uma agenda. Clique em Next.
14. Na página Initialize Subscriptions, você tem duas escolhas: Initialize Immediately ou At First Synchronization. Aceite os padrões e clique em Next.
15. Na última página, Wizard Actions, além de configurar a distribuição, você pode gerar um script contendo todos os passos do assistente. Por enquanto, aceite o padrão e clique em Next.
16. Leia o resumo e clique em Finish.

    A configuração começa e o andamento aparece na página Creating Subscriptions.
17. Clique em Close.
18. Clique com o botão direito do mouse na pasta Replication no Object Explorer e selecione Refresh.

19. Expanda a pasta Local Publications.
20. Expanda a publicação BusinessEntity e você verá a nova assinatura.
21. Abra uma nova janela de query e digite o código T-SQL a seguir:

```
USE ADRepl;
SELECT * FROM Person.BusinessEntity
```

22. Execute a query.

    Agora você verá que a tabela foi criada e os dados copiados.

Monitore a replicação

Ter um método eficiente para monitorar a disponibilidade e o desempenho de qualquer tecnologia é fundamental para seu uso e sucesso. O SQL Server oferece várias maneiras diferentes de monitorar a replicação. Utilizando SSMS, você pode iniciar e parar cada agente individual e monitorá-los com o SQL Server Agent. Além disso, pode ativar o Replication Monitor – uma interface gráfica que permite monitorar atividades de replicação. O Replication Monitor informa o estado dos Editores e dos Assinantes. Se não tiver muito interesse em usar interfaces prontas, você pode utilizar T-SQL ou Replication Management Objects (RMO) para monitorar a replicação por meio de programa. Por fim, você pode configurar alguns dos alertas predefinidos para agentes de replicação. Os alertas serão discutidos no Capítulo 27, "SQL Server Agent".

Monitore a replicação com o Replication Monitor

1. Abra o SSMS e conecte-se em uma instância de SQL Server.
2. Clique com o botão direito do mouse na pasta Replication e selecione Launch Replication Monitor.

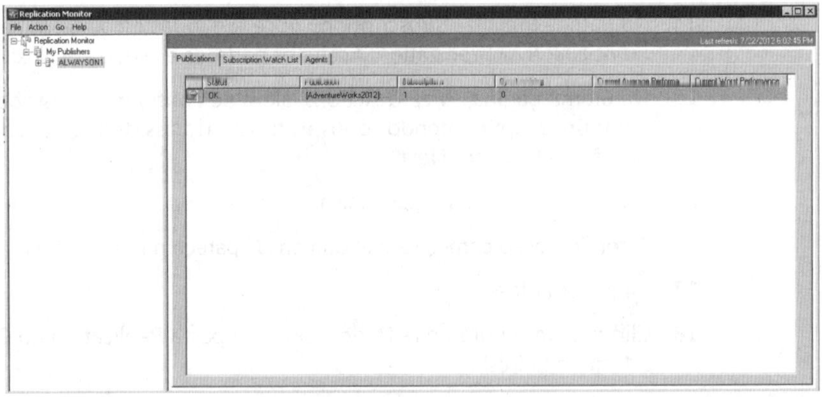

3. Por padrão, o servidor em que você está conectado é registrado e exibido automaticamente. Na seção esquerda da tela do Replication Monitor, pode-se ver o status de todas as publicações no servidor selecionado. Também é possível monitorar a atividade da Subscription Watch List e todos os agentes que estão em execução.

4. Na página de navegação à esquerda, expanda seu servidor e você verá a publicação criada anteriormente. Se existissem várias publicações nesse servidor, você veria uma lista inteira. Selecione a publicação BusinessEntity e veja as alterações feitas somente nos itens específicos dessa publicação.

Resumo

Este capítulo discutiu os diferentes tipos de topologias de replicação disponíveis no Microsoft SQL Server 2012. Cada um oferece técnicas diferentes para solucionar vários cenários de movimentação de dados dentro de uma organização. Selecionar um tipo e determinar como configurá-lo exige consideração cuidadosa e planejamento. O resultado final deve oferecer um modo eficiente de mover dados e objetos de banco de dados de maneira consistente e eficaz, que atenda as necessidades de sua organização.

PARTE VII

Manutenção de bancos de dados

CAPÍTULO 20

Backups

Neste capítulo, você vai aprender a

- Entender os diferentes tipos de backups.
- Fazer um backup completo
- Fazer um backup diferencial.
- Fazer o backup de logs de transação de um banco de dados.
- Restaurar um banco de dados.

Manutenção é uma tarefa vital que deve ser incluída como parte da carga de trabalho diária de todo administrador de banco de dados (DBA). A manutenção de bancos de dados inclui reconstruir índices, atualizar estatísticas, monitorar o desempenho e a segurança, verificar a consistência do banco de dados e fazer backups. Cada tarefa deve ser realizada em intervalos regulares, de acordo com os requisitos e necessidades da organização. Os backups serão discutidos em detalhes ao longo deste capítulo, enquanto as outras tarefas serão explicadas mais adiante no livro.

O backup dos bancos de dados pode ser feito em disco, em fita ou em um caminho de rede. Independentemente do destino, os backups devem ser executados com regularidade para proteger o banco de dados contra perda de dados e inatividade. Com eles, um DBA pode fazer uma restauração a partir do último backup ou em um ponto no tempo específico. Neste capítulo, você vai aprender a fazer backup e a restaurar um banco de dados.

> **Nota** O recurso de backup em fita foi descontinuado; portanto, evite utilizar esse método.

Entenda os dispositivos de backup

O primeiro passo para fazer o backup de um banco de dados é determinar onde os arquivos serão armazenados. Conforme mencionado na introdução do capítulo, os backups podem ser armazenados em disco, em fita ou em um caminho de rede. Além disso, para simplificar o processo, você pode definir um *dispositivo de backup*, um dispositivo lógico que aponta para um local físico. O local físico pode ser em um disco ou uma unidade de fita. Assim, em vez de digitar ou selecionar explicitamente o local em fita ou em disco, você pode especificar o dispositivo de backup. Embora isso simplifique o processo de backup, não oferece o grau de flexibilidade normalmente necessário para uma estratégia de backup eficaz e confiável.

Crie um dispositivo de backup utilizando SSMS

1. Abra o SQL Server Management Studio (SSMS) e conecte-se em uma instância de Microsoft SQL Server.
2. No Object Explorer, expanda a árvore de servidores.
3. Expanda a pasta Server Objects.
4. Clique com o botão direito do mouse em Backup Devices e selecione New Backup Device.
5. Na caixa de diálogo Backup Device, digite **AdventureWorksFullBackups** na caixa de texto Device Name.

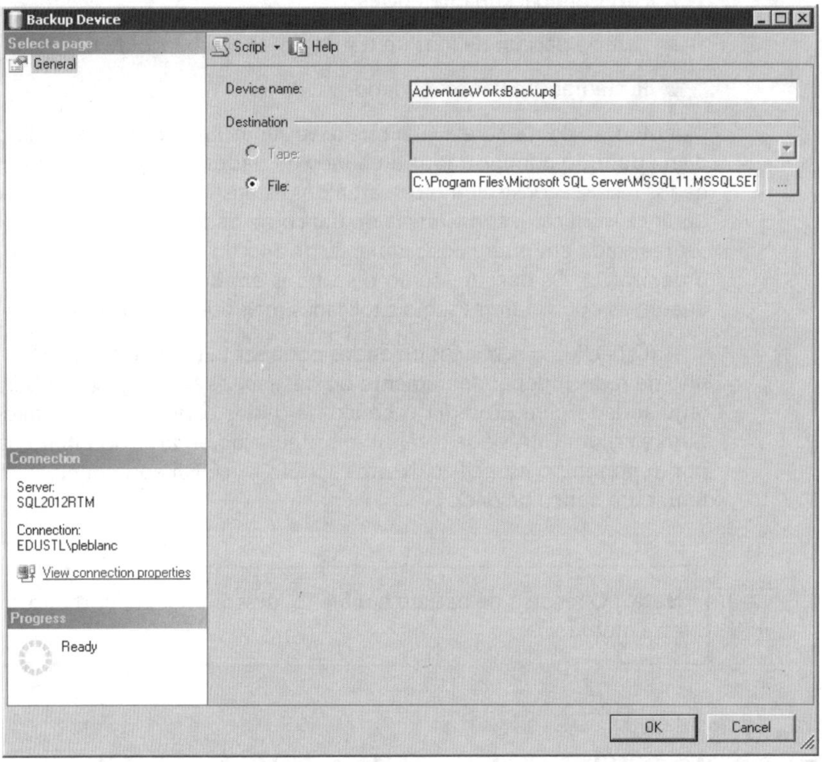

6. Clicando no botão de reticências localizado à direita da caixa de texto File, é possível mudar o local do arquivo físico. Por enquanto, aceite o padrão.
7. Clique em OK.
8. Repita os passos 5–7 duas vezes, mudando o nome do dispositivo para **AdventureWorksDiffBackups** e **AdventureWorksTLogBackups** para cada iteração.

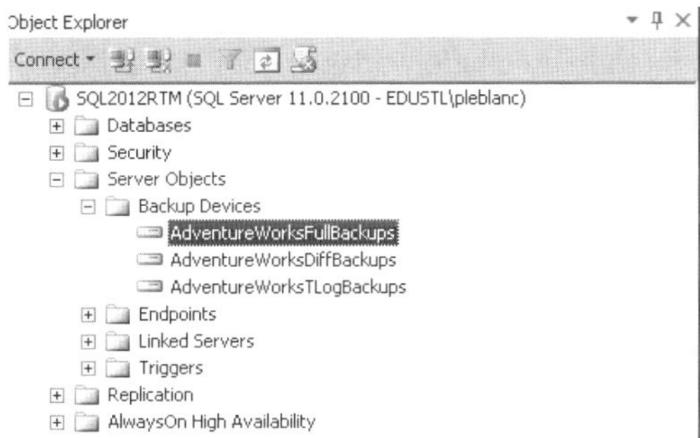

Agora, quando fizer um backup, você pode simplesmente especificar o nome desse dispositivo, em vez de um local em disco ou fita, o que será explicado na próxima seção. Embora criar um dispositivo simplifique o processo de backup, isso não é uma exigência. Você pode fazer o backup de um banco de dados diretamente no arquivo ou local da fita.

Nota Não se deve colocar os arquivos de backup no mesmo lugar que os arquivos de banco de dados e de log, pois isso poderia aumentar a disputa nesses discos, o que poderia afetar negativamente o desempenho do banco de dados. Além disso, manter os arquivos de backup separados dos arquivos de banco de dados e de log é uma proteção contra ter um único ponto de falha em caso de desastre.

Backups completos do banco de dados

Agora que você criou um dispositivo para armazenar backups de banco de dados, vai fazer um backup real. O SQL Server permite fazer um backup completo ou um backup diferencial do banco de dados. Conforme o nome sugere, um backup *completo* é um backup do banco de dados inteiro. O modelo de recuperação do banco de dados, conforme explicado no Capítulo 4, "Projeto de bancos de dados SQL Server", determina se apenas um backup completo do banco de dados é suficiente.

Um único backup diário pode ser suficiente, em alguns casos. Se um banco de dados está no modelo de recuperação simples, um único backup completo pode bastar. (Para obter informações sobre os modelos de recuperação, consulte o Capítulo 4.) Isso depende do volume de dados que sua organização pode perder. Suponha, por exemplo, que foi feito um backup completo à meia-noite do mesmo dia. Se às 17h00min, do mesmo dia, ocorresse algo catastrófico que afetasse os dados, seu ponto de recuperação seria a partir do último backup à meia-noite. Sua organização perderia todas as alterações feitas nos dados ocorridas entre a meia-noite e 17h00min. Isso pode ser aceitável ou não. Se não for, você pode colocar em vigor certos procedimentos para reduzir a perda de dados, incluindo backups diferenciais e de log de transação. Você poderia fazer vários backups completos, mas, dependendo do tamanho do banco de dados, isso poderia exigir uma grande quantidade de espaço de armazenamento.

O SQL Server permite fazer backup de bancos de dados com T-SQL ou SSMS. Independentemente do método escolhido, várias opções estão disponíveis. Embora este livro discuta poucas opções explicitamente, você deve examiná-las. Mais informações sobre essas opções podem ser encontradas na seção "BACKUP (Transact-SQL)" do SQL Server Books Online.

Faça um backup completo de banco de dados utilizando SSMS

1. Abra o SSMS e conecte-se em uma instância de SQL Server.
2. No Object Explorer, expanda a árvore de servidores.
3. Expanda a pasta Databases.
4. Clique com o botão direito do mouse no banco de dados AdventureWorks2012.
5. Selecione Tasks | Back Up.
6. Na caixa de diálogo Back Up é possível selecionar um banco de dados diferente para fazer o backup, mas apenas aceite o que está selecionado. Também é possível mudar o tipo de backup de Full para Differential ou Transaction Log. Por enquanto, aceite Full.
7. Imediatamente abaixo do tipo de backup, você pode especificar se deseja fazer um Copy-Only Backup. Copy-only não inicia uma nova cadeia de backups; assim, se essa opção for especificada, você não poderá fazer um backup diferencial.
8. Na seção seguinte, Backup Set, é possível especificar um nome e uma descrição para o backup do banco de dados. Por enquanto, aceite o padrão e digite uma descrição, se desejar.
9. Além disso, na seção Backup Set é possível especificar quando o backup expirará e poderá ser sobrescrito pelo SQL Server. Deve-se observar também que os arquivos de backup podem ser removidos com outras ferramentas e por meio do sistema operacional. Aceite o padrão, que é 0, significando que o backup nunca expira.
10. Na seção Destination, você pode especificar se vai fazer o backup em disco ou em fita. A opção da fita não estará habilitada, a não ser que você tenha um dispositivo ligado ao servidor.
11. Por padrão, o local do backup configurado é incluído automaticamente. Se você não tivesse criado um dispositivo, o backup poderia ser armazenado diretamente no local especificado. Clique em Remove para excluir esse local.
12. Clique em Add. Na caixa de diálogo Select Backup Destination, selecione File Name.

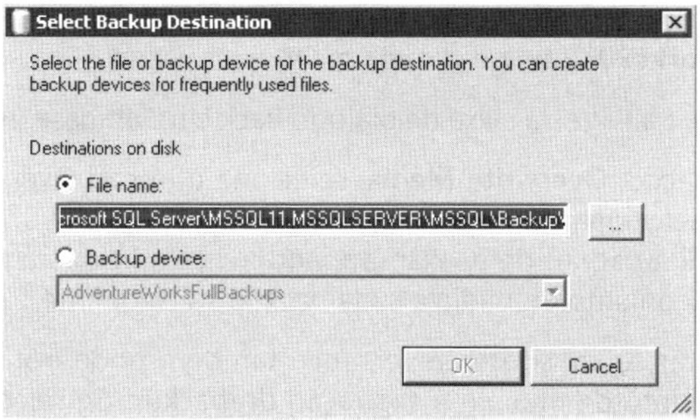

13. Clique nas reticências e, na caixa de diálogo Locate Database Files, navegue até este local: C:\Program Files\Microsoft SQL Server\MSSQL11.MSSQLSERVER\MSSQL\Backup\.

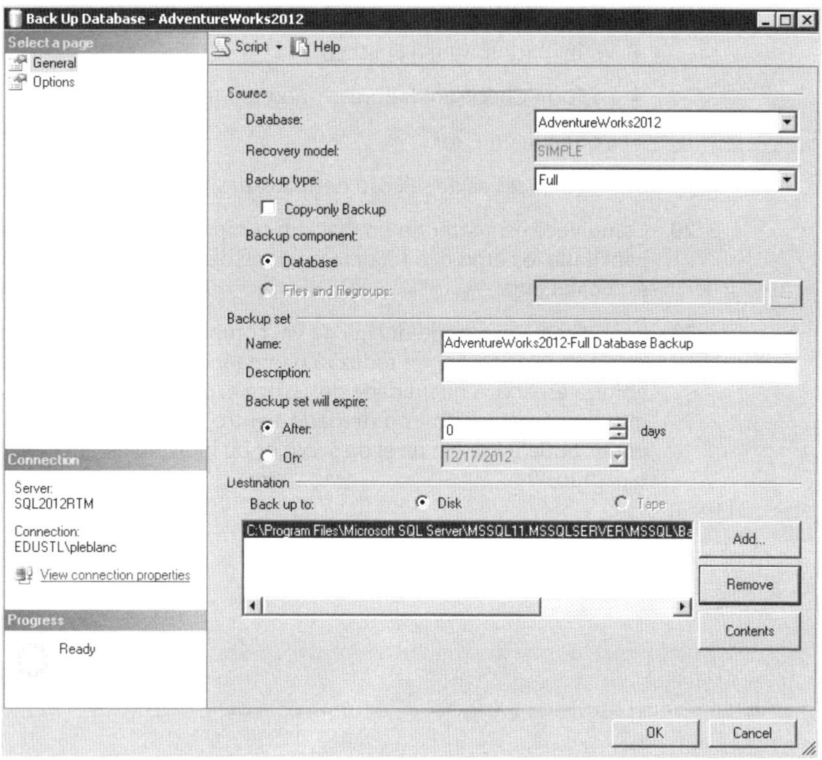

14. Na caixa de texto File Name da caixa de diálogo Locate Database Files, digite **AdventureWorks2012.bak** e clique em OK duas vezes.

15. No painel Select a Page da caixa de diálogo Back Up Database, selecione Options.

16. Na primeira seção, Overwrite Media, selecione a opção Overwrite All Existing Backup Sets. Selecionando essa opção, você esvaziará o conjunto de backup. Se aceitar a escolha padrão de anexar (append), você adicionará um novo arquivo de backup ao conjunto de mídia a cada backup subsequente.

17. Além de decidir se vai sobrescrever, você também pode optar por verificar o nome do conjunto de mídia e a expiração do backup. Se selecionar essa caixa, você poderá digitar um nome de conjunto de mídia já existente ou deixar o nome em branco para criar um novo. Deixe essa caixa de seleção desmarcada.

18. Você também pode optar por fazer o backup em um novo conjunto de mídia. Não selecione essa opção – aceite o padrão, Back Up to the Existing Media Set.

19. Na seção Reliability é possível especificar três opções:

    - Verify Backup When Finished
    - Perform Checksum Before Writing to Media
    - Continue on Error

    Deixe essas caixas de seleção desmarcadas, por enquanto.

20. Como você está fazendo um backup completo, a seção Transaction Log não está habilitada, e como não há uma unidade de fita, a seção Tape Drive também não está habilitada.

21. Por último, você pode decidir se vai compactar o backup ou não. Se optar por compactar, o SQL Server reduzirá o tamanho do backup, o que basicamente economiza espaço. A quantidade de espaço economizado depende de vários fatores, mas, em especial, do tipo de dado dentro do banco de dados. A compactação pode ser definida em nível de servidor ou individualmente. Por enquanto, aceite o padrão.

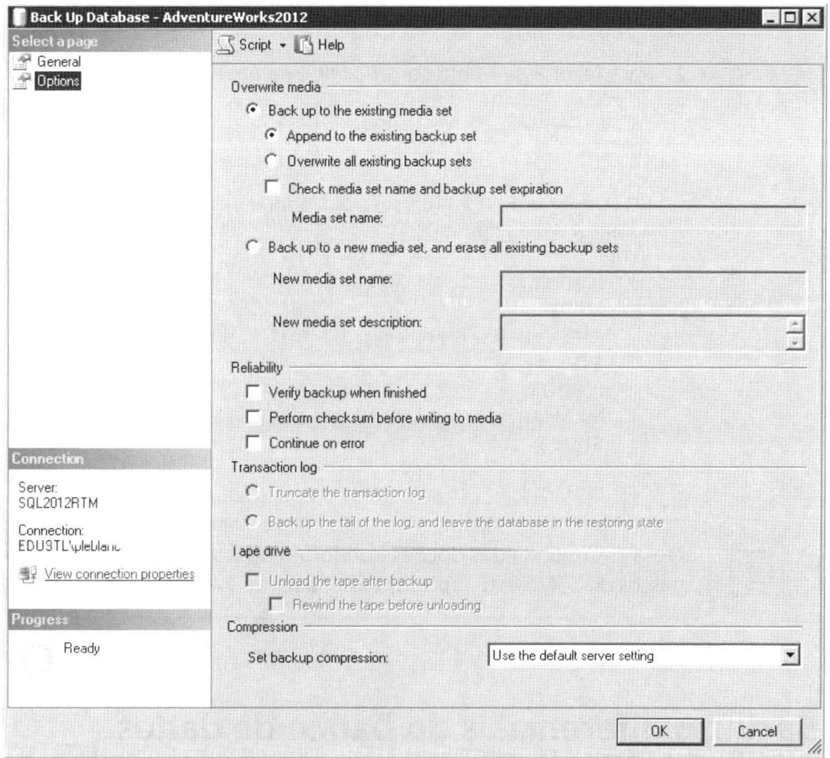

22. Clique em OK e o backup começará.

Uma vez concluído o backup, navegue até este diretório: C:\Program Files\Microsoft SQL Server\MSSQL11.MSSQLSERVER\MSSQL\Backup. Aqui, você verá o arquivo de backup.

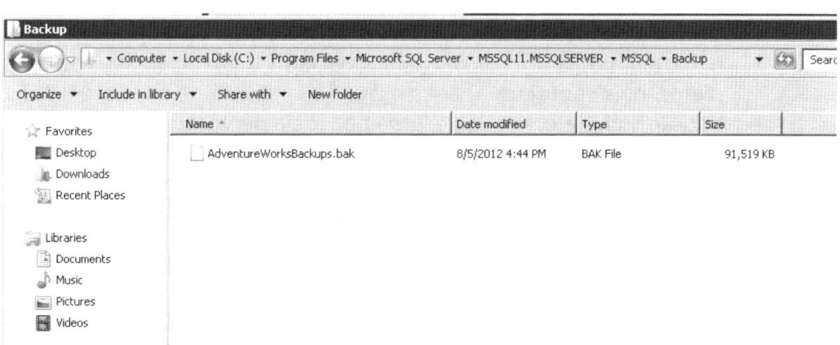

Faça um backup completo de banco de dados utilizando T-SQL

1. Para fazer essa tarefa com T-SQL, execute o script a seguir:

```
BACKUP DATABASE [AdventureWorks2012]
TO DISK
=
N'C:\Program Files\Microsoft SQL Server\MSSQL11.MSSQLServer\MSSQL\Backup\
AdventureWorks2012.bak'
WITH
     NOFORMAT,
     NOINIT,
     NAME = N'AdventureWorks2012-Full Database Backup',
     SKIP,
     NOREWIND,
     NOUNLOAD,
     STATS = 10
GO
```

> **Nota** A maioria das opções que foram ou não foram selecionadas durante os passos do SSMS está representada na seção *WITH* da instrução T-SQL.

Backups diferenciais do banco de dados

Os backups diferenciais são um pouco diferentes dos completos. Com o tempo, o banco de dados típico cresce, o mesmo acontecendo com o arquivo de backup. Portanto, na maioria dos casos é inviável fazer backups completos do banco de dados ao longo do dia. Isso acontece principalmente porque quanto maior o banco de dados, mais espaço o arquivo de backup exigirá e mais tempo levará para fazer o backup. Além disso, os backups podem afetar o desempenho.

Como resultado, o SQL Server permite fazer backups incrementais ou *diferenciais*, na terminologia do SQL Server. Os backups diferenciais são menores do que os completos, pois capturam apenas o que foi alterado no banco de dados desde o último backup completo. Por isso, é uma boa ideia pensar na possibilidade de incluí-los como parte de sua estratégia de backup para bancos de dados grandes. Um banco de dados grande que não muda muito gerará backups diferenciais muito pequenos. Além disso, em vez de fazer um backup completo várias vezes por dia, a fim de se proteger contra perda de dados, você pode fazer backup diferencial que, na maioria dos casos, é mais rápido e exige menos espaço.

Para ilustrar, vamos supor que foi feito um backup completo à meia-noite e, então, a cada quatro horas depois dele, foram feitos backups diferenciais. Em caso de desastre, seria possível restaurar o backup completo e, então, o backup diferencial feito antes de os problemas terem ocorrido. Como resultado, sua organização ficaria exposta a uma janela de perda de dados de apenas 4 horas, em contraste com uma janela de 24 horas.

> **Nota** Ao restaurar bancos de dados, você deve configurar certas opções para permitir a restauração de arquivos adicionais. A seção "Restaurando bancos de dados", mais adiante neste capítulo, fornece uma explicação detalhada.

Faça um backup diferencial utilizando SSMS

1. Abra o SSMS e conecte-se em uma instância de SQL Server.
2. No Object Explorer, expanda a árvore de servidores.
3. Expanda a pasta Databases.
4. Clique com o botão direito do mouse no banco de dados AdventureWorks2012.
5. Selecione Tasks | Back Up.
6. Na caixa de diálogo Back Up Database, selecione Differential na lista suspensa Backup Type. Aceite todos os outros padrões.
7. Na seção Destination, clique em Remove a fim de remover os itens existentes.
8. Clique em Add e selecione File Name.
9. Clique nas reticências e, na caixa de diálogo Locate Database Files, navegue até este local: C:\Program Files\Microsoft SQL Server\MSSQL11.MSSQLSERVER\MSSQL\Backup\. Na caixa de texto File Name da caixa de diálogo Locate Database Files, digite **AdventureWorks2012DiffBackups.bak** e clique em OK duas vezes.
10. Se você navegar até o diretório C:\Program Files\Microsoft SQL Server\MSSQL11.MSSQLSERVER\MSSQL\Backup, deverá ver dois arquivos. Um é o backup completo e o outro é o backup diferencial. Observe o quanto o backup diferencial é menor do que o completo.

Faça um backup diferencial utilizando T-SQL

1. Assim como em um backup completo, você pode fazer um backup diferencial com T-SQL:

```
BACKUP DATABASE [AdventureWorks2012]
TO DISK
=
N'C:\Program Files\Microsoft SQL Server\MSSQL11.MSSQLServer\MSSQL\Backup\
AdventureWorks2012DiffBackups.bak'
WITH
     DIFFERENTIAL ,
     NOFORMAT, NOINIT,
     NAME = N'AdventureWorks2012-Differential Database Backup',
     SKIP, NOREWIND, NOUNLOAD, STATS = 10
GO
```

A principal diferença é a inclusão da palavra-chave *DIFFERENTIAL* na cláusula *WITH*.

Backups de logs de transação do banco de dados

Até aqui, você aprendeu a fazer backup de bancos de dados no modo de recuperação simples e a restaurar apenas até o último backup. E se seu banco de dados estiver no modo de recuperação completo ou bulk-logged? E se você quiser restaurar um ponto no tempo? Fazer backups de logs de transação pode ajudar nesses cenários.

Como o log de transação contém um registro de todas as transações realizadas em determinado banco de dados, os backups de logs de transação podem ser utilizados para restaurar em um ponto específico no tempo. Você precisa conhecer dois requisitos importantes: deve ser feito um backup completo antes de qualquer backup de log de transação e o banco de dados deve estar no modo de recuperação completo ou bulk-logged. Além disso, como o banco de dados não está no modo de recuperação simples, o log de transação crescerá até que seja feito um backup de log. Portanto, se você não fizer backup do log regularmente, ele poderá consumir grandes quantidades de armazenamento, o que poderá ocasionar falta de espaço em disco. O backup de logs de transação esvazia as transações efetivadas e com checkpoint no log de transação, mas não afeta o tamanho real do arquivo de log.

Normalmente, os backups de logs de transação são feitos com mais frequência do que qualquer outro backup. Isso acontece porque, em geral, são pequenos e exigem menos recursos. Em casos raros, o log de transação pode ficar maior do que o arquivo de dados do banco de dados. Isso pode ocorrer se houver um banco de dados altamente transacional, como um sistema bancário, no qual a maioria dos dados é alterada. Nesse caso, será necessário fazer backup do log de transação com maior frequência.

Faça um backup de logs de transação utilizando SSMS

1. Abra o SSMS e conecte-se em uma instância de SQL Server.
2. No Object Explorer, expanda a árvore de servidores.
3. Clique com o botão direito do mouse no banco de dados AdventureWorks2012.
4. Selecione Tasks | Back Up.
5. Na caixa de diálogo Back Up Database, selecione Transaction Log na lista suspensa Backup Type. Aceite todos os outros padrões.
6. Na seção Destination, clique em Remove a fim de remover os itens existentes.
7. Clique em Add e selecione File Name.
8. Clique nas reticências e, na caixa de diálogo Locate Database Files, navegue até o seguinte local: C:\Program Files\Microsoft SQL Server\MSSQL11.MSSQLSERVER\MSSQL\Backup\. Na caixa de texto File Name da caixa de diálogo Locate Database Files, digite **AdventureWorks2012TLogBackups.trn** e clique em OK duas vezes.
9. No painel Select a Page da caixa de diálogo Back Up Database, selecione Options.

10. Observe que a seção Transaction Log agora está habilitada. Certifique-se de que a opção Truncate the Transaction Log esteja selecionada.

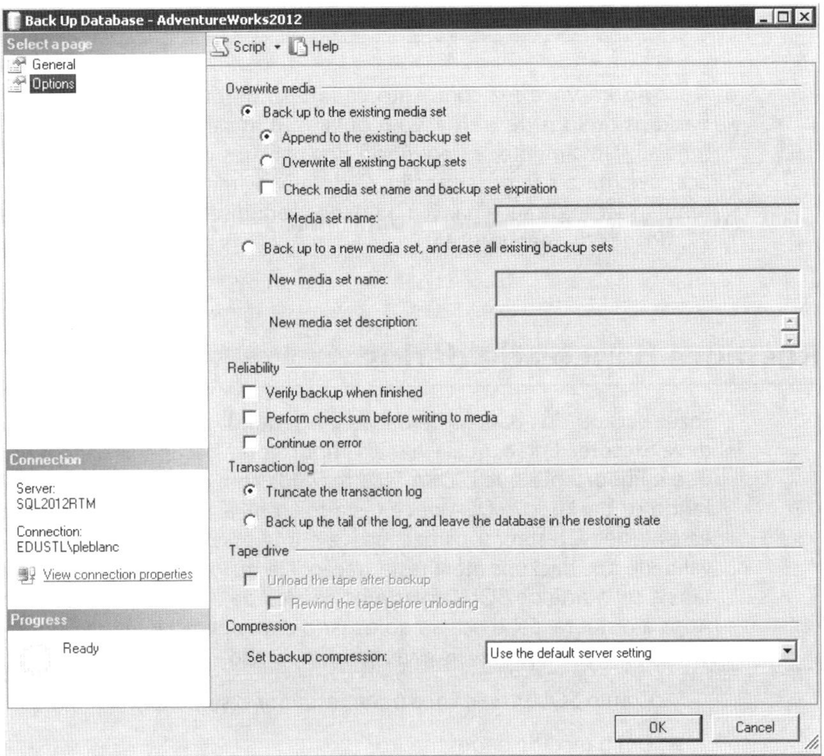

11. Clique em OK e o backup começará.

12. Se você navegar até o diretório C:\Program Files\Microsoft SQL Server\MSSQL11.MSSQLSERVER\MSSQL\Backup, deverá ver três arquivos.

Faça um backup de logs de transação utilizando T-SQL

1. Novamente, também é possível reproduzir os passos anteriores com uma única instrução T-SQL:

```
BACKUP LOG [AdventureWorks2012]
TO Disk
=
'C:\Program Files\Microsoft SQL Server\MSSQL11.MSSQLSERVER\MSSQL\Backup\
AdventureWorks2012TLogBackups.trn'

WITH
    NOFORMAT, NOINIT, NAME = N'AdventureWorks2012-Transaction Log Backup',
    SKIP, NOREWIND, NOUNLOAD, STATS = 10
GO
```

> **Nota** Você notou a tendência nos backups com T-SQL? A principal diferença entre essa instrução e um backup completo é que, em vez de usar *DATABASE* após a palavra-chave *BACKUP*, você usa *LOG*.

Agora você fez com êxito cada tipo de backup. Deve-se fazer não apenas os backups de logs de transação regulares, mas também os backups completos e diferenciais. Novamente, a frequência dos backups depende do grau de perda de dados aceitável para sua organização. O desenvolvimento de um plano para fazer backup regularmente de seus bancos de dados será discutido com mais detalhes no Capítulo 22, "Planos de manutenção".

Restaure bancos de dados

Fazer backup dos bancos de dados é a segunda tarefa mais importante que um DBA deve executar. Então, qual é a mais importante? Recuperar bancos de dados. É por isso que é importante que o DBA faça backups com regularidade. Contudo, complementando os backups, o DBA deve testá-los regularmente. A melhor maneira de realizar esses testes é restaurar os backups, e é interessanter ter um processo para garantir a validade dos backups até a restauração. Na maioria dos casos é configurada uma instância separada de SQL Server e os bancos de dados são restaurados nesse servidor. Após a restauração, o acesso do usuário e do aplicativo é um bom teste para saber se os dados estão disponíveis e são válidos ou não.

Com o SQL Server, você pode restaurar o seguinte:

- Um banco de dados inteiro
- Uma página em um banco de dados
- Uma parte de um banco de dados
- O log de transação do banco de dados
- Um arquivo ou filegroup em um banco de dados

Como você pode ver, existem várias opções para restaurar bancos de dados, garantindo flexibilidade no tratamento da maioria dos cenários que possam surgir. O SQL Server permite restaurar bancos de dados com T-SQL e com SSMS.

Antes de restaurar um banco de dados, você sempre deve considerar exatamente o que vai restaurar. Isso é especialmente importante ao se fazer a restauração usando T-SQL. Suponha que você precise restaurar um backup completo, um diferencial e um de log de transação, nessa ordem. Ao restaurar o backup *FULL* e o *DIFFERENTIAL*, você deve incluir a palavra-chave *NORECOVERY* na cláusula *WITH*.

```
RESTORE DATABASE [AdventureWorks2012]
FROM
DISK
=
' C:\Program Files\Microsoft SQL Server\MSSQL11.MSSQLServer\MSSQL\Backup\
AdventureWorks2012.bak'

WITH
    FILE = 1,
    NORECOVERY,
    NOUNLOAD,
    STATS = 5
GO
```

Após essa restauração, o banco de dados está em um estado que não pode ser usado, mas isso permite ao DBA aplicar backups diferenciais e de logs de transação subsequentes. Por isso, a maioria dos DBAs prefere usar SSMS para restaurar bancos de dados. O SSMS reconhece a cadeia de backups completa e restaura todos os backups especificados – e, ao terminar, também coloca o banco de dados em um estado que pode ser utilizado.

Restaure um banco de dados utilizando SSMS

1. Abra o SSMS e conecte-se em uma instância de SQL Server.
2. No Object Explorer, expanda a árvore de servidores.
3. Clique com o botão direito do mouse no banco de dados AdventureWorks2012.
4. Selecione Tasks | Restore | Database.

Como você está usando a interface do usuário, ela reconhece automaticamente todos os backups que foram feitos e os coloca na ordem de restauração correta.

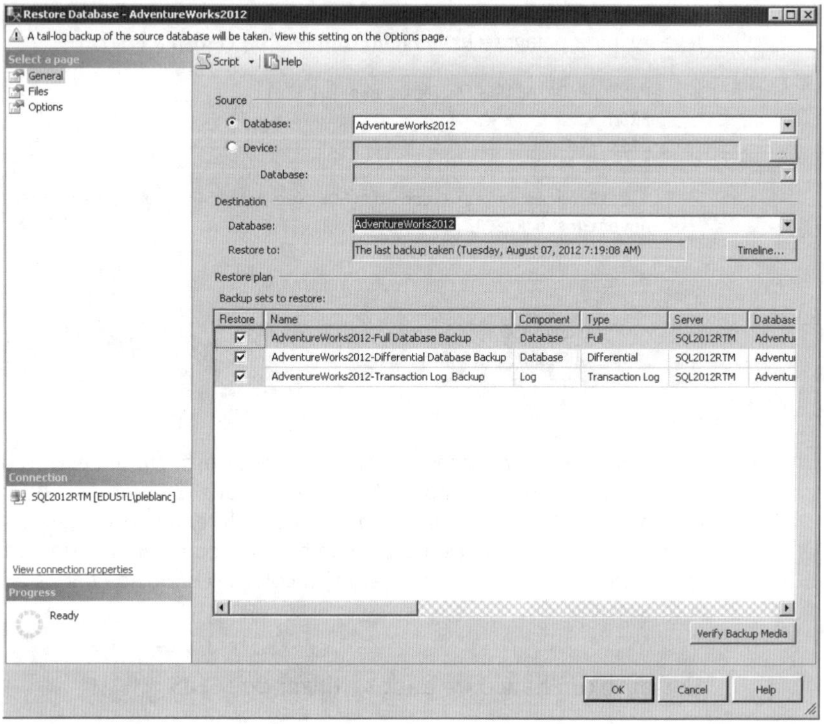

5. O SQL Server 2012 apresenta nova funcionalidade na caixa de diálogo Restore Database. Se você clicar no botão Timeline ao lado da caixa de texto Restore To na seção Source, a caixa de diálogo Backup Timeline se abrirá.

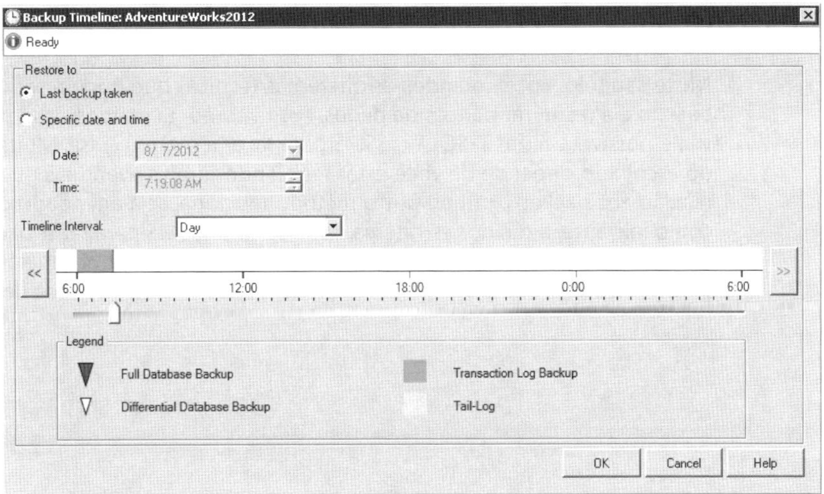

6. Utilizando a linha do tempo, você pode restaurar facilmente até um ponto específico no tempo, selecionando a opção Specific Date and Time e especificando uma data ou usando o controle deslizante. Clique em Cancel.
7. No painel Select a Page da caixa de diálogo Restore Database, selecione Files. Se quiser mover os arquivos do banco de dados para um novo local durante a restauração, use essa página.
8. Aceite os padrões e selecione Options no painel Select a Page.

   É possível especificar várias opções nessa caixa de diálogo, mas vamos nos concentrar em Recovery State. Se você estivesse restaurando apenas um arquivo de backup e quisesse restaurar mais arquivos posteriormente, em outra operação, selecionaria RESTORE WITH NORECOVERY na lista suspensa.
9. Certifique-se de que RESTORE WITH RECOVERY esteja selecionado na lista suspensa Recovery State.
10. Antes que um banco de dados possa ser restaurado, todas as conexões existentes devem ser fechadas. Para garantir que todas as conexões sejam fechadas, selecione a opção Close Existing Connections to Destination Database na seção Server Connections.
11. Clique em OK.

O banco de dados foi restaurado com um backup de banco de dados, um diferencial e um de log de transação. Embora T-SQL proporcione a capacidade de gerar código reutilizável, a interface do usuário oferece um método mais transparente e menos propenso a erros para restaurar um banco de dados. Deve-se observar também que o uso de planos de manutenção oferece um mecanismo de reutilização do ponto de vista da interface do usuário. Os planos de manutenção serão discutidos no Capítulo 22.

Resumo

Neste capítulo, você aprendeu as diferentes técnicas que podem ser usadas para fazer backup e a restaurar bancos de dados. Assim como na maioria das tarefas do SQL Server, é possível utilizar T-SQL ou SSMS para fazer a mesma coisa. Muitas vezes, o método escolhido depende de você estar realizando tarefas eventuais ou agendadas. Com relação aos backups, um ou outro método funciona, seja agendado ou eventual, mas, como iniciante, a melhor estratégia pode ser usar SSMS para fazer backups e restaurações. Se quiser saber mais sobre T-SQL, use a opção Script na janela correspondente, para ver o script que o SQL Server executará por meio da interface do usuário.

CAPÍTULO 21

Gerenciamento e manutenção de índices e estatísticas

Neste capítulo, você vai aprender a

- Entender a diferença entre reorganizar e reconstruir índices.
- Reconstruir e reorganizar índices.
- Verificar fragmentações de índice.
- Desfragmentar índices.
- Criar e atualizar estatísticas de banco de dados.

Normalmente, o desempenho é medido pela velocidade com que os dados são retornados de seu banco de dados para os aplicativos, relatórios e usuários finais. Embora vários outros fatores devam ser considerados ao se avaliar o desempenho, a maioria dos usuários se preocupa somente com a rapidez com que os dados são retornados. Conforme mencionado no Capítulo 6, "Construção e manutenção de índices", a criação de índices pode ajudar a melhorar o desempenho do banco de dados.

À medida que os dados são manipulados no banco de dados, os índices podem se tornar fragmentados. Isso significa que as páginas podem acabar fora de ordem ou ter quantidades variadas de espaço livre. Qualquer que seja o caso, o desempenho pode ser prejudicado. Para remover a fragmentação, você pode reconstruir ou reorganizar o índice, o que será discutido posteriormente neste capítulo.

O desempenho também aumenta com estatísticas que podem ser geradas automaticamente. Além disso, estatísticas criadas manualmente podem ajudar o otimizador de planos de consulta do Microsoft SQL Server a entender o valor da distribuição dos dados em uma tabela. Embora uma discussão detalhada das estatísticas esteja fora dos objetivos deste livro, é importante observar que elas devem ser atualizadas regularmente para evitar a degradação do desempenho. Mais adiante neste capítulo, você vai aprender como as estatísticas são geradas e atualizadas.

Verifique a fragmentação de índices

O processo de reconstrução e reorganização de um índice começa com a identificação do seu nível de fragmentação. Nas versões anteriores do SQL Server essa tarefa era muito trabalhosa. Contudo, nas versões recentes do SQL Server, você pode identificar o quanto todos os índices de um banco de dados estão fragmentados, executando a seguinte query:

```
USE AdventureWorks2012
GO
SELECT
    DB_NAME(ips.database_id) DBName,
    OBJECT_NAME(ips.object_id) ObjName,
    i.name InxName,
    ips.avg_fragmentation_in_percent
FROM sys.dm_db_index_physical_stats(db_id('AdventureWorks2012'),
default, default, default, default) ips
INNER JOIN sys.indexes i
    ON     ips.index_id = i.index_id AND
         ips.object_id = i.object_id
WHERE
    ips.object_id > 99 AND
    ips.avg_fragmentation_in_percent >= 10 AND
    ips.index_id > 0
```

Essa query utiliza um objeto de gerenciamento dinâmico (DMO, dynamic management object) para revelar informações vitais que ajudam a identificar índices fragmentados. Os DMOs serão discutidos em detalhes no Capítulo 30, "Objetos de gerenciamento dinâmico". Os resultados da query anterior listam todos os índices com fragmentação maior ou igual a 10%. Com os resultados dessa query, você pode determinar rapidamente quais índices estão fragmentados por qualquer motivo. As tabelas se tornam fragmentadas por causa de instruções *UPDATE* ou *DELETE* grandes, divisão de página frequente ou disputa por espaço em disco. Elas também podem se tornar fragmentadas por causa de instruções *INSERT*, caso a chave de índice clusterizado não seja sequencial. A fragmentação não é o único fator utilizado para determinar se ou quando se deve fazer manutenção de índices, mas é um bom lugar para começar. A discussão sobre se um índice deve ser reconstruído ou reorganizado está mais adiante neste capítulo.

Talvez você esteja se perguntando por que motivo filtraria índices com mais de 10% de fragmentação. Na maioria dos casos, os índices com menos fragmentação não devem afetar demasiadamente o desempenho. O tempo gasto na manutenção de índices com quantidades relativamente pequenas de fragmentação não será vantajoso para o desempenho. Dito isso, cada ambiente é diferente, e você deve avaliar cuidadosamente a fragmentação de cada índice. Se as queries em seus bancos de dados são deficientes e os índices correspondentes estão fragmentados, tratar dessa fragmentação pode melhorar o desempenho das queries.

Desfragmente índices

Conforme mencionado anteriormente, a fragmentação pode ser reduzida pela reorganização ou reconstrução de um índice. Quando usar qual método depende principalmente de três fatores: o grau de fragmentação, o tamanho do índice e os requisitos de acessibilidade ao índice durante a manutenção. Independentemente do método utilizado, você sempre deve analisar e fazer a manutenção de índices com regularidade – semanalmente, por exemplo.

Reorganize índices

Quando há uma fragmentação mínima dos índices, entre 10 e 30%, eles devem ser reorganizados. Por que esses valores? Bem, essa faixa é normalmente recomendada como ponto de partida, mas, como mencionado antes, você deve analisar cada índice para determinar o que funciona melhor em seu ambiente. O SQL Server permite reorganizar índices com SQL Server Management Studio (SSMS), T-SQL ou com um plano de manutenção (conforme discutido no Capítulo 22, "Planos de manutenção").

Se você está agendando sua manutenção de índice, o método preferido é usar T-SQL ou um plano de manutenção. Mas, em alguns casos, será obrigado a reorganizar um índice em um momento não programado. Nesse caso, a estratégia mais simples e direta é usar SSMS.

Reorganizar um índice não utiliza tantos recursos quanto uma reconstrução. Basicamente, esse processo compacta as páginas de índice e reordena os níveis folha de acordo com a ordem lógica dos nós folha na B-tree do índice. Reorganizar um índice é sempre uma operação online, significando que o índice correspondente e as tabelas associadas ficam disponíveis durante a operação inteira.

Reorganize um índice utilizando SSMS

1. Abra o SSMS e conecte-se a um servidor.
2. Abra uma nova janela de query, digite e execute o seguinte código T-SQL:

```
USE AdventureWorks2012;
GO
--Cria índice se ele não existe
CREATE NONCLUSTERED INDEX IX_SalesOrderHeader_OrderDate
ON Sales.SalesOrderHeader
(
    OrderDate
)
INCLUDE(Status, AccountNumber)
WHERE(OnlineOrderFlag = 0)
ON AW2012FileGroup2;
GO
UPDATE Sales.SalesOrderHeader
SET OrderDate = DATEADD(day, 1, orderdate)
where orderdate <= '8/31/2006'
```

   A query anterior adiciona um índice e, então, altera dados suficientes para causar fragmentação em um índice que contém a coluna OrderDate.

3. No Object Explorer, expanda a pasta Databases.
4. Expanda o banco de dados AdventureWorks2012.
5. Expanda a pasta Tables.

6. Expanda a tabela Sales.SalesOrderHeader.
7. Expanda a pasta Indexes.
8. Clique com o botão direito do mouse em IX_SalesOrderHeader_OrderDate.
9. Selecione Reorganize no menu.

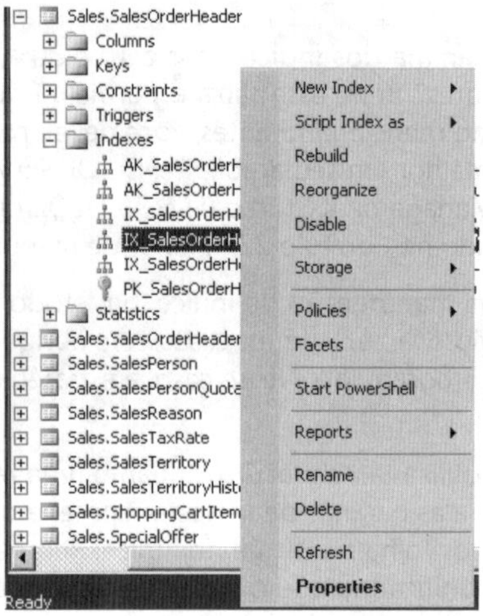

A caixa de diálogo Reorganize Indexes se abre. Observe a quantidade de fragmentação.

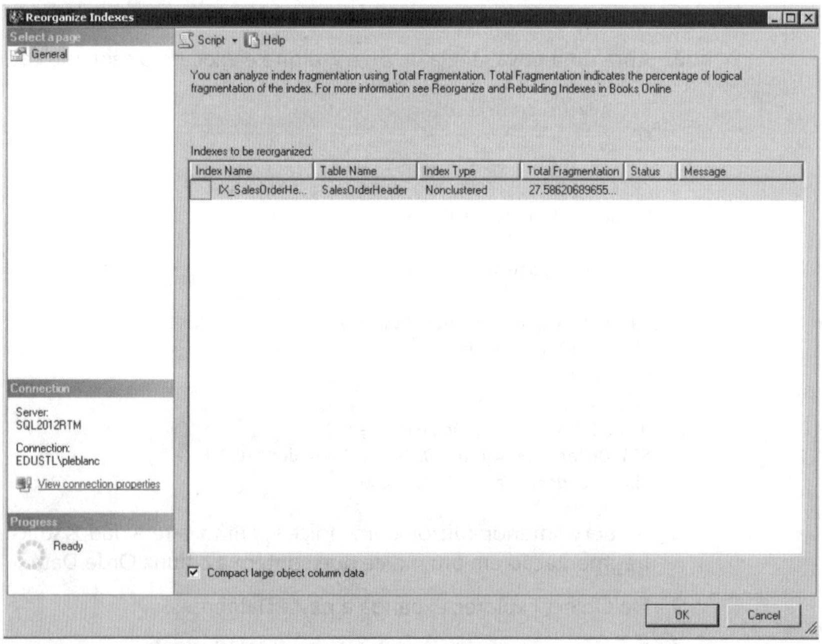

10. Clique em OK.

11. Repita os passos 9 e 10. Observe que a quantidade de fragmentação foi significativamente reduzida.

12. Clique em Cancel para fechar a janela.

Reorganize um índice utilizando T-SQL

1. Para reorganizar um índice com T-SQL, execute a query a seguir:

```
USE [AdventureWorks2012]
GO
ALTER INDEX [IX_SalesOrderHeader_OrderDate] ON [Sales].[SalesOrderHeader]
REORGANIZE
GO
```

> **Nota** Assim como ao criar um índice, ao reorganizar um índice você pode especificar várias opções, como *FILL_FACTOR* e *SORT_IN_TEMPDB*.

Reconstrua índices

Para índices com uma pequena quantidade de fragmentação, reorganizar deve ser suficiente. Contudo, quando a fragmentação for maior do que 30% – novamente, um bom ponto de referência para começar –, você deverá pensar na possibilidade de reconstruir esses índices. Quando um índice é reconstruído, ele é completamente removido e recriado. Três coisas acontecem:

- Espaço em disco é recuperado, pois as páginas são compactadas.
- As linhas do índice são reordenadas.
- A fragmentação é eliminada.

O processo de reconstrução pode utilizar muitos recursos, pois o índice é removido e recriado. Por padrão, o índice e a tabela com os dados subjacentes não ficam disponíveis durante a operação, pois a reconstrução é uma operação OFFLINE. Outras instruções *SELECT*, *INSERT*, *UPDATE* e *DELETE* serão bloqueadas. O recurso ONLINE da edição Enterprise permite que operações *REBUILD* sejam executadas com interrupção mínima de outras conexões. Portanto, configurar a opção ONLINE como ON pode ajudar a reduzir a interrupção de conexões. A indexação online só está disponível na edição Enterprise do Microsoft SQL Server 2012.

Reconstrua um índice utilizando SSMS

1. Abra o SSMS e conecte-se a um servidor.
2. Abra uma nova janela de query, digite e execute o seguinte código T-SQL:

```
USE AdventureWorks2012;
UPDATE Sales.SalesOrderHeader
SET OrderDate = DATEADD(day, -1, orderdate)
where orderdate <= '8/31/2006'
```

   A query anterior altera dados suficientes para causar fragmentação em um índice que contém a coluna OrderDate.
3. Expanda a pasta Databases.
4. Expanda o banco de dados AdventureWorks2012.
5. Expanda a pasta Tables.
6. Expanda a tabela Sales.SalesOrderHeader.
7. Expanda a pasta Indexes.
8. Clique com o botão direito do mouse em IX_SalesOrderHeader_OrderDate.
9. Selecione Rebuild no menu.
10. A caixa de diálogo Rebuild Indexes se abre. Observe a quantidade de fragmentação.
11. Clique em OK.
12. Repita os passos 9 e 10. Observe que a quantidade de fragmentação foi reduzida mais significativamente do que na operação de reorganização.
13. Clique em Cancel para fechar a janela.

Reconstrua um índice utilizando T-SQL

1. Para reconstruir um índice com T-SQL, execute a query a seguir:

```
/*Esta operação só funcionará na edição Enterprise ou Developer*/
USE [AdventureWorks2012]
GO
ALTER INDEX [IX_SalesOrderHeader_OrderDate] ON [Sales].[SalesOrderHeader]
REBUILD WITH (ONLINE = ON)
GO
```

Reconstruir um índice com SSMS não proporciona a mesma flexibilidade que T-SQL. Ao usar T-SQL é possível especificar várias opções. Conforme pode ser visto na query anterior, a operação ONLINE foi especificada com a cláusula *WITH*. Isso é fundamental para organizações que funcionam ininterruptamente. Nesse caso, as operações de índice podem ser executadas praticamente a qualquer momento. Existem algumas restrições para a reconstrução de um índice online, mas o processo atende a maioria das necessidades de dados. Essas restrições podem ser a diferença entre uma reconstrução ser possível ou não em grandes ambientes empresariais.

Verifique a utilização de índices

Embora os índices possam melhorar o desempenho do banco de dados, em alguns casos eles têm um efeito adverso. Além disso, exigem administração e consomem recursos de espaço em disco. Em condições ideais, os índices oferecem uma vantagem significativa para operações de leitura em uma tabela, em troca de um pequeno custo em termos de sobrecarga para operações *INSERT/UPDATE/DELETE*. É por isso que ter muitos índices não clusterizados pode ser problemático. É importante garantir que os índices sejam realmente utilizados. Você quer garantir que o desempenho das operações de gravação não seja prejudicado por causa do melhor desempenho na leitura. Por isso, o SQL Server contém um DMO (*sys.dm_db_index_usage_stats*) que pode ajudar a identificar índices que não estão sendo utilizados.

Utilizando esse DMO, você pode decidir adequadamente se um índice é necessário em seu banco de dados. Depois de ter determinado que um índice não é necessário, primeiro você deve desabilitá-lo, em vez de removê-lo. Não removendo o índice, você mantém sua estrutura. Se, depois, você concluir que o índice é necessário, pode simplesmente habilitá-lo, em vez de recriá-lo. Usar o DMO de utilização de índice cedo demais, após a reinicialização do servidor, pode resultar na remoção de índices valiosos – talvez índices utilizados em relatórios de final de mês ou de fim de ciclo de negócios.

> **Nota** As informações contidas dentro dos DMOs são apagadas quando uma instância do SQL Server é reiniciada. Portanto, antes de utilizar essas informações para tomar decisões, certifique-se de que o SQL Server esteja em execução há um bom tempo. Esse tempo deve abranger um período que inclua uma carga de trabalho abrangendo quase todo cenário que possa se apresentar para seu banco de dados.

Veja a utilização de índices

1. Abra o SSMS e conecte-se a um servidor.
2. Abra uma nova janela de query, digite e execute o seguinte código T-SQL:

```
USE AdventureWorks2012
SELECT
     DB_NAME(ius.database_id) DBName,
     OBJECT_NAME(ius.object_id) ObjName,
     i.name,
     ius.user_seeks,
     ius.user_scans,
     ius.user_lookups,
     ius.user_updates
FROM sys.dm_db_index_usage_stats ius
INNER JOIN sys.indexes i
     ON    ius.object_id = i.object_id AND
          ius.index_id = i.index_id
WHERE
     DB_NAME(ius.database_id) = 'AdventureWorks2012'
```

A query anterior inclui somente uma lista abreviada de colunas do DMO. As últimas três colunas retornam informações que representam um bom ponto de partida para determinar a utilização do índice. Todas elas mostram quantas vezes o índice foi usado por uma query, variando apenas no tipo de utilização. Sempre que uma query faz uma busca, uma varredura ou uma pesquisa de um índice, o valor na coluna correspondente é incrementado.

3. Os resultados da query variarão dependendo de quando sua instância de SQL Server foi reiniciada pela última vez. Um índice não aparecerá nesse DMO se nunca foi lido ou atualizado desde a última reinicialização do servidor. Para garantir o retorno de alguns dados, abra uma nova janela de query, digite e execute o seguinte código T-SQL:

```
USE AdventureWorks2012;
SELECT *
FROM Sales.SalesOrderHeader
WHERE Orderdate = '2005-06-29 00:00:00.000'
```

4. Execute a query novamente, a partir do passo 2.
5. Identifique a linha que contém a tabela SalesOrderHeader e o índice IX_SalesOrderHeader_OrderDate. Anote o número de buscas de usuário.
6. Execute a query novamente, a partir do passo 3.
7. Execute a query a partir do passo 2 novamente e observe que o valor na coluna user_seeks da tabela SalesOrderHeader e do índice IX_SalesOrderHeader_OrderDate aumentaram.

Novamente, os resultados da query no passo 2 podem ser utilizados como ponto de partida em sua conclusão. Lembre-se sempre da quantidade de tempo decorrido desde que seu servidor foi reiniciado pela última vez. O tempo de operação do servidor deve abranger todos os processos do ciclo de negócios normais, períodos de produção de relatórios, operações com dados de fim de período, etc.

Crie e atualize estatísticas de banco de dados

Para aumentar ainda mais o desempenho das queries, o SQL Server gera estatísticas com base na distribuição dos dados em uma tabela ou view indexada. Essas estatísticas são utilizadas pelo otimizador de queries para criar planos de execução de query eficientes. Você pode criar e atualizar as estatísticas manualmente ou deixar que o SQL Server trate automaticamente da criação e atualização. Se um índice é reconstruído, as estatísticas são atualizadas automaticamente. Contudo, se um índice é reorganizado, as estatísticas devem ser atualizadas manualmente. Portanto, você deve implementar uma estratégia que abranja atualizações manuais e automáticas das estatísticas.

Veja as opções de estatísticas de banco de dados

Duas opções de banco de dados podem ser definidas para criar e atualizar estatísticas automaticamente: Auto Create Statistics e Auto Update Statistics. Essas duas opções são ativadas por padrão e são práticas recomendadas para a maioria dos ambientes de banco de dados.

Veja as opções de estatísticas utilizando SSMS

1. Abra o SSMS e conecte-se a um servidor.
2. Expanda a árvore de servidores.
3. Expanda a pasta Databases.
4. Clique com o botão direito do mouse no banco de dados AdventureWorks2012 e selecione Properties no menu.
5. Selecione Options no painel Select a Page.
6. Observe que tanto Auto Create Statistics como Auto Update Statistics estão definidas como True. Se você optar por não permitir que o SQL Server efetue essas operações, configure as opções como False.

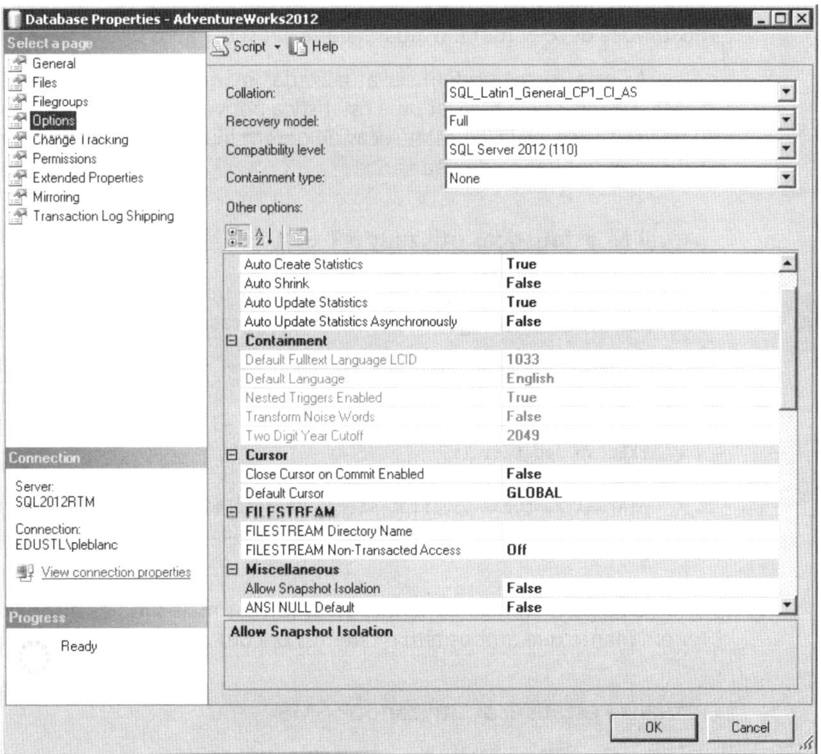

7. Clique em Cancel.

Embora seja possível criar estatísticas manualmente, em geral o otimizador faz um bom trabalho de manutenção de estatísticas. Com as opções Auto Create Statistics e Auto Update Statistics definidas como True, a maior parte do trabalho estatístico será feito automaticamente. Em alguns casos isolados talvez você descubra que faltam estatísticas em uma query, sendo necessário criá-las manualmente. A detecção de estatísticas ausentes está muito além dos objetivos deste livro. Contudo, atualizar estatísticas manualmente deve fazer parte de qualquer plano de manutenção de banco de dados normal.

Atualize estatísticas de banco de dados

Talvez você esteja se perguntando: por que as estatísticas devem ser atualizadas manualmente, se a opção Auto Update Statistics está definida como True? O SQL Server não faz um bom trabalho na atualização das estatísticas? Na maioria dos casos, a resposta é "sim", e você não deve atualizar as estatísticas manualmente com muita frequência. Sempre que as estatísticas são atualizadas, as queries precisam ser recompiladas, exigindo que o otimizador invalide os planos de execução que estão no cache. Portanto, o otimizador precisa gerar um novo plano de execução para a query. Se esse processo é repetido constantemente, pode afetar de modo negativo o desempenho.

Com a opção Auto Update Statistics definida como True, a maioria das estatísticas será atualizada regularmente pelo SQL Server. Mas haverá ocasiões em que você precisará atualizá-las manualmente. De modo muito parecido com os índices, as estatísticas devem ser atualizadas quando a velocidade das queries for baixa ou quando houver alterações nos dados subjacentes – mais especificamente, quanto houver inserções. Além disso, você deve pensar em atualizar as estatísticas após operações de manutenção.

As estatísticas podem ser atualizadas manualmente com SSMS ou T-SQL. Com SSMS só é possível atualizar uma estatística por vez, mas com T-SQL é possível atualizar uma estatística, todas as estatísticas de determinada tabela ou índice, ou todas as estatísticas de um banco de dados.

Atualize estatísticas utilizando T-SQL

As estatísticas podem ser atualizadas com *sp_updatestats* ou *UPDATE STATISTICS*. Os exemplos de script a seguir atualizam estatísticas em vários níveis:

```
USE AdventureWorks2012
GO
--Atualiza todas as estatísticas dentro do banco de dados AdventureWorks2012
EXEC sp_updatestats
GO
--Atualiza todas as estatísticas de determinado índice na tabela especificada
UPDATE STATISTICS [Sales].[SalesOrderHeader] [IX_SalesOrderHeader_OrderDate]
GO
```

Os dois exemplos de script são as formas mais simples disponíveis, mas deve-se ter em mente que ambos têm diferentes opções que podem ser especificadas.

Atualize estatísticas utilizando SSMS

1. Abra o SSMS e conecte-se a um servidor.
2. Expanda a pasta Databases.
3. Expanda o banco de dados AdventureWorks2012.
4. Expanda a pasta Tables.
5. Expanda a tabela Sales.SalesOrderHeader.
6. Expanda a pasta Statistics.
7. Clique com o botão direito do mouse em PK_SalesOrderHeader_SalesOrderID e clique em Properties.

A caixa de diálogo Statistics Properties se abre.

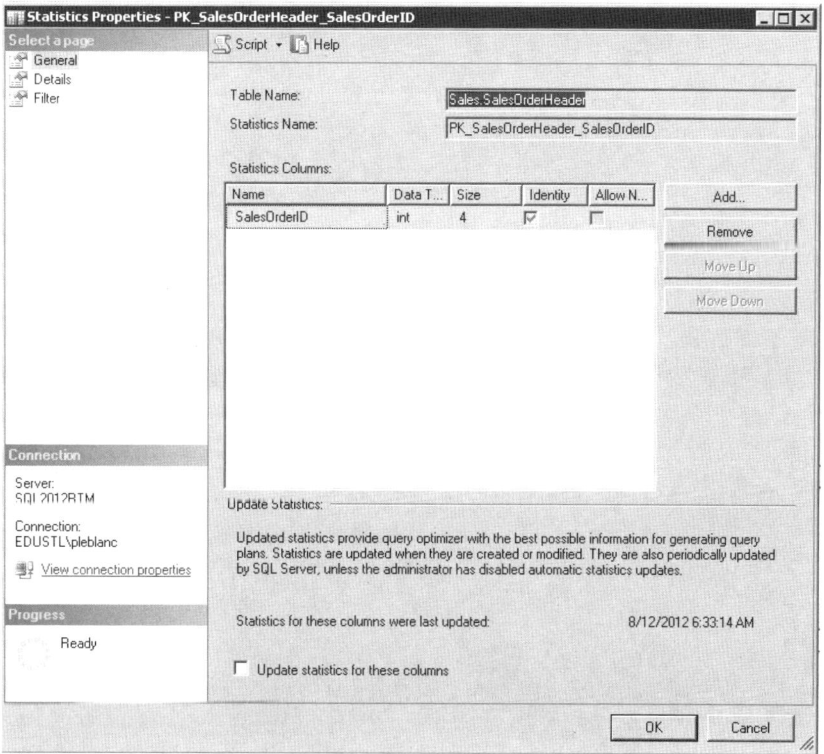

8. Na parte inferior da tela, marque a caixa de seleção Update Statistics for These Columns.
9. Clique em OK

   Agora as estatísticas estão atualizadas.

> **Nota** Embora seja possível utilizar SSMS para atualizar estatísticas, definitivamente isso não é tão flexível quanto utilizar T-SQL. Em caso de emergência, você poderia usar esse método para atualizar rapidamente uma estatística em especial, mas deve considerar T-SQL como uma estratégia mais holística e eficaz.

Resumo

Este capítulo abordou diferentes técnicas que podem ser usadas para manter índices e estatísticas. Embora as técnicas utilizadas para cada um sejam muito diferentes, as duas devem ser executadas regularmente. No próximo capítulo, você vai aprender a criar um plano de manutenção agendado que manterá índices e atualizará estatísticas.

CAPÍTULO 22

Planos de manutenção

Neste capítulo, você vai aprender a

- Entender a importância dos planos de manutenção
- Verificar a consistência do banco de dados.
- Utilizar o Maintenance Plan Wizard.

Os planos de manutenção são fundamentais para garantir a disponibilidade, a consistência e o desempenho de um banco de dados. A maioria dos planos inclui pelo menos quatro etapas:

- Backup do banco de dados e política de retenção do backup
- Manutenção de índices
- Manutenção de estatísticas
- Verificação da consistência do banco de dados

Em algum ponto, essas etapas podem ser executadas em conjunto diariamente ou executadas em separado diária, semanal ou mensalmente, ou de acordo com outro cronograma que atenda as necessidades de sua organização.

Capítulos anteriores se concentraram nos backups, na manutenção de índices e de estatísticas, que são etapas integrantes do plano de execução. Neste capítulo, você vai acrescentar mais uma tarefa à lista: a verificação da consistência do banco de dados. Após uma breve discussão sobre consistência, o enfoque mudará para o desenvolvimento de um plano de execução completo para os bancos de dados de seu ambiente.

Efetue verificações de consistência do banco de dados

A verificação da consistência de um banco de dados Microsoft SQL Server envolve validar a integridade lógica e física de todos os objetos nele existentes. É verificada a consistência do esquema, das alocações de dados, de páginas, do armazenamento e de muitos outros aspectos do banco de dados. Em segundo plano, são executadas diversas verificações de consistência individuais, em vários níveis.

Depois disso tudo, você pode achar que fazer uma verificação de consistência é uma tarefa gigantesca. Na verdade, são necessárias apenas duas palavras-chave para realizar uma verificação inteira: *DBCC checkdb*. Evidentemente, existem várias opções que podem ser anexadas a essa instrução para limitar os resultados, exibir informações adicionais ou mesmo corrigir problemas de consistência. Contudo, apenas essas duas palavras-chave fornecerão as tarefas fundamentais necessárias para fazer todo o trabalho.

Verifique a consistência interna do banco de dados com T-SQL

1. Abra o SSMS e conecte-se a um servidor.
2. Abra uma nova janela de query, digite e execute o seguinte código T-SQL:

```
USE AdventureWorks2012
GO
DBCC checkdb;
```

3. Clique na guia Messages no painel de resultados.

```
Messages
DBCC results for 'AdventureWorks2012'.
Service Broker Msg 9675, State 1: Message Types analyzed: 14.
Service Broker Msg 9676, State 1: Service Contracts analyzed: 6.
Service Broker Msg 9667, State 1: Services analyzed: 3.
Service Broker Msg 9668, State 1: Service Queues analyzed: 3.
Service Broker Msg 9669, State 1: Conversation Endpoints analyzed: 0.
Service Broker Msg 9674, State 1: Conversation Groups analyzed: 0.
Service Broker Msg 9670, State 1: Remote Service Bindings analyzed: 0.
Service Broker Msg 9605, State 1: Conversation Priorities analyzed: 0.
DBCC results for 'sys.sysrscols'.
There are 1775 rows in 21 pages for object "sys.sysrscols".
DBCC results for 'sys.sysrowsets'.
There are 328 rows in 3 pages for object "sys.sysrowsets".
DBCC results for 'sys.sysclones'.
There are 0 rows in 0 pages for object "sys.sysclones".
DBCC results for 'sys.sysallocunits'.
There are 374 rows in 5 pages for object "sys.sysallocunits".
DBCC results for 'sys.sysfiles1'.
There are 2 rows in 1 pages for object "sys.sysfiles1".
DBCC results for 'sys.sysseobjvalues'.
There are 0 rows in 0 pages for object "sys.sysseobjvalues".
DBCC results for 'sys.syspriorities'
```

Qualquer erro de consistência encontrado aparecerá nessa listagem.

Crie planos de manutenção

Agora que todas as tarefas que constituem o plano de manutenção foram discutidas, a última etapa é criar um plano que seja executado regularmente. Você dispõe de duas opções para criar seus planos: T-SQL ou o Maintenance Plan Wizard. Observe que o cronograma real do plano de manutenção é feito com o SQL Server Agent, o qual será discutido detalhadamente no Capítulo 27, "SQL Server Agent". Por enquanto, o importante a lembrar é que o SQL Server Agent pode ser utilizado para agendar tarefas.

Utilize o Maintenance Plan Wizard

Usar o Maintenance Plan Wizard provavelmente é a maneira mais fácil para desenvolver planos de manutenção no SQL Server. Porém, ele não tem tanta flexibilidade como T-SQL. Por exemplo, não é possível limitar os índices que são reconstruídos; é tudo ou nada. Como iniciante, você deve começar com o assistente e, à medida que suas habilidades aumentarem, pode começar a desenvolver mais planos com T-SQL.

Utilize o Maintenance Plan Wizard

1. Abra o SSMS e conecte-se a um servidor.
2. No Object Explorer, expanda a árvore de servidores.
3. Expanda a pasta Management.
4. Clique com o botão direito do mouse na pasta Maintenance Plans e selecione Maintenance Plan Wizard.

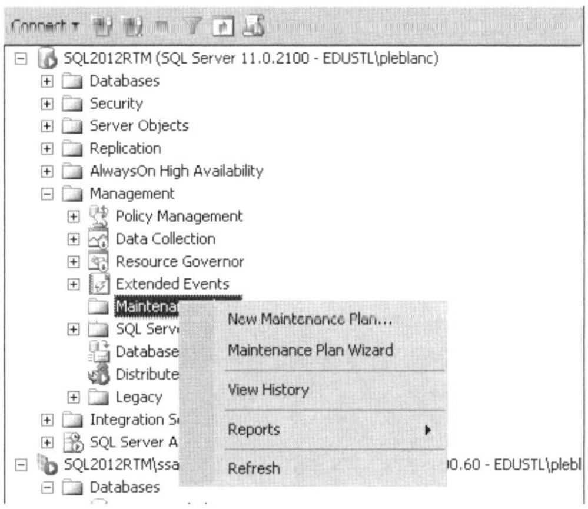

5. Clique em Next na página Maintenance Plan Wizard Introduction.
6. Na página Select Plan Properties, digite **AdventureWorks Maint Plan** na caixa de texto Name.
7. Certifique-se de que a opção Single Schedule for the Entire Plan or No Schedule esteja selecionada.

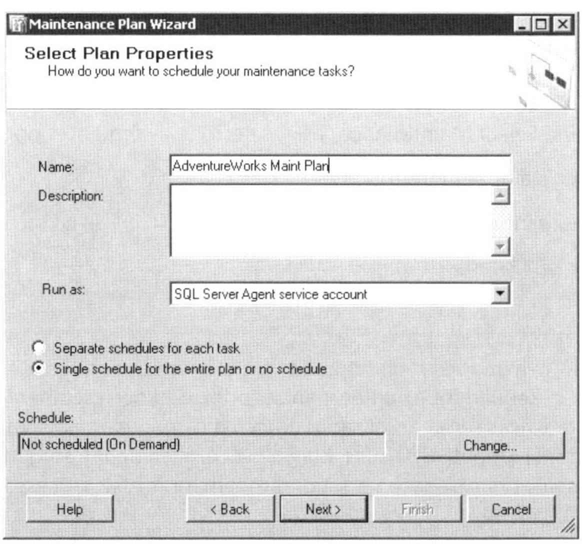

8. Clique no botão Change para criar uma agenda. A caixa de diálogo New Job Schedule aparece.

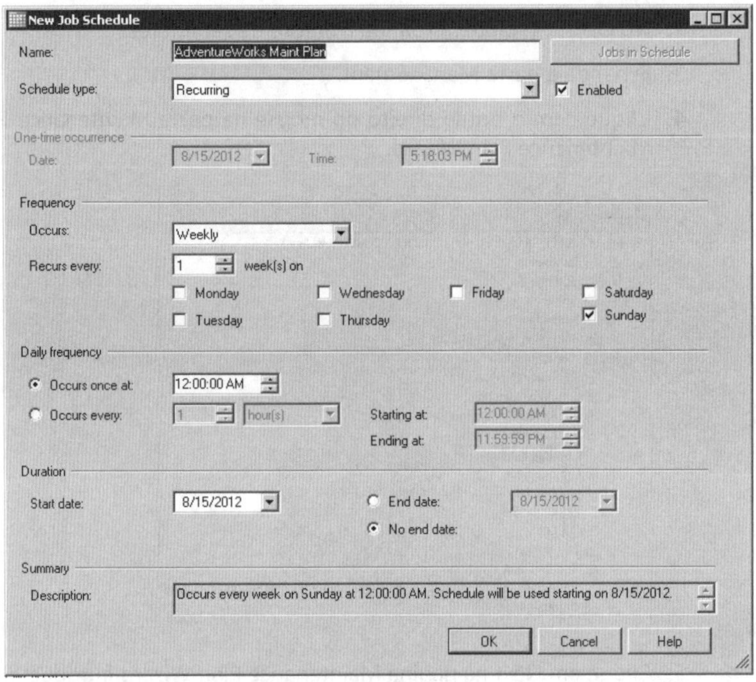

9. Na caixa de diálogo New Job Schedule, digite **Nightly AW Maint Schedule** na caixa de texto Name.

10. Na seção Frequency, altere a lista suspensa Occurs para Daily. Várias outras opções estão disponíveis, e você deve examinar cada seção, mas, por enquanto, aceite todos os outros padrões.

11. Clique em OK.

12. Clique em Next.

13. Na página Select Maintenance Tasks, selecione as seguintes opções:
    - Check Database Integrity
    - Rebuild Index
    - Back Up Database (Full)

> **Nota** Talvez você tenha notado que existem duas opções relacionadas a índices: Rebuild Index e Reorganize Index. Se você escolher Rebuild Index, as estatísticas serão atualizadas automaticamente e não será necessário selecionar Update Statistics. Mas, se você selecionar Reorganize Index, deverá selecionar Update Statistics também, pois esse processo não atualiza as estatísticas.

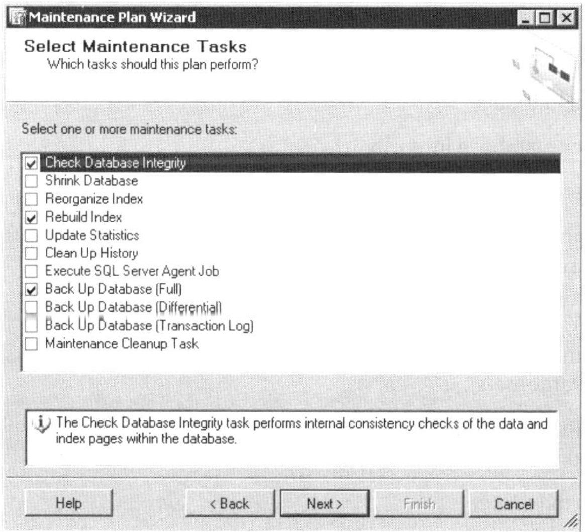

Existem várias opções para escolher, mas, por brevidade, apenas algumas estão selecionadas. Você pode criar mais planos de manutenção para executar outras tarefas. Por exemplo, você pode criar um novo plano de manutenção para fazer backups diferenciais ou de logs de transação.

14. Clique em Next.

Na página Select Maintenance Task Order é possível ordenar as tarefas.

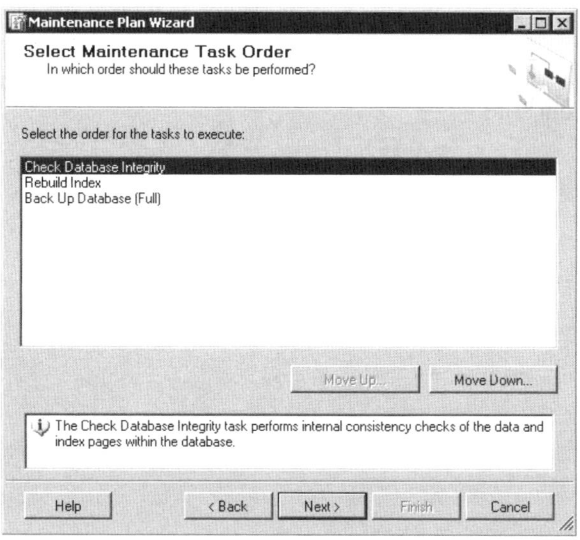

15. Mude a ordem para a seguinte:
    - Back Up Database (Full)
    - Rebuild Index
    - Check Database Integrity
16. Clique em Next.
17. Na página Define Back Up Database (Full) Task, selecione AdventureWorks2012 na lista suspensa Database(s). Clique em OK.
18. Aceite todos os outros padrões e clique em Next.
19. Na página Define Rebuild Index Task, selecione AdventureWorks2012 na lista suspensa Database(s).
20. Na seção Advanced Options, marque a caixa de seleção Keep Index Online While Reindexing e selecione a opção Rebuild Indexes Offline.
21. Clique em Next.
22. Na página Define Database Integrity Task, selecione AdventureWorks2012 na lista suspensa Database(s).
23. Clique em Next.
24. Na página Select Report Operations é possível especificar se e onde você deseja criar um arquivo de log. Além disso, se você tiver criado qualquer operador, pode enviar o relatório por e-mail. (Os operadores serão discutidos no Capítulo 27.)
25. Aceite os padrões e clique em Next.
26. Examine as opções selecionadas na página Complete the Wizard e clique em Finish.

    A página Maintenance Plan Wizard Progress aparece e cada ação deve ser concluída com êxito.

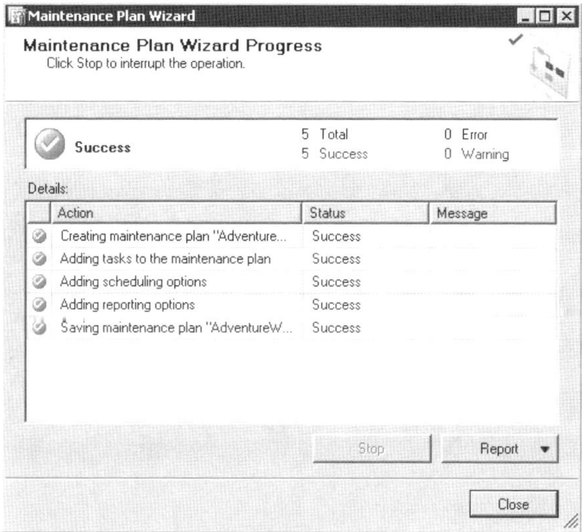

27. Clique em Close.
28. Por último, para verificar se um job foi criado, no Object Explorer, expanda a pasta SQL Server Agent Jobs.

29. Clique com o botão direito do mouse no job e selecione Properties para ver os detalhes.

> **Nota** Discutiremos os jobs do SQL Server Agent no Capítulo 27.

Resumo

Este capítulo discutiu a verificação da consistência do banco de dados, que é a última tarefa envolvida no desenvolvimento de um plano de manutenção de banco de dados completo. Você aprendeu a desenvolver um plano de manutenção utilizando um assistente que abrange muitos itens. O que é selecionado e quando é agendado para execução depende de seu ambiente. Independentemente disso, você sempre deve garantir que esteja mantendo seu banco de dados em todos os níveis discutidos neste capítulo.

PARTE VIII

Gerenciamento de banco de dados

CAPÍTULO 23

SQL Server Profiler

Neste capítulo, você vai aprender a

- Entender como e quando deve usar o SQL Server Profiler
- Criar um rastreamento (trace).
- Entender as vantagens de executar um rastreamento (trace) no lado do servidor.

No centro da maioria dos aplicativos empresariais está um banco de dados relacional. Infelizmente, quando o banco de dados está com problemas de desempenho, qualquer sistema que dependa dele também estará. Identificar a causa de uma diminuição de velocidade e corrigir os problemas associados pode ser complicado. Quando se trata de bancos de dados relacionais, podem existir diversos problemas, incluindo (mas não apenas) alta utilização da CPU, limitações de memória, alta atividade de disco ou queries lentas.

Para um administrador de banco de dados (DBA) iniciante, identificar esses problemas pode ser como procurar uma agulha num palheiro. Para simplificar um pouco as coisas, o Microsoft SQL Server contém uma ferramenta, o SQL Server Profiler, que possui a capacidade de capturar praticamente qualquer tipo de atividade que possa ser executada em uma instância do mecanismo de banco de dados do SQL Server.

Neste capítulo, você vai saber o que é o SQL Server Profiler, e como e quando utilizá-lo. Vamos percorrer os passos necessários para criar, executar, pausar e parar um rastreamento. Além disso, você vai aprender a criar um template de rastreamento que pode ser reutilizado. Por último, vai aprender a criar um rastreamento no lado do servidor, que captura informações de maneira menos invasiva do que executando a interface do usuário (GUI – graphical user interface) do SQL Server Profiler.

Entenda o SQL Server Profiler

O SQL Server Profiler pode capturar qualquer evento, desde bloqueios até queries prolongadas. Com o tempo, ele pode se tornar uma das ferramentas mais utilizadas em sua caixa de ferramentas de DBA. O SQL Server Profiler pode ser executado interativamente ou como uma operação no lado do servidor. Se você pretende executar o SQL Server Profiler somente por um curto período de tempo, utilizar a interface do usuário é uma boa opção. Mas se pretende executá-lo por um tempo prolongado, não deve utilizar a interface, pois ela pode degradar o desempenho de sua instância de SQL Server. Em vez disso, crie um rastreamento T-SQL no lado do servidor, usando um script T-SQL no servidor. Os dois métodos serão explicados mais adiante neste capítulo.

Usos típicos do SQL Server Profiler

O SQL Server Profiler se tornou uma ferramenta popular. Contudo, com o lançamento do SQL Server 2012, ele foi colocado na lista de descontinuados e será completamente retirado do produto.

> **Nota** O SQL Server Profiler está sendo substituído pela ferramenta Extended Events (XEvents), incorporada ao SSMS, a qual será discutida no Capítulo 24, "Extended Events".

Apesar de estar sendo removido, como iniciante você deve pensar na possibilidade de utilizar o SQL Server Profiler como precursor do Extended Events. A maior parte das informações que podem ser coletadas no SQL Server Profiler estará disponível no Extended Events, e você poderá reproduzir os usos típicos do SQL Server Profiler com o Extended Events. A seguir estão alguns desses usos:

- Ajuste de desempenho
- Detecção de deadlocks
- Auditoria
- Detecção de bloqueios

Novamente, essas são apenas algumas das tarefas que podem ser executadas com qualquer um deles, e à medida que o tempo passar e suas habilidades melhorarem, você encontrará vários outros usos para o SQL Server Profiler.

Crie rastreamentos

Antes de começar a utilizar o SQL Server Profiler, você precisa conhecer alguns termos. O primeiro deles é *rastreamento* (*trace*). A interface do usuário do SQL Server Profiler cria um rastreamento para capturar atividade de servidor e de banco de dados. A atividade capturada é armazenada em um *arquivo de rastreamento*, o qual pode ser utilizado para diagnosticar os problemas que possam existir. Independentemente de se estar usando a interface do usuário ou executando o rastreamento no servidor, todos os eventos são gravados em um arquivo de rastreamento.

Os arquivos de rastreamento são compostos de *eventos*, os quais podem ser a execução de uma query ou de um stored procedure, um login bem ou malsucedido, o crescimento de um arquivo de dados ou de log do banco de dados ou a aquisição de bloqueios, para citar alguns. O arquivo de rastreamento contém linhas e cada linha equivale a um evento de rastreamento, com informações completas sobre a conexão, a hora de início e término do evento, o aplicativo e o host de origem e, em muitos casos, o texto T-SQL executado no servidor. Os eventos são agrupados em categorias como as seguintes:

- Bloqueios
- Auditoria de segurança

- Stored procedures.
- T-SQL

Essa é uma lista muito breve das classes de evento disponíveis por meio do SQL Server Profiler. É improvável que você vá usar todos os eventos que estão incluídos, mas, à medida que o tempo passar, vai identificar aqueles que podem ser úteis quando surgirem as situações.

Crie, filtre e execute um rastreamento utilizando o SQL Server Profiler

1. Clique em Iniciar | Todos os Programas | SQL Server 2012 | Performance Tools | SQL Server Profiler.
2. Selecione File | New Trace no menu SQL Server Profiler.

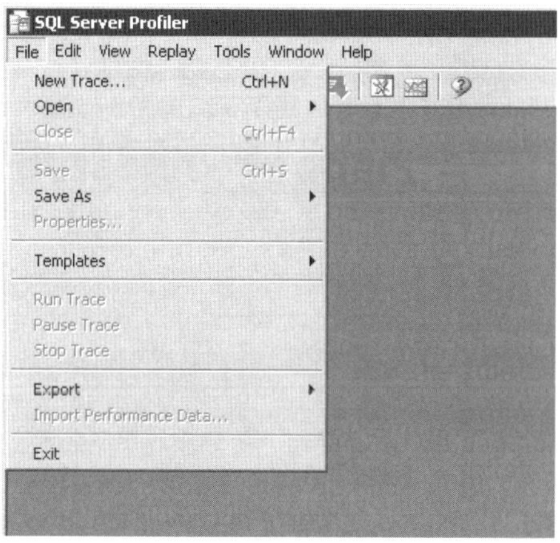

3. Na caixa de diálogo Connect to Server, digite o nome de seu servidor na caixa de texto Server Name.
4. Clique em Connect.
5. Na caixa de diálogo Trace Properties, digite **Long Running Stored Procedures** na caixa de texto Trace Name.
6. Verifique se Standard (Default) está selecionado na lista suspensa Use the Template.

   Também estão disponíveis outros templates. Selecionar um template diferente configurará uma lista de eventos predeterminada na guia Events Selection, o que será discutido mais adiante. Você poderá alterar esses eventos posteriormente.
7. Na seção seguinte, você pode salvar o rastreamento em um arquivo ou em uma tabela. Isso é importante quando se pretende analisar os dados posteriormente. Você sempre pode salvar o rastreamento em um arquivo ou em uma tabela. Por enquanto, não selecione nenhum dos dois. Por ora, o rastreamento será exibido apenas na interface do usuário, mas depois você pode salvá-lo em outro lugar.

8. A última opção é habilitar o momento de parada do rastreamento. Embora isso não seja uma obrigatoriedade, se você for executar o rastreamento de modo interativo, definitivamente deve pensar na possibilidade de incluir o momento da parada. Isso garantirá que o rastreamento interrompa a captura de informações e não afete o desempenho de seu servidor.

   Marque a caixa de seleção Enable Trace Stop Time. Por padrão, o tempo na caixa é uma hora a partir da hora atual. Você pode mudá-lo para o tempo conveniente para seus requisitos.

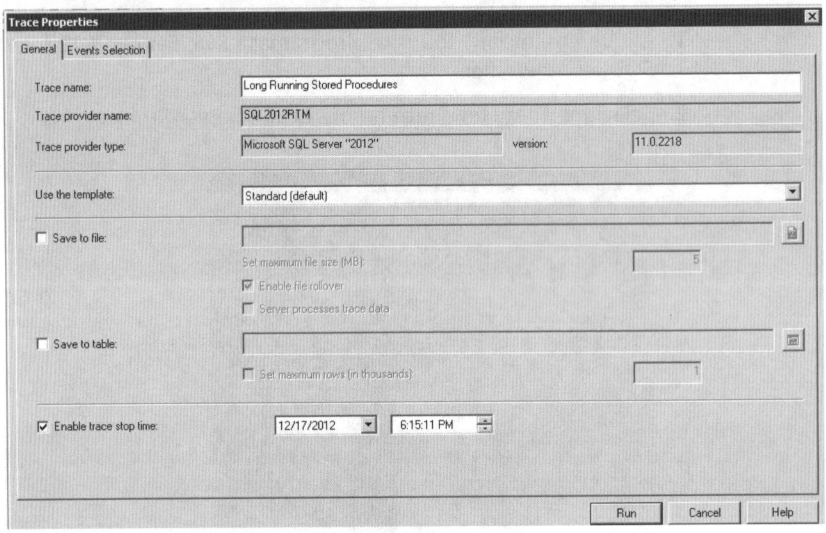

9. Clique na guia Events Selection, na parte superior da caixa de diálogo Trace Properties.

   É nela que você seleciona os diferentes eventos que serão capturados pelo rastreamento. Cada evento é agrupado por categoria.

10. Desmarque todos os eventos da lista Events.
11. Marque a caixa de seleção Show All Columns.
12. Marque a caixa de seleção Show All Events.
13. Role para baixo até a categoria de eventos Stored Procedures e selecione a caixa ao lado do evento SP:Completed. Role mais para baixo até a categoria de eventos T-SQL e selecione a caixa ao lado do evento SP:StmtCompleted.

14. Desmarque a caixa de seleção Show All Events.

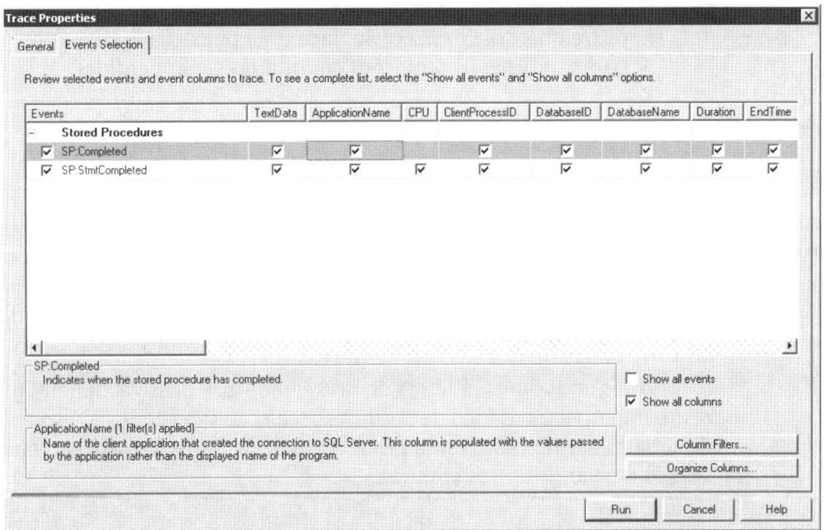

15. Clique no botão Organize Columns.
16. Role para baixo na lista até localizar TextData. Selecione isso e clique no botão Up até que ele esteja no topo da lista.

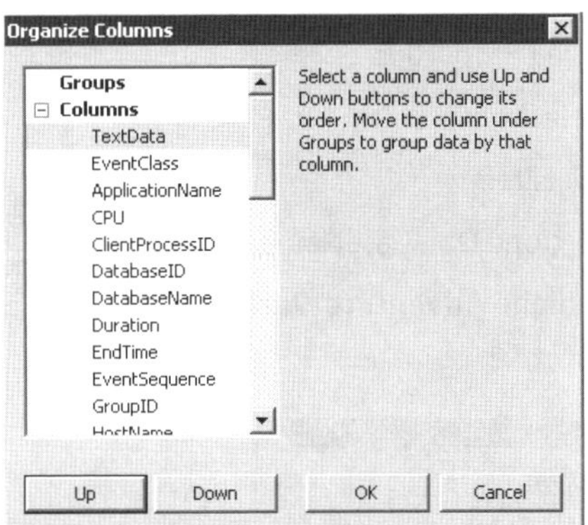

17. Clique em OK.
18. Clique no botão Run.

    Dependendo do que estiver usando sua instância de SQL Server no momento, você poderá ver os eventos que estão sendo gerados ou não.

19. Na barra de menus, selecione File | Stop Trace. Não feche esse rastreamento; você vai utilizá-lo nas próximas seções.

> **Nota** Quando estiver usando a interface do usuário para capturar um rastreamento, se quiser preservar as informações capturadas, não pare o rastreamento. Em vez disso, faça uma pausa e reinicie o processo. Se você parar, todas as informações capturadas serão perdidas.

Filtre um rastreamento

É possível fazer duas coisas para minimizar o volume de informações capturadas por um rastreamento. A primeira é limitar o número de colunas de dados incluídas em um evento de rastreamento. Coluna de dados é um atributo de uma classe de eventos que pode ser armazenado em um arquivo de rastreamento. A disponibilidade de uma coluna de dados depende de ser aplicável ou não ao evento selecionado.

A segunda é incluir filtros de rastreamento. É possível definir filtros que limitam o rastreamento a um banco de dados específico, a uma conexão específica, pela duração de uma query ou pelo nome do aplicativo. Os filtros de rastreamento podem ser baseados em vários outros critérios.

Especifique critérios de rastreamento

1. Se você fechou o rastreamento em que estava trabalhando no procedimento anterior, repita os passos daquela seção. Se o rastreamento estiver aberto, pule isto e vá para o passo 2.
2. Se o rastreamento estiver em execução, interrompa-o ou faça uma pausa nele. Em seguida, selecione File | Properties.
3. Clique na guia Events Selection.
4. Clique no botão Column Filters.
5. No painel esquerdo, selecione DatabaseName.
6. Expanda a árvore Like e digite **AdventureWorks2012** na caixa de texto em branco que aparece abaixo de Like.

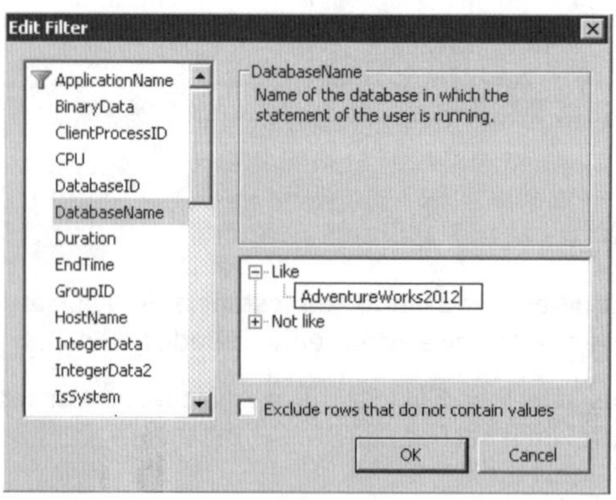

7. Selecione Duration no painel da esquerda.

8. Expanda a árvore Greater Than or Equal To e digite **5000** na caixa de texto em branco que aparece abaixo de Like.

> **Nota** Ao filtrar pela duração, você deve digitar o valor em milissegundos ou em milésimos de segundo (5000 ms equivale a 5 segundos).

9. Clique em OK.
10. Abra o SSMS, conecte-se em um servidor e, então, abra uma nova janela de query.
11. Digite e execute o código T-SQL a seguir em uma nova janela de query:

```
USE AdventureWorks2012;
IF(OBJECT_ID('dbo.uspGetDepartments')) IS NOT NULL
     DROP PROC dbo.uspGetDepartments
GO
CREATE PROC dbo.uspGetDepartments
AS
SET NOCOUNT ON
     WAITFOR DELAY '00:00:07'
     SELECT * FROM HumanResources.Department
SET NOCOUNT OFF
```

12. Se o SQL Server Profiler estiver parado ou em pausa, selecione File | Run Trace.
13. Abra uma nova janela de query no SSMS, digite e execute o seguinte código T-SQL:

```
USE AdventureWorks2012;
EXEC dbo.uspGetDepartments;
```

14. Volte para o SQL Server Profiler e, em cerca de sete segundos, dois eventos serão capturados.

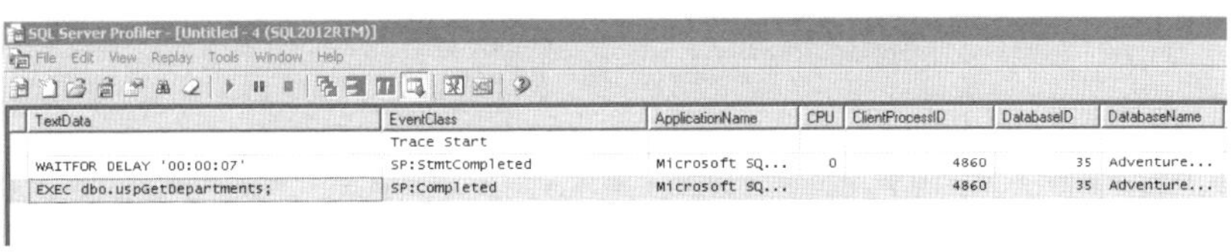

Observe que a primeira linha que tem TextData contém um comando T-SQL, o qual basicamente faz com que a query seja pausada pela quantidade de tempo especificada – sete segundos, no caso desse stored procedure. Se você voltar ao stored procedure, remover essa instrução e executar a query novamente, enquanto o rastreamento estiver em execução, não deverá ver eventos capturados. Não modifique a query, porque depois você vai utilizá-la como está.

15. No menu SQL Server Profiler, selecione File | Stop Trace.

16. Selecione File | Save As | Trace File.
17. Se já existe um rastreamento Long Running Stored Procedures, selecione-o e clique em Save. Caso contrário, digite **Long Running Stored Procedures** na caixa de texto File Name e clique em Save.

    Você pode navegar até o diretório onde salvou o arquivo e abri-lo com o SQL Server Profiler para analisar o rastreamento.

Não feche o SQL Server Profiler, pois vai usá-lo na próxima seção.

Crie templates de rastreamento

Por padrão, o SQL Server Profiler inclui vários templates de rastreamento. Alguns podem ser úteis às vezes; contudo, você pode se encontrar executando rastreamentos com configuração personalizada repetidamente. Em vez de configurar o rastreamento cada vez que o executar, o SQL Server Profiler permite salvar o rastreamento como um template.

Crie um template de rastreamento

1. Se você fechou o rastreamento em que estava trabalhando no procedimento anterior, repita os passos daquela seção. Se o rastreamento estiver aberto, pule isto e vá para o passo 2.
2. Certifique-se de que o rastreamento esteja parado.
3. Selecione File | Save As | Trace Template.

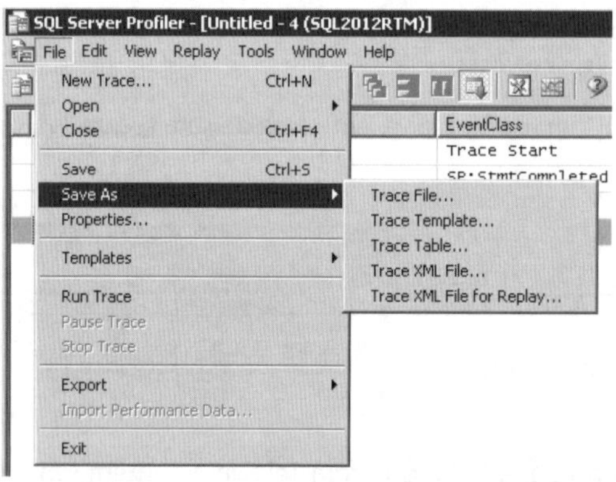

4. Na caixa de texto Template Name, digite **AW Long Running Stored Procedures**.

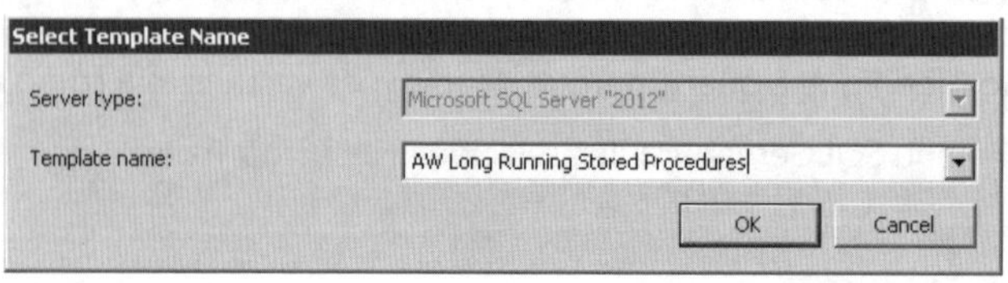

5. Clique em OK. O salvamento será bem-sucedido.
6. Clique em OK.
7. Selecione File | New Trace.
8. Conecte-se em seu servidor.
9. Na caixa de diálogo Trace Properties, expanda a lista suspensa Use the Template e role para baixo. Você verá o template recentemente criado.

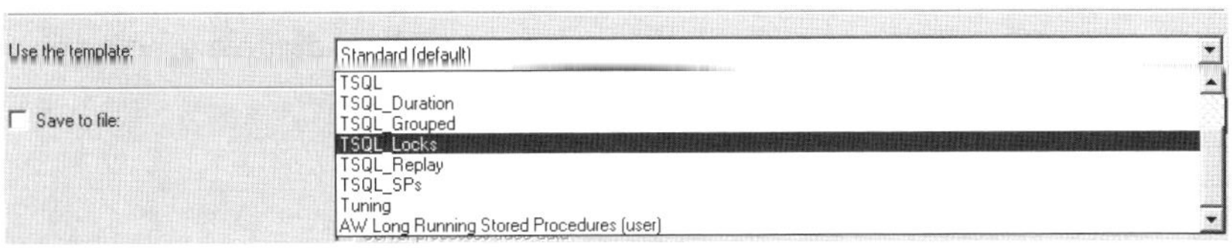

Agora, em vez de configurar o rastreamento cada vez que você quiser capturar stored procedures prolongados, pode utilizar o template e iniciar o rastreamento rapidamente.

Execute rastreamentos no lado do servidor

A interface do usuário (GUI) oferece um método rápido para reunir eventos e ver as informações. Mas, se você capturar um número excessivo de eventos, poderá afetar negativamente o desempenho de seu servidor. Em vez disso, uma opção é executar o rastreamento no lado do servidor, o que é menos invasivo e afeta menos o servidor.

Crie e execute um rastreamento no lado do servidor

1. Clique em Iniciar | Todos os Programas | SQL Server 2012 | Performance Tools | SQL Server Profiler.
2. Selecione File | New Trace no menu SQL Server Profiler.
3. Na caixa de texto Trace Name da caixa de diálogo Properties, digite **Long Running**.
4. Na lista suspensa Use the Template, selecione AW Long Running Stored Procedures (users).
5. Marque a caixa de seleção Enable Trace Stop Time e especifique uma data e hora.
6. Clique em Run.
7. Selecione File | Stop Trace.
8. Selecione File | Export | Script Trace Definition | For SQL Server 2005 - SQL11.
9. Na janela Save As, na caixa de texto File Name, digite **serverSide** e clique em Save.
10. Abra o SSMS.
11. Selecione File | Open | File.

12. Navegue até o local para onde o rastreamento foi exportado e selecione o arquivo.
13. Clique em Open.
14. Localize InsertFileNameHere no script e substitua por **C:\Program Files\Microsoft SQL Server\MSSQL11.SQL2012\MSS QL\Log\LongRunning**.
15. Execute a query.

    Anote o TraceID exibido no painel de resultados. Se não houver outros rastreamentos em execução, o valor deverá ser 2.
16. Abra uma nova janela de query no SSMS, digite e execute o seguinte código T-SQL:

```
USE AdventureWorks2012;
EXEC dbo.uspGetDepartments;
```

17. Quando a query terminar, navegue para C:\Program Files\Microsoft SQL Server\MSSQL11.SQL2012\MSSQL\Log. Você verá um novo arquivo de rastreamento, LongRunning.trc.
18. Para parar o rastreamento, abra uma nova janela de query, digite e execute a query a seguir:

```
USE master;
exec sp_trace_setstatus 2, 0
exec sp_trace_setstatus 2, 2
```

    Parar o rastreamento exige dois passos. Primeiro você para o rastreamento com o stored procedure de sistema *sp_trace_setstatus*. Então, na próxima chamada do procedimento, exclua do servidor a definição do rastreamento. O primeiro parâmetro é *traceid*, que você deve se lembrar do passo 15. O segundo define o status do rastreamento: 0 para o rastreamento e 2 o exclui do servidor.
19. Abra o arquivo de rastreamento com o SQL Server Profiler e você deverá ver informações sobre a execução do stored procedure.

Resumo

Neste capítulo, você conheceu alguns dos muitos usos do SQL Server Profiler. Mesmo que o SQL Server Profiler não seja incluído nas futuras versões do Microsoft SQL Server, continua sendo uma opção de ajuste de desempenho viável. Como essa ferramenta tem uma interface de usuário muito intuitiva, é um bom ponto de partida para qualquer DBA e ainda deve ser considerada para uso na solução de problemas.

CAPÍTULO 24

Extended Events

Neste capítulo, você vai aprender a

- Criar e configurar sessões de Extended Events (Eventos Extendidos)
- Utilizar uma sessão de Extended Events (Eventos Extendidos) para monitorar o desempenho do sistema.
- Analisar no SQL Server Management Studio os dados capturados pelo Extended Events.

Extended Events (ou XEvents) é a nova geração de arquitetura de controle e solução de problemas do SQL Server. Caso nunca tenha ouvido falar sobre Extended Events antes do Microsoft SQL Server 2012, não se preocupe, este capítulo fornecerá uma boa introdução a essa ferramenta de monitoramento altamente flexível, que pode ser configurada pelo usuário.

O SQL Server Profiler foi descontinuado no SQL Server 2012 e o SQL Trace será substituído pelo sistema Extended Events em uma versão futura do SQL Server. O Extended Events oferece muitas vantagens em relação às ferramentas mais antigas, incluindo muito menos sobrecarga, melhor desempenho em grande escala e a capacidade de capturar detalhes que antes não podiam ser observados.

A vantagem mais imediata que se pode usufruir é que a sessão de Extended Events padrão do sistema já está executando passivamente em deadlocks de capturas do SQL Server 2012. Isso significa que pela primeira vez é possível diagnosticar um deadlock que já aconteceu, sem configurado e capturado um rastreamento do SQL. Essa é uma vantagem crucial para DBAs!

Este capítulo apresentará o Extended Events em alto nível e examinará dois exemplos de cenários que utilizam os poderosos recursos de monitoramento da ferramenta.

Entenda a arquitetura do Extended Events

O Extended Events (Eventos Extendidos) é uma ferramenta de monitoramento versátil do SQL Server, abrangendo desde a captura de erros básica até a solução de problemas avançada. Vamos examinar parte da terminologia básica do Extended Events:

- O Extended Events está organizado em *sessões*, as quais capturam um conjunto de *eventos* que podem ser configurados, os quais estão organizados em *categorias*. Quando ocorrem eventos no SQL Server, eles são enviados para *destinos* de coleta dos dados. O destino de armazenamento de dados mais básico e rápido é um event_file ou arquivo .xel.
- *Ações* ou *campos globais* descrevem as informações básicas que você conhecerá dos campos de rastreamento do SQL: id do banco de dados, nome do host, id da sessão, nome do objeto e instrução. *Filtros de evento* ou *predicados* permitem

refinar a abrangência – por exemplo, filtrar pedidos somente no banco de dados AdventureWorks2012.

- Um *pacote* é um recipiente dos objetos descritos anteriormente, coletáveis a partir de um *módulo*, o qual é fornecido por um processo do Windows (como o executável principal do SQL Server, sqlservr.exe).

Crie e configure uma sessão de Extended Events

Vamos começar usando o Extended Events para monitorar atividade de consulta no banco de dados, da mesma forma como o SQL Server Profiler seria utilizado para monitorar atividade de banco de dados.

Crie e configure uma sessão de Extended Events

1. Abra o SQL Server Management Studio (SSMS) e conecte-se em um servidor.
2. Abra o Object Explorer, se ainda não estiver aberto.
3. Expanda o nó do servidor e expanda a pasta Management.
4. Expanda a pasta Extended Events e, em seguida, expanda a pasta Sessions.

   Você verá duas sessões já configuradas, uma para AlwaysOn_health e uma para system_health (vamos usar isso mais adiante no capítulo).

> **Nota** Consulte o Capítulo 31, "AlwaysOn", para obter mais informações sobre AlwaysOn.

5. Clique com o botão direito do mouse na pasta Sessions e clique em New Session Wizard.
6. Pule a página Introduction, clicando em Next.
7. Digite **Query Monitoring** na caixa de texto Session Name. Se estiver tentando resolver um problema de inicialização, pode ser útil marcar a caixa de seleção Start the Event Session at Server Startup nessa página. Por enquanto, deixe-o desmarcado. Clique em Next.
8. Na página seguinte, selecione a opção Use This Event Session Template e depois selecione Query Detail Tracking na lista suspensa.

> **Nota** Aqui, você vai encontrar cada um dos templates predefinidos fornecidos e suas descrições. Se quiser apenas adicionar eventos e campos manualmente, selecione a opção Do Not Use a Template.

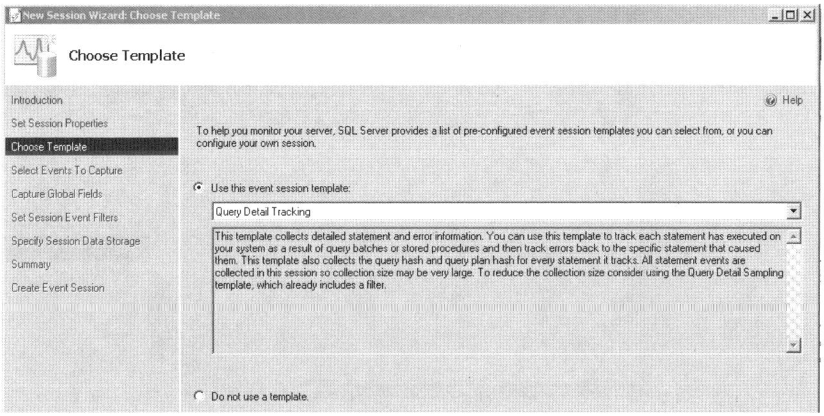

9. Clique em Next.

Na página Select Events to Capture, observe que o template já selecionou seis eventos para capturar nessa sessão de Extended Events. Esses eventos estão na caixa Selected Events, no lado direito da página.

10. No lado esquerdo da página Select Events to Capture, digite **login** na caixa de texto de pesquisa Event Library.

Observe como a biblioteca é filtrada rapidamente, permitindo procurar comandos com facilidade.

11. Clique na linha de resultados para login.

Observe que sob a janela de resultados da pesquisa é fornecida uma descrição detalhada do evento, assim como campos predeterminados para esse evento.

12. Clique na seta > para mover o evento de login para a janela Selected Events.

13. Clique em module_end na janela Selected Events.

14. Clique na seta < para remover o evento module_end da janela Selected Events. Agora o evento module_end não aparecerá nos dados de sua sessão.

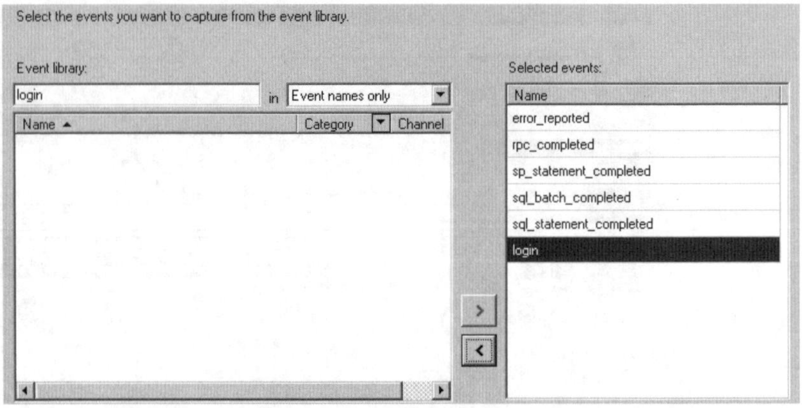

15. Clique em Next.
16. A página Capture Global Fields traz selecionados alguns desses campos globais (ou ações) selecionados com base no template. Role para baixo nessa janela e selecione a caixa ao lado de database_name. Clique em Next.
17. A página Set Session Event Filters permite limitar a atividade retornada pela sessão. Neste caso, você vai adicionar um filtro para mostrar somente atividade no banco de dados AdventureWorks2012.

    Na caixa de texto branca localizada na seção Additional Filters (Applied to All Events), clique na área Click Here to Add a Clause.
18. Na caixa suspensa Field, selecione sqlserver.database_name.
19. É possível mudar a seleção na lista suspensa Operator para qualquer uma de diversas opções de comparação. Por enquanto, deixe essa seleção como igual (=).
20. Digite **AdventureWorks2012** na caixa de texto abaixo de Value.

    Isso filtrará os dados da sessão de modo a incluir somente eventos onde database_name da solicitação for igual a AdventureWorks2012. Com a mesma facilidade, você poderia ter definido um filtro para o database_id do banco de dados AdventureWorks2012, para o nome de usuário ou para o host_name cliente.

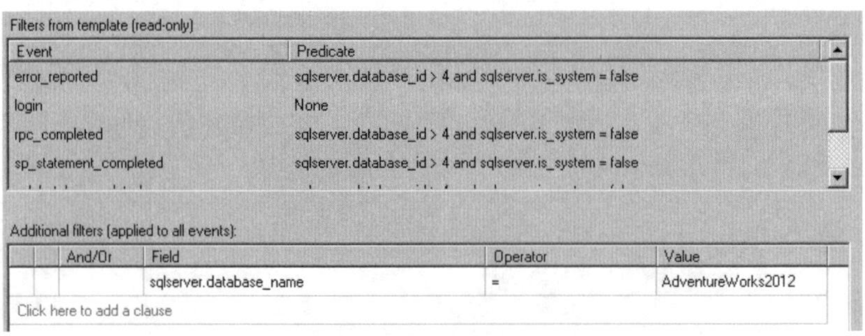

21. Clique em Next.

    Na página Specify Session Data Storage, você verá dois dos três principais destinos. A caixa de seleção ring_buffer Target é habilitada por padrão – isso permite o armazenamento na memória, contínuo e estendido, de dados de evento. Contudo, o destino mais rápido e versátil é event_file.

22. Selecione a caixa ao lado de Save Data to a File for Later Analysis e desmarque a caixa ao lado de Work with Only the Most Recent Data.

    Por padrão, o local de event_file é <*caminho da instância*>\MSSQL\Log\Query Monitoring.xel. Também é possível limitar o tamanho do arquivo e fazer com que seja dividido, para evitar que um arquivo se torne grande demais. Esse comportamento é muito parecido com a configuração de mesmo nome do SQL Server Profiler.

23. Altere a configuração de Maximum File Size para 50 MB e desmarque a opção Enable File Rollover.

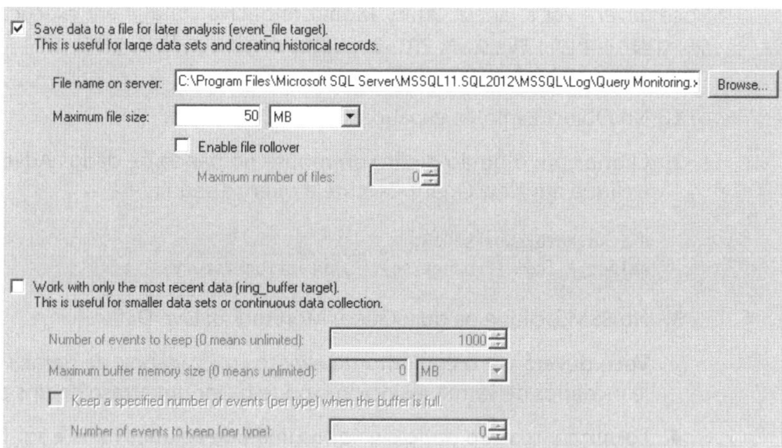

24. Clique em Next e, em seguida, clique em Finish.

25. Na página Create Event Session, apesar de aparecer um círculo verde com uma marca de visto, você ainda não terminou. A sessão ainda não foi criada.

26. Marque a caixa de seleção Start the Event Session Immediately After Session Creation.

27. Marque a caixa de seleção Watch Live Data on Screen As It Is Captured.

    Este é o terceiro principal modo de acessar dados, e abrirá uma nova tela para o provedor de fluxo de dados do SSMS. Esse é o modo mais fácil de acessar dados, mas só deve ser utilizado brevemente – ele também representa a maior sobrecarga dos três modos do Extended Events.

28. Clique em Close.

Você verá a janela Query Monitoring: Live Data já em execução e nela poderá observar alguma atividade em seu banco de dados. Mantenha essa janela aberta para que você possa executar o próximo conjunto de passos na seção a seguir.

Utilize uma sessão de Extended Events para monitorar o desempenho do sistema

Agora que você tem uma sessão do Extended Events executando no servidor, vai fornecer a ele alguma atividade para capturar. Caso já tenha visto rastreamento de atividade de servidor com a ferramenta SQL Server Profiler de versões anteriores do SQL Server, você notará comportamentos semelhantes nessa interface mais moderna.

Você vai ter a grata surpresa ao perceber grandes melhorias na capacidade de ver dados capturados – tudo é feito com menos sobrecarga em seu servidor de banco de dados. A janela Extended Events Live Data utiliza menos E/S e CPU para exibir eventos do que a ferramenta SQL Server Profiler.

Utilize uma sessão de Extended Events para monitorar o desempenho do sistema

Você deverá ver a janela Query Monitoring: Live Data já em execução e nela poderá observar alguma atividade em seu banco de dados. Para gerar uma atividade, execute uma instrução *SELECT* simples.

1. No Object Explorer, expanda a pasta Databases.
2. Clique com o botão direito do mouse no banco de dados AdventureWorks2012 e clique em New Query. Execute a query a seguir:

   ```
   USE AdventureWorks2012;
   select * from [Production].[TransactionHistory]
   ```

3. No SSMS, clique na guia Query Monitoring: Live Data.

   Você deverá ver o conjunto de eventos que acabou de gerar. Como esse buffer lê os dados de forma assíncrona, pode haver um atraso de uns cinco segundos.

4. Localize o registro onde o valor na linha da coluna Name é sql_batch_completed e clique nele. As informações sobre esse evento aparecerão na guia Details.

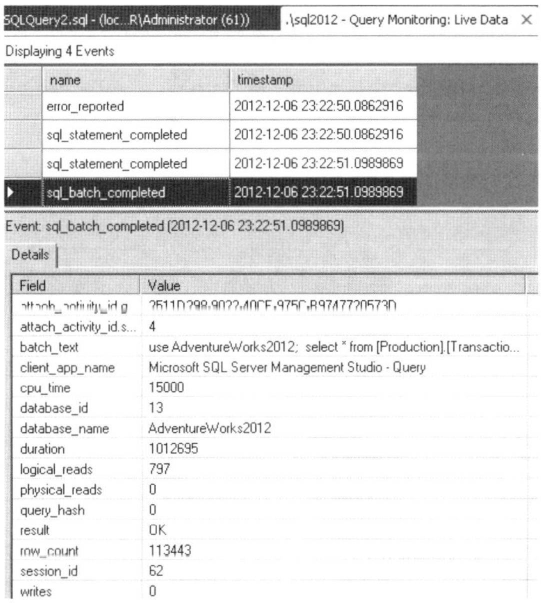

5. Na guia Details, localize a linha com o valor batch_text na coluna Field. Isso mostrará a query que você executou na outra guia, conforme foi capturada pela sessão de Extended Events.

6. Feche a guia Query Monitoring: Live Data. Observe que isso não interrompe a sessão de Extended Events; ela ainda está em execução no SQL Server.

   Agora, você vai parar a sessão de Extended Events no Object Explorer.

7. Se ainda não estiver aberta, expanda a pasta de servidores, expanda Management, expanda Extended Events e expanda Sessions. Clique com o botão direito do mouse na sessão Query Monitoring e clique em Stop Session.

   Observe que o ícone muda de uma seta verde apontando para a direita, para uma seta vermelha apontando para baixo.

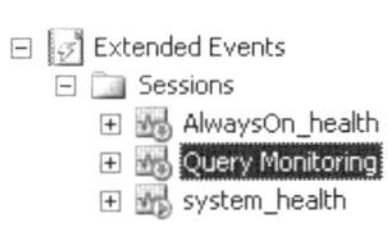

8. Navegue até a pasta do sistema operacional onde você armazenou o arquivo .xel, o qual deve ser <*caminho da instância*>\MSSQL\Log\.

   Observe que o nome real do arquivo tem uma string de identificação única anexada – por exemplo, Query Monitoring_0_129993306334000000.xel.

9. Clique duas vezes no arquivo. Uma nova janela de SSMS se abre com esse arquivo na guia.

   Essa interface é semelhante à guia Live Data vista anteriormente, e os mesmos detalhes podem ser vistos para cada evento gravado.

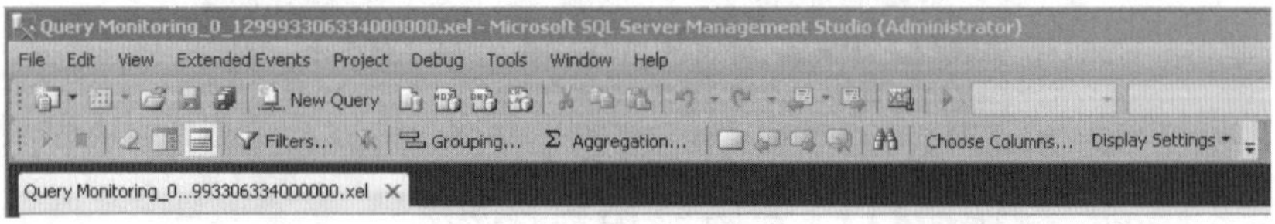

10. Na barra de ferramentas do SSMS, clique no botão Grouping. A caixa de diálogo Grouping se abre.
11. Sob Available Columns, clique em Name e clique no botão > a fim de mover Name para a janela Columns Grouped On.
12. Clique em OK.

    Em uma sessão de Extended Events prolongada, agrupar os nomes de evento dará uma ideia melhor dos eventos registrados, algo parecido com a imagem a seguir.

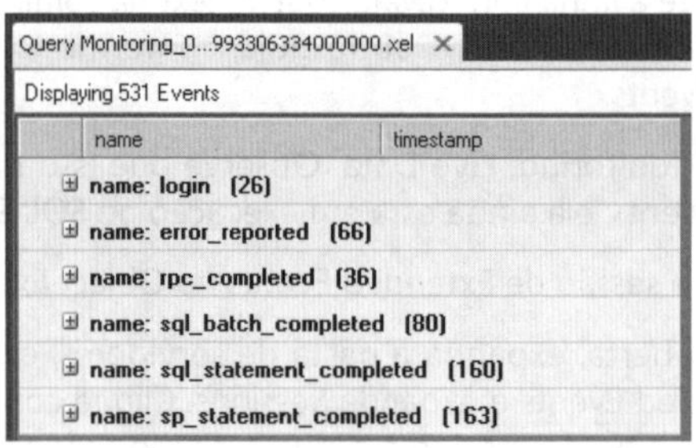

13. Na barra de ferramentas localizada acima da guia, clique no botão Filters.
14. Na janela Filters, clique no filtro Set Time.
15. Use os controles deslizantes para restringir a exibição de eventos atual para um intervalo de tempo com precisão de segundos. Aqui é possível adicionar outros filtros para ajudar na compreensão de um conjunto de dados event_file grande do Extended Events, armazenado em um event_file.
16. Clique em OK para aceitar suas configurações e fechar a janela Filters.
17. Na barra de ferramentas localizada acima da guia, clique no botão Choose Columns.

    Na janela Choose Columns é possível adicionar mais campos ao conjunto de dados.

18. Localize database_name, duration, batch_text e session_id na tela Available Columns e use o botão de seta > a fim de mover cada um deles para a janela Selected Columns. Utilize as setas para cima e para baixo a fim de dispor as colunas em qualquer ordem.

19. Clique em OK.
20. De volta à guia Query Monitoring, expanda o grupo sql_batch_completed.

    Agora, você pode ver mais dados para cada evento, incluindo a instrução executada anteriormente, que começa com "use AdventureWorks2012".

name	timestamp	database_name	duration	session_id	batch_text
sql_batch_completed	2012-12-06 23:19:57.2510825	AdventureWorks2012	1124023	62	use AdventureWorks2012; select * from [Production].[TransactionHistory]

Resumo

Este capítulo examinou os fundamentos do recurso de última geração para monitoramento e solução de problemas do Microsoft SQL Server 2012, o Extended Events. Embora o Extended Events faça parte do SQL Server desde a versão 2008, agora ele inclui uma interface de usuário para manipular e ver as sessões. Você conheceu a arquitetura do Extended Events e como configurar, ajustar, parar e analisar uma sessão de Extended Events básica.

CAPÍTULO 25

Segurança do SQL Server

Neste capítulo, você vai aprender a

- Entender o modelo de segurança do SQL Server.
- Entender os principals.
- Criar logins e usuários no SQL Server.
- Criar funções (roles) de servidor definidas pelo usuário.
- Criar usuários de banco de dados.
- Criar funções (roles) de banco de dados predefinidas.
- Configurar um banco de dados contido.

Independentemente de você trabalhar em uma universidade, em um banco ou em uma loja de varejo, tornar os dados seguros é sempre uma alta prioridade do administrador de banco de dados (DBA). Quem pode acessar os dados, quais dados podem ser acessados e como acessá-los com frequência são temas de conversas dentro e fora do departamento de tecnologia da informação (TI) . As necessidades de acesso aos dados serão diversas entre os aplicativos, departamentos e pessoas, mas o requisito básico de administrar as permissões persiste para cada aspecto dos dados.

O Microsoft SQL Server 2012 oferece uma estrutura de segurança muito robusta, que permite aos DBAs controlar o acesso desde o servidor até um objeto específico dentro do banco de dados. Por exemplo, um DBA poderia receber permissão em nível de servidor sem ter um acesso em nível de dados. Ou então, um aplicativo ou uma pessoa poderia ter acesso ao banco de dados ou aos objetos do banco de dados sem receber qualquer permissão em nível de servidor.

A segurança do SQL Server poderia ser o tema de um livro inteiro, pois existem muitos itens a considerar. A seguir estão apenas algumas das perguntas que poderiam ser feitas e tratadas com relação à segurança do SQL Server:

- O SQL Server deve ser acessível na rede?
- Que porta o SQL Server deve usar?
- Quem tem acesso aos arquivos de backup?

- Quem pode fazer logon interativamente no SQL Server?
- Como deve ser feita a segurança dos arquivos do SQL Server?
- Como as chaves de criptografia e os backups do SQL Server devem ser configurados e mantidos?

A maioria dessas perguntas está bem além dos objetivos deste livro e, como resultado, este capítulo se concentra principalmente no acesso em nível de instância e em nível de dados. O enfoque mais limitado deste capítulo não tem a intenção de desconsiderar a importância de lidar com as outras perguntas e considerações que envolvem a segurança do SQL Server. Em vez disso, visa fornecer um bom ponto de partida e uma base para os iniciantes nesse assunto.

Entenda os principals

Um *principal* é uma entidade que tem acesso aos recursos do SQL Server. De modo geral, existem três níveis de principals:

- Windows
- SQL Server
- Banco de dados

Uma conta ou grupo do Windows, seja local do servidor ou do Active Directory, pode ser um principal. Um principal do Windows pode receber acesso a uma instância de SQL Server como um login autenticado do Windows. O Active Directory manipula a ativação ou desativação, a política de senha e os fluxos de trabalho de segurança. Como uma alternativa ao Active Directory, o próprio SQL Server pode manipular a autenticação com logins SQL Server, onde a ativação, a desativação e os fluxos de trabalho de segurança devem ser manipulados por um DBA dentro do SQL Server. Mas é possível impor uma política do Active Directory em um login de SQL Server, especificando-se uma opção, conforme vamos ver mais adiante neste capítulo. Para tudo isto ser possível, é preciso habilitar Mixed Mode Authentication no servidor para autenticação do SQL Server. Nas versões anteriores do SQL Server, os logins de servidor eram mapeados em usuários do banco de dados. Os logins manipulavam a autenticação e as permissões em nível de servidor. Mas no SQL Server 2012 está disponível um método de conexão alternativo, com o conceito de bancos de dados contidos, que serão discutidos na última seção deste capítulo. Dependendo do modo de autenticação selecionado, o que foi discutido no Capítulo 2, "Instalação, configuração e atualização do Microsoft SQL Server 2012", você poderá ou não criar principals no SQL Server. Para isso, você deve ter configurado Mixed Mode Authentication. Por fim, para bancos de dados, você terá usuários ou funções (roles).

Nota Nas versões anteriores do SQL Server era preciso já ter criado um login de SQL Server, antes que um usuário de banco de dados pudesse ser criado. No SQL Server 2012 esse procedimento mudou, com a noção de bancos de dados contidos, que serão discutidos na última seção deste capítulo.

Crie logins de servidor

Um *login* é um principal de segurança baseado em uma conta ou grupo do Windows. Além disso, um login pode ser uma conta criada no SQL Server. Aos logins podem ser concedidas permissões em nível de servidor, como CREATE DATABASE ou BACKUP DATABASE. Se um login precisa de acesso a um banco de dados, deve ser mapeado em um usuário do banco de dados, conforme discutido na seção "Criando usuários de banco de dados" deste capítulo.

Por padrão, o login do principal "SA" é criado quando o SQL Server é instalado. Se você não configurou Mixed Mode Authentication, a conta estará desabilitada. A conta sa é uma conta administrativa que tem acesso a todos os recursos do SQL Server. Evite compartilhar a senha dessa conta e certifique-se de que ela seja alterada regularmente.

Crie um login baseado no Windows utilizando SSMS

1. Abra o SQL Server Management Studio (SSMS) e conecte-se em um servidor.
2. Abra o Object Explorer, se ainda não estiver aberto.
3. Expanda a árvore de servidores.
4. Clique com o botão direito do mouse na pasta Security e selecione New | Login.

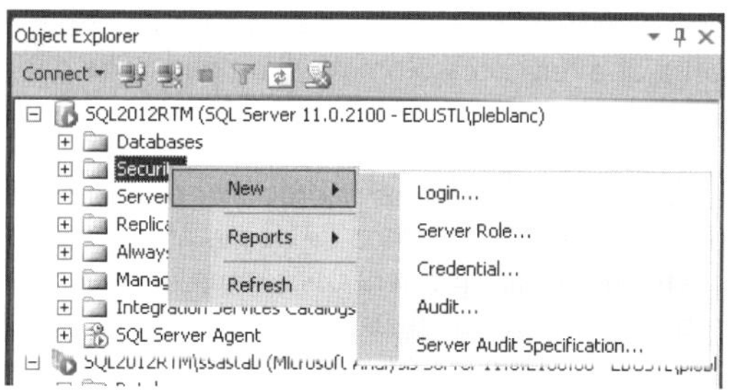

Para continuar é preciso já ter criado uma conta do Windows no Active Directory ou em sua máquina local.

5. Na página General, digite uma conta do Windows na caixa de texto Login Name. A conta deve ser digitada no seguinte formato: *domínio\nomedeusuário*. Por exemplo, se o alias da conta do Windows for jdoe, digite **domínio\jdoe**. Como alternativa, você pode clicar no botão Search para procurar a conta do Windows que deseja inserir.
6. Como essa é uma conta baseada no Windows, certifique-se de que a opção Windows Authentication esteja selecionada.

   Se fosse um login do SQL Server, você selecionaria a opção SQL Server Authentication. Com essa opção selecionada, uma senha deve ser digitada e confirmada, utilizando-se as caixas de texto Password e Confirm Password.

7. Você tem a opção de impor políticas de senha do Active Directory do Windows e políticas de expiração de senha nessa conta, marcando as caixas de seleção Enforce Password Policy e Enforce Password Expiration. Isso significa que sejam quais forem as políticas para senhas e expiração de senha configuradas pelo administrador do Active Directory, serão impostas para o login do SQL Server.

8. Por último, é possível especificar que a senha deve ser alterada quando a conta for utilizada pela primeira vez, selecionando a opção User Must Change Password at Next Login. Por enquanto, certifique-se de que a opção Windows Authentication esteja selecionada.

9. Deixe as opções seguintes, Mapped to Certificate e Mapped to Asymmetric Key, desmarcadas. Você só pode selecionar uma ou outra.

Nota Os certificados e chaves assimétricas são determinados pela criptografia. Mais detalhes sobre esses assuntos podem ser encontrados no SQL Server Books Online.

10. Marcar a caixa de seleção Map to Credential possibilita mapear esse login para a credencial de outra conta. Essa opção permite que um login do SQL Server acesse recursos externos ao SQL Server, sob o contexto do login especificado na credencial. Por enquanto, deixe a caixa desmarcada.

11. Ao criar uma conta que terá acesso em nível de banco de dados, você deve especificar um banco de dados padrão, usando a lista suspensa Default Database. Ao ser autenticada pela primeira vez na instância do SQL Server, a nova conexão o será no contexto do banco de dados padrão. Por exemplo, se uma nova janela de query for aberta pelo SSMS, o banco de dados atual exibido será o banco de dados padrão. Se for um login que será utilizado para acesso a dados, selecione sempre um banco de dados criado pelo usuário e não um banco de dados do sistema. Supondo que a pessoa que usará essa conta vai ser o DBA dessa instância, o banco de dados padrão poderia continuar sendo o master.

12. A última lista suspensa, Default Language, utiliza por padrão o idioma predefinido configurado no servidor. Como alternativa, é possível selecionar um idioma. Para os propósitos deste exercício, use o padrão.

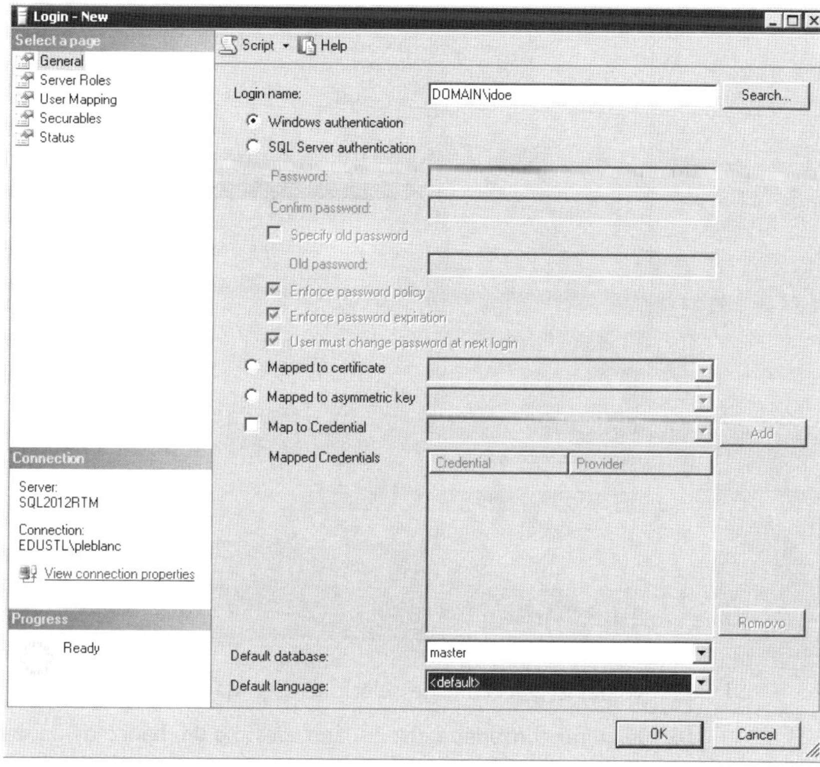

13. No painel Select a Page, selecione Server Roles.

14. Nessa página aparece uma lista de funções de servidor predeterminadas. A função public é selecionada por padrão. Uma descrição de cada função de servidor aparece na seção "Crie funções de servidor definidas pelo usuário" deste capítulo. Neste momento, selecione a caixa ao lado da função de servidor sysadmin, o que irá permitir que este administrador de sistema execute qualquer tarefa no servidor.

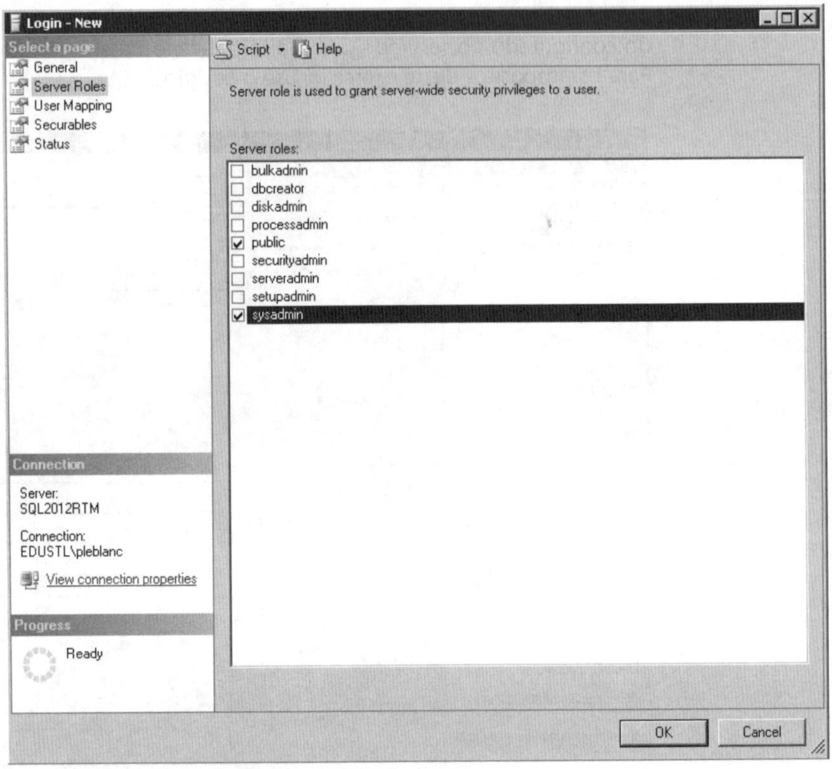

15. No painel Select a Page, selecione User Mapping.

16. Se quiser conceder a esse usuário acesso a um banco de dados específico explicitamente, você pode selecionar esse banco de dados na lista exibida na parte superior da página. Além disso, pode atribuir ao usuário funções (roles) de banco de dados predefinidas. A criação de usuários de banco de dados está discutida em maior profundidade na seção "Crie usuários de banco de dados" deste capítulo. Por enquanto, não selecione nada.

> **Nota** A função sysadmin tem permissões irrestritas a todos os bancos de dados, sem a necessidade de criar usuário de banco de dados. Portanto, reflita cuidadosamente antes de adicionar alguém a essa função.

17. No painel Select a Page, selecione Securables.

Essa página lista itens que podem ser protegidos e suas permissões correspondentes ou as permissões que podem ser atribuídas a esse login. Normalmente, a segurança é definida em nível de servidor ou de banco de dados. Contudo, o SQL Server oferece a você a capacidade de definir um nível de segurança muito mais refinado.

18. Clique no botão Search. São oferecidas três opções:
    a. Você pode adicionar acesso a itens específicos em nível de servidor ou fornecer acesso a cada item, escolhendo a seguinte opção: The Server *'nome do seu servidor'*.
    b. Se você selecionar a opção Specific Objects, poderá adicionar itens de diferentes tipos.
    c. Se selecionar a opção All Objects of the Types, poderá conceder permissões holisticamente para todos os objetos de um tipo específico.

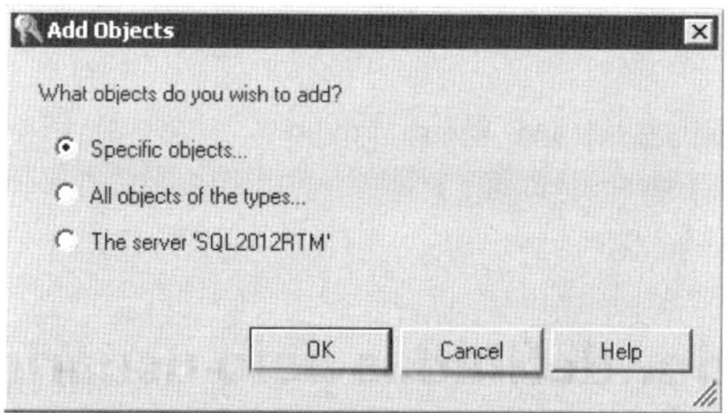

19. Para os propósitos deste exercício, clique em Cancel.
20. No painel Select a Page, selecione Status. Nessa página, você pode conceder ou negar a permissão de login para conectar no servidor. Certifique-se de que a opção Grant esteja selecionada.
21. Certifique-se de que a opção Enabled esteja selecionada.
22. Por último, se essa fosse uma conta do SQL Server, você poderia bloqueá-la, assim como acontece com o Active Directory. Clique no botão OK e o login será criado.

    Também é possível usar T-SQL para executar esses passos. Nos procedimentos a seguir, o primeiro exercício repete os passos descritos anteriormente; o segundo cria um login do SQL Server. As principais diferenças entre os dois é que, na segunda query, você deve fornecer uma senha e pode imitar o Active Directory, incluindo explicitamente a opção MUST_CHANGE e habilitando as opções CHECK_EXPIRATION e CHECK_POLICY.

Crie um login baseado no Windows utilizando T-SQL

1. Para criar um login baseado no Windows com T-SQL, execute a query a seguir:

```
USE [master]
GO
CREATE LOGIN [DOMAIN\jdoe] FROM WINDOWS WITH DEFAULT_DATABASE=[master]
GO
ALTER SERVER ROLE [sysadmin] ADD MEMBER [DOMAIN\jdoe]
GO
```

Crie um login baseado em SQL utilizando T-SQL

1. Para criar um login baseado em SQL utilizando T-SQL, primeiramente certifique--se de que a senha fornecida satisfaça a política do Windows para seu domínio e, então, execute a query a seguir:

```
USE [master]
GO
CREATE LOGIN [JDOE] WITH PASSWORD=N'password'
     MUST_CHANGE,
     DEFAULT_DATABASE=[master],
     CHECK_EXPIRATION=ON,
     CHECK_POLICY=ON
GO
ALTER SERVER ROLE [sysadmin] ADD MEMBER [JDOE]
GO
```

Crie funções de servidor definidas pelo usuário

Além das funções (roles) de servidor predefinidas, no SQL Server 2012 podem ser criadas funções de servidor definidas pelo usuário. Agora é possível criar funções de servidor que combinam os recursos das funções de servidor existentes ou então conceder permissões explícitas a securables (seguráveis) específicos e criar uma função de servidor mais refinada.

Crie uma função de servidor definida pelo usuário utilizando SSMS

1. Abra o SSMS e conecte-se a um servidor.
2. Abra o Object Explorer, se ainda não estiver aberto.
3. Expanda a árvore de servidores.
4. Expanda a pasta Security.
5. Clique com o botão direito do mouse na pasta Server Roles e selecione New Server Role no menu.
6. Na caixa de diálogo New Server Role, digite **BulkAdminAndDBCreator**.
7. Na caixa de texto Owner, digite **sa** ou clique no botão de reticências e procure um login.
8. Na seção Securables, selecione a caixa ao lado de Servers.
9. Na seção Explicit, selecione a caixa da coluna Grant para as permissões Administer Bulk Operations e Create Any Database.
10. Selecione Members no painel Select a Page.

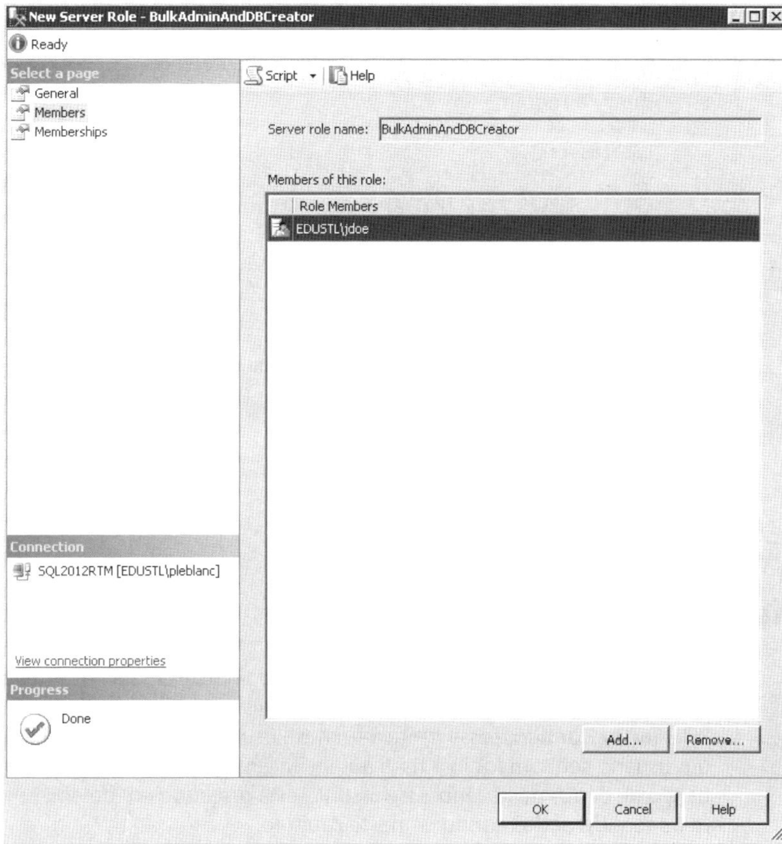

11. Clique em Add.
12. Na caixa de texto Enter the Object Names to Select, digite *domínio***jdoe**, onde *domínio* é seu domínio.
13. Clique no botão Check Names para verificar o login.
14. Clique em OK.
15. Selecione Memberships no painel Select a Page.
16. Se quisesse adicionar essa função a uma das funções de servidor predefinidas, você poderia fazer isso aqui. Deixe todas as caixas desmarcadas e clique em OK.

Crie uma função de servidor definida pelo usuário utilizando T-SQL

1. Para criar uma função de servidor definida pelo usuário com T-SQL, execute a query a seguir:

```
USE [master]
GO
CREATE SERVER ROLE [BulkAdminAndDBCreator]
GO
ALTER SERVER ROLE [BulkAdminAndDBCreator] ADD MEMBER [DOMAIN\jdoe]
GO
use [master]
GO
GRANT ADMINISTER BULK OPERATIONS TO [BulkAdminAndDBCreator]
GO
use [master]
GO
GRANT CREATE ANY DATABASE TO [BulkAdminAndDBCreator]
GO
```

Crie usuários de banco de dados

Antes do SQL Server 2012, você criava um login do SQL Server antes de criar um usuário de banco de dados. Mas com a versão mais recente e a inclusão de bancos de dados SQL Server contidos, essa prática foi modificada. Com o novo recurso é possível criar um usuário sem um login e ter a autenticação de conexões de usuário diretamente no banco de dados de usuário. Esse assunto está discutido em detalhes na seção "Configure bancos de dados contidos" deste capítulo.

Por enquanto, vamos nos concentrar na criação de um usuário com base em um login já existente. Um usuário pode ser baseado em um login do SQL Server ou do Windows. Durante ou depois da criação de um usuário, você pode conceder acesso a objetos específicos, como tabelas, views e stored procedures; acesso a todos os objetos de um tipo específico; ou acesso a todos os objetos dentro de um esquema.

Dois principals em nível de banco de dados aparecerão em cada banco de dados:

- Por padrão, todo usuário pertence à função de banco de dados public. O usuário herdará todas as permissões dessa função, caso não sejam concedidas permissões explícitas a objetos dentro do banco de dados.
- O usuário convidado (guest) é desabilitado por padrão. O usuário "convidado" é herdado por qualquer login que tenha acesso ao banco de dados. Como resultado, as permissões concedidas a essa conta também são herdadas por esses usuários. Como o acesso aos dados irá variar de acordo com o usuário, você não deve conceder permissões para a conta de convidado.

Além disso, haverá dois esquemas que não são principals e não podem ser modificados nem removidos:

- sys contém todos os objetos relacionados ao sistema. Ele costuma ser referido como *catálogo do sistema*.

- INFORMATION_SCHEMA contém views, os quais exibem METADADOS sobre detalhes internos do SQL Server.

Crie um usuário utilizando SSMS

1. Abra o SSMS e conecte-se a um servidor.
2. Abra o Object Explorer, se ainda não estiver aberto.
3. Expanda a árvore de servidores.
4. Expanda a pasta Databases.
5. Expanda o banco de dados AdventureWorks2012.
6. Clique com o botão direito do mouse na pasta Security e selecione New | User no menu. A caixa de diálogo Database User se abre.
7. Na lista suspensa User, selecione Windows User.
8. Na caixa de texto User Name and Login Name, digite **domínio\jdoe**.
9. Na caixa de texto Default Schema, digite **dbo**.
10. No painel Select a Page, selecione Owned Schemas. A especificação de um usuário como proprietário de um esquema proporciona a ele controle total. Não selecione nenhum esquema.
11. No painel Select a Page, selecione Membership. Selecionar uma função na lista garante ao usuário todas as permissões dessa função. Não selecione nenhuma função.
12. No painel Select a Page, selecione Securables.
13. Na página Securables, clique no botão Search. De forma muito parecida a quando você criou um usuário de banco de dados, é possível conceder ou negar, nos mesmos níveis.
14. Com a opção Specific Objects selecionada, clique em OK.
15. Na caixa de diálogo Select Objects, clique no botão Object Types.
16. Na caixa de diálogo Select Object Types, selecione Tables e clique em OK.
17. Clique no botão Browse.
18. Selecione as caixas ao lado da tabelas dbo.AWBuildVersion e dbo.DatabaseLog e clique em OK duas vezes.
19. Na seção Securables, selecione a tabela AWBuildVersion.
20. Na seção Explicit, selecione as caixas na seção Grant das seguintes permissões: Delete, Insert, Select e Update.
21. Repita os passos 19 e 20 para a tabela DatabaseLog.

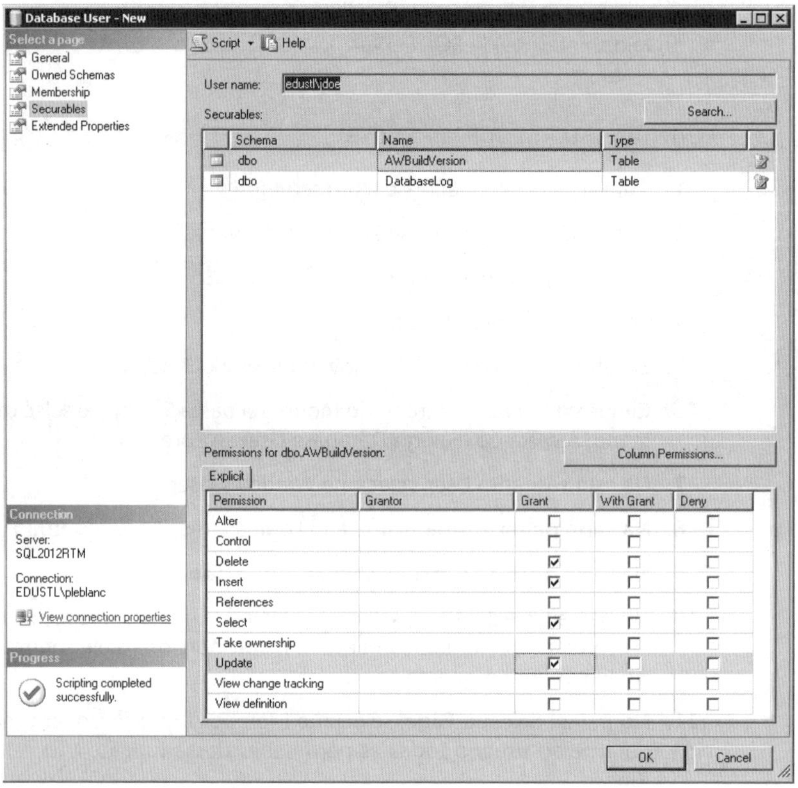

22. No painel Select a Page, selecione Extended Properties. Se quiser incluir metadados sobre o login, você pode fazer isso aqui. Por enquanto, não adicione nada.

23. Clique em OK.

Crie um usuário de banco de dados utilizando T-SQL

1. Para criar um usuário com T-SQL, execute a query a seguir:

```
USE [AdventureWorks2012]
GO
CREATE USER [domaim\jdoe] FOR LOGIN [domaim\jdoe] WITH DEFAULT_SCHEMA=[dbo]
GO
use [AdventureWorks2012]
GO
GRANT DELETE ON [dbo].[DatabaseLog] TO [domaim\jdoe]
GO
use [AdventureWorks2012]
GO
GRANT INSERT ON [dbo].[DatabaseLog] TO [domaim\jdoe]
GO
use [AdventureWorks2012]
GO
GRANT SELECT ON [dbo].[DatabaseLog] TO [domaim\jdoe]
GO
```

```
use [AdventureWorks2012]
GO
GRANT UPDATE ON [dbo].[DatabaseLog] TO [domaim\jdoe]
GO
use [AdventureWorks2012]
GO
GRANT DELETE ON [dbo].[AWBuildVersion] TO [domaim\jdoe]
GO
use [AdventureWorks2012]
GO
GRANT INSERT ON [dbo].[AWBuildVersion] TO [domaim\jdoe]
GO
use [AdventureWorks2012]
GO
GRANT SELECT ON [dbo].[AWBuildVersion] TO [domaim\jdoe]
GO
use [AdventureWorks2012]
GO
GRANT UPDATE ON [dbo].[AWBuildVersion] TO [domaim\jdoe]
GO
```

Para negar uma permissão, substitua a palavra-chave *GRANT* por *DENY*. Além disso, se quiser *não* dar *GRANT* nem *DENY*, substitua uma ou outra por *REVOKE*. Lembre-se de que *DENY* terá precedência sobre *GRANT*. Para remover uma permissão *GRANT* ou *DENY* existente em um objeto, use *REVOKE* em um script T-SQL.

Crie funções de banco de dados predefinidas

Além dos quatro principals mencionados anteriormente, cada banco de dados inclui funções (roles) predefinidas. A Tabela 25-1 lista e descreve cada função.

TABELA 25-1 Funções de banco de dados predefinidas

Função	Descrição
db_accessadmin	Controla o acesso ao banco de dados.
db_backupoperator	Pode fazer backup do banco de dados.
db_datareader	Tem permissões para ler todos os dados dentro do banco de dados.
db_datawriter	Tem permissões para inserir, atualizar ou excluir dados de dentro do banco de dados.
db_ddladmin	Tem a capacidade de criar, alterar e remover objetos do banco de dados.
db_denydatawriter	Não pode adicionar, modificar ou excluir qualquer dado dentro do banco de dados.
db_denydatareader	Não pode ler qualquer dado dentro do banco de dados.
db_owner	Além de ter acesso irrestrito a todos os objetos do banco de dados, pode executar atividades de manutenção e configurações no banco de dados. Mais importante, pode remover o banco de dados. Portanto, avalie cuidadosamente a quais usuários essa função deve ser atribuída.
db_securityadmin	Controla a participação em funções.

Crie uma função de banco de dados predefinida utilizando SSMS

1. Abra o SSMS e conecte-se a um servidor.
2. Abra o Object Explorer, se ainda não estiver aberto.
3. Expanda a árvore de servidores.
4. Expanda a pasta Databases.
5. Expanda o banco de dados AdventureWorks2012.
6. Expanda a pasta Security.
7. Clique com o botão direito do mouse na pasta Roles e selecione New | New Database Role no menu.
8. A caixa de diálogo Database Role se abre.
9. Na caixa de texto Role Name, digite **DBControlTable_reader**.
10. Na caixa de texto Owner, digite **dbo**.
11. Clique em Add.
12. A caixa de diálogo Select Database User or Role se abre.
13. Na caixa de texto Enter the Object Names to Select, digite *domínio***jdoe**, onde *domínio* é seu domínio e **jdoe** é um usuário do banco de dados.
14. Clique em OK.
15. Selecione Securables no painel Select a Page.
16. Clique em Search.
17. Na caixa de diálogo Add Objects, certifique-se de que a opção Specific Objects esteja selecionada e clique em OK.
18. Na caixa de diálogo Select Objects, clique em Object Types.
19. Selecione Tables na lista e clique em OK.
20. Clique em Browse.
21. Na caixa de diálogo Browse for Objects, selecione as caixas ao lado das tabelas dbo.AWBuildVersion, dbo.DatabaseLog e dbo.ErrorLog e clique em OK.
22. Clique em OK novamente.
23. Com a tabela AWBuildVersion selecionada na seção Securables, na coluna Grant da seção Explicit, selecione a caixa na linha Select.

24. Repita o passo 23 para as tabelas DatabaseLog e ErrorLog.

25. Clique em OK.

Agora, em vez de conceder acesso de leitura para cada tabela explicitamente, você pode adicionar um login como membro dessa função e ele poderá ver o conteúdo dessas tabelas.

Crie uma função de banco de dados predefinida utilizando T-SQL

1. Para criar uma função de banco de dados predefinida com T-SQL, execute a query a seguir:

```
USE [AdventureWorks2012]
GO
CREATE ROLE [DBControlTable_reader] AUTHORIZATION [sa]
GO
USE [AdventureWorks2012]
GO
ALTER ROLE [DBControlTable_reader] ADD MEMBER [edustl\jdoe]
GO
use [AdventureWorks2012]
GO
GRANT SELECT ON [dbo].[DatabaseLog] TO [DBControlTable_reader]
GO
use [AdventureWorks2012]
GO
GRANT SELECT ON [dbo].[AWBuildVersion] TO [DBControlTable_reader]
GO
use [AdventureWorks2012]
GO
GRANT SELECT ON [dbo].[ErrorLog] TO [DBControlTable_reader]
GO
```

Configure bancos de dados contidos

Conforme mencionado anteriormente, os bancos de dados contidos (contained databases) são um novo recurso introduzido no SQL Server 2012. A noção de contenção significa que o banco de dados está isolado da instância de SQL Server na qual está hospedado. Certas informações dentro do banco de dados pertencem especificamente a ele e não dependem de qualquer recurso fora dele. No SQL Server 2012, os bancos de dados só podem ser parcialmente contidos. Ou seja, um banco de dados pode utilizar recursos que estão disponíveis fora dele.

Existem vários níveis de contenção, mas nesta seção vamos nos concentrar somente na autenticação de usuários. Um usuário contido pode ser criado a partir de um login do Windows ou de um usuário do banco de dados com senha. Se você basear um usuário de banco de dados em um login já existente, ele não será contido. Antes de criar qualquer usuário contido, você precisa habilitar Contained Database Authentication em nível de servidor e de banco de dados.

Configure autenticação de banco de dados contido utilizando SSMS

1. Abra o SSMS e conecte-se a um servidor.
2. Abra o Object Explorer, se ainda não estiver aberto.
3. Clique com o botão direito do mouse no nome do servidor e selecione Properties no menu.
4. Selecione Advanced no painel Select a Page.
5. Na seção Containment, configure a opção Enable Contained Databases como True.

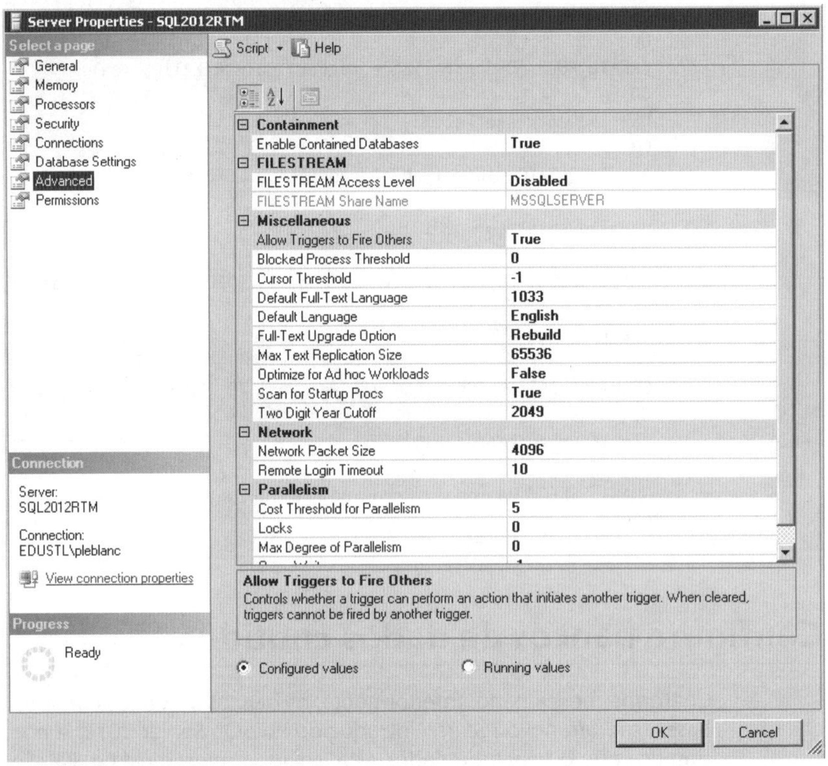

6. Clique em OK.
7. Abra uma nova janela de query no SSMS.
8. Digite e execute a instrução T-SQL a seguir:

```
USE master;
GO
CREATE DATABASE SBSContained;
```

9. No Object Explorer, expanda o servidor.
10. Expanda a pasta Databases.
11. Clique com o botão direito do mouse no banco de dados SBSContained e selecione Properties no menu.
12. No painel Select a Page, selecione Options.
13. Selecione Partial na lista suspensa Containment Type.
14. Clique em OK.

Configure autenticação de banco de dados contido utilizando T-SQL

1. Para configurar autenticação de banco de dados contido com T-SQL, execute a query a seguir:

```
use master
go
exec sp_configure 'contained database authentication', '1';
go
reconfigure;
USE [master]
GO
ALTER DATABASE [SBSContained] SET CONTAINMENT = PARTIAL
GO
```

Crie um usuário contido

Os passos para criar um usuário contido (contained user) são semelhantes aos utilizados para criar um usuário de banco de dados não contido. A principal diferença está na página General, ao se criar um novo usuário de banco de dados.

Crie um usuário contido utilizando SSMS

1. Abra o SSMS e conecte-se a um servidor.
2. Abra o Object Explorer, se ainda não estiver aberto.
3. Expanda a árvore de servidores.
4. Expanda a pasta Databases.
5. Expanda o banco de dados AdventureWorks2012.
6. Clique com o botão direito do mouse na pasta Security e selecione New | User. A janela Database User se abre.

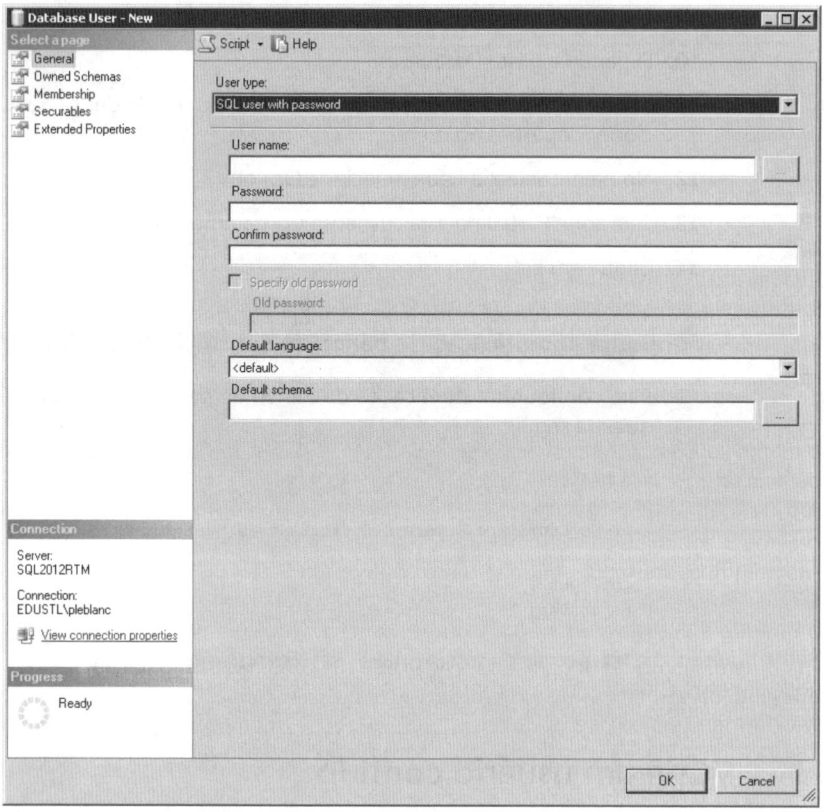

7. Selecione SQL User with Password na lista suspensa User Type.
8. Digite **SBS** na caixa de texto User Name.
9. Digite uma senha válida nas caixas de texto Password e Confirm password.
10. Selecione Owned Schemas no painel Select a Page e selecione a caixa ao lado de db_owner.
11. Clique em OK.

Vantagens e limitações dos bancos de dados contidos

Assim como a maioria dos recursos, existem vantagens e limitações na segurança de um banco de dados contido. A maioria das limitações é específica da operabilidade da contenção com outros recursos do SQL Server. Se a contenção de banco de dados está habilitada, você não pode utilizar change data capture (captura de dados alterados), change tracking (rastreamento de alterações) e replicação.

As vantagens da contenção resolvem um problema que tem sido a pedra no sapato de muitos DBAs há muito tempo. Como as informações dos usuários eram armazenadas em nível de servidor, antes da contenção, mover um banco de dados apresentava certos desafios. O principal deles era que informações de login fundamentais sobre o usuário, que eram armazenadas em nível de servidor, não estavam disponíveis quando o banco de dados era movido de uma instância de SQL Server para outra. Como resultado, várias etapas precisavam ser completadas antes que o usuário pudesse trabalhar corretamente.

Com o advento dos bancos de dados contidos, esse problema pode ser reduzido facilmente. Como todas as informações são contidas com o banco de dados, a movimentação não causará problemas. Por exemplo, se você tiver configurado AlwaysOn, em caso de um failover, um usuário poderá se conectar no servidor mais recente sem ter problemas de segurança.

> **Nota** AlwaysOn será discutido no Capítulo 31, "AlwaysOn".

Resumo

Este capítulo explicou vários conceitos sobre segurança, incluindo a criação de logins em nível de servidor e de banco de dados. Segurança é importante para a maioria das organizações, e ter os mecanismos e o controle adequados em vigor é fundamental para qualquer implementação de aplicativo e de banco de dados. O Microsoft SQL Server 2012 oferece mecanismos de segurança flexíveis e eficientes que permitem o controle refinado do servidor, do banco de dados e de objetos de banco de dados.

CAPÍTULO 26

Resource Governor

Neste capítulo, você vai aprender a

- Utilizar o Resource Governor (Administrador de Recursos)
- Habilitar e desabilitar o Resource Governor.
- Criar pools de recursos.
- Configurar o Resource Governor (Administrador de Recursos) para gerenciar carga de trabalho e consumo de recursos.
- Criar, registrar e testar funções classificadoras.
- Modificar configurações do Resource Governor (Administrador de Recursos)

Como a maioria dos sistemas de gerenciamento de banco de dados relacional (RDBMS), o Microsoft SQL Server 2012 utiliza memória e CPU para manipular suas cargas de trabalho. Em alguns casos, uma carga de trabalho em especial pode ou deve ter acesso a mais desses recursos do que outras cargas de trabalho. Por exemplo, o diretor-geral de uma organização pode processar um relatório que usa muita memória como sua primeira atividade da manhã. Ao mesmo tempo, outros usuários podem estar executando outras cargas de trabalho que não são tão importantes. Como resultado, as cargas de trabalho executadas pelo diretor-geral exigirão mais memória. É aí que o Resource Governor (Administrador de Recursos) pode ser útil.

Com o Resource Governor, você pode criar um grupo de carga de trabalho mapeado em um pool de recursos para administrar a alocação dos recursos. Os pools de recursos e os grupos de carga de trabalho serão explicados em detalhes nas seções a seguir. Por enquanto, saiba que esses dois conceitos estão no centro do Resource Governor e ajudam na atribuição de valores mínimos e máximos para a CPU e para a memória disponível para uma instância de SQL Server.

Valores mínimos *versus* máximos

Em alguns casos, atribuir valores mínimos pode ser contraproducente. Por exemplo, um grupo pode exigir recursos adicionais, mas não pode acessá-los porque outro grupo alocou recursos, mas não os está utilizando. Nesse caso, o valor mínimo prejudica o grupo que necessita dos recursos, mantendo-os, mas sem os utilizar. Portanto, reflita cuidadosamente antes de atribuir valores mínimos.

Este capítulo fornece um panorama completo sobre como e quando utilizar o Resource Governor. Você vai aprender a habilitar, configurar e desabilitar o Resource Governor, e vai explorar o modo de configurar cada um de seus componentes. Por fim, vai aprender a testar e validar a configuração do Resource Governor.

Habilite e desabilite o Resource Governor

Antes de começar a usar o Resource Governor (Administrador de Recursos) é preciso habilitá-lo. Existem três maneiras de fazer isso, duas com o SQL Server Management Studio (SSMS) e uma com T-SQL. Os passos a seguir demonstram um método com o SSMS e um método com T-SQL.

Habilite o Resource Governor utilizando SSMS

1. Abra o SSMS e conecte-se a um servidor.
2. Abra o Object Explorer, se ainda não estiver aberto.
3. Expanda a árvore de servidores.
4. Expanda a pasta Management.
5. Clique com o botão direito do mouse no Resource Governor e selecione Enable no menu.

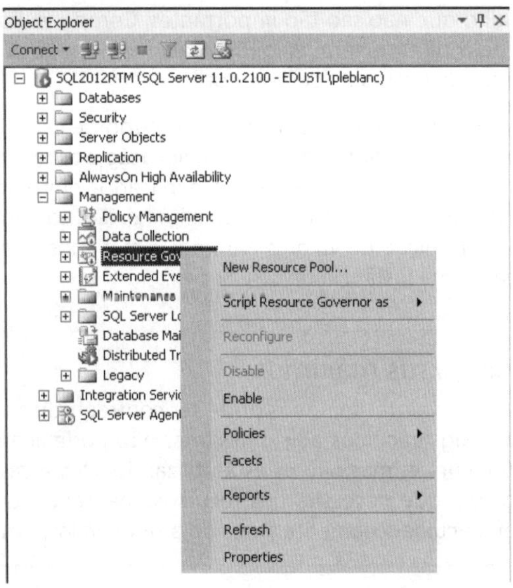

Habilite o Resource Governor utilizando T-SQL

1. Para habilitar o Resource Governor com T-SQL, execute a query a seguir:

```
USE [master]
GO
ALTER RESOURCE GOVERNOR RECONFIGURE;
GO
```

A instrução *RECONFIGURE* no script anterior não apenas habilita o Resource Governor, mas também aplica qualquer alteração de T-SQL feita antes da execução da instrução. Com o Resource Governor habilitado, você pode agora começar a utilizá-lo para gerenciar cargas de trabalho e recursos do sistema.

Desabilite o Resource Governor utilizando SSMS

1. Abra o SSMS e conecte-se a um servidor.
2. Abra o Object Explorer, se ainda não estiver aberto.
3. Expanda a árvore de servidores.
4. Expanda a pasta Management.
5. Clique com o botão direito do mouse no Resource Governor e selecione Disable no menu.

Desabilite o Resource Governor utilizando T-SQL

1. Para desabilitar o Resource Governor com T-SQL, execute a query a seguir:

```
USE [master]
GO
ALTER RESOURCE GOVERNOR DISABLE;
GO
```

Nota Mantenha esse script à mão, pois poderá ser necessário para desabilitar o Resource Governor no caso de uma configuração errada acidental em um sistema de produção. Além disso, o SQL Server contém uma conexão chamada dedicated administrator connection (DAC), que você pode usar para conectar, caso uma função classificadora mal configurada torne o servidor inacessível. A conexão DAC não é administrada.

Crie pools de recursos

Um *pool de recursos* representa a quantidade de recursos de sistema (memória ou CPU) disponíveis para o servidor. Por padrão, existem dois pools predefinidos:

- O pool *interno* não pode ser removido nem alterado. Ele representa o pool no qual são colocadas as cargas de trabalho de funções fundamentais do SQL Server e tem prioridade sobre todos os outros pools.
- O pool *padrão* é definido pelo usuário e não pode ser removido, mas pode ser alterado. Além disso, grupos de carga de trabalho definidos pelo usuário podem ser mapeados para ele.

Criar um pool de recursos é o primeiro passo na configuração do Resource Governor para controlar a utilização de recursos por cargas de trabalho. Ao configurar um pool de recursos, é possível especificar a necessidade de memória e CPU mínimas e máximas do servidor. Ao especificar um valor mínimo para um ou outro, você deve considerar que a soma de todos os mínimos para os pools não pode ser maior do que 100%. Além disso, se o valor mínimo for maior do que zero para determinado pool, o valor máximo será ajustado. O cálculo do novo máximo está fora dos objetivos deste livro; se estiver interessado em saber mais, consulte a seção "Resource Governor" do SQL Server Books Online.

Crie um pool de recursos utilizando SSMS

1. Abra o SSMS e conecte-se a um servidor.
2. Abra o Object Explorer, se ainda não estiver aberto.
3. Expanda a árvore de servidores.
4. Expanda a pasta Management.
5. Expanda o Resource Governor.
6. Clique com o botão direito do mouse na pasta Resource Pools e selecione New Resource Pool.
7. A caixa de diálogo Resource Governor Properties se abre.
8. Na tabela Resource Pools, clique na coluna Name na linha com o ponto de exclamação destacado em vermelho.
9. Na coluna Name, digite **sbsPool**.
10. Na coluna Minimum CPU% da mesma linha, digite **20**.
11. Na coluna Maximum CPU% da mesma linha, digite **50**.
12. Na coluna Minimum Memory % da mesma linha, digite **20**.
13. Na coluna Maximum Memory % da mesma linha, digite **50**.

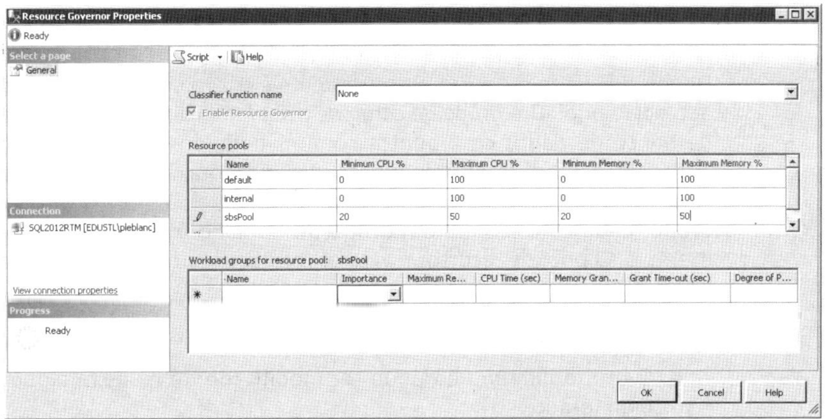

14. Clique em OK.
15. Clique com o botão direito do mouse na pasta Resource Pools e selecione Refresh.
16. Expanda a pasta Resource Pools e você verá o novo pool, sbsPool.

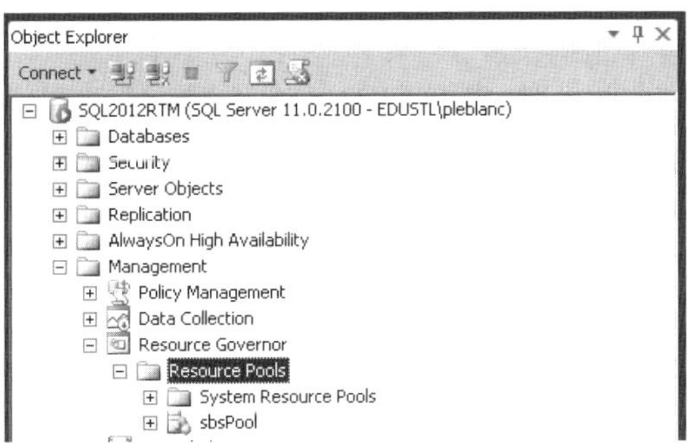

Crie um pool de recursos utilizando T-SQL

1. Para criar um pool de recursos com T-SQL, execute a query a seguir:

```
Use master;
CREATE RESOURCE POOL [sbsPool] WITH(min_cpu_percent=20,
          max_cpu_percent=50,
          min_memory_percent=20,
          max_memory_percent=50)

GO
ALTER RESOURCE GOVERNOR RECONFIGURE;
GO
```

Crie um grupo de carga de trabalho

Depois de criado o pool, o passo seguinte é criar a carga de trabalho que será mapeada nesse pool. Um *grupo de carga de trabalho* (workload group) captura um pedido de banco de dados com pontos comuns definidos por um conjunto de filtros. Os filtros são definidos por uma função classificadora, a qual será explicada na próxima seção. Um grupo de trabalho aplica uma política uniforme a todos os pedidos do grupo. Cada conexão em um grupo de trabalho é terminada individualmente, por exemplo. O pool de recursos divide os recursos entre os pedidos e aplica terminações aos pedidos como um todo.

Tal como os pools de recursos, existem dois grupos de carga de trabalho padrão:

- O grupo *interno* não pode ser modificado de maneira alguma, mas pode ser monitorado.
- Algumas modificações podem ser feitas no grupo *padrão*. Por padrão, os pedidos são atribuídos a esse grupo, quando uma sessão não pode ser classificada.

Ao se criar um grupo de carga de trabalho é possível definir seis argumentos e o grupo deve ser mapeado em um pool de recursos. A Tabela 26-1 descreve os argumentos.

TABELA 26-1 Argumentos de grupo de carga de trabalho

Argumento	Descrição	Valor padrão
importance	Solicita o grau de importância em relação a todos os pedidos. O valor pode ser High, Medium ou Low.	Medium
request_max_memory_grant_percent	Quantidade máxima de memória fornecida para determinado pedido em relação ao grupo. Deve ser maior que zero. A concessão de memória não deve ser alterada, e observe que isso serve para uma única query em um grupo.	25
request_max_memory_grant_timeout_sec	Quantidade de tempo que um pedido pode esperar por memória.	0
request_max_cpu_time_sec	Quantidade máxima de tempo de CPU fornecida para determinado pedido em relação a um grupo. O valor zero significa que ele terá como padrão o grau de paralelismo global máximo.	Valor global
max_dop	Grau máximo de paralelismo para cada pedido.	0
group_max_requests	Número máximo de pedidos concomitantes que podem ser executados dentro de um grupo de trabalho.	0 (ilimitado)

Os grupos de carga de trabalho podem ser criados com SSMS ou T-SQL. Se todos os padrões forem aceitos, será simples criar um grupo e atribuí-lo a um pool. A query T-SQL a seguir ilustra isso:

```
use master;
CREATE WORKLOAD GROUP sbsTSQLdefaults
    USING sbsPool;
GO
ALTER RESOURCE GOVERNOR RECONFIGURE;
GO
```

Quando o grupo é criado, todos os valores padrão são atribuídos aos argumentos.

Crie um grupo de carga de trabalho utilizando SSMS

1. Abra o SSMS e conecte-se a um servidor.
2. Abra o Object Explorer, se ainda não estiver aberto.
3. Expanda a árvore de servidores.
4. Expanda a pasta Management.
5. Expanda o Resource Governor.
6. Expanda a pasta Resource Pools.
7. Expanda o pool de recursos sbsPool.
8. Clique com o botão direito do mouse na pasta Workload Groups e selecione New Workload Group no menu.

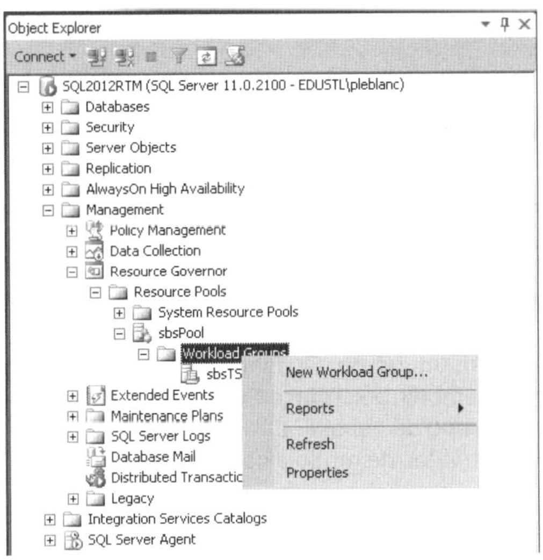

A caixa de diálogo Resource Governor Properties se abre.

9. Na tabela Workload Groups for Resource Pool, clique na coluna Name na linha com o ponto de exclamação destacado em vermelho.
10. Na coluna Name, digite **sbsSSMSgroup**.
11. Na coluna Importance, selecione Medium.
12. Na coluna Maximum Requests, aceite 0.
13. Na coluna CPU Time (Sec), digite **50**.
14. Na coluna Memory Grant %, digite **25**.

15. Aceite o padrão para Grant Time-out (Sec) e Degree of Parallelism.
16. Clique em OK.
17. Clique com o botão direito do mouse na pasta Workload Groups e selecione Refresh. Agora você verá o novo grupo.

Crie um grupo de carga de trabalho utilizando T-SQL

1. Para criar um grupo de carga de trabalho com T-SQL, execute o código a seguir:

```
USE [master];
CREATE WORKLOAD GROUP [sbsSSMSgroup] WITH(group_max_requests=0,
          importance=Medium,
          request_max_cpu_time_sec=50,
          request_max_memory_grant_percent=50,
          request_memory_grant_timeout_sec=0,
          max_dop=0) USING [sbsPool]
GO
ALTER RESOURCE GOVERNOR RECONFIGURE;
GO
```

Utilize funções classificadoras

Conforme já mencionado, os pedidos são agrupados ou classificados com base em características específicas. Essas características são determinadas em uma função definida pelo usuário. Essa função é denominada *função classificadora* e contém lógica que ajuda no agrupamento das sessões. O Resource Governor utiliza a lógica para fazer pedidos para os grupos de carga de trabalho existentes. À medida que são criadas, as sessões são classificadas em um grupo. Quando seu sistema está sob pressão intensa em termos de CPU e/ou memória, o Resource Governor pode terminar pedidos que foram classificados em um grupo de trabalho pela função classificadora. Isso ajuda a proteger outros pedidos no servidor, de modo a não serem privados de CPU ou memória.

A função classificadora deve ser criada no banco de dados master e somente uma função por vez pode ser especificada como classificadora do Resource Governor. Normalmente, funções predefinidas do sistema são utilizadas para ajudar a função classificadora na identificação de pedidos. Por exemplo, se você quiser identificar um pedido com base em quem está conectado, use a função *SUSER_NAME()*, que retorna o login do usuário. Por outro lado, se quiser classificar os pedidos pelo nome do aplicativo, use a função *APP_NAME()*. Além dessas duas funções, você pode usar a função *HOST_NAME()* para identificar o computador ou servidor origem da sessão.

Após a função ser criada, você precisará atualizar as configurações do Resource Governor. Os passos detalhados para isso são fornecidos na próxima seção.

Crie e registre uma função classificadora utilizando T-SQL

1. Abra o editor de query no SSMS.
2. No editor de query, digite e execute o seguinte código T-SQL:

```
USE master
GO
CREATE FUNCTION sbsClassifier()
RETURNS SYSNAME WITH SCHEMABINDING
BEGIN
     DECLARE @Group sysname

     IF(SUSER_SNAME()) = 'jdoe'
     BEGIN
          SET @Group = 'sbsSSMSgroup'
END

     RETURN @Group
END
GO
```

Na função anterior, a função *SUSER_NAME* é utilizada para determinar quem é o usuário. Se o usuário for jdoe, então todas as sessões desse usuário serão enviadas para o grupo de carga de trabalho sbsSSMSgroup.

3. Abra outra janela de query e execute o código T-SQL a seguir:

```
USE MASTER
GO
ALTER RESOURCE GOVERNOR with (CLASSIFIER_FUNCTION = dbo.sbsClassifier)
ALTER RESOURCE GOVERNOR RECONFIGURE
GO
```

Esse código registra a função no Resource Governor e, então, o Resource Governor é reconfigurado para que possa começar a utilizar a função.

Teste funções classificadoras

Agora que todas as peças estão no lugar, como você pode verificar se as funções estão sendo utilizadas conforme o esperado? Bem, a não ser que seu sistema esteja sendo pressionado, você não poderá observar pools ou grupos de trabalho sendo restringidos. Mas pode verificar se a classificação de pedidos recebidos está funcionando conforme o planejado.

Teste uma função classificadora utilizando T-SQL

1. Abra o editor de query no SSMS.
2. No editor de query, execute o seguinte código T-SQL:

```
USE [master]
GO
CREATE LOGIN [jdoe]
     WITH PASSWORD=N'pass@word1',
     DEFAULT_DATABASE=[AdventureWorks2012],
     CHECK_EXPIRATION=OFF,
     CHECK_POLICY=OFF
GO
USE [AdventureWorks2012]
GO
CREATE USER [jdoe] FOR LOGIN [jdoe]
GO
USE [AdventureWorks2012]
GO
ALTER ROLE [db_datareader] ADD MEMBER [jdoe]
GO
```

   O código anterior cria um login de SQL Server e um usuário dentro do banco de dados AdventureWorks2012 que pode ler todos os conteúdos desse banco.

3. Abra uma nova janela de query e conecte-se como o usuário jdoe.
4. No editor de query, execute o seguinte código T-SQL:

```
USE AdventureWorks2012;
SELECT *
FROM HumanResources.Department
```

5. Volte para a primeira janela de query, onde o usuário foi criado, e exclua todo o conteúdo. No editor de query, execute a seguinte query:

```
USE AdventureWorks2012;
SELECT
     s.group_id,
     CAST(g.name as nvarchar(20)) ResourceGroup,
     s.session_id,
     s.login_name,
     s.login_time,
     CAST(s.host_name as nvarchar(20)) HostName,
     CAST(s.program_name AS nvarchar(20)) ProgramName
FROM sys.dm_exec_sessions s
INNER JOIN sys.dm_resource_governor_workload_groups g
     ON g.group_id = s.group_id
WHERE
     g.name = 'sbsSSMSgroup'
ORDER BY
     g.name
GO
```

Os resultados incluirão pelo menos uma linha, a qual faz referência à sessão que está conectada como jdoe.

	group_id	ResourceGroup	session_id	login_name	login_time	HostName	ProgramName
1	257	sbsSSMSgroup	85	jdoe	2012-09-24 11:28:50.043	SQL2012RTM	Microsoft SQL Server

Se você abrisse mais sessões conectadas como esse usuário, veria mais linhas quando a query fosse executada. Por fim, observe que group_id não é um (o grupo de trabalho padrão). Essa coluna identifica em qual grupo de trabalho do Resource Governor a sessão foi colocada.

Modifique configurações do Resource Governor

Caso precise alterar qualquer uma das configurações do Resource Governor, você pode fazer isso facilmente com SSMS ou T-SQL. Além disso, pode remover um pool, uma carga de trabalho ou uma função classificadora. Antes de remover um pool, primeiro você deve remover qualquer grupo de carga de trabalho associados a ele. Se quiser remover uma função classificadora, deve primeiro desassociá-la do Resource Governor.

Altere um grupo de carga de trabalho existente utilizando T-SQL

1. Abra o editor de query no SSMS.
2. No editor de query, execute o seguinte código T-SQL:

```
USE [master];
ALTER WORKLOAD GROUP [sbsTSQLdefaults]
WITH (REQUEST_MAX_MEMORY_GRANT_PERCENT = 50);
GO
ALTER RESOURCE GOVERNOR RECONFIGURE;
GO
```

Agora os pedidos classificados para essa carga de trabalho terão acesso a mais memória. Novas sessões teriam, mas as já existentes, não. As sessões existentes continuarão a ser administradas, mesmo que você DESABILITE o Resource Governor; elas permanecerão em seus grupos de trabalho por um período de tempo.

Remova grupos de carga de trabalho e pools de recursos existentes utilizando SSMS

Nota Antes de seguir estes passos, certifique-se de que qualquer conexão aberta utilizando o usuário jdoe seja fechada.

1. Abra o SSMS e conecte-se a um servidor.
2. Abra o Object Explorer, se ainda não estiver aberto.

3. Expanda a árvore de servidores.
4. Expanda a pasta Management.
5. Expanda o Resource Governor.
6. Expanda a pasta Resource Pools.
7. Expanda o pool de recursos sbsPool.
8. Expanda a pasta Workload Groups.
9. Clique com o botão direito do mouse no grupo de carga de trabalho sbsTSQLDefaults e selecione Delete.
10. Repita os passos, mas, desta vez, exclua sbsSSMSgroup.
11. Clique com o botão direito do mouse em sbsPool e selecione Delete no menu. Se houver sessões abertas que referenciem o pool, você poderá receber um erro.

Remova uma função classificadora utilizando T-SQL

1. Abra o editor de query no SSMS.
2. No editor de query, execute o seguinte código T-SQL:

```
USE [master]
ALTER RESOURCE GOVERNOR with (CLASSIFIER_FUNCTION = null)
ALTER RESOURCE GOVERNOR RECONFIGURE
GO
USE [master]
DROP FUNCTION dbo.sbsClassifier
GO
```

   Você deve primeiro definir a função classificadora do Resource Governor como uma nova função ou null. Então, poderá remover a função.

Resumo

Este capítulo forneceu um panorama do recurso Resource Governor do Microsoft SQL Server. Você percorreu os passos para configurar o Resource Governor corretamente e aprendeu sobre certas situações em que, para controlar recursos de seu sistema, pode se beneficiar do Resource Governor. Ao fazer as configurações, considere cuidadosamente o impacto que as restrições do Resource Governor terão sobre usuários e aplicativos. Monitore o Resource Governor atentamente após a implementação, para garantir o efeito desejado na limitação do impacto pesado sobre o desempenho.

CAPÍTULO 27

SQL Server Agent

Neste capítulo, você vai aprender a

- Entender os componentes do SQL Server Agent
- Ver as opções do SQL Server Agent Configuration Manager.
- Configurar propriedades do SQL Server Agent.
- Criar operadores.
- Configurar alertas e jobs.
- Criar proxies.

Conforme discutido no Capítulo 22, "Planos de manutenção", tarefas agendadas regularmente devem ser executadas para garantir que a recuperação de desastres, as políticas de retenção, o desempenho dos índices e as metas de monitoramento sejam mantidos. Para assegurar que todas essas tarefas sejam realizadas por meio de uma única tecnologia, o Microsoft SQL Server inclui um serviço no Windows chamado de SQL Server Agent. O SQL Server Agent pode executar e agendar tarefas ou jobs. Essas tarefas agendadas não devem ser confundidas com as tarefas agendadas do Agendador de Tarefas do Windows. O SQL Server Agent pode executar o seguinte:

- Pacotes do SQL Server Integration Services (SSIS)
- Scripts de T-SQL
- Scripts de PowerShell
- Scripts de ActiveX
- Tarefas de replicação
- Tarefas de Analysis Services
- Tarefas de sistema operacional (CmdExec)

Dentro de um job, cada um desses itens mencionados pode ser executado como um passo. Os detalhes relacionados à criação e ao agendamento de jobs serão fornecidos mais adiante neste capítulo. Primeiro você vai conhecer os componentes do SQL Server Agent.

Componentes do SQL Server Agent

Conforme já mencionado, o SQL Server Agent executa jobs, e esses jobs são um dos componentes utilizados pelo SQL Server Agent para executar as tarefas definidas. Além dos jobs, o SQL Server Agent contém outros componentes. A Tabela 27-1 lista e descreve cada componente.

TABELA 27-1 Componentes do SQL Server Agent

Componente	Descrição
Job	Lista sequencial de ações.
Agenda	Descrição de quando um job será executado. Para cada job é criada uma agenda, mas um novo job pode copiar a agenda de outro já existente.
Operador	Pessoa a ser notificada quando ocorrer certa ação ou evento no SQL Server ou no SQL Server Agent.
Alerta	Notificação ou resposta a determinado evento. Os alertas são baseados em eventos do SQL Server, em condições de desempenho do SQL Server ou em eventos de WMI. Um operador pode ser notificado se um alerta for disparado.
Proxy	Contexto no qual o job é executado.

Conforme você pode ter notado a partir das descrições, normalmente os componentes funcionam em conjunto, como uma unidade de trabalho única. Embora isso não seja uma obrigatoriedade, é algo que você vai encontrar repetidas vezes ao criar cada componente. Por exemplo, um job pode usar uma agenda para ser executado automaticamente, um operador pode ser notificado se um job for bem-sucedido ou falhar ou ser notificado se um alerta for disparado. Veremos como criar e gerenciar cada componente mais adiante neste capítulo.

As opções do SQL Server Agent Configuration Manager

Certos aspectos do SQL Server Agent podem ser configurados, por exemplo, a conta de segurança com que ele deve iniciar, onde o log de erros deve ser armazenado e se ele deve iniciar automaticamente. Talvez você também queira iniciar, parar ou pausar o SQL Server Agent. Algumas tarefas podem ser configuradas usando apenas o SQL Server Configuration Manager, enquanto outras podem ser configuradas com o SQL Server Management Studio (SSMS).

Veja as opções de configuração do SQL Server Agent utilizando SSMS

1. Clique em Iniciar | Todos os Programas | Microsoft SQL Server 2012 | Configuration Tools | SQL Server Configuration Manager. O SQL Server Configuration Manager se abre.
2. Selecione SQL Server Services no painel de navegação da esquerda.

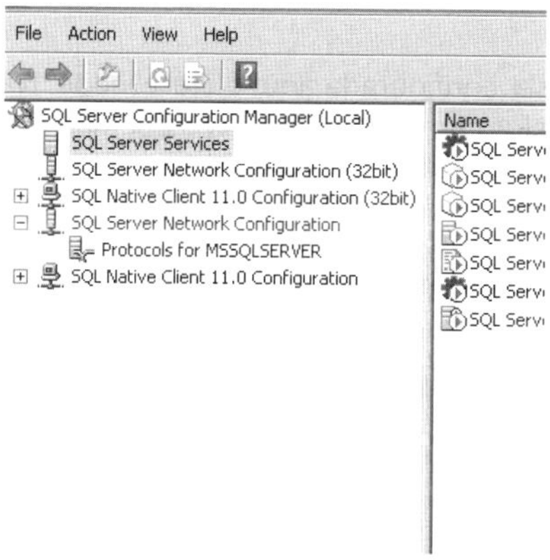

3. Na seção da direita, clique com o botão direito do mouse em SQL Server Agent e selecione Properties no menu.

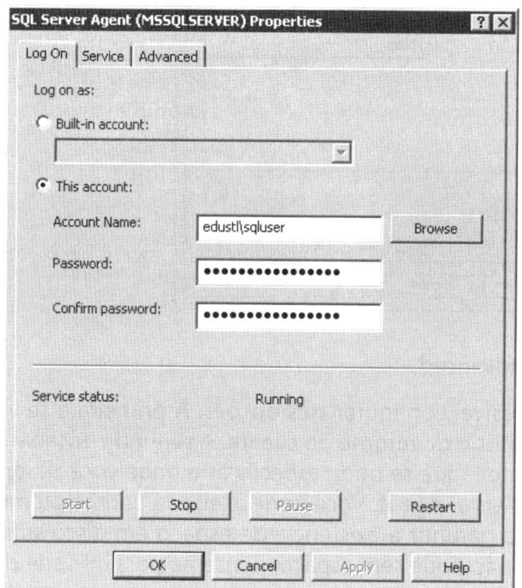

4. Na guia Log On, você pode parar o SQL Server Agent clicando em Stop. Também é possível iniciá-lo, pausá-lo ou reiniciá-lo conforme a necessidade. Além disso, é possível especificar com qual conta o serviço fará logon.

Importante É muito importante fazer qualquer alteração de conta de serviço aqui, no SQL Server Configuration Manager. Fazer alterações desse tipo no console Local Services do Painel de Controle pode resultar em falhas de permissões no SQL Server.

5. Clique na guia Service.

   A única opção que pode ser configurada aqui é Start Mode. Na maioria dos casos, você deve definir o valor como Automatic. Mas, se não estiver usando uma funcionalidade do SQL Server Agent, deve defini-lo como Manual ou Disabled. Se você definir o valor como Manual, o SQL Server Agent ainda poderá ser iniciado; no entanto, se definir como Disabled, não poderá iniciá-lo. Dito isso, em um servidor de produção não há um bom motivo pelo qual ele deva ser parado.

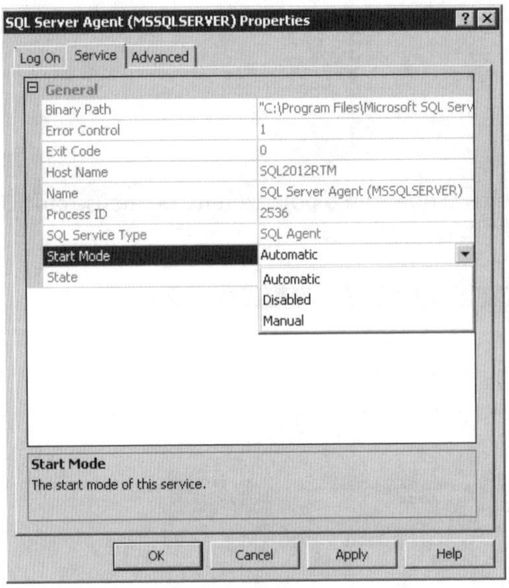

6. Clique na guia Advanced.

   Nessa guia é possível configurar três opções. A primeira é se você quer ou não fornecer um relatório de retorno ao cliente. A segunda opção – e provavelmente a mais importante – que se pode especificar é onde você deseja colocar os logs de erro do SQL Server Agent. Você pode aceitar o padrão ou mover os logs para outro lugar. Para garantir a existência de espaço em disco suficiente e que sua unidade C local não fique sem espaço, pense na possibilidade de colocar os logs de erro em outro local.

7. Clique em Cancel.

Configure propriedades do SQL Server Agent

Embora o SQL Server Configuration Manager forneça algumas opções muito importantes que podem ser configuradas para um serviço do Windows, o SSMS apresenta outras que você definitivamente deve examinar. Como o SQL Server Agent é um mecanismo em geral utilizado para executar regularmente tarefas importantes ou tarefas que podem depender de ou utilizar muitos recursos, com o SSMS você pode controlar propriedades, como as seguintes:

- Executar jobs com base na disponibilidade de recursos
- Quando reiniciar o SQL Server Agent
- O volume de informações que devem persistir no log de erros
- Alertas e notificações

Essas propriedades estão disponíveis por meio do SSMS e são facilmente configuradas.

Veja e configure propriedades do SQL Server Agent com SSMS

1. Abra o SSMS e conecte-se a um servidor.
2. Abra o Object Explorer, se ainda não estiver aberto.
3. Expanda o servidor.
4. Clique com o botão direito do mouse em SQL Server Agent e selecione Properties no menu.

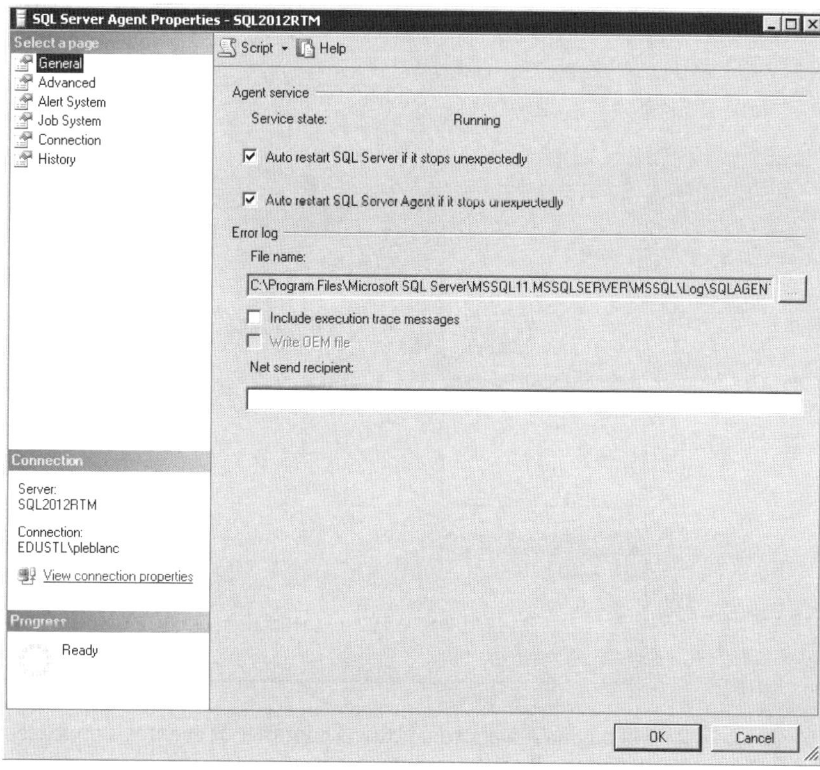

Na página General da seção Agent Service é possível controlar como o SQL Server Agent se comportará se o servidor ou o SQL Server Agent parar.

É altamente recomendado manter as duas primeiras caixas de seleção marcadas o tempo todo. Além disso, quando a caixa de seleção Include Execution Trace Messages é marcada na seção Error Log, o SQL Server Agent envia mais informações para o log de erros. Se optar por marcar essa caixa, certifique-se de ter espaço em disco suficiente para suportar a alteração. Se estiver trabalhando com tecnologias mais antigas, você também pode enviar mensagens via net send, inserindo o usuário na caixa de texto Net Send Recipient.

> **Nota** A opção net send será removida nas futuras versões de SQL Server. Portanto, evite utilizar esse recurso.

5. Clique em OK para aceitar os padrões.
6. No painel Select a Page, clique em Advanced.

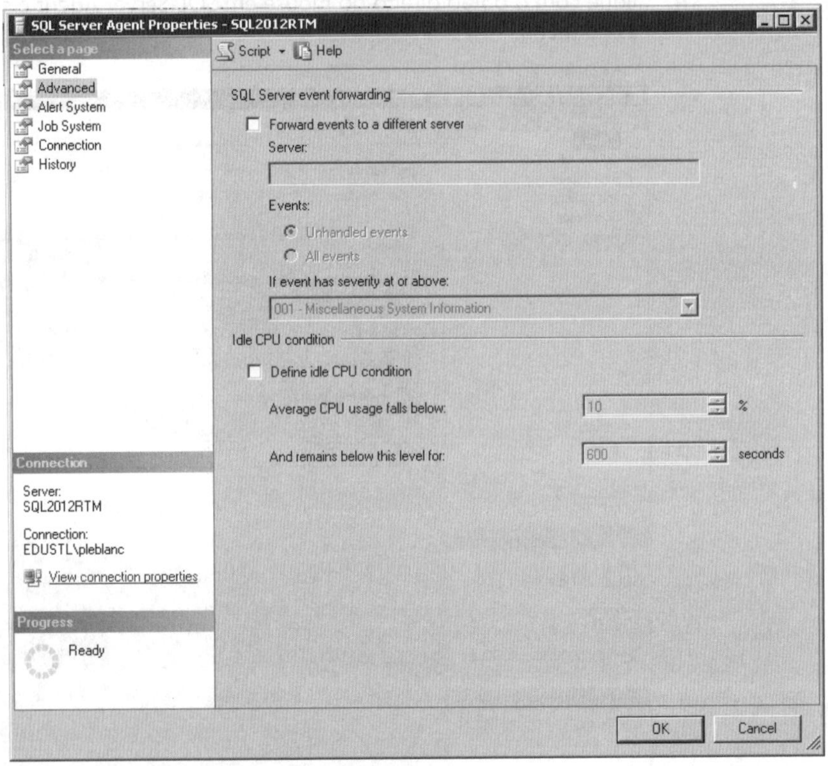

Na página Advanced é possível controlar os eventos e onde eles devem ser armazenados – local ou remotamente.

7. Clique em OK para aceitar os padrões.
8. Na seção Idle CPU Condition, marque a caixa de seleção Define Idle CPU Condition. Agora você tem a capacidade de controlar quando um job é realmente executado, com base na utilização da CPU.

9. Na caixa de texto Average CPU Usage Falls Below, digite **40**.
10. Na caixa de texto And Remains Below This Level For, digite **30**.

    A especificação dos dois valores anteriores diz ao SQL Server Agent para que só execute jobs quando a utilização média da CPU estiver abaixo de 40% por 30 segundos.

11. No painel Select a Page, selecione History.

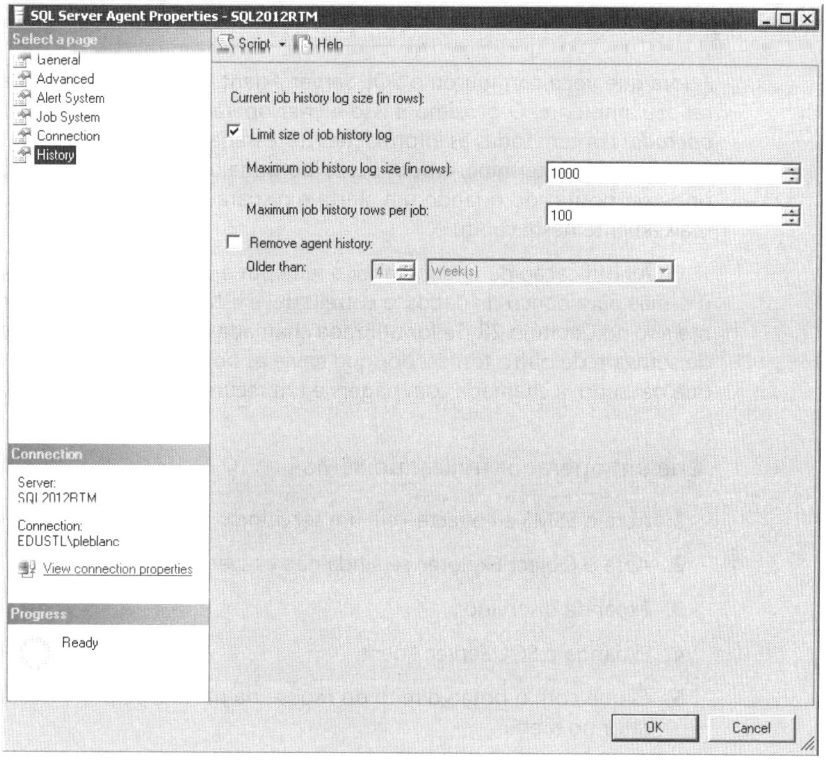

Nessa página é possível configurar o volume de histórico sobre jobs a ser mantido e quando eliminar informações de log.

12. Digite **5000** na caixa de texto Maximum Job History Log Size (in Rows). Essa configuração limita o tamanho do log a 5.000 linhas para todos os jobs.
13. Digite **500** na caixa de texto Maximum Job History Rows per Job. Essa configuração diz ao SQL Server Agent para que armazene somente 500 linhas de informações de log para cada job.
14. Marque a caixa de seleção Remove Agent History, digite **1** na caixa de texto Older Than e aceite o valor Week(s) da lista suspensa.

    Essa configuração é um pouco enganosa, pois não se trata de um processo agendado ocorrendo novamente. Em vez disso, ela remove os dados dentro dos valores específicos, quando se clica em OK.

15. Clique em OK.

> **Nota** Talvez você tenha notado que três páginas foram puladas: Alert System, Job System e Connection. Isso porque a página Alert System será discutida no Capítulo 28, "Database Mail", e uma discussão sobre as páginas Job System e Connection está fora dos objetivos deste livro.

Crie operadores

Agora que você configurou o SQL Server Agent, é hora de começar a criar e configurar seu ambiente. O próximo passo é criar operadores. Conforme já mencionado, um *operador* contém todas as informações necessárias para notificar uma pessoa ou grupo quando um job termina, é bem-sucedido ou falha. Além disso, um operador também pode ser notificado quando um alerta é disparado. Os jobs e alertas serão discutidos mais adiante neste capítulo.

A notificação de um operador é feita por e-mail, pagers ou net send. Para se usar o e-mail para banco de dados, o correio deve estar configurado – vamos falar mais sobre isso no Capítulo 28. Se for utilizada chamada com pager , deverá existir algum tipo de software de outro fornecedor que envie as notificações. Contudo, da mesma forma que net send, a chamada com pagers é um recurso descontinuado; evite utilizá-los.

Crie um operador utilizando SSMS

1. Abra o SSMS e conecte-se a um servidor.
2. Abra o Object Explorer, se ainda não estiver aberto.
3. Expanda o servidor.
4. Expanda o SQL Server Agent.
5. Clique com o botão direito do mouse na pasta Operators e selecione New Operator no menu.

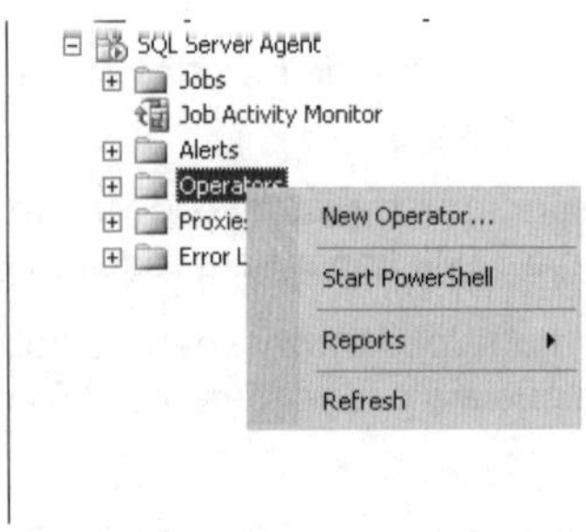

6. A janela New Operator se abre.
7. Na página General, digite **WeekdayDBA** na caixa de texto Name.

8. Digite um endereço de e-mail na caixa de texto E-mail Name.

   Na seção Pager on Duty Schedule, você pode especificar a disponibilidade de uma pessoa ou grupo. Nesta seção, você tem a flexibilidade de selecionar certos dias e horas, conforme for necessário.

9. Marque todas as caixas de seleção de dia da semana, mas deixe Saturday e Sunday desmarcados, pois essa pessoa está fora nos fins de semana. Digite **7:00:00 AM** na caixa de texto Workday Begin.

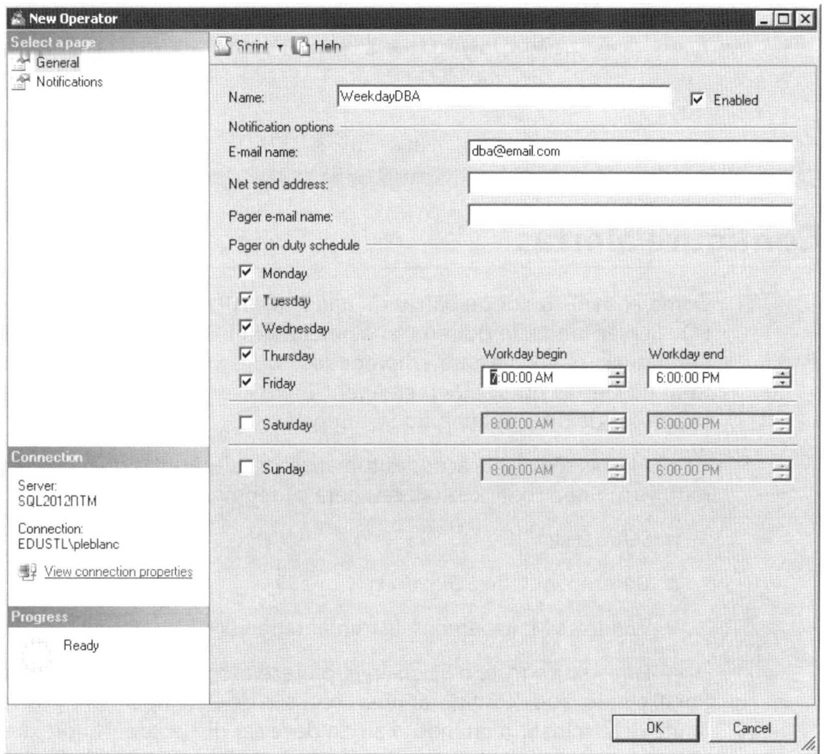

10. Clique em OK.

> **Nota** Talvez você tenha notado a página Notification no painel Select a Page. Vamos voltar a ela quando tivermos criado um alerta.

Crie um operador utilizando T-SQL

1. Para criar um operador com T-SQL, execute o script a seguir:

```
USE [msdb]
GO
EXEC msdb.dbo.sp_update_operator @name=N'WeekdayDBA',
        @enabled=1,
        @weekday_pager_start_time=70000,
        @weekday_pager_end_time=180000,
        @pager_days=62,
        @email_address=N'jdoe@email.com',
        @pager_address=N'',
        @netsend_address=N''
GO
```

Configure alertas

Como administrador de banco de dados (DBA), manter e monitorar seu ambiente de SQL Server faz parte de seu trabalho. Ser um DBA reativo, em vez de proativo, pode determinar se você estará empregado ou desempregado, dependendo da situação. Com os alertas do SQL Server Agent é possível monitorar proativamente eventos e condições de desempenho do SQL Server.

Alertas são notificações automatizadas, disparadas quando certos eventos ocorrem. Você pode configurar alertas para os seguintes tipos de eventos:

- SQL Server
- Desempenho do SQL Server
- Windows Management Instrumentation (WMI)

Para cada opção, o SQL Server oferece escolhas de configuração muito seletivas. Por exemplo, ao se configurar uma condição de desempenho, é possível especificar um limite determinando quando o alerta deve ser disparado. No próximo procedimento, vamos criar um alerta baseado em contadores internos do SQL Server que procuram o uso de recursos descontinuados, incluindo código T-SQL descontinuado.

Crie um alerta do SQL Server utilizando SSMS

1. Abra o SSMS e conecte-se a um servidor.
2. Abra o Object Explorer, se ainda não estiver aberto.
3. Expanda o servidor.
4. Expanda o SQL Server Agent.

5. Clique com o botão direito do mouse na pasta Alerts e selecione New Alert no menu. A caixa de diálogo New Alert se abre.
6. Na caixa de texto Name, digite **Deprecated Usage**.
7. Selecione SQL Server Performance Condition Alert na lista suspensa Type.
8. Selecione Deprecated Features na lista suspensa Object.
9. Selecione Usage na lista suspensa Counter.
10. Selecione SET ROWCOUNT na lista suspensa Instance.
11. Selecione Rises Above na lista suspensa Alert If Counter.
12. Deixe 0 na caixa de texto Value.

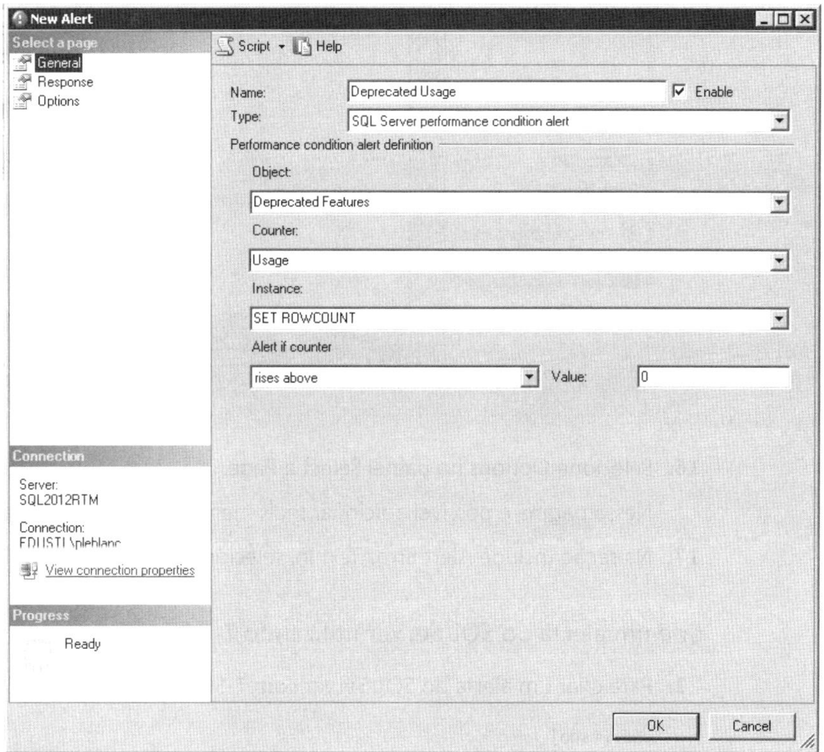

13. No painel Select a Page, selecione Response.
14. Marque a caixa de seleção Notify Operators.

15. Na seção Operator List, marque a caixa de seleção na coluna E-mail.

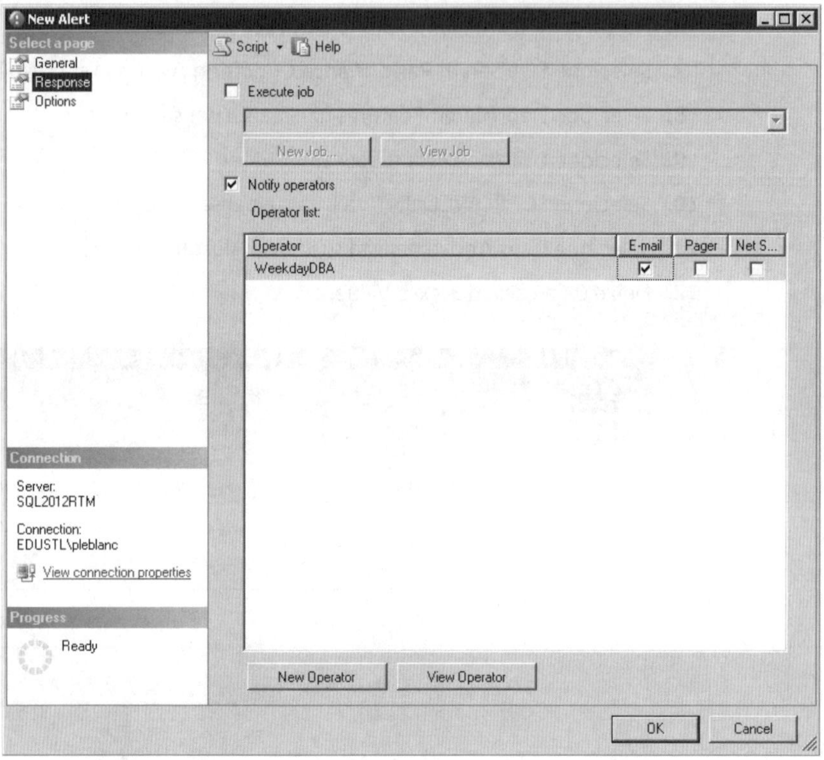

16. Selecione Options no painel Select a Page.

    Nessa página é possível adicionar mais mensagens para o alerta.

17. Na seção Include Alert Error Text In, selecione a caixa E-mail e clique em OK.

Crie um alerta do SQL Server utilizando T-SQL

1. Para criar um alerta do SQL Server com T-SQL, execute o script a seguir:

```
USE [msdb]
GO
EXEC msdb.dbo.sp_add_alert @name=N'Deprecated Usage',
        @enabled=1,
        @delay_between_responses=0,
        @include_event_description_in=0,
        @performance_condition=N'Deprecated Features|Usage|SET ROWCOUNT|>|0',
        @job_id=N'00000000-0000-0000-0000-000000000000'
GO
EXEC msdb.dbo.sp_add_notification
     @alert_name=N'Deprecated Usage', @operator_name=N'WeekdayDBA', @
notification_method
= 1
GO
```

O primeiro stored procedure, *sp_add_alert*, cria o alerta, e o segundo, *sp_add_notification*, adiciona uma notificação para o operador especificado.

Configure jobs

Os jobs do SQL Server Agent são normalmente utilizados para automatizar tarefas de manutenção, como backups e reconstruções de índice. Embora esses sejam os usos mais comuns, os jobs do SQL Server Agent podem ser utilizados para automatizar outras tarefas, como a execução de um processo de extração, transformação e carregamento (ETL –Extract, Transform, Load) para um data warehouse. Um job não contém apenas os passos ou as tarefas que pode executar, mas também pode incluir agenda, alerta e notificação.

Normalmente, um job contém uma série de passos agendados para execução no SQL Server Agent. É possível configurar o job para enviar uma notificação quando terminar, quando for bem-sucedido ou falhar. Por último, é possível incluir alertas como parte de um job.

> **Nota** Se um usuário não faz parte da função sysadmin, deve ser adicionado a SQLAgentUserRole, SQLAgentReaderRole ou SQLAgentOperatorRole no banco de dados msdb para criar, modificar ou excluir jobs.

Crie um job utilizando SSMS

1. Abra o SSMS e conecte-se a um servidor.
2. Abra o Object Explorer, se ainda não estiver aberto.
3. Expanda o servidor.
4. Expanda o SQL Server Agent.
5. Clique com o botão direito do mouse na pasta Jobs e selecione New Job no menu.
6. A caixa de diálogo New Job se abre.
7. Digite **AdventureWorks2012 Nightly Full Backup** na caixa de texto Name.
8. Digite **sa** na caixa de texto Owner.

> **Nota** sa é usado aqui apenas para propósitos de demonstração. Você não deve utilizá-lo em cenários de produção. É recomendável criar uma conta de serviço dedicada no SQL Server, que será usada para executar jobs.

9. Selecione Database Maintenance na lista suspensa Category.

10. Na caixa de texto Description, digite **Nightly Full Backup of the AdventureWorks database that runs at midnight every day including weekends**.

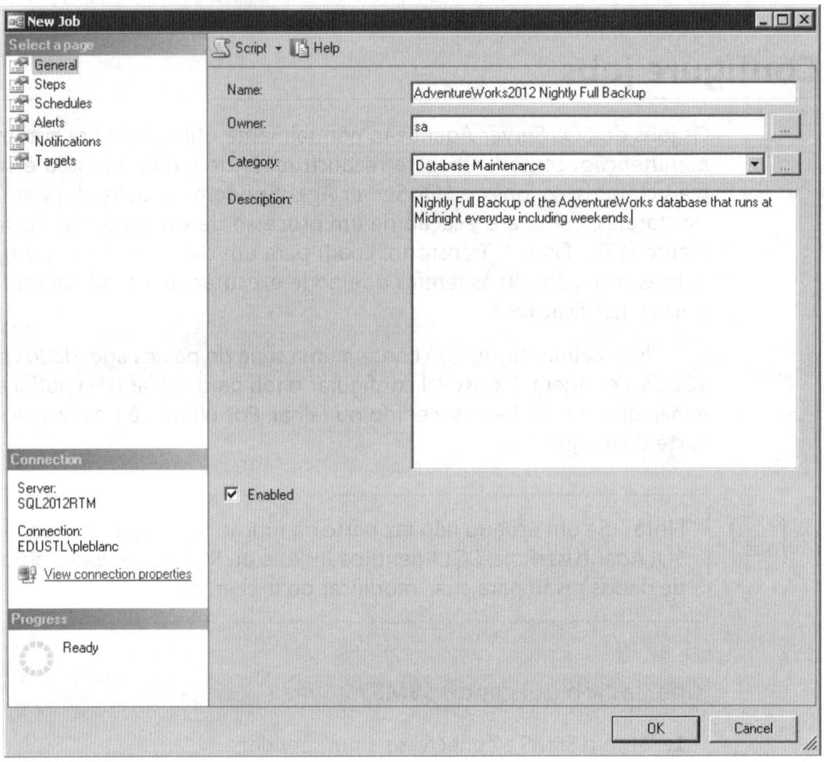

11. Selecione Steps no painel Select a Page.
12. Na página Steps, clique em New.
13. Na caixa de texto Step Name, digite **Nightly Backup**.
14. Na lista suspensa Type, aceite o padrão, Transact-SQL Script (T-SQL).
15. Aceite o padrão para a lista suspensa Run As, que está em branco. Voltaremos a isso mais adiante.
16. Aceite o padrão, master, na lista suspensa Database.

17. Execute o código T-SQL a seguir na caixa de texto Command:

```
use master
go
BACKUP DATABASE AdventureWorks2012
TO C:\Program Files\Microsoft SQL Server\MSSQL11.MSSQLSERVER\MSSQL\Backup\
AdventureWorks2012.bak
```

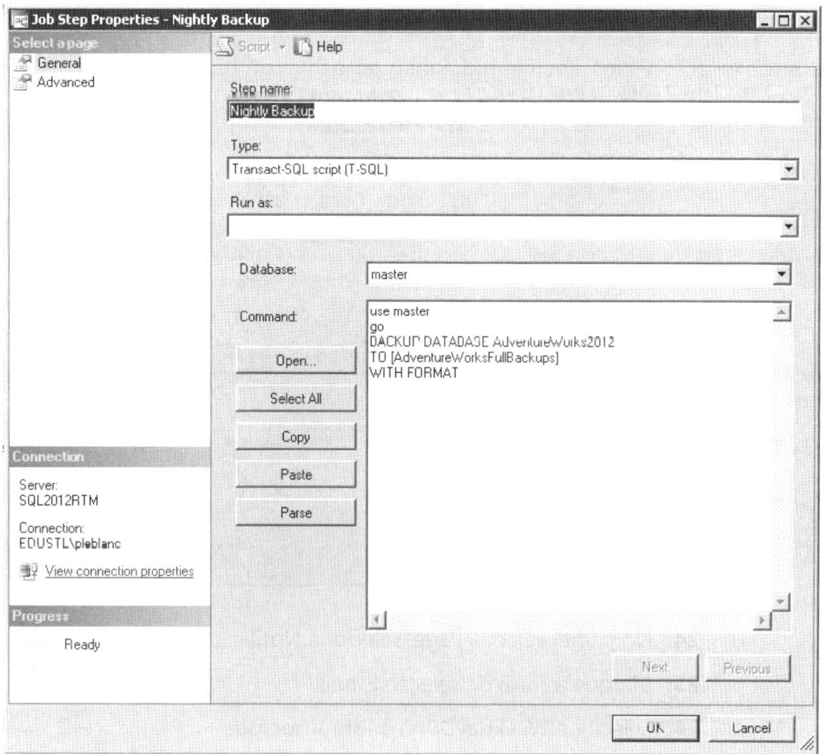

18. No painel Select a Page, selecione Advanced.

    Nessa página é possível fazer várias configurações. Examine as opções existentes. Se houver vários passos no job, você pode especificar qual passo deve ser executado, dependendo do sucesso ou da falha de outro anterior. Também é possível digitar o número de novas tentativas. Você pode registrar em log mais informações sobre um passo e executar um passo específico como um usuário diferente.

19. Aceite os padrões, por enquanto, e clique em OK.

20. No painel Select a Page, selecione Schedules. Na página Schedules, clique no botão New.

21. Digite **Nightly Midnight** na caixa de texto Name.

22. Selecione Daily na lista suspensa Occurs da seção Frequency.
23. Aceite todos os padrões para os outros itens e clique em OK.

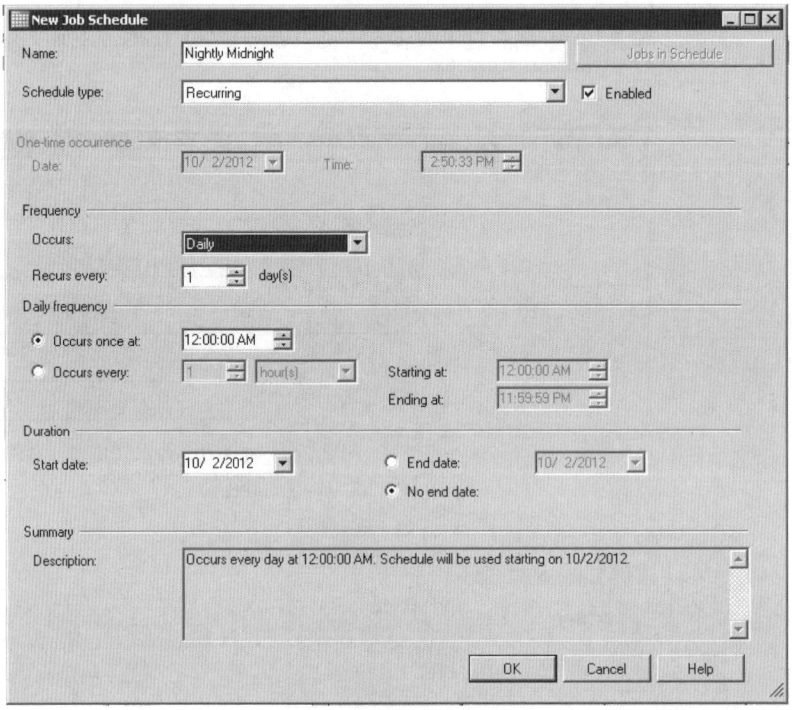

24. No painel Select a Page, selecione Notifications.
25. Marque a caixa de seleção E-mail.
26. Selecione WeekdayDBA na lista suspensa.
27. Clique em OK.

> **Nota** Duas páginas foram omitidas nessa discussão: Alerts e Targets. Se quiser incluir um alerta no job, pode especificá-lo na página Alert. Se quiser configurar administração de vários servidores, pode usar a página Target para isso.

Crie proxies

Em alguns casos, talvez seja necessário executar um job com uma conta que tenha acesso a objetos externos ao SQL Server. Para isso, utilize um proxy. Um *proxy* é o contexto de segurança que um job pode personificar em tempo de execução, para um propósito específico e limitado. Por exemplo, um proxy poderia ser utilizado ao se executar um pacote SSIS ou um script de PowerShell. Os proxies dependem de credenciais. A *credencial* é que dá ao proxy acesso aos objetos externos. Normalmente, uma credencial contém informações de segurança de uma conta do Windows: o nome de usuário e a senha. Essa conta pode ser um administrador do sistema com privilégios para caminhos do rodo. É preciso criar uma credencial antes de criar um proxy.

> **Nota** O usuário do Windows utilizado para criar a credencial deve ter a permissão Logon as Batch Job no servidor que contém a instância de SQL Server.

Crie uma credencial utilizando SSMS

1. Abra o SSMS e conecte-se a um servidor.
2. Abra o Object Explorer, se ainda não estiver aberto.
3. Expanda o servidor.
4. Expanda a pasta Security.
5. Clique com o botão direito do mouse na pasta Credentials e selecione New Credential. A caixa de diálogo New Credential se abre.
6. Digite um nome na caixa de texto Credential Name.
7. Digite o nome de usuário do Windows na caixa de texto Identity. Como alternativa, clique no botão de reticências para procurar a conta.
8. Digite a senha dessa conta nas caixas de texto Password e Confirm Password.

> **Nota** A seção Encryption Provider está desabilitada porque é destinada para uso com um provedor de Enterprise Key Management (EKM).

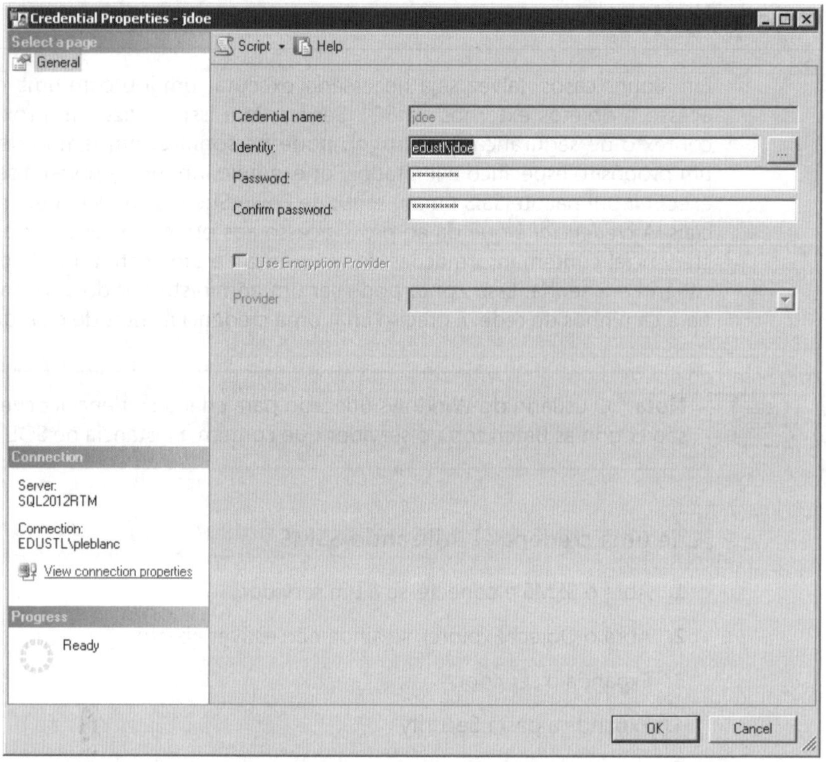

9. Clique em OK.

   Com a credencial criada, você pode criar um proxy para utilizar as permissões dessa conta do Windows.

Crie e utilize um proxy com SSMS

1. Abra o SSMS e conecte-se a um servidor.
2. Abra o Object Explorer, se ainda não estiver aberto.
3. Expanda o servidor.
4. Expanda o SQL Server Agent.
5. Clique com o botão direito do mouse na pasta Proxies e selecione New Proxy no menu. A caixa de diálogo New Proxy Account se abre.
6. Digite **BackupAccount** na caixa de texto Proxy Name.
7. Digite uma credencial na caixa de texto Credential Name ou clique no botão de reticências e selecione uma na lista de credenciais disponíveis.

8. Na seção Active to the Following Subsystems, selecione a caixa ao lado de PowerShell.

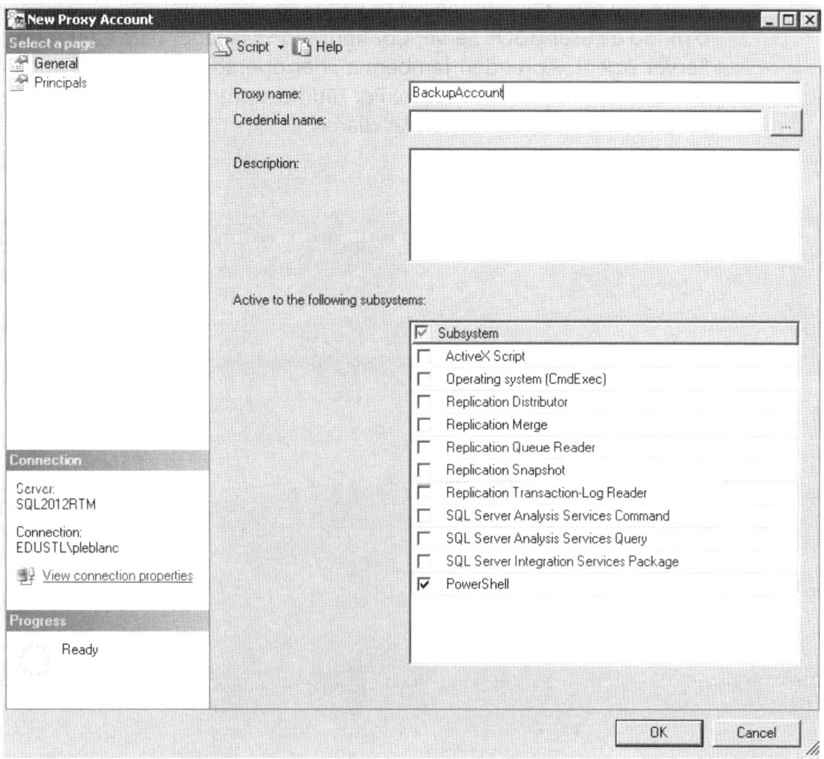

9. No painel Select a Page, selecione Principals. É aí que você garante acesso a esse proxy a qualquer conta adicional.
10. Clique em OK.
11. Expanda a pasta Jobs.
12. Clique com o botão direito do mouse no job AdventureWorks2012 Nightly Full Backup e selecione Properties.
13. Selecione Steps no painel Select a Page.
14. Clique em New.
15. Selecione PowerShell na lista suspensa Type.
16. Selecione Backup Account na lista suspensa Run As. Isso obriga o SQL Server Agent a executar o passo no contexto desse proxy.
17. Clique em Cancel.

Resumo

Neste capítulo, você conheceu os vários componentes do SQL Server Agent e explorou o modo de usar o SQL Server Configuration Manager para alterar propriedades do SQL Server Agent. Aprendeu também a criar operadores e alertas que podem ser usados como um meio de notificação. Por último, aprendeu a criar jobs que podem ajudar a simplificar e automatizar tarefas diárias.

CAPÍTULO 28

Database Mail

Neste capítulo, você vai aprender a

- Conhecer os componentes do Database Mail.
- Configurar o Database Mail.
- Enviar e-mail com o Database Mail.
- Monitorar o Database Mail.

O Microsoft SQL Server 2005 eliminou a necessidade de instalar um cliente MAPI (Messaging Application Programming Interface) para enviar e-mail a partir de uma instância de SQL Server. Agora, os e-mails podem ser enviados utilizando um servidor de correio SMTP (Simple Mail Transfer Protocol), como o Microsoft Exchange Server. Além de você não precisar do cliente MAPI, mesmo havendo um problema no servidor SMTP, o SQL Server continuará a enfileirar mensagens. Quando o problema for resolvido, o SQL Server começará a enviar as mensagens.

Além disso, como o envio de e-mail é externo ao SQL Server, é muito improvável que haja uma degradação no desempenho. As informações de log são armazenadas para cada evento de mail ocorrido e estão prontamente disponíveis para os administradores. Essas informações incluem eventos bem-sucedidos e erros, que podem ser utilizados para resolver qualquer problema do Database Mail ou de SMTP que possa ocorrer. Por fim, como medida de precaução, é possível restringir ou limitar o tamanho dos arquivos para reduzir qualquer problema de desempenho que poderia surgir no servidor de correio, devido ao envio de arquivos grandes.

Neste capítulo, você vai conhecer os vários componentes do Database Mail. Vai configurar cada componente e saber como utilizar o Database Mail para enviar e-mail e configurar alertas e operadores. Por último, vai ver como monitorar o Database Mail com recursos internos do SQL Server.

Componentes do Database Mail

Para que o Database Mail funcione, você precisa criar e configurar certos objetos. Outros itens são instalados e configurados durante a instalação do SQL Server:

- **msdb** O banco de dados msdb armazena todas as informações de configuração e segurança. Além disso, contém todos os objetos necessários para o envio de e-mail. Por exemplo, no banco de dados msdb existem vários stored procedures de sistema específicos para o Database Mail.

- **Objetos de configuração** Como mencionado, o banco de dados msdb armazena objetos de configuração. Esses objetos consistem em contas e perfis do Database Mail. As contas do Database Mail contêm as informações necessárias para o envio de e-mail, como o endereço de e-mail e o nome do remetente. Os perfis do Database Mail são, na verdade, contêineres de contas de correio. Uma conta pode ter um ou muitos perfis. Existem dois tipos de perfis: público e privado. Os membros da DatabaseMailUserRole no banco de dados msdb têm acesso aos perfis públicos. Qualquer usuário que seja membro dessa função pode enviar e-mail com o perfil público usando o Database Mail. A função privada é mais restritiva. Um usuário deve ter acesso a esse perfil e receber permissões EXEC em *sp_send_dbmail*, antes que possa enviar e-mail usando esse perfil. Ao enviar e-mail com o Database Mail, você deve especificar um perfil de correio. Portanto, caso precise reconfigurar uma conta do Database Mail atribuída a um perfil, você pode fazer isso sem afetar o e-mail de outras contas atribuídas ao mesmo perfil.
- **Objetos de transmissão de mensagens (messaging)** Semelhantes aos objetos de configuração, os objetos de transmissão de mensagens são armazenados no banco de dados msdb. Esses objetos consistem em várias views e stored procedures, incluindo o procedimento *sp_send_dbmail*, o qual pode ser usado para enviar e-mail por meio de um programa T-SQL. Um exemplo de como utilizar o procedimento será fornecido mais adiante neste capítulo.
- **Registro e auditoria** Quando eventos de correio são executados, informações são armazenadas no banco de dados msdb e no log de eventos do Windows.
- **Executável do Database Mail** Esse executável é utilizado para obter as informações da fila no msdb e para enviar o e-mail aos servidores de correio.

Configure o Database Mail

O Database Mail pode ser configurado com T-SQL ou com o Database Mail Configuration Wizard; o método a ser utilizado é uma questão de preferência. Se você optar por utilizar T-SQL, deve habilitar os stored procedures estendidos do Database Mail. Contudo, se optar por usar o assistente, os stored procedures estendidos serão habilitados automaticamente; portanto, neste capítulo, usaremos o assistente. Caso decida não utilizar o assistente e, em vez disso, usar T-SQL, recorra ao script a seguir para habilitar os stored procedures estendidos:

```
EXEC sp_configure 'show advanced options', 1;
GO
RECONFIGURE;
GO
EXEC sp_configure 'Database Mail XPs', 1;
GO
RECONFIGURE
GO
```

Não é necessário reiniciar o servidor depois de executar esse script. Quando ele tiver terminado, você pode começar a configurar o Database Mail.

> **Nota** É possível configurar o Database Mail para usar servidores SMTP locais ou remotos. Como resultado, você pode usar sua conta na Microsoft (Live) ou no Gmail como servidor SMTP para a configuração de seu Database Mail. Para uma conta no Live, o servidor é smpt.live.com, porta 587, e você deve usar Secure Sockets Layer (SSL).

Configure o Database Mail utilizando o Configuration Wizard

1. Abra o SSMS e conecte-se em uma instância de SQL Server.
2. Expanda a pasta Management.
3. Clique com o botão direito do mouse em Database Mail.

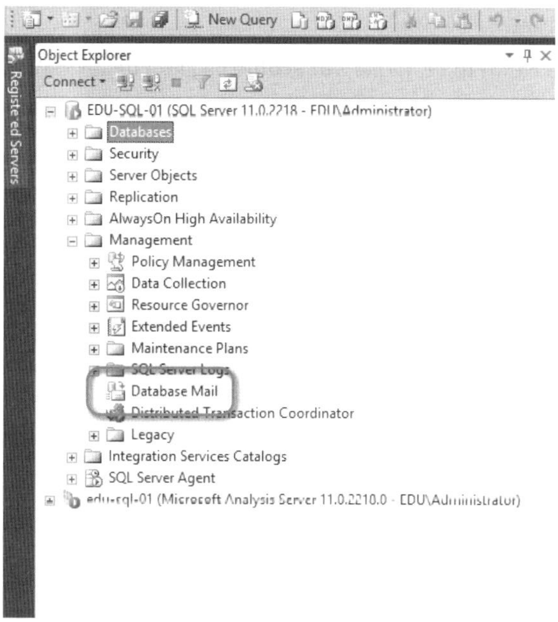

4. Selecione Configure Database Mail no menu que aparece.

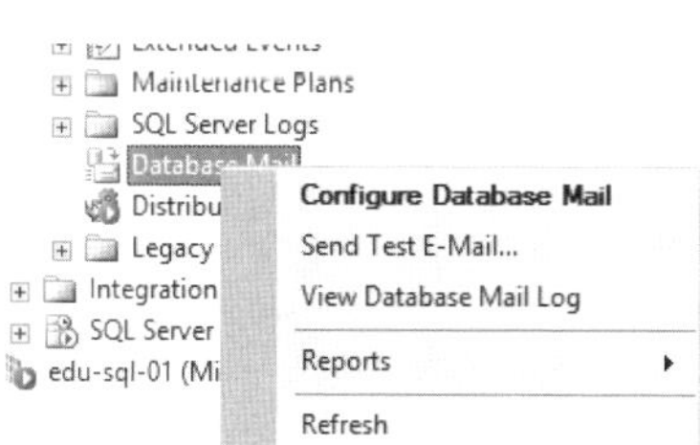

5. Clique em Next na página Welcome to Database Mail Configuration.
6. Certifique-se de que a opção Set Up Database Mail by Performing the Following Tasks esteja selecionada na página Select Configuration Task.
7. Clique em Next.

   Caso você não tenha habilitado os stored procedures estendidos de banco de dados, será solicitado a habilitar o Database Mail.

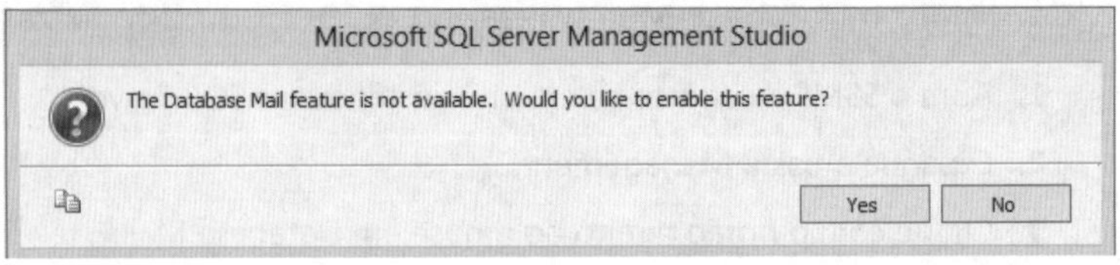

8. Clique em Yes.
9. Na página New Profile, digite **SBSProfile** na caixa de texto Profile Name.
10. Digite **Step by Step Profile Example** na caixa de texto Description.
11. Clique em Add.

    A janela New Database Mail Account se abre.
12. Digite **SBS Account** na caixa de texto Account Name e **SBS Account example** na caixa de texto Description.
13. Na caixa de texto Email Address, digite um endereço de e-mail.
14. Na caixa de texto Display Name, digite o nome de exibição que você quer usar ao enviar e-mail, o que é opcional.
15. A opção Reply E-mail é opcional. Portanto, pode deixar a caixa de texto Reply E--mail em branco.
16. Na caixa de texto Server Name, digite o servidor SMTP que será usado para enviar e-mail – por exemplo, **smtp.live.com**.
17. Se a porta não for 25, digite o número de porta correta na caixa de texto Port. Normalmente, essa mudança é exigida somente se for utilizado SSL.

18. Caso o servidor SMTP exija uma conexão segura, marque a caixa de seleção This Server Requires a Secure Connection (SSL).
19. Por último, você tem três opções de autenticação SMTP. Caso possa autenticar utilizando o Windows com a conta de serviço do mecanismo de banco de dados, selecione a primeira opção. Caso esteja usando um servidor remoto, como neste exemplo, selecione Basic Authentication e, em seguida, forneça um nome de usuário e uma senha. Por fim, se seu servidor SMTP aceita autenticação anônima, selecione Anonymous Authentication. Muitos servidores SMTP internos aceitarão autenticação anônima para servidores dentro de uma rede corporativa privada.

Nota Na imagem a seguir, as informações sigilosas foram protegidas.

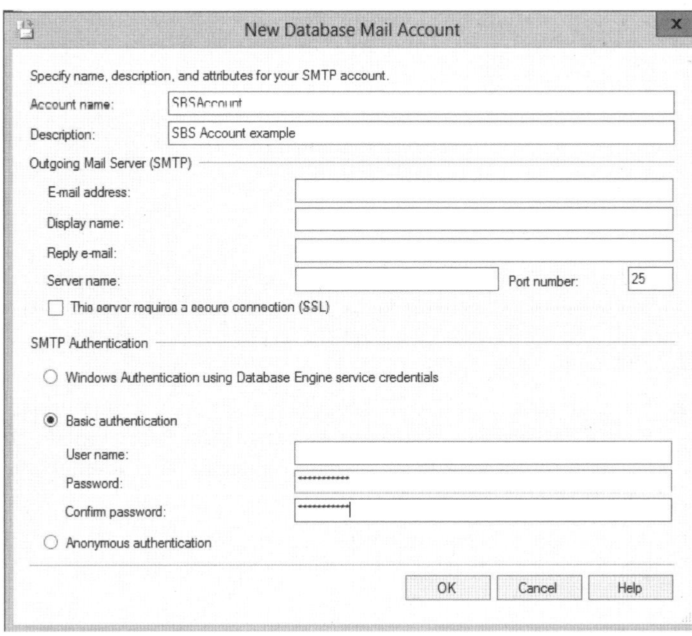

20. Clique em OK.

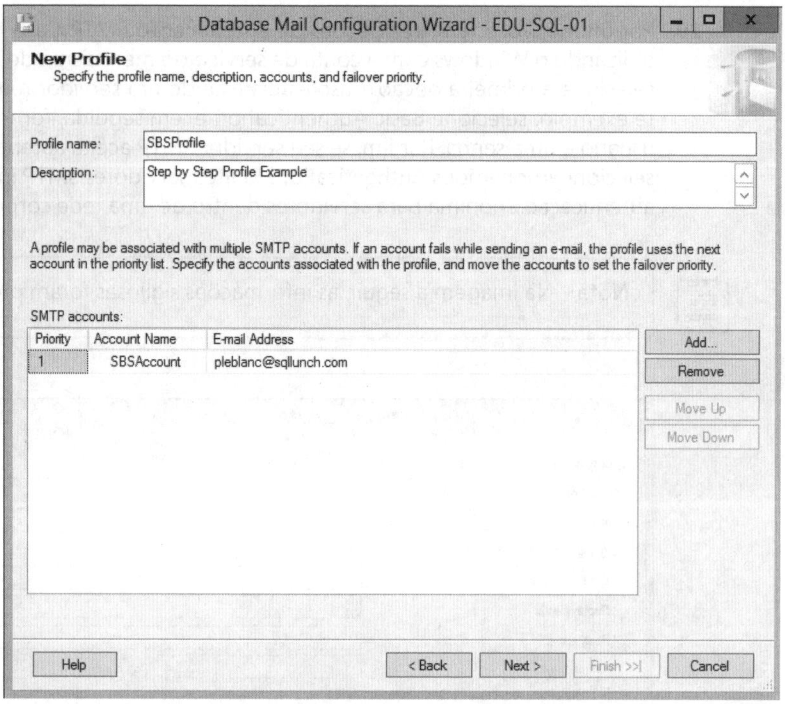

21. Clique em Next.

22. Na página Manage Profile Security, você notará a guia Public Profiles e a guia Private Profiles. Vamos nos concentrar na guia Public Profiles agora, mas se você quisesse tornar esse perfil privado, selecionaria a guia Private Profiles e então selecionaria a caixa ao lado desse perfil.

    Por enquanto, continue na guia Public Profiles e selecione a caixa ao lado de SBSProfile.

23. Clique na coluna Default Profile e selecione Yes na lista suspensa.

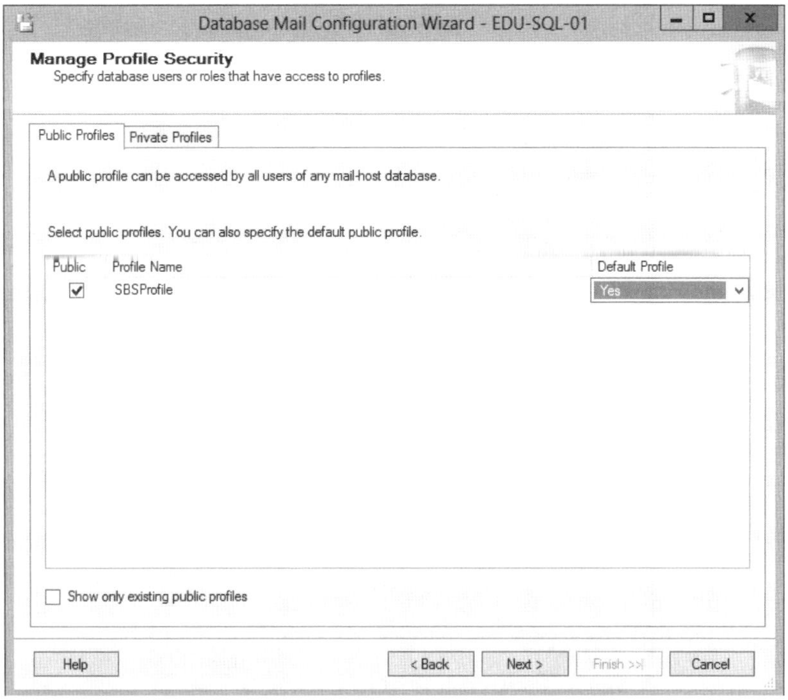

24. Clique em Next.

    Na página Configure System Parameters é possível definir opções que controlam vários parâmetros avançados.

25. Examine a descrição de cada opção, clicando na coluna Value de cada parâmetro.

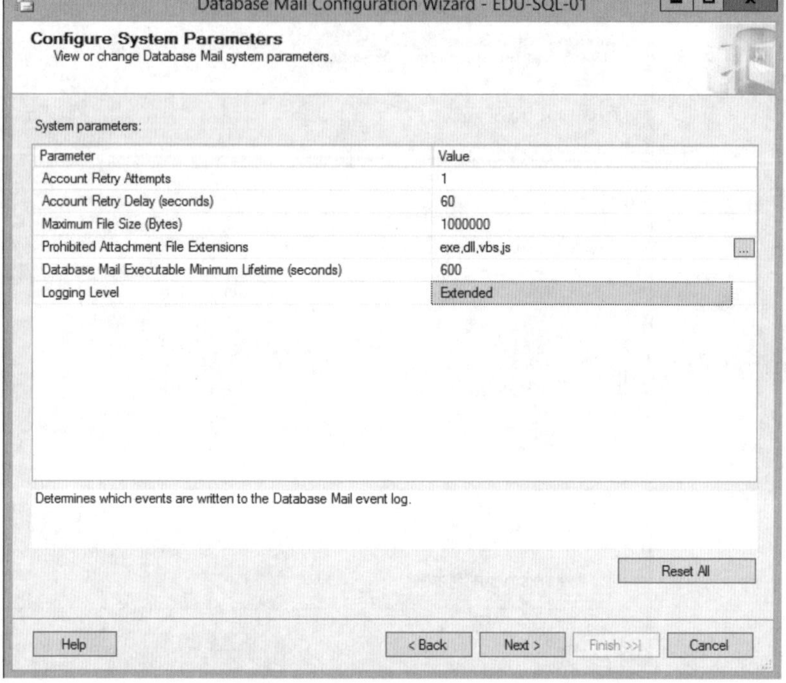

26. Aceite os valores padrão, por enquanto, e clique em Next.

    A página Complete the Wizard fornece um resumo das ações que estão para ser executadas.

27. Leia o resumo e clique em Finish.

    Na última página aparece uma lista das ações executadas.

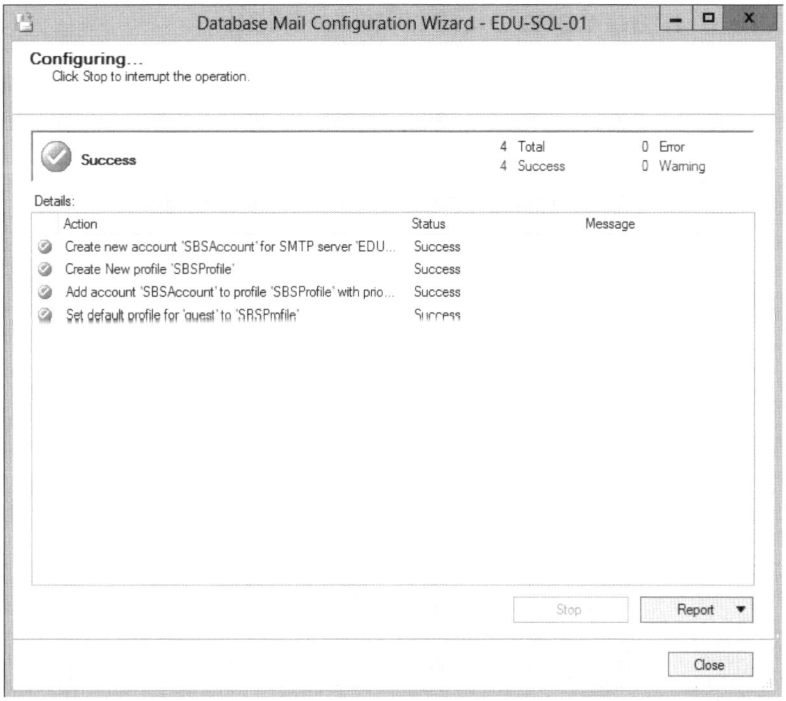

28. Clique em Close.

> **Nota** Se quiser enviar um e-mail de teste, clique com o botão direito do mouse em Database Mail no Object Explorer e selecione Send Test E-mail no menu. Digite um endereço de e-mail válido na caixa de texto To e clique em Send Test E-mail. Se tudo estiver configurado corretamente, você deverá receber um e-mail em breve. Caso contrário, procure erros no log do Database Mail, conforme discutido posteriormente neste capítulo.

Envie e-mail com o Database Mail

Agora que o Database Mail está configurado, você pode enviar e-mails. Normalmente, um e-mail é enviado a partir de jobs do SQL Server Agent, quando esses jobs são bem-sucedidos, terminam ou falham, ou é enviado por meio de um programa de T-SQL. Antes que um e-mail possa ser enviado a partir de jobs do SQL Server Agent, este deve ser configurado para utilizar um perfil do Database Mail.

Envie um e-mail utilizando T-SQL

1. Abra o SQL Server Management Studio (SSMS) e conecte-se em uma instância de SQL Server.
2. Abra uma nova janela de query.
3. Execute o código T-SQL a seguir:

```
EXEC msdb.dbo.sp_send_dbmail
     @profile_name = 'SBSProfile',
     @recipients = 'email@email.com',
     @body = 'Email test from Step-By-Step Book.',
     @subject = 'Test From SQL Server' ;
```

O stored procedure *sp_send_dbmail* é usado para enviar e-mail com T-SQL. O exemplo de script anterior usa o número mínimo de parâmetros exigidos para enviar um e-mail. Uma lista completa de todos os parâmetros pode ser encontrada no SQL Server Books Online.

Configure o SQL Server Agent para enviar e-mail usando Database Mail

1. Abra o SSMS e conecte-se em uma instância de SQL Server.
2. Clique com o botão direito do mouse em SQL Server Agent no Object Explorer e selecione Properties no menu.
3. Na janela SQL Server Agent Properties, selecione Alert System no painel Select a Page.
4. Marque a caixa de seleção Enable Mail Profile.

5. Selecione SBSProfile na lista suspensa Mail Profile.

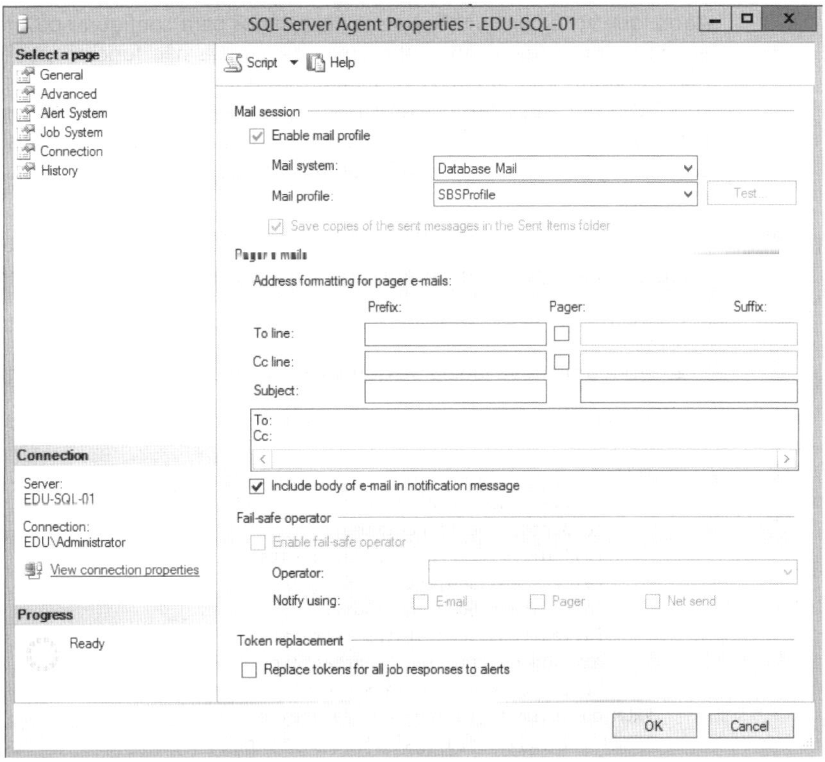

6. Clique em OK.

No Capítulo 27, "SQL Server Agent", você criou um job e configurou notificações para serem enviadas a um operador quando o job falhasse. Lembre-se de que, em caso de falhas de jobs, o operador agora será notificado sobre isso via e-mail.

Monitore o Database Mail

Agora que você concluiu os passos necessários para configurar o Database Mail, pode encontrar um cenário no qual o envio de e-mails não funciona, ou talvez queira verificar quantas mensagens de e-mail foram enviadas e para quem. Isso pode ser feito com SSMS ou T-SQL. Se você usar T-SQL, precisará consultar o SQL Server Books Online para conhecer as views contidas no banco de dados msdb que mostram as informações de registro e auditoria do Database Mail. Se usar SSMS, só precisará abrir o log do Database Mail.

Veja os eventos de log e auditoria do Database Mail utilizando T-SQL

1. Abra o SSMS e conecte-se em uma instância de SQL Server.
2. Abra uma nova janela de query e execute o código T-SQL a seguir:

```
USE msdb ;
GO
SELECT
     profiles.name ProfileName,
     accounts.name AccountName,
     faileditems.recipients Recipients,
     faileditems.subject MailSubject,
     faileditems.body EmailBody,
     faileditems.sent_status SentStatus,
     maillog.description EventMessage,
     faileditems.sent_date SentDate
FROM dbo.sysmail_faileditems faileditems
INNER JOIN dbo.sysmail_allitems allitems
     ON faileditems.mailitem_id = allitems.mailitem_id
INNER JOIN dbo.sysmail_profile profiles
     ON faileditems.profile_id = profiles.profile_id
INNER JOIN dbo.sysmail_profileaccount profileaccounts
     ON profiles.profile_id = profileaccounts.profile_id
INNER JOIN dbo.sysmail_account accounts
     ON profileaccounts.account_id = accounts.account_id
INNER JOIN dbo.sysmail_event_log maillog
     ON faileditems.mailitem_id = maillog.mailitem_id
```

A query anterior retorna uma lista apenas das tentativas de e-mail malsucedidas. Com T-SQL é possível ver rapidamente informações sobre e-mails malsucedidos, usando a coluna EventMessage da query anterior. Examinando essa coluna, você pode diagnosticar o que causou a falha.

Veja os eventos de log e auditoria do Database Mail utilizando SSMS

1. Abra o SSMS e conecte-se em uma instância de SQL Server.
2. Expanda a pasta Management.
3. Clique com o botão direito do mouse em Database Mail e selecione View Database Mail Log no menu.

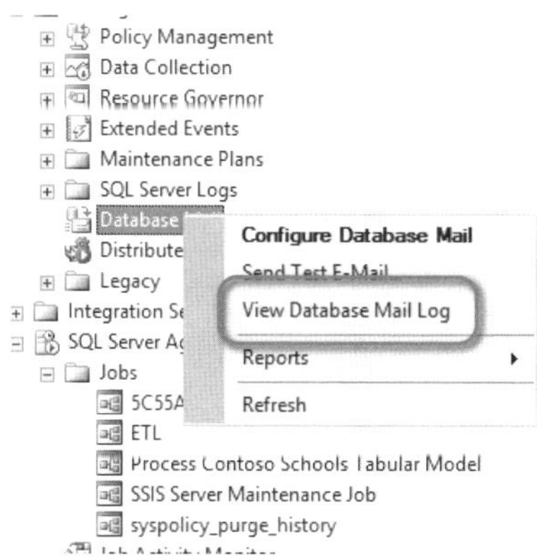

4. O Database Mail se abre. Você pode ver rapidamente um panorama consolidado de toda atividade do Database Mail.

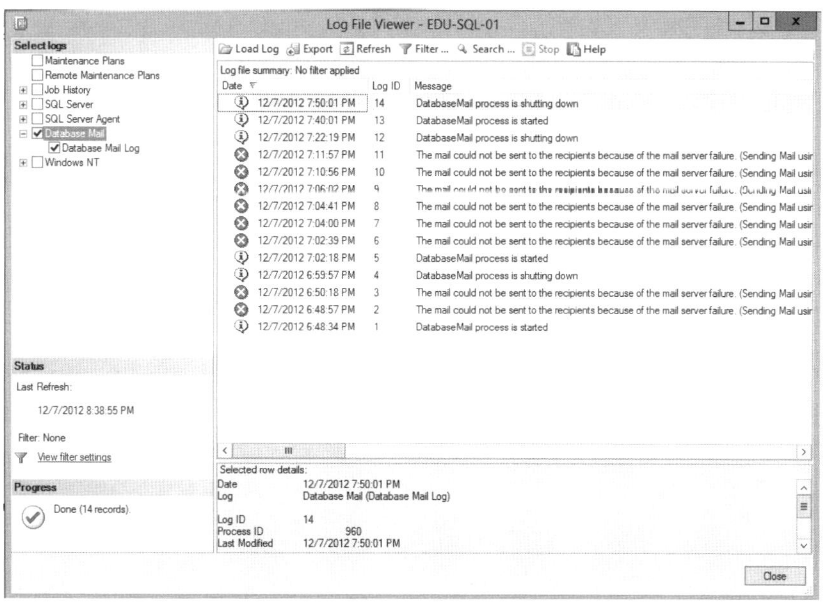

É possível exportar, pesquisar ou filtrar o conteúdo do Log File Viewer utilizando o menu localizado na parte superior da janela.

Resumo

Este capítulo forneceu um panorama do SQL Server Database Mail. É importante lembrar que o Database Mail não exige um cliente MAPI. Primeiro, você examinou os componentes que constituem o Database Mail. Depois, aprendeu a habilitar e configurar o Database Mail, e como enviar e-mail usando T-SQL e também a partir de jobs do SQL Server Agent. Por último, você explorou as diferentes maneiras de ver informações de auditoria e log do Database Mail para pesquisar e resolver problemas em potencial.

CAPÍTULO 29

Triggers de definição de dados

Neste capítulo, você vai aprender a

- Explicar os diferentes tipos de triggers (gatilhos).
- Criar, alterar e remover triggers (gatilhos).
- Explicar os usos práticos dos triggers (gatilhos).

Os triggers (gatilhos) de definição de dados, que diferem dos triggers de manipulação de dados, são disparados com base em eventos que ocorrem em nível de servidor e de banco de dados. Por exemplo, você pode criar um trigger de definição de dados que seja disparado quando um banco de dados ou uma tabela for criada. Esses triggers são normalmente utilizados para fazer auditoria da criação de bancos de dados em um servidor ou de objetos dentro de um banco de dados. Além disso, eles podem ser usados como uma maneira de saber quando tabelas, views, procedures e outros objetos são criados e para controlar convenções de nomenclatura para objetos e tipos de objeto em especial. Os triggers de definição de dados também podem ser usados para controlar quem pode fazer logon em um servidor. Por outro lado, os triggers de manipulação de dados são vinculados a um objeto, a uma tabela ou a uma view específica em um banco de dados. Ao contrário dos triggers de definição de dados, os triggers de manipulação de dados são disparados apenas com base em uma alteração em uma tabela ou view.

Neste capítulo, você vai conhecer os diferentes tipos de triggers de definição de banco de dados disponíveis. Então, vai aprender a criar, modificar, habilitar e desabilitar os triggers. Por último, vai percorrer os passos necessários para remover ou eliminar um trigger de um banco de dados.

Tipos de triggers

Assim como a maioria dos objetos contidos em um banco de dados Microsoft SQL Server, há diversos tipos de triggers (gatilhos). E existem essencialmente dois tipos de triggers de definição de dados: CLR e T-SQL. Os triggers CLR são código gerenciado compilado, escrito em uma das linguagens de programação .NET, como Visual Basic ou C#. Os triggers T-SQL são escritos em T-SQL e executam instruções semelhantes aos stored procedures.

Nota Neste capítulo, vamos nos concentrar nos triggers T-SQL. Se estiver interessado nos triggers CLR, consulte o SQL Server Books Online, que fornece detalhes sobre como criá-los.

Conforme mencionado, os triggers de definição de dados são usados principalmente para fazer a auditoria da criação ou remoção de objetos de servidor e de banco de dados e controlam o acesso ao servidor. Eles são disparados quando os eventos de definição de dados especificados do SQL Server, como *CREATE_DATABASE*, *CREATE_TABLE*, *DROP_TABLE* e assim por diante, são executados. Uma listagem completa desses eventos pode ser encontrada no SQL Server Books Online.

A linguagem de programação T-SQL é usada para criar triggers de definição de dados. O pseudocódigo a seguir representa templates que podem ser usados para criar um ou outro tipo:

```
---Faz auditoria da criação de objeto de servidor ou de banco de dados (CREATE, DROP,
ALTER, etc...)
CREATE TRIGGER trigger_name
ON { ALL SERVER | DATABASE }
 [ WITH <ddl_trigger_option> [,...n ] ]
{ FOR | AFTER } { event_type | event_group } [,...n ]
AS
{ sql_statement [ ; ] [ ,...n ] }
<ddl_trigger_option> ::= [ ENCRYPTION ] [ EXECUTE AS Clause ]

---Trigger para controlar eventos de logon
CREATE TRIGGER trigger_name
ON ALL SERVER [ WITH <logon_trigger_option> [ ,...n ] ]
{ FOR| AFTER } LOGON
AS
{ sql_statement [ ; ] [ ,...n ] }
<logon_trigger_option> ::= [ ENCRYPTION ] [ EXECUTE AS Clause ]
```

Nota O escopo das definições de dados é em nível do banco de dados ou do servidor. Por exemplo, um trigger (gatilho) no evento *CREATE_VIEW* poderia ser criado para um ou para muitos bancos de dados no servidor. Mas, se quiser criar um trigger de login, esse evento é em nível de servidor e deve ser criado com a sintaxe ON ALL SERVERS.

Crie triggers

Semelhantes aos triggers (gatilhos) de manipulação de dados, os triggers de definição de dados normalmente são considerados tipos especiais de stored procedures. Por outro lado, os triggers de definição de dados não são associados a uma tabela ou view específica; em vez disso, são considerados objetos do servidor. Além disso, eles não têm a capacidade de referenciar as tabelas lógicas inseridas e excluídas. (Detalhes sobre essas tabelas foram dados no Capítulo 18, "Triggers de definição de dados".) Em vez disso, existe uma função *EventData()* que mostram detalhes sobre eventos de trigger de definição de dados. Essa função retorna um valor XML; portanto, você deve usar XQuery para ver os resultados.

Nota A abordagem do tipo de dado XML e da XQuery está fora dos objetivos deste livro. Para saber mais, consulte o SQL Server Books Online.

Crie um trigger utilizando T-SQL

1. Abra o SSMS e conecte-se a um servidor.
2. Abra o Object Explorer, se ainda não estiver aberto.
3. Expanda o nó do servidor e, em seguida, expanda a pasta Databases.
4. Expanda o banco de dados AdventureWorks2012.
5. Expanda a pasta Programmability.
6. Clique com o botão direito do mouse na pasta Database Triggers e escolha New Database Trigger.

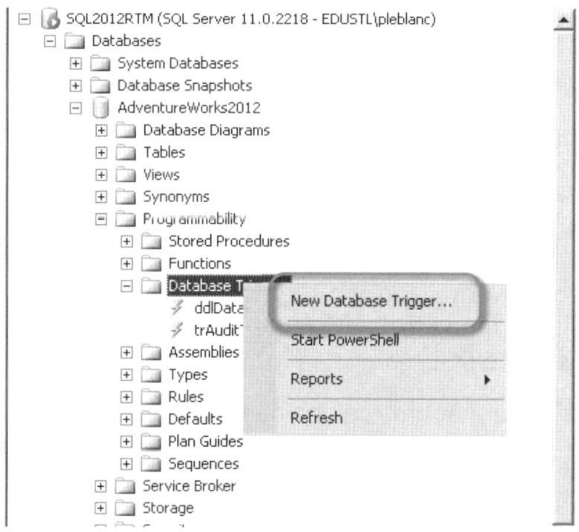

Será aberta uma nova janela de query contendo o script Trigger Template. Você pode usar esse script como um bom ponto de partida para criar um trigger.

7. Abra uma nova janela de query e execute o código T-SQL a seguir:

```
USE AdventureWorks2012
GO
IF(OBJECT_ID('dbo.TableAudits')) IS NOT NULL
     DROP TABLE dbo.TableAudits
CREATE TABLE dbo.TableAudits
(
     UserName nvarchar(100),
     AuditEvent nvarchar(100),
     TSQLStateent nvarchar(2000),
     AuditDate datetime
)
GO
```

O script anterior cria uma tabela que armazenará as informações capturadas por um trigger de definição de dados.

8. Abra uma nova janela de query e execute a query a seguir:

```
USE AdventureWorks2012;
  GO
  IF EXISTS (SELECT * FROM sys.triggers
      WHERE parent_class = 0 AND name = 'trAuditTableChanges')
  DROP TRIGGER trAuditTableChanges
  ON DATABASE;
GO
CREATE TRIGGER trAuditTableChanges
ON DATABASE
FOR ALTER_TABLE
AS
DECLARE @Data XML
SET @Data = EventData()
INSERT TableAudits (AuditDate, UserName, AuditEvent, TSQLStateent)
VALUES
   (GETDATE(),
   CONVERT(NVARCHAR(100), CURRENT_USER),
   @Data.value('(/EVENT_INSTANCE/EventType)[1]', 'nvarchar(100)'),
   @Data.value('(/EVENT_INSTANCE/TSQLCommand)[1]', 'nvarchar(2000)') ) ;
GO
```

No script anterior será gravado um registro na tabela TableAudits, no caso de alguém tentar alterar uma tabela existente. XQuery é usada para capturar o tipo de evento e a instrução SQL real.

A seguir, você vai adicionar uma coluna na tabela Employee.

9. Abra uma nova janela de query e execute a query a seguir:

```
USE AdventureWorks2012
GO
ALTER TABLE HumanResources.Employee
ADD Age int;
```

10. Abra uma nova janela de query e execute a query a seguir:

```
USE AdventureWorks2012
GO
SELECT *
FROM dbo.TableAudits
```

Os resultados mostram o que foi inserido pelo trigger na tabela de auditoria.

Results | Messages

	UserName	AuditEvent	TSQLStateent	AuditDate
1	dbo	ALTER_TABLE	ALTER TABLE HumanResources.Employee ADD Age int;	2012-12-10 07:16:31.867

Como você pode ver, o evento e instrução T-SQL inteira são gravados na tabela. Esse é um exemplo de trigger de definição de dados simples, para auditoria de mudança de esquema.

Veja um trigger em um servidor utilizando SSMS

1. Abra o SSMS e conecte-se a um servidor.
2. Abra o Object Explorer, se ainda não estiver aberto.
3. Expanda o nó do servidor e, em seguida, expanda a pasta Databases.
4. Expanda o banco de dados AdventureWorks2012.
5. Expanda a pasta Programmability.
6. Expanda a pasta Database Triggers. Se necessário, clique com o botão direito do mouse em Database Triggers e escolha Refresh.

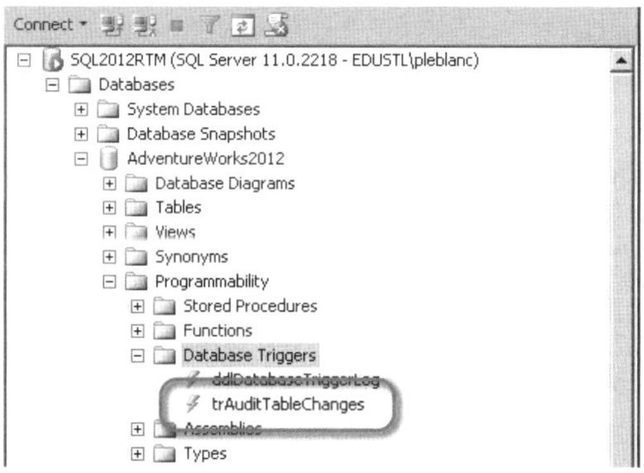

Como os triggers estão associados a um banco de dados específico, você precisará ir até esse local para encontrar uma lista de triggers em um banco de dados. Por outro lado, se você criasse um trigger de login utilizando a opção ALL SERVER, veria os triggers expandindo o servidor, clicando em Server Objects e clicando na pasta Triggers no Object Explorer.

Altere triggers

Assim como todos os outros objetos programáveis no SQL Server, é possível modificar um trigger utilizando T-SQL. Por exemplo, caso precise mudar a lógica desenvolvida inicialmente no trigger, você pode usar ALTER para alterar o trigger rapidamente, sem removê-lo do objeto associado.

Altere um trigger existente utilizando T-SQL

1. Abra o SSMS e conecte-se a um servidor.
2. Abra o Object Explorer, se ainda não estiver aberto.
3. Abra uma nova janela de query e execute a instrução T-SQL a seguir:

```
USE AdventureWorks2012
GO
ALTER TRIGGER trAuditTableChanges
ON DATABASE
FOR ALTER_TABLE
AS
DECLARE @Data XML
SET @Data = EventData()
INSERT TableAudits (AuditDate, UserName, AuditEvent, TSQLStateent)
VALUES
   (GETDATE(),
   CONVERT(NVARCHAR(100), SYSTEM_USER),
   @Data.value('(/EVENT_INSTANCE/EventType)[1]', 'nvarchar(100)'),
   @Data.value('(/EVENT_INSTANCE/TSQLCommand)[1]', 'nvarchar(2000)') ) ;
```

Na linha em negrito do código anterior, a função *SYSTEM_USER* é usada em lugar da função escalar *CURRENT_USER*. *SYSTEM_USER* retorna o login vigente; *CURRENT_USER* retorna o usuário do banco de dados.

Habilite e desabilite triggers

Em alguns casos, talvez você não queira excluir um trigger, mas sim impedir sua execução durante uma operação de definição de dados grande ou para propósitos de teste. O SQL Server oferece a capacidade de desabilitar um trigger e, uma vez feito isso, você pode habilitá-lo. Isso pode ser feito com T-SQL ou SSMS.

Desabilite um trigger utilizando T-SQL

1. Para desabilitar um trigger com T-SQL, execute o código a seguir:

```
USE AdventureWorks2012
GO
DISABLE TRIGGER trAuditTableChanges ON DATABASE;
GO
```

Habilite um trigger utilizando T-SQL

1. Para habilitar um trigger com T-SQL, execute o código a seguir:

```
USE AdventureWorks2012
GO
ENABLE TRIGGER trAuditTableChanges ON DATABASE;
GO
```

Habilite (ou desabilite) um trigger utilizando SSMS

1. Abra o SSMS e conecte-se a um servidor.
2. Abra o Object Explorer, se ainda não estiver aberto.
3. Expanda o nó do servidor e, em seguida, expanda a pasta Databases.
4. Expanda o banco de dados AdventureWorks2012.
5. Expanda a pasta Programmability.
6. Expanda a pasta Database Triggers.
7. Clique com o botão direito do mouse no trigger trAuditTableChanges e selecione Disable no menu de contexto.
8. Clique com o botão direito do mouse no trigger novamente e selecione Enable.

> **Nota** Para desabilitar um trigger basta selecionar Disable no passo 8 desse procedimento.

Remova triggers

Em alguns casos, você pode decidir que um trigger não é necessário ou perceber que o trabalho adicional está afetando negativamente o desempenho de seu aplicativo ou servidor. Para diminuir esses problemas, remova o trigger. Isso pode ser feito com T-SQL ou SSMS.

Remova um trigger utilizando T-SQL

1. Para remover um trigger com T-SQL, execute o código a seguir:

```
USE AdventureWorks2012
GO
DROP TRIGGER trAuditTableChanges ON DATABASE;
```

Remova um trigger utilizando SSMS

1. Abra o SSMS e conecte-se a um servidor.
2. Abra o Object Explorer, se ainda não estiver aberto.
3. Expanda o nó do servidor e, em seguida, expanda a pasta Databases.
4. Expanda o banco de dados AdventureWorks2012.
5. Expanda a pasta Programmability.
6. Expanda a pasta Database Triggers.
7. Clique com o botão direito do mouse em trAuditTableChanges e selecione Delete no menu de contexto.

   O trigger é removido da tabela.

Resumo

Neste capítulo, você aprendeu sobre triggers (gatilhos) de definição de dados, cujo escopo é em nível de banco de dados ou de servidor. No evento de uma operação de definição de dados, o trigger será executado, realizando uma ação. Além disso, você aprendeu a criar, remover, habilitar, desabilitar e visualizar triggers de definição de dados.

CAPÍTULO 30

Objetos de gerenciamento dinâmico

Neste capítulo, você vai aprender a

- Usar objetos de gerenciamento dinâmico para compreender melhor o SQL Server.
- Consultar importantes estatísticas de desempenho do servidor coletadas passivamente.
- Consultar importantes estatísticas de indexação coletadas passivamente.

Livros têm sido dedicados ao tema dos objetos de gerenciamento dinâmico (DMOs – dynamic management objects). Grandes cartazes estão visíveis em seus Grupos de Usuários do SQL Server, pormenorizando cada DMO em letras miúdas. Desde 2005, cada versão do Microsoft SQL Server apresenta mais e mais informações na enorme coleção de estatísticas passivas do SQL Server, acessíveis por meio de views de gerenciamento dinâmico (DMVs – dynamic management views) e funções de gerenciamento dinâmico (DMFs – dynamic management functions). Esses dados são coletados passivamente pelo SQL Server, significando que os DMOs não precisam ser ativados – eles coletam dados valiosos desde que o serviço SQL Server é iniciado.

Neste capítulo, você vai conhecer vários DMOs disponíveis no SQL Server 2012. Vai aprender a utilizar esses objetos para compreender melhor uma instância de SQL Server.

Recupere metadados do SQL Server a partir de DMOs

A percepção profunda disponível por meio dos DMOs não precisa ser ligada ou ativada. Eles já estão em execução em cada instância de SQL Server, embora a maioria seja reinicializada quando o serviço SQL Server é iniciado. Eles ficam coletando dados durante todo o tempo, para ajudar a melhorar o desempenho, otimizar planos de manutenção e solucionar problemas de redução de velocidade do servidor a curto e longo prazo.

Na maioria dos casos, os DMOs exigem que seu banco de dados esteja no modo de compatibilidade do SQL Server 2005 ou posterior, embora alguns DMOs mais recentes exijam o modo de compatibilidade do SQL Server 2008 ou do SQL Server 2012. Para os propósitos deste exercício, seu banco de dados AdventureWorks2012 está no modo do SQL Server 2012 (11.0); portanto, isso não é problema. Outros bancos de dados em seu ambiente de produção precisam estar no modo do SQL Server 2005 (9.0) ou superior, para você tirar proveito deste capítulo.

Os DMOs que você vai conhecer neste capítulo são a base de inúmeros aplicativos para monitoramento do SQL Server de outros fornecedores. Essas ferramentas não têm um acesso mágico a segredos ocultos dentro do SQL Server – elas fazem pouco mais do que arquivar e apresentar as mesmas informações que você mesmo pode consultar, apenas com as permissões VIEW SERVER STATE ou VIEW DATABASE STATE. É isso mesmo, você não precisa nem mesmo ser sysadmin para consultar muitos dos DMOs.

Vamos começar e examinar a lista dos "melhores" DMOs encontrados no conjunto de ferramentas de qualquer DBA veterano.

Consulte estatísticas de desempenho do servidor

Outras empresas comercializam pacotes de software inteiros baseados em duas DMVs: *sys.dm_os_wait_stats* e *sys.dm_os_waiting_tasks*. Como são DMVs, não DMFs, elas podem ser consultadas e combinadas, como qualquer outro objeto de visualização. (Vamos ver alguns exemplos de script mais adiante neste capítulo.)

As estatísticas de espera (wait) representam uma métrica de curto e longo prazo importante do SQL Server, que você precisa conhecer. A qualquer momento, independentemente da carga de trabalho, o SQL Server está incorrendo e registrando pelo menos vários tipos de espera. Existem mais de 600 estatísticas de espera no SQL Server 2012, mas você não verá a maioria e muitas podem ser ignoradas, pois indicam um estado ocioso.

Dentre os tipos de espera que importam estão os mais comuns para se preocupar. Não será uma indicação de problema se você as vir como as esperas mais comuns em seu servidor, mas um súbito aumento em um tipo de espera ou uma correlação entre desempenho deficiente e picos em esperas é um indício para um DBA inteligente. Aqui estão os tipos de espera mais comuns que você encontrará em sua instância de SQL Server de produção:

- **LCK_M_*** Valores de pico nos tipos de espera de bloqueio indicam disputa de transação.
- **PAGEIOLATCH_*** Valores de pico nos tipos de espera de finalização de E/S de página indicam que pedidos estão pressionando o subsistema de E/S físico (o armazenamento em disco rígido do servidor).
- **CXPACKET** Uma espera complicada (tricky) indica paralelismo excessivo nos planos de execução. Queries (consultas) mais eficientes sempre ajudam, mas é prudente investigar a configuração de Max Degree of Parallelism.
- **SOS_SCHEDULER_YIELD** Valores de pico nesse tipo de espera indicam pressão sobre a CPU – tarefas executáveis demais para os processadores do servidor manipularem.
- **ASYNC_NETWORK_IO** Valores de pico no tipo de espera de E/S assíncrona de rede indicam tempo gasto aguardando recursos externos, talvez um cliente remoto ou um servidor vinculado.

As duas DMVs de espera mostram as estatísticas de tipo de espera de modos diferentes:

- *sys.dm_os_wait_stats* Essa DMV de espera mostra os tempos de espera agregados desde o último reinício do serviço SQL Server, ou se este foi reinicializado manualmente. O wait_time_ms de cada tipo de espera continuará a crescer até que o contador seja zerado.

- *sys.dm_os_waiting_tasks* Essa DMV de espera mostra as esperas que estão acontecendo no momento no servidor. O wait_duration_ms crescerá somente até que o pedido que está causando a espera termine.

Determine quais esperas são as mais comuns

1. Abra o SSMS e conecte-se a um servidor.
2. Abra o Object Explorer e clique com o botão direito do mouse na linha Server Name. Selecione New Query.
3. Execute a query a seguir:

```
select top 10 wait_type
,     wait_time_ms
,     Percentage = 100. * wait_time_ms/sum(wait_time_ms) OVER()
from sys.dm_os_wait_stats wt
where wt.wait_type NOT LIKE '%SLEEP%'
order by Percentage desc
```

> **Nota** A query anterior ignora vários tipos de espera contendo a palavra "SLEEP" no nome. Esses tipos de espera e muitos outros não preocupam e podem ser filtrados das queries sobre DMVs de tipo de espera.

Essa query retorna os 10 maiores (top) tipos de espera, com uma porcentagem de tempo. Os tipos de espera retornados serão imensamente diferentes entre seu computador de produção e as máquinas de desenvolvimento. Observe esses dados com o passar do tempo; fique atento a um tipo que apareça muito nos 10 mais.

Determine quais esperas estão acontecendo no momento

1. Abra o SSMS e conecte-se a um servidor.
2. Abra o Object Explorer, clique com o botão direito do mouse na linha Server Name e escolha New Query.
3. Execute a query a seguir:

```
SELECT wt.session_id
, wt.wait_type
, er.wait_resource
, wt.wait_duration_ms
, st.text
, er.start_time
FROM sys.dm_os_waiting_tasks wt
INNER JOIN sys.dm_exec_requests er
on wt.waiting_task_address = er.task_address
OUTER APPLY sys.dm_exec_sql_text(er.sql_handle) st
where wt.wait_type NOT LIKE '%SLEEP%'
and wt.session_id >= 50
ORDER BY wt.wait_duration_ms desc
```

A query anterior ignora IDs de sessão menores que 50, que são conexões de sistema. Normalmente, não representam uma preocupação para a otimização de desempenho de tipo de espera.

> **Nota** O uso de duas outras DMVs, *sys.dm_exec_requests* e *sys.dm_exec_sql_text*, será explicado mais adiante neste capítulo.

Os resultados dessa query provavelmente estarão vazios para você. Se estiverem, isso é bom! Lembre-se de que essa query retorna dados para queries que estão acarretando uma espera no SQL Server no momento. Em um servidor de produção, você verá suas queries gerando resultados mais pesados aqui.

4. Deixe como comentário a linha de código T-SQL que filtra session_ids menores que 50. Coloque dois hífens antes do texto da linha para transformá-lo em um comentário – isso deve tornar esse texto verde no SSMS.

```
where   wt.wait_type NOT LIKE '%SLEEP%'
--and       wt.session_id >= 50
ORDER BY wt.wait_duration_ms desc
```

5. Execute a query novamente para ver os tipos de espera acarretados pelos processos de sistema.

   Os resultados dessa query contêm vários tipos de espera que podem ser ignorados sem perigo, pois indicam uma espera inofensiva. Lembre-se de que o SQL Server está sempre registrando uma espera, mesmo que seja "estou ocioso". Os tipos de espera que você provavelmente verá aqui são *ONDEMAND_TASK_QUEUE*, *BROKER_TRANSMITTER* e *KSOURCE_WAKEUP*, dentre outros.

Consulte informações do servidor

Nesta seção examinaremos rapidamente algumas DMVs úteis que expõem informações do servidor.

sys.dm_server_services

A query a seguir expõe informações de ajuda sobre a instância de SQL Server, exigindo apenas a permissão VIEW SERVER STATE. É possível recuperar as informações da conta de serviço, o status do serviço e muito mais, sem ativar o SQL Server Configuration Manager.

```
SELECT *
FROM sys.dm_server_services;
```

sys.dm_os_volume_stats

Essa DMV, quando correlacionada com a view de sistema *sys.database_files*, exibe todos os arquivos do banco de dados atual, junto com informações sobre o volume em que estão. Mais importante, essa DMV retorna o tamanho da unidade e o espaço disponível nela, o qual, neste exemplo, é convertido de bytes para megabytes. Antes da introdução dessa DMV no SQL Server 2008 R2, não era fácil consultar esses dados dentro do SQL Server.

```
use AdventureWorks2012;
select df.physical_name
,      vs.file_id
,      vs.file_system_type
,      total_mb         =     vs.total_bytes / 1024. / 1024.
,      available_mb     =     vs.available_bytes / 1024. / 1024.
from sys.database_files df
cross apply sys.dm_os_volume_stats (db_id(),df.file_id) vs;
```

sys.dm_os_sys_memory

Essa DMV permite convenientemente que a memória total e disponível do servidor host atual seja consultada dentro do SQL Server. As colunas disponíveis nessa DMV também retornam informações sobre o arquivo de paginação e o cache do sistema do Windows.

```
select      total_physical_memory_gb          =     total_physical_memory_kb / 1024. / 
1024.
,      available_physical_memory_gb     =     available_physical_memory_kb / 1024. / 
1024.
from sys.dm_os_sys_memory;
```

sys.dm_exec_requests e sys.dm_exec_sessions

Essas duas DMVs fornecem dados que podem ser consultados sobre sessões (conexões) e pedidos (queries ativas) atuais no banco de dados SQL Server, junto com muito mais informações sobre a natureza do pedido atual.

Como o exemplo de query é um *LEFT OUTER JOIN*, o conjunto de resultados incluirá todas as sessões, além de dados em branco para a metade direita do conjunto de resultados, quando não houver pedido ativo. Para mostrar apenas os pedidos atualmente em execução, altere a join para *INNER JOIN*.

Se você conhece o stored procedure de sistema *sp_who2*, essas duas DMVs fornecem uma visão mais rica, flexível e que pode ser consultada das sessões e pedidos do servidor, e são frequentemente utilizadas pelos DBAs para examinar a atividade atual.

```
select      s.*, r.*
from sys.dm_exec_sessions s
left outer join sys.dm_exec_requests r on r.session_id = s.session_id
where s.session_id >= 50 --retrieve only user spids
```

sys.dm_exec_sql_text

Vimos como essa DMF foi usada em conjunto com a DMV *sys.dm_os_waiting_tasks* para extrair o texto real da instrução do pedido que estava gerando a espera.

Qualquer DMO que referencie *sql_handle* em seu conjunto de resultados pode ser utilizado para identificar o texto real da instrução utilizando *sys.dm_exec_sql_text*.

Vamos ver o uso conjunto de *sys.dm_exec_sql_text*, *sys.dm_exec_requests* e *sys.dm_exec_sessions* para retornar o texto da instrução dos pedidos atuais:

```
SELECT s.*, r.*
, offsettext = CASE     WHEN r.statement_start_offset = 0 and r.statement_end_offset=
0 THEN
NULL
              ELSE     SUBSTRING (         est.[text], r.statement_start_offset/2 +
1,
              CASE WHEN r.statement_end_offset = -1
              THEN LEN (CONVERT(nvarchar(max), est.[text]))
              ELSE r.statement_end_offset/2 - r.statement_start_offset/2 + 1     END)
              END
FROM sys.dm_exec_sessions s
INNER JOIN sys.dm_exec_requests r on r.session_id = s.session_id
OUTER APPLY sys.dm_exec_sql_text (r.sql_handle) est
```

Com essa query, você poderá ver seu próprio pedido nela, constituído do nome do host, do login_name. Você reconhecerá a query na coluna offsettext: *SELECT s.*, r.* , offsettext = ...*

Consulte informações de desempenho

O SQL Server coloca em cache os planos de execução de queries e então revela muitas informações sobre esses planos por meio de DMVs. Essas informações ajudam o DBA a identificar as queries mais "dispendiosas" executadas recentemente no SQL Server, em termos de custo de CPU, duração, operações de disco ou frequência. Dada uma atividade realista na instância de SQL Server em execução por, digamos, um mês, essas informações podem ajudar a direcionar os esforços de otimização de queries por parte dos DBAs e desenvolvedores.

sys.dm_exec_query_stats

O conjunto de resultados classifica as queries pela quantidade relativa de total_worker_time (tempo de CPU), leituras físicas e duração de execução. Ao dissecar essa query, você reconhecerá pelo menos cinco DMVs ou DMFs em uso, reunidas por *sys.dm_exec_query_stats*. Observe o uso de *sys.dm_exec_sql_text* para retornar o texto real da query a partir da instrução que utilizou o plano de execução. Usando os valores de deslocamento em *sys.dm_exec_query_stats*, é possível determinar – mesmo dentro de um stored procedure longo – qual instrução entre muitas é o código com problema. Essa query pode demorar mais de um minuto para terminar, mas apresentará uma lista valiosa das queries com custo mais alto executadas recentemente em sua instância de SQL Server.

```
SELECT TOP 50
stmt_text          =     REPLACE (REPLACE (SUBSTRING (sql.[text], PlanStats.statement_
start_
offset/2 + 1, CASE WHEN PlanStats.statement_end_offset = -1 THEN LEN
(CONVERT(nvarchar(max),
sql.[text])) ELSE PlanStats.statement_end_offset/2 - PlanStats.statement_start_
offset/2 + 1
```

```
END), CHAR(13), ' '), CHAR(10), ' ')
,   qp.query_plan
,     PlanStats.total_physical_reads
,     PlanStats.total_logical_writes
,     PlanStats.execution_count
,     tot_cpu_ms = PlanStats.total_worker_time/1000.
,     tot_duration_ms = PlanStats.total_elapsed_time/1000.
,     PlanStats.total_rows
,     dbname = db_name( convert(int, pa.value) )
,   sql.objectid
,   planstats.last_execution_time
FROM ( SELECT *,
    ROW_NUMBER() OVER (ORDER BY stat.total_worker_time DESC) AS CpuRank,
    ROW_NUMBER() OVER (ORDER BY stat.total_physical_reads DESC) AS PhysicalReadsRank,
    ROW_NUMBER() OVER (ORDER BY stat.total_elapsed_time DESC) AS DurationRank
  FROM sys.dm_exec_query_stats stat ) AS PlanStats
INNER JOIN sys.dm_exec_cached_plans p ON p.plan_handle = PlanStats.plan_handle
OUTER APPLY sys.dm_exec_plan_attributes (p.plan_handle) pa
OUTER APPLY sys.dm_exec_sql_text (p.plan_handle) AS sql
OUTER APPLY sys.dm_exec_query_plan (p.plan_handle) qp
WHERE pa.attribute = 'dbid'
ORDER BY PlanStats.CpuRank + PlanStats.PhysicalReadsRank + PlanStats.DurationRank asc;
```

Consulte estatísticas de indexação

Desde o SQL Server 2005, o mecanismo de banco de dados tem fornecido um recurso tipo "lista de desejos" passivo para índices não clusterizados, conhecido como DMVs de *índices ausentes*, um conjunto de DMVs que coletam informações que guiam os DBAs na criação de índices não clusterizados bem feitos. Conforme você aprendeu no Capítulo 6, "Construção e manutenção índices", os índices não clusterizados são fundamentais para um bom desempenho de leitura de tabelas.

O recurso de índice ausente do SQL Server gera dados que apenas sugerem apenas novos índices não clusterizados e não orientará a criação ou a alteração de um índice clusterizado em uma tabela.

Assim como outros DMOs, desde o SQL Server 2005, o recurso de índice ausente já está em funcionamento no SQL Server. Ele não precisa ser ativado. As DMVs de índice ausente são reinicializadas quando o serviço SQL Server é reiniciado, exatamente como os outros DMOs. Portanto, o exame das DMVs de índice ausente na busca de índices sugeridos só deve ocorrer após um bom período de utilização real do seu ambiente.

Ao contrário de outros DMOs, as DMVs de índice ausente apagam os dados relativos a uma tabela quando o esquema dessa tabela é alterado. As sugestões de índice antigas não são mais válidas nem úteis para uma tabela que tenha colunas ou índices alterados.

Vamos demonstrar o recurso de índice ausente dentro do banco de dados AdventureWorks2012:

- *sys.dm_db_missing_index_groups*
- *sys.dm_db_missing_index_group_stats*
- *sys.dm_db_missing_index_details*

Identifique índices ausentes

1. Abra o SSMS e conecte-se a um servidor.
2. Abra o Object Explorer, clique com o botão direito do mouse na linha Server Name e escolha New Query.
3. Execute as duas queries a seguir: Execute esse conjunto um total de três vezes.

```
use AdventureWorks2012;
SELECT     SalesOrderID, CarrierTrackingNumber, OrderQty, LineTotal
FROM Sales.SalesOrderDetail d
where      d.UnitPrice < 200 and d.OrderQty > 1;
SELECT     SalesOrderID, CarrierTrackingNumber, OrderQty, LineTotal
FROM Sales.SalesOrderDetail d
where      d.OrderQty > 1;
```

4. Digite a query a seguir para referenciar as DMVs de índice ausente e então execute-a.

```
SELECT      mid.statement,      unique_compiles, migs.user_seeks, migs.user_scans,
last_user_seek, migs.avg_total_user_cost, avg_user_impact, mid.equality_columns,
mid.inequality_columns, mid.included_columns
FROM sys.dm_db_missing_index_groups mig
INNER JOIN sys.dm_db_missing_index_group_stats migs
ON migs.group_handle = mig.index_group_handle
INNER JOIN sys.dm_db_missing_index_details mid
ON mig.index_handle = mid.index_handle
order by avg_user_impact + avg_total_user_cost desc
```

No passo 3, você executou queries que poderiam ser executadas de forma mais eficiente com novos índices não clusterizados. Examine os conjuntos de resultados do passo 4 e observe que são listadas duas sugestões de índice. Cada um desses índices inexistentes sugeridos seriam buscados três vezes como parte de um plano de execução (user_seeks). Na última vez, a geração da query executada também seria listada (last_user_seek), junto com o custo da operação que a gerou (avg_total_user_cost). A coluna avg_user_impact é a estimativa do SQL Server sobre quanto o avg_total_user_cost seria reduzido se o índice sugerido existisse. Os dados de equality_columns, inequality_columns e included_columns informam ao DBA como o índice sugerido deve ser criado.

Results | Messages

	statement	user_seeks	user_scans	last_user_seek	avg_total_user_cost
1	[AdventureWorks2012].[Sales].[SalesOrderDetail]	3	0	2012-12-08 15:35:06.553	1.13478181555556
2	[AdventureWorks2012].[Sales].[SalesOrderDetail]	3	0	2012-12-08 15:35:06.317	1.18330861555556

avg_user_impact	equality_columns	inequality_columns	included_columns
76.88	NULL	[OrderQty]	[SalesOrderID], [CarrierTrackingNumber], [LineTotal]
74.88	NULL	[OrderQty], [UnitPrice]	[SalesOrderID], [CarrierTrackingNumber], [LineTotal]

5. Crie os índices sugeridos, abrindo uma nova janela de query e executando o código a seguir:

```
CREATE NONCLUSTERED INDEX IDX_NC_SalesOrderDetail_OrderQty_UnitPrice
ON
[AdventureWorks2012].[Sales].[SalesOrderDetail] ([OrderQty], [UnitPrice])
INCLUDE
([SalesOrderID], [CarrierTrackingNumber], [LineTotal]);
```

   Observe que você criou apenas um índice. Por quê? Para demonstrar um conceito fundamental do recurso de índice ausente do SQL Server: o SQL Server sugere a criação de índices sobrepostos com base nas queries fornecidas. O DBA atento e experiente sempre considerará todas as sugestões de índice em uma tabela e as combinará, quando as ordens das colunas forem compatíveis.

   Nessa demonstração simples, como mostrado na imagem anterior, os dados da linha 1 sugerem a criação de um índice com chave na coluna OrderQty. Os dados da linha 2 sugerem a criação de um índice na mesma tabela, com chave nas colunas OrderQty e UnitPrice. A ordem da chave do índice é importante e, neste caso, o índice sugerido pelos dados da linha 2 também melhoraria a query que gerou a sugestão da linha 1.

   Para provar esse ponto, vamos nos certificar de que as sugestões de índice para as queries originais não aparecem mais.

6. Execute novamente a query T-SQL, a partir do passo 4.

   Observe que não aparecem mais as sugestões para essa tabela, pois ela mudou. Um novo índice não clusterizado foi adicionado no passo 5.

7. Execute três vezes as queries T-SQL do passo 3.

8. Execute novamente a query T-SQL do passo 4.

   As queries que anteriormente geraram sugestões de índice ausente não estão mais gerando dados de índice sugerido.

sys.dm_db_index_usage_stats

Criar novos índices com as DMVs de índice ausente é uma coisa, mas que tal medir a eficácia dos índices existentes?

Todos os índices não clusterizados devem ter um forte impacto positivo em instruções *SELECT* a fim de contrabalançar seu custo no desempenho de instruções *INSERT*, *UPDATE* e *DELETE*. A DMV *sys.dm_db_index_usage_stats* fornece informações sobre a utilização de índices existentes, controlando o número de vezes que as queries de usuário foram utilizadas e mantidas. Quatro colunas são importantes, pois avaliam as vantagens (user_seeks, user_scans, user_lookups) em relação ao custo (user_updates) de um índice não clusterizado.

Números baixos de buscas, varreduras e pesquisas, em contraste com um número alto de atualizações, significam que esse índice está sendo mantido, mas raramente é utilizado. Pense na possibilidade de remover o índice; ele não está contribuindo.

Como nas DMVs de índice ausente, pense na possibilidade de usar *sys.dm_db_index_usage_stats* somente após um período prolongado de utilização comercial padrão desde o último reinício do servidor. A duração desse período de observação deve ser igual a um ciclo comercial padrão (para relatórios baseados no SQL Server, por exemplo).

sys.dm_db_index_physical_stats

Essa DMF permite determinar o grau de fragmentação de um objeto. Um exemplo de utilização apareceu no Capítulo 21, "Gerenciamento e manutenção de índices e estatísticas", pois essa DMF é fundamental para uma estratégia de manutenção de índice personalizada.

Resumo

Este capítulo examinou os fundamentos dos objetos de gerenciamento dinâmico (DMOs). Você conheceu vários DMOs que fornecem informações úteis para um administrador ou desenvolvedor de banco de dados. Também acompanhou os passos necessários para demonstrar como consultar informações de diagnóstico vitais sobre o SQL Server utilizando DMOs.

PARTE IX

Soluções de alta disponibilidade

CAPÍTULO 31

AlwaysOn

Neste capítulo, você vai aprender a

- Entender os aprimoramentos em instâncias de cluster de failover.
- Criar grupos de disponibilidade AlwaysOn.
- Administrar grupos de disponibilidade AlwaysOn.
- Ler cópias de banco de dados secundárias.

Com a alta disponibilidade e a recuperação de desastres se tornando prioridades nos departamentos de TI corporativos, surgiu a necessidade de um conjunto de soluções mais robustas, comparadas com as soluções predefinidas das versões do SQL Server anteriores ao Microsoft SQL Server 2012. Frequentemente, uma ou mais tecnologias precisavam ser combinadas para atender os requisitos da verdadeira alta disponibilidade e da recuperação de desastres. No SQL Server 2012, a Microsoft lançou um conjunto de soluções sob o guarda-chuva AlwaysOn. Essa solução combina os aprimoramentos feitos no cluster de failover, assim como um novo conceito, conhecido como *grupos de disponibilidade*, construído em cima da base de código de espelhamento introduzido no SQL Server 2005.

O cluster de failover tem várias melhorias que o SQL Server 2012 pode usufruir. A seguir estão alguns dos destaques:

- Até 64 nós
- Política de failover flexível
- Clusters de failover para vários sites
- tempdb no disco local

Os grupos de disponibilidade são novidade do SQL Server 2012 e oferecem as seguintes vantagens:

- Os bancos de dados podem ser agrupados e sofrer failover como um grupo.
- Os grupos de disponibilidade suportam várias réplicas.
- As réplicas podem ser utilizadas para atividade de leitura – a muito esperada "warm readable spare"
- Uma mistura de modos síncronos e assíncronos pode ser usada entre as réplicas.
- A atividade de backup pode ser descarregada nas réplicas.

- Não há requisito de armazenamento compartilhado.
- Os grupos de disponibilidade utilizam Windows Server Failover Clustering (WSFC) para detecção de estado e para gerenciar failover.

O cluster de failover fornece proteção em nível de instância, como acontece nas versões anteriores, mas os aprimoramentos que acabamos de listar tornaram essa tecnologia mais robusta, escalonável e gerenciável. O cluster de failover é normalmente usado para alta disponibilidade dentro do centro de dados, mas com as melhorias feitas no SQL Server 2012 pode fornecer alta disponibilidade e recuperação de desastres facilmente nos centros de dados.

Os grupos de disponibilidade fornecem proteção em nível de banco de dados, em geral utilizada em cenários de recuperação de desastres. Com eles, os usuários têm mais opções ao fazer um plano de recuperação de desastres, instalando réplicas no mesmo centro de dados e em centros de dados remotos, pois são aceitas várias réplicas. Você conhecerá outros detalhes dos grupos de disponibilidade mais adiante neste capítulo.

Melhorias da instância em cluster de failover

O cluster do SQL Server, também conhecido como *failover cluster instance* (FCI – instância de cluster de failover), fornece uma estrutura dentro do sistema operacional para que uma instância de SQL Server seja compatível e capaz de executar em um dos vários servidores que compõem o cluster. Clusterização é uma função do sistema operacional, e o software do SQL Server é compatível com ela.

O cluster possibilita que um serviço e seus recursos associados sejam agrupados e executados em qualquer nó (ou servidor) que constitui o cluster. Recomenda-se que todos os nós tenham hardware semelhante e que o SQL Server seja da mesma versão e build. Embora clusterização não seja um conceito novo no SQL Server, os novos aprimoramentos feitos no SQL Server 2012 tornaram essa tecnologia mais escalonável e robusta.

Nota Para mais informações sobre AlwaysOn Failover Cluster Instances, visite *http://msdn.microsoft.com/en-us/library/ms189134(SQL.110).aspx.*

Sendo clusterização uma tecnologia já existente, suportada pelo SQL Server, melhorias importantes foram feitas no lançamento do SQL Server 2012. Alguns dos destaques estão detalhados nas seções a seguir.

Cluster de várias sub-redes

O SQL Server 2012 suporta nós de cluster residentes em mais de uma sub-rede. Isso é obtido pela maneira como o SQL Server vincula os endereços IP dos recursos de cluster – agora ele usa o algoritmo OR, em vez do algoritmo AND, para vínculo de IP. Isso significa que uma instância de SQL Server pode iniciar se apenas uma das interfaces de rede estiver disponível.

Detecção de falhas robusta

O método IsAlive, mais antigo, foi substituído por uma chamada da stored procedure de sistema *sp_server_diagnostics*, que agora realiza detecção de estado. O administrador pode controlar o nível de falhas para iniciar um failover de recurso do cluster, o que é conhecido como *política de failover flexível*.

tempdb na unidade local

tempdb pode ficar em um disco local em cada nó dentro do cluster. Pode-se esperar um aumento significativo no desempenho ao se usar o disco local, em contraste com um disco SAN compartilhado. Como a localização dos arquivos tempdb é no banco de dados master, o qual pode sofrer failover entre os nós, o caminho e as permissões para o diretório que abriga os arquivos tempdb devem ser os mesmos em todos os nós para impedir a inicialização do serviço SQL Server.

Crie grupos de disponibilidade AlwaysOn

Antes de criar grupos de disponibilidade AlwaysOn é preciso instalar o WSFC em cada nó da topologia. Em seguida, é necessário criar um cluster do Windows que inclua cada nó. Por último, é preciso habilitar o AlwaysOn em cada instância de SQL Server.

Windows Server Failover Clustering

A Microsoft recebeu opiniões sobre as tecnologias anteriormente usadas para alta disponibilidade e levou as sugestões a sério ao criar a nova tecnologia AlwaysOn Availability Groups. Quando o SQL Server 2005 Service Pack 1 foi lançado, ele incluía um novo recurso: espelhamento de banco de dados. A principal armadilha do espelhamento de banco de dados era que só podia haver um espelho, e esse espelho não podia ser usado para mais nada, a não ser que fosse criado um instantâneo (snapshot) de banco de dados. Além do espelhamento de banco de dados, o SQL Server 2005 incluiu log shipping e clusterização. O log shipping permite ler o banco de dados secundário; contudo, as conexões devem ser removidas quando os logs transportados são restaurados periodicamente. Por outro lado, a clusterização pode ser configurada com várias topologias que incluem vários servidores; no entanto, somente uma cópia de cada banco de dados está disponível para qualquer atividade. Isso tornava difícil justificar para a alta administração o custo de servidores secundários inativos.

Nota O log shipping será discutido no Capítulo 32, "Log shipping".

Com o lançamento do SQL Server 2012, a Microsoft introduziu o AlwaysOn, o qual inclui grupos de disponibilidade. Os grupos de disponibilidade exigem que todos os servidores que você queira incluir na topologia façam parte de um WSFC (não confunda com um SQL Server FCI). Não há requisito de disco compartilhado para o WSFC e a estrutura de grupo de disponibilidade utiliza isso para detecção de estado e para iniciar e gerenciar failover. Ao configurar o WSFC, certifique-se de ajustar o quórum adequadamente. Uma vez definido o WSFC, não haverá recursos de armazenamento e de cluster – somente nós devem existir. A Figura 31-1 mostra que não há armazenamento ou serviço que faça parte desse WSFC; a figura representa um cluster que foi criado e inclui três servidores.

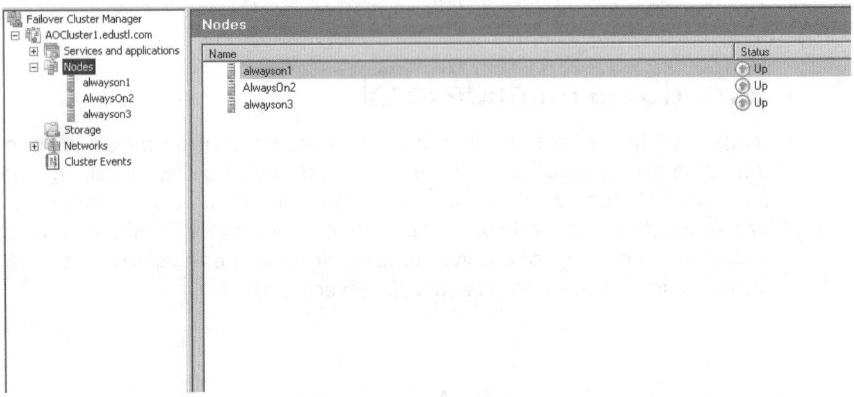

FIGURA 31-1 O Windows Server Failover Cluster Manager.

> **Nota** Para mais informações sobre configurações de quórum para WSFC, consulte *http://msdn.microsoft.com/en-us/library/hh270280.aspx*. Embora os passos necessários para configurar um cluster WSFC não sejam fornecidos neste capítulo, note que a Microsoft fornece um assistente muito intuitivo para ajudar na construção do cluster.

Ao instalar o SQL Server para participação em um grupo de disponibilidade, você precisará fazer uma instalação independente e não uma instalação de cluster. Embora um FCI possa existir como participante de um grupo de disponibilidade, somente failover manual é suportado, e um FCI não é um requisito para grupos de disponibilidade.

Habilite o AlwaysOn

Para habilitar o AlwaysOn para uma instância de SQL Server é preciso usar o SQL Server Configuration Manager. Uma vez habilitado o AlwaysOn, essa instância deve ser reiniciada, antes que você possa realmente criar um grupo de disponibilidade.

Habilite o AlwaysOn utilizando SSMS

1. Clique em Iniciar | Todos os Programas | Microsoft SQL Server 2012 | Configuration Tools | SQL Server Configuration Manager.
2. Clique em SQL Server Services no painel de navegação da esquerda.
3. Clique com o botão direito do mouse na instância de SQL Server Agent que precisa do AlwaysOn habilitado e selecione Properties no menu.
4. Na caixa de diálogo SQL Server Properties, clique na guia AlwaysOn High Availability.

5. Se você não tiver incluído o servidor em um cluster WSFC, a caixa de seleção estará desabilitada. Mas se tiver incluído o servidor em um cluster WSFC, marque a caixa de seleção Enable AlwaysOn Availability Groups.

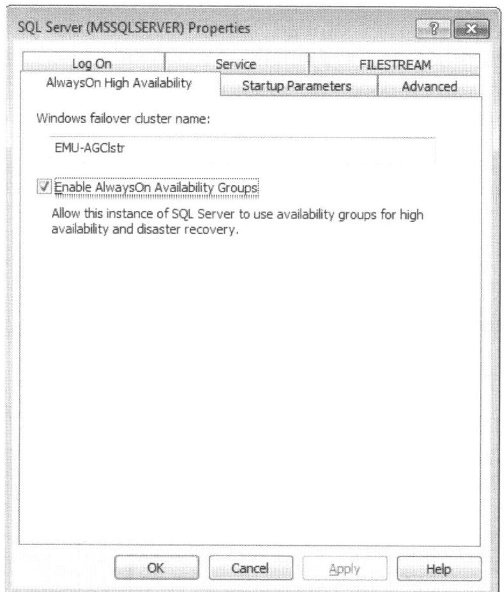

6. Clique em OK e reinicie a instância de SQL Server.

Lembre-se de que esse procedimento deve ser feito para cada réplica ou instância de SQL Server que participará no grupo de disponibilidade.

Crie grupos de disponibilidade

Neste ponto, você está pronto para começar a criar um grupo de disponibilidade. A seguir está uma lista de regras a serem lembradas quando você estiver projetando uma arquitetura composta de grupos de disponibilidade:

- É possível ter até quatro réplicas secundárias, para um total de cinco réplicas.
- Um total de até três réplicas pode ser de movimentação de dados síncrona.
- Um total de até duas réplicas pode ser failover automático.
- Um FCI pode ser uma réplica em um grupo de disponibilidade, mas somente o failover manual é suportado.

Além dessas regras de topologia de servidor, existem algumas restrições em relação ao banco de dados. Primeiro, o modelo de recuperação do banco de dados deve ser configurado como Full. Isso é semelhante ao espelhamento de banco de dados e ao log shipping, e você deve implementar como uma boa prática, caso sua organização exija recuperação de dados para um ponto no tempo (point-in-time). Além disso, deve fazer um backup completo antes de incluir um banco de dados como parte de um grupo de disponibilidade. Mais de um banco de dados pode ser incluído em um único grupo de disponibilidade, significando que eles falham como grupo. Isso é um aprimoramento enorme em relação ao espelhamento e ao log shipping, pois essas tecnologias atuavam banco de dados por banco de dados e exigiam mais gerenciamento durante um failover, para garantir que todos os bancos de dados que compunham um aplicativo fossem executados juntos no mesmo hardware.

Por fim, você precisa criar um compartilhamento no servidor principal da topologia. Esse compartilhamento será usado durante a criação do grupo de disponibilidade, para armazenar um backup do banco de dados (ou bancos de dados) que foi incluído no grupo. Cada servidor deve ter permissão para acessar esse diretório.

No SQL Server Management Studio (SSMS), a nova pasta chamada AlwaysOn High Availability é o ponto de partida para a criação de um novo grupo de disponibilidade.

Crie um grupo de disponibilidade do SQL Server utilizando SSMS

1. Abra o SSMS e conecte-se em uma instância de SQL Server.
2. Abra o Object Explorer, se ainda não estiver aberto.
3. Clique com o botão direito do mouse na pasta AlwaysOn High Availability.
4. Selecione New Availability Group Wizard no menu.

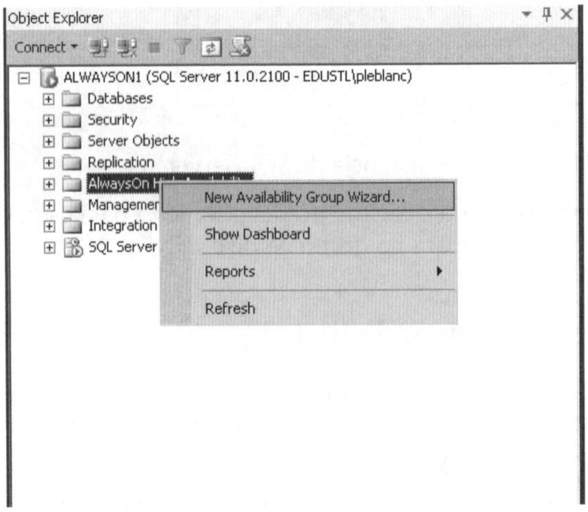

5. Clique em Next na página Introduction.

6. Na página Specify Availability Group Name, digite **SBSAGroup** na caixa de texto Availability Group Name.

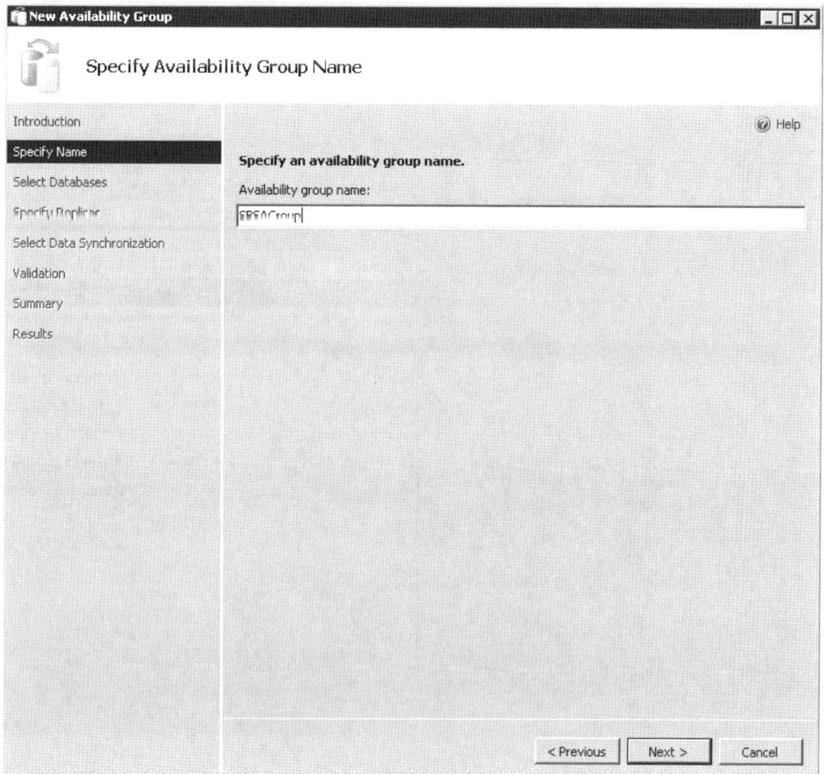

7. Clique em Next.

   Na página Select Databases é possível optar por adicionar vários bancos de dados como parte de seu grupo de disponibilidade. O SQL Server permitirá que você saiba quais bancos de dados atendem os requisitos e fornecerá uma breve explicação em caso de qualquer problema.

8. Marque a caixa de seleção à esquerda do banco de dados AdventureWorks2012. É possível ver informações adicionais sobre pré-requisitos de banco de dados, clicando no link da coluna Status de determinado banco de dados.

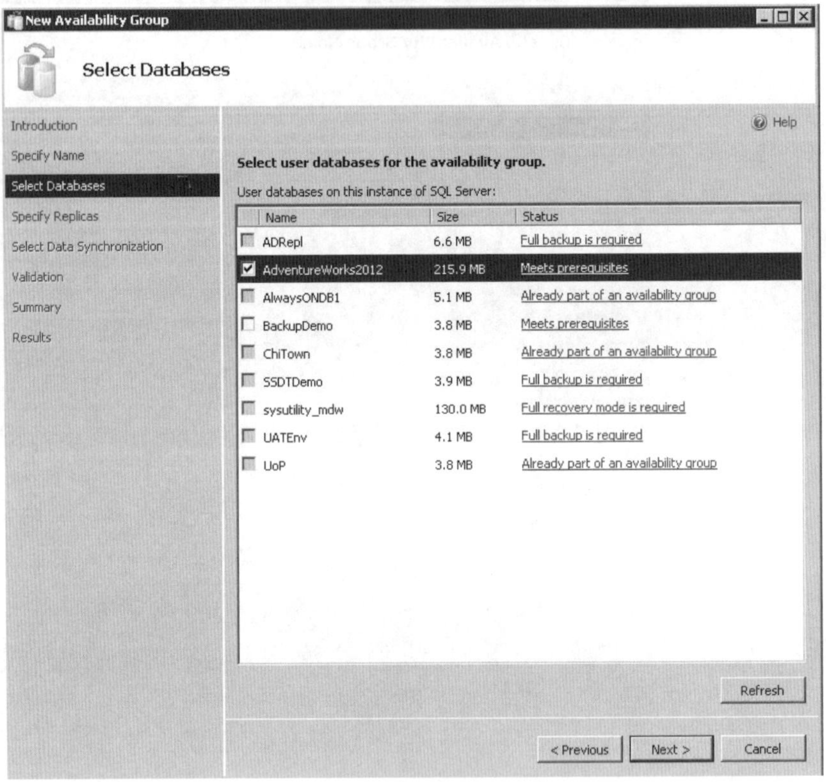

9. Clique em Next.

10. A página Specify Replicas é utilizada para muitas coisas. A primeira é para adicionar todos os servidores que farão parte de sua topologia. Para isso, clique no botão Add, localizado na parte do meio da página.

11. Na página Connect to Server, digite o nome do servidor que você quer incluir e clique em Connect.
12. Repita os passos 10 e 11 para cada servidor que vai participar do grupo de disponibilidade.
13. Na coluna Automatic Failover (Up to 2), selecione as caixas correspondentes aos servidores que trabalharão como seu par de alta disponibilidade. Observe que é possível selecionar no máximo dois.
14. Na coluna Synchronous Commit (Up to 3), selecione as caixas correspondentes aos servidores que exigem espelhamento síncrono. Normalmente, são configurados para movimentação síncrona os servidores que fazem parte do par de alta disponibilidade e aqueles nos quais os backups serão feitos.

> **Nota** A movimentação de dados síncrona é exigida para failover automático, pois isso garante que não haverá perda de dados. A movimentação de dados síncrona funciona assim: quando uma transação recebe commit no principal, ela é enviada para a réplica e precisa esperar pelo reconhecimento da réplica, antes que uma resposta seja enviada para ao cliente. Isso garante que os dados não serão perdidos, pois a transação é protegida no log de transação do principal e em todas as réplicas síncronas, antes que o commit seja enviado de volta para o programa chamador. Esse procedimento não é recomendado para réplicas em centros de dados remotos, pois a latência envolvida nesse processo pode causar degradação no desempenho do aplicativo. A movimentação de dados assíncrona envia a transação para todas as réplicas assíncronas, mas não espera pelo reconhecimento antes de enviar a resposta para o aplicativo chamador.

15. Na coluna seguinte, Readable Secondary, você tem três escolhas:
    - **No** Quando a função do servidor é secundária, você não pode ler nele.
    - **Yes** Se a função do servidor é secundária, você pode ler nele, independente do aplicativo.
    - **Read-intent only** Se a função do servidor é secundária, você pode ler nele somente se a intenção do aplicativo é definida como read-only na string de conexão. Por exemplo, ao se acessar um banco de dados utilizando SSMS, a intenção é read/write. Se Readable Secondary for definido como read-intent, não poderá ser estabelecida uma conexão, neste caso.

Sua escolha depende dos requisitos de sua organização. Se você pretende descarregar cargas de trabalho read-only, deve selecionar Yes ou Read-Intent Only. Na imagem a seguir, uma intenção é definida como No, uma como Yes e uma como Read-Intent Only.

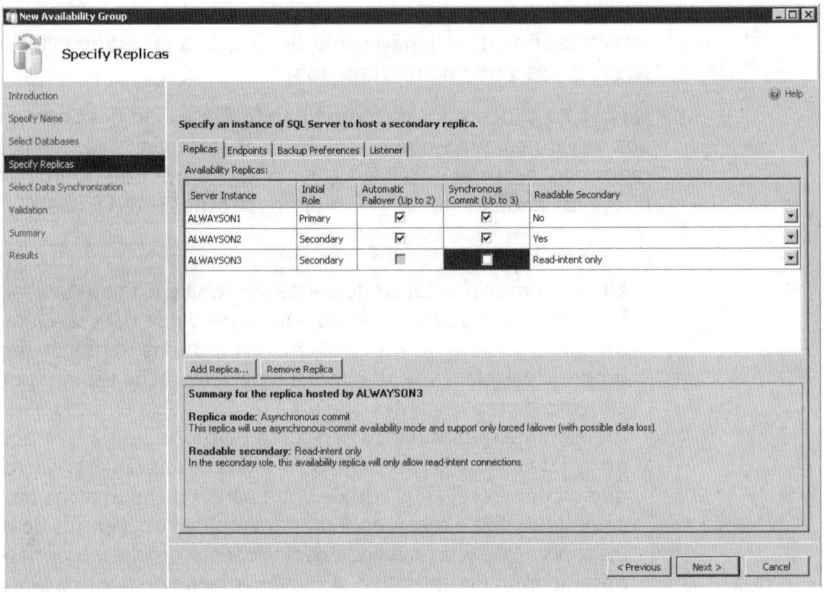

16. Clique na guia Endpoints.

O SQL Server criará esses endpoints, caso ainda não existam. Observe que o nome do endpoint é Hadr_endpoint; essa convenção de nomenclatura é novidade do SQL Server 2012. O administrador pode definir as configurações de porta e criptografia. Deixe as configurações padrão como estão.

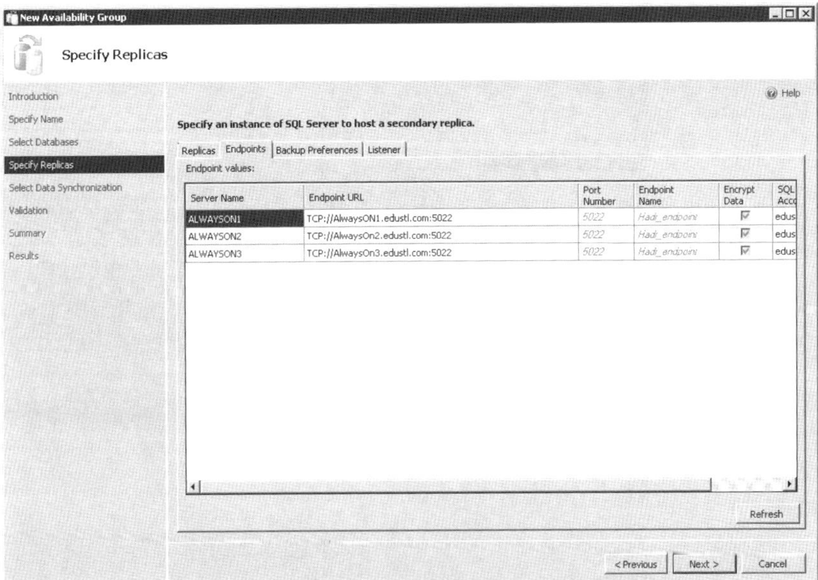

17. Clique na guia Backup Preferences.

É nessa guia que são definidas as preferências de backup. Conforme mostrado aqui, você pode excluir réplicas e definir as configurações preferidas para jobs de backup automatizados. As preferências de réplica de backup podem ser priorizadas pela especificação de um número mais alto para determinada réplica.

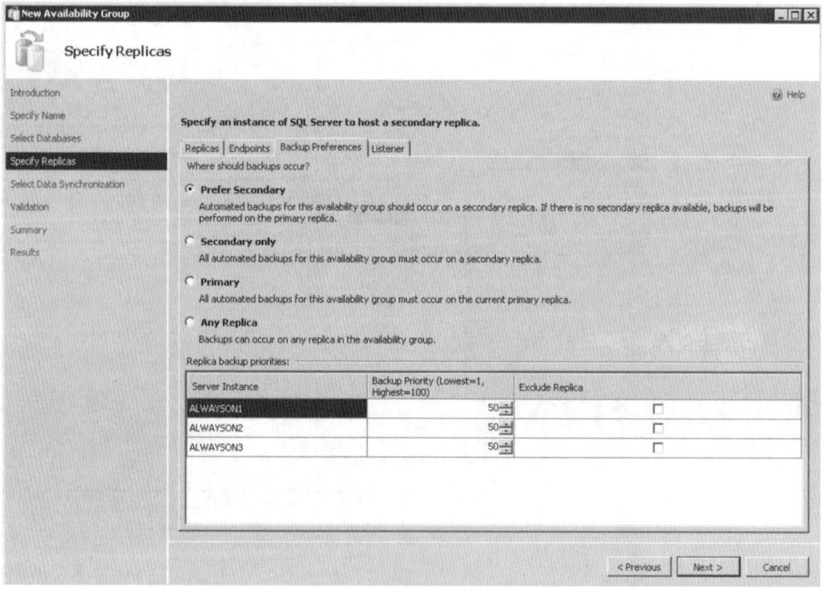

> **Nota** Neste momento estão disponíveis somente backups FULL com COPY_ONLY, assim como backups de logs de transação nas réplicas.

18. Clique na guia Listener.

    O listener é um nome de rede virtual que pode ser utilizado para acessar o grupo de disponibilidade. Quando aplicativos e usuários finais se conectam, devem fazer isso usando um listener, em vez do nome da rede física. No evento de um failover, o listener é movido para o servidor principal atual. Como resultado, qualquer alteração de função seria transparente para os aplicativos.

19. Selecione a opção Create an Availability Group Listener.
20. Digite **SBS _List** na caixa de texto Listener DNS Name.
21. Digite **1433** na caixa de texto Port, a não ser que você mude a porta do SQL Server.
22. Selecione Static IP na lista suspensa Network Mode. Isso é firmemente recomendado, em lugar da opção DHCP, que pode levar a interrupções do cliente no caso de expirações de concessão e não funcionará entre sub-redes.

23. Clique em Add e digite na caixa de texto IPv4 Address um endereço IP válido e disponível .

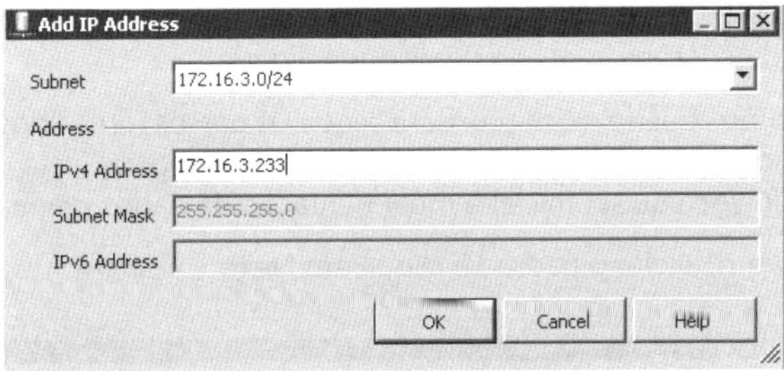

24. Clique em OK.

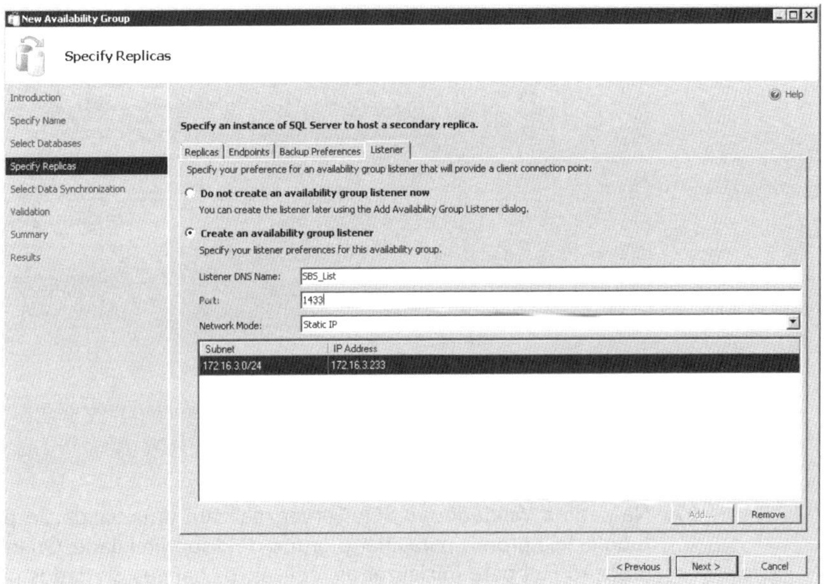

25. Clique em Next.

Na página Select Initial Data Synchronization existem três opções:

- O padrão, Full, fará um backup quando o grupo de disponibilidade for criado e restaurará esse backup em todas as réplicas, utilizando o caminho UNC compartilhado, fornecido na caixa de texto Specify a Shared Network Location Accessible by All Replicas. Para que essa opção funcione, todos os servidores devem ter acesso a esse caminho.

- A segunda, Join Only, normalmente é utilizada para bancos de dados grandes. Nesse caso, o DBA deve copiar os backups completo e de log de transação para as réplicas, fora do processo de criação do grupo de disponibilidade, e restaurá-los com NORECOVERY para que as réplicas já estejam distribuídas antes da criação do grupo de disponibilidade.
- No último cenário, você precisará seguir os passos fornecidos em *http://msdn.microsoft.com/en-us/library/hh272568.aspx*. Em geral, essa opção será usada quando você quiser iniciar a movimentação de dados manualmente.

26. Por enquanto, aceite o padrão e clique em Next.

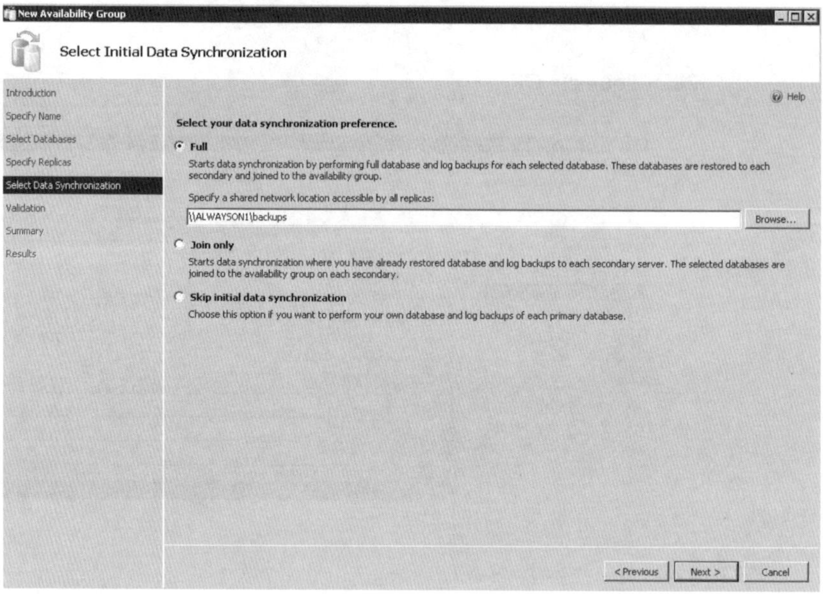

27. Na página Validation, o SQL Server realizará uma validação para garantir que tudo esteja pronto para criar o grupo de disponibilidade. Quando você escolher a opção Full para inicializar as réplicas, os bancos de dados não podem existir nelas, senão a validação falhará. Clique em Next.

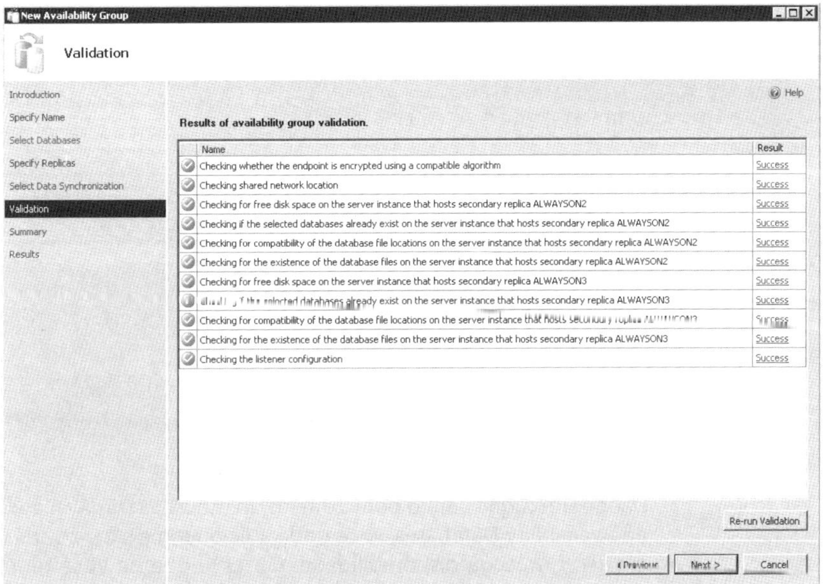

28. Na página Summary aparece uma listagem completa de todas as configurações. Você também pode optar por registrar um script com todos os passos, utilizando o botão Script, localizado no canto inferior direito da página.

Cliquc em Finish e o processo de criação do grupo de disponibilidade começará.

29. Se você clicar na seta ao lado de More Details, o SQL Server fornecerá uma lista abrangente de todos os passos que serão executados ao criar o grupo de disponibilidade.

Quando tudo tiver terminado com sucesso, você poderá expandir a pasta AlwaysOn High Availability e depois expandir Availability Groups, onde encontrará o novo grupo.

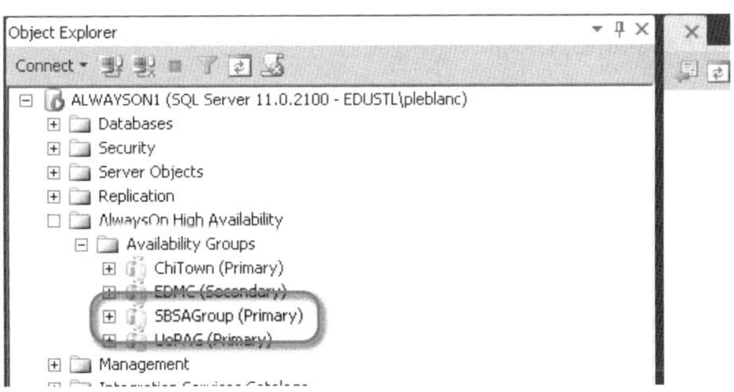

Além de ver os grupos de disponibilidade, você pode expandir Availability Groups para ver as pastas Availability Replicas, Availability Databases e Availability Group Listeners.

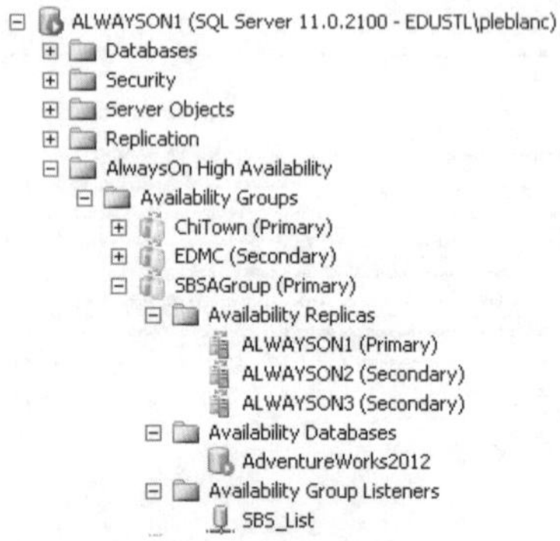

Dando um clique com o botão direito do mouse no nó Availability Replicas ou no nó Availability Databases, você pode adicionar mais bancos de dados ou réplicas em seu grupo de disponibilidade. Observe que, se você tentar fazer isso com listeners de grupo de disponibilidade, receberá um erro. Isso porque cada grupo de disponibilidade só pode ter um listener.

Administre grupos de disponibilidade AlwaysOn

Agora que você criou um grupo de disponibilidade, pode ver seu estado com o painel disponível no SSMS. Como administrador, você pode ver informações de estado, latência e outros dados vitais para o bom funcionamento de seus grupos de disponibilidade.

Monitore grupos de disponibilidade utilizando SSMS

1. Abra o SSMS e conecte-se à instância de SQL Server que atualmente é o servidor principal em sua topologia AlwaysOn.
2. Abra o Object Explorer, se ainda não estiver aberto.
3. Expanda a pasta AlwaysOn High Availability.

4. Expanda a pasta Availability Groups.
5. Clique com o botão direito do mouse em SBSAGroup e selecione Show Dashboard no menu.

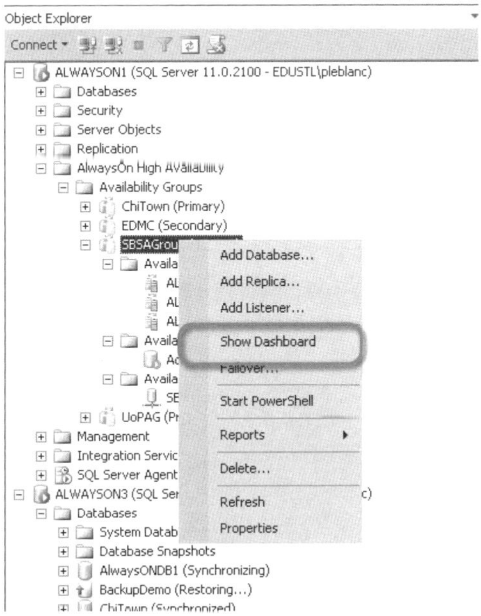

No painel é possível ver quem são as réplicas principal e secundárias. Também é possível ver o estado da sincronização e determinar se existe algum problema.

6. Se quiser adicionar mais colunas, clique em uma das barras cinza e aparecerá um menu listando todas as colunas disponíveis.

7. Clique na barra cinza imediatamente abaixo de Availability Replica e selecione Availability Mode.

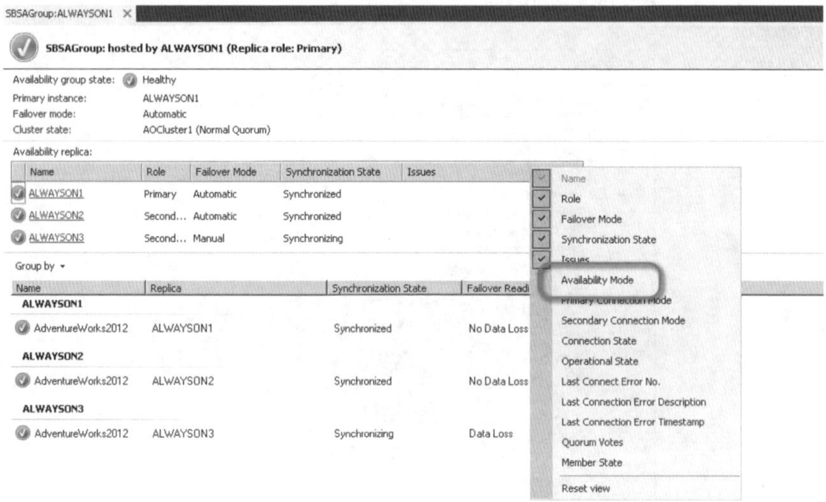

8. Essa coluna será adicionada, mostrando o modo de disponibilidade de cada réplica.

Essa ampla lista de itens pode ser usada para monitorar, manter e administrar suas configurações de AlwaysOn. Ao contrário da clusterização, onde a maior parte da administração era feita pelo Cluster Administrator, o AlwaysOn oferece aos DBAs uma maneira de gerenciar dentro da conhecida ferramenta SSMS. Além disso, os DBAs podem fazer failover de um grupo de disponibilidade manualmente, em outra instância de SQL Server, utilizando o painel incluído no SSMS.

Faça um failover manual utilizando SSMS

1. Conecte-se na instância principal de SQL Server do grupo de disponibilidade criado anteriormente.
2. Abra o painel do grupo de disponibilidade.
3. No canto superior direito, clique no link Start Failover Wizard.

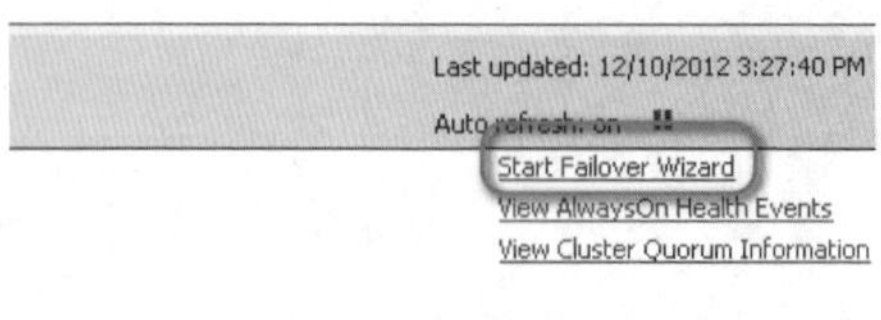

4. Clique em Next na página Introduction.

5. Na página Select New Primary Replica, selecione a caixa ao lado da réplica que será o novo servidor principal. Observe que o SQL Server apresenta um aviso sobre perda de dados em potencial para qualquer réplica que esteja usando um modo de commit assíncrono.

> **Nota** Esse aviso pode gerar um novo passo no assistente, chamado Confirm Potential Data Loss, o qual exigirá que você marque uma caixa de seleção reconhecendo o risco. Continue a partir daí somente se você não tiver problemas com perda de dados.

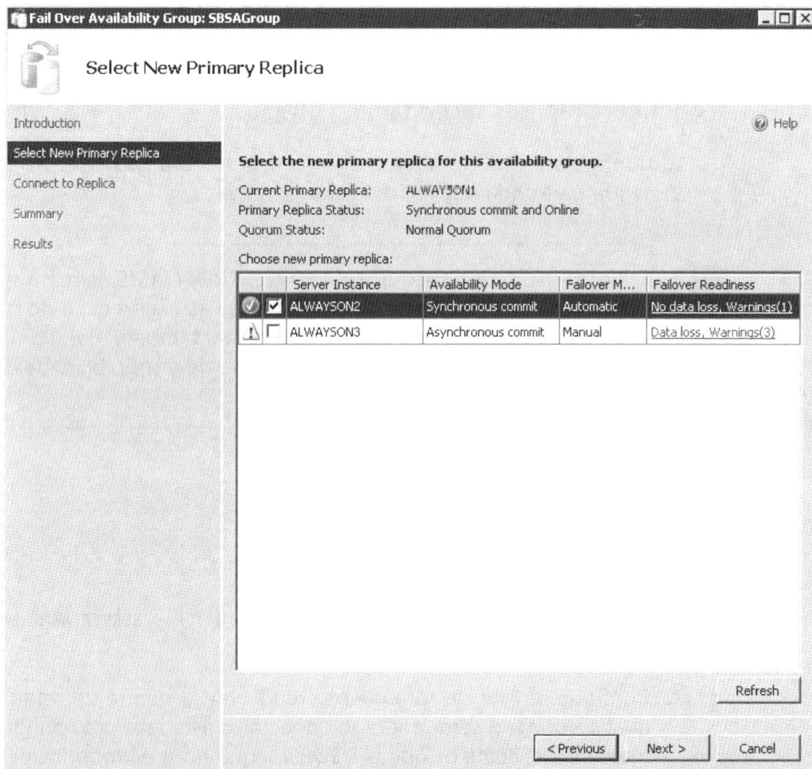

6. Clique em Next.
7. Na página Connect to Replica, clique no botão Connect.
8. Na página Connect to Server, escolha seu método de autenticação e clique em Connect.
9. Clique em Next.
10. Leia a página Summary e clique em Finish.

    O processo de failover começa. Se você clicar na seta ao lado de More Details, poderá ver cada etapa do processo.

Se você se conectar no novo servidor principal e abrir o painel, poderá ver o estado atual do grupo de disponibilidade. Além disso, se você se conectar em um dos servidores secundários, poderá ver somente esse servidor secundário.

Leia cópias de banco de dados secundárias

Conforme já mencionado, um dos principais recursos do AlwaysOn é a capacidade de ler cópias de banco de dados secundárias. Essa capacidade permite às organizações aproveitar totalmente o hardware de suas topologias de alta disponibilidade e recuperação de desastres. Mas, antes de acessar esses bancos de dados, você precisa configurar as instâncias como legíveis. Atualmente, a única maneira de fazer isso é utilizando T-SQL.

Configure réplicas secundárias legíveis

1. Configure a URL de roteamento read-only. Para isso, execute o código T-SQL a seguir para cada réplica na réplica principal.

> **Nota** No script a seguir, substitua *SERVER NAME* pelo seu servidor e *DOMAIN* por seu domínio. Além disso, caso esteja executando o SQL Server em uma porta que não a 1433, altere isso também. Por último, se estiver executando esses passos para um grupo de disponibilidade diferente, altere o nome.

```
USE master
GO
ALTER AVAILABILITY GROUP [SBSAGroup]
MODIFY REPLICA ON
N'<SERVER NAME>' WITH
(SECONDARY_ROLE (READ_ONLY_ROUTING_URL = N'TCP://SERVER NAME.DOMAIN.
com:1433'));
```

2. Configure a lista de roteamento read-only, a qual é utilizada para determinar qual secundário será usado ao conectar o listener. Para configurar a lista de roteamento, execute o código T-SQL a seguir no servidor principal. Esse script deve ser executado para cada servidor que faça parte do grupo de disponibilidade:

```
ALTER AVAILABILITY GROUP [SBSAGroup]
MODIFY REPLICA ON
N'<SERVER NAME>' WITH
(PRIMARY_ROLE (READ_ONLY_ROUTING_LIST=('<SERVER NAME>','<SERVER NAME>',
'<SERVER NAME>')));
```

Na lista de roteamento, você deve fornecer uma relação de servidores na ordem de acesso de leitura. Em outras palavras, suponha que você tenha três servidores em sua topologia, Server1, Server2 e Server3, onde Server1 é o servidor principal e Server2 e Server3 são servidores secundários legíveis. A lista de roteamento seria semelhante a esta:

```
ALTER AVAILABILITY GROUP [SBSAGroup]
MODIFY REPLICA ON
N'SERVER1' WITH
(PRIMARY_ROLE (READ_ONLY_ROUTING_LIST=('SERVER2','SERVER3', 'SERVER1')));
```

3. Para que isso funcione corretamente, você precisa adicionar mais uma propriedade em sua string de conexão. A propriedade é *Application_Intent*, a qual deve ser definida como *ReadOnly*. Um exemplo de string de conexão é este:

```
Server=tcp:SBSAGroup,1433;Database=AdventureWorks2102;IntegratedSecurity=SSPI;
ApplicationIntent=ReadOnly
```

Com tudo configurado, se você se conectar no listener utilizando a string de conexão anterior, o aplicativo será redirecionado para Server2. Se Server2 não estiver disponível, ele será redirecionado para Server3 e assim por diante, até a lista terminar.

Resumo

Este capítulo abordou um novo recurso do Microsoft SQL Server: AlwaysOn Availability Groups. Foi fornecida uma breve discussão sobre Windows Server Failover Clustering (WSFC). Em seguida, foram apresentados os grupos de disponibilidade e você percorreu os passos necessários para criar um deles. Você aprendeu a utilizar o painel para monitorar seu grupo de disponibilidade e para fazer failover manualmente. Por último, viu como configurar as réplicas para acesso read-only.

CAPÍTULO 32

Log shipping

Neste capítulo, você vai aprender a

- Entender quando e por que devo usar log shipping.
- Entender os componentes que executem funções em do log shipping.
- Configurar log shipping.

Log shipping é uma solução de baixo custo, simples e flexível que pode ser usada para se obter alta disponibilidade e/ou descarregar relatórios. É utilizada para sincronizar dois bancos de dados automaticamente, em um intervalo de tempo escolhido. Isso é feito por meio de backup, cópia e restauração de logs de transação agendados. Com log shipping, o failover é um processo manual e não automatizado. Esse é um inconveniente importante do log shipping, quando comparado com uma tecnologia mais robusta, como AlwaysOn Availability Groups. O banco de dados secundário pode se tornar disponível para acesso read-only entre restaurações de backup de logs de transação.

O log shipping oferece as seguintes vantagens:

- O custo do hardware é baixo. Seu servidor secundário não precisa ser tão robusto quanto o principal, podendo ser até um ambiente compartilhado para ajudar a justificar o custo. Muitas empresas utilizam hardware antigo para o servidor secundário, enquanto outras combinam instâncias e compartilham espaço com o desenvolvimento.
- O custo do software é baixo. O log shipping é gratuito e faz parte de todas as edições de SQL Server 2012 Express e posteriores.
- É relativamente fácil de configurar e manter.
- Em geral, é muito confiável e raramente danifica.
- Com prática e documentação, o failover manual pode ser feito com muita rapidez (em menos de 15 minutos).
- Dependendo do intervalo escolhido e do motivo do failover, o volume de dados perdidos pode ser do tamanho do intervalo de backup.
- É útil para acelerar a recuperação de erros de usuário ou aplicativo (queries que danificaram ou excluíram dados acidentalmente).

A seguir estão alguns dos aspectos negativos da solução log shipping:

- O failover não é automático – exige prática, documentação, intervenção manual e tempo.
- O log shipping é incremental e não em "tempo real". Dependendo dos intervalos escolhidos e do motivo da falha, é possível haver perda de dados entre os intervalos de backup dos logs de transação.
- Embora um banco de dados com log shipping em um servidor secundário possa ser acessado para a geração de relatórios, ele será somente para leitura e não poderá ser atualizado.
- Antes de cada restauração de logs de transação, qualquer conexão de usuário com o banco de dados no servidor secundário deve ser desfeita para que o job tenha êxito.
- Após cada restauração, o cache de procedimentos e o cache de dados no banco de dados restaurado são "frias". Os planos do SQL Server precisam ser recriados e os dados recarregados na memória quando queries forem executadas.

Agora que você conhece os prós e contras do log shipping, vamos abordar os seus vários componentes. Você vai saber os pré-requisitos do log shipping e depois vai percorrer os passos envolvidos na sua configuração.

Componentes do log shipping

Para implementar log shipping, você precisará dos seguintes componentes:

- **Servidor principal** A instância de SQL Server que é seu ambiente de produção.
- **Banco de dados principal** O banco de dados no servidor principal que será sincronizado com o servidor secundário.
- **Servidor secundário** A instância do SQL Server que receberá e conterá o banco de dados sincronizado do servidor principal. Pode haver um ou mais servidores secundários.
- **Banco de dados secundário** O banco de dados no servidor secundário que começou como uma cópia do banco de dados principal e está sendo mantido periodicamente sincronizado por meio do log shipping. Pode haver um ou mais bancos de dados secundários.
- **Servidor de monitoramento** Uma instância opcional de SQL Server que acompanha o sucesso ou a falha das três partes (jobs) que interligam o log shipping no servidor principal e secundário: backups, cópias de arquivos e restaurações.

Além desses componentes, são criados vários jobs de SQL Server Agent:

- **Job de backup de logs de transação** Criado no servidor principal. Consulte Job A1 na Figura 32-1.
- **Job de cópia de arquivo de logs de transação** Criado no servidor secundário. Consulte Job B2 na Figura 32-1. O arquivo de backup do log de transação permanece no servidor principal. Cada servidor secundário é responsável por adquirir sua própria cópia dos arquivos de backup de logs de transação de origem.

- **Job de restauração de logs de transação** Criado no servidor secundário. Cada servidor secundário terá seu próprio job de restauração de log. Consulte Job B3 na Figura 32-1.
- **Job de alerta** Tanto o servidor principal como o secundário têm jobs de alerta criados para detectar se uma operação de backup ou de restauração não terminou com sucesso dentro de um limite de tempo escolhido.

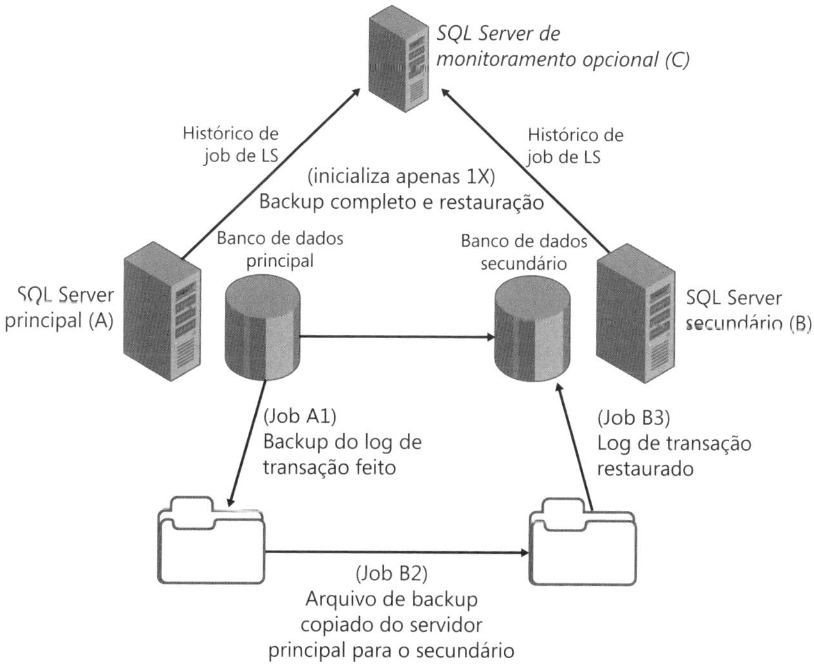

FIGURA 32-1 Exemplo de topologia de uma arquitetura de log shipping.

Pré-requisitos do log shipping

Antes de configurar o log shipping, você precisa completar alguns passos para garantir que tudo satisfaça os requisitos mínimos. Primeiro, é preciso garantir que a pessoa que está configurando o log shipping seja membro da função (role) de servidor fixa sysadmin. Depois, é necessário criar um compartilhamento que permita à instância do SQL Server secundária acessar o local onde foi feito inicialmente o backup dos logs de transação pela instância do SQL Server principal. Por exemplo, se o servidor principal fizer backups dos logs em C:\LSDemo, essa mesma pasta precisará estar acessível para o servidor secundário como um caminho UNC, semelhante a \\PrimarySQLServerName\LSDemo. A segurança da pasta compartilhada e do compartilhamento de rede normalmente é uma preocupação do log shipping. Para reduzir os desafios ou problemas de segurança em potencial, certifique-se de que a conta do serviço do SQL Server Agent de ambos os servidores tenha recebido acesso a essa pasta.

Por fim, você deve certificar-se de que o banco de dados principal utilize o modelo de recuperação completo ou bulk-logged, sendo que um backup completo deve ser feito no mesmo banco de dados. A restauração deve ser feita no modo No Recovery ou Standby para permitir a aplicação de futuros backups de log de transação.

Conforme o nome "log shipping" (transporte de log) sugere, os logs são transportados de um servidor para outro. Especificamente, os logs de transação são copiados do servidor principal para um servidor secundário. Conforme já mencionado, quando o log shipping é configurado, é criado um job do SQL Server Agent que faz o backup do log de transação. Assim, você deve garantir que outros mecanismos, fora do job de backup de log de transação criado pelo log shipping, não estejam também fazendo backups de log de transação. Por exemplo, você deve desabilitar qualquer plano de manutenção que possa estar fazendo backup do log de transação.

Prepare o banco de dados para o log shipping

Antes de executar os passos, você precisa criar um compartilhamento no servidor principal e garantir ao servidor secundário acesso a ele.

1. Abra o SQL Server Management Studio (SSMS) e conecte-se no servidor que vai atuar como principal em sua topologia de log shipping.
2. Abra uma nova query no SSMS.
3. No editor de query, execute o seguinte código T-SQL:

```
USE master
GO
CREATE DATABASE [LSDemo]
GO
ALTER DATABASE [LSDemo] SET RECOVERY FULL
GO
```

   Essa query cria um banco de dados e então muda o modo de recuperação para FULL.

4. Crie uma pasta chamada LSDemo em sua unidade C. Utilize permissões do Windows para compartilhar a pasta, para os propósitos deste exercício.
5. Abra uma nova janela de query e execute o código T-SQL a seguir:

```
USE master
GO
BACKUP DATABASE LSDemo
TO DISK = 'C:\LSDemo\LSDemo.bak'
```

6. Abra o SSMS e conecte-se no servidor que vai atuar como secundário em sua topologia de log shipping.

7. Abra uma nova janela de query e execute o código T-SQL a seguir:

> **Nota** No script a seguir, *alwayson1* é o nome do servidor principal e *lsdemo* é o nome do compartilhamento da pasta C:\LSDemo.

```
USE master
GO
RESTORE DATABASE LSDemo
FROM DISK = '\\alwayson1\lsdemo\lsdemo.bak'
WITH NORECOVERY
```

A última linha da instrução, *WITH NORECOVERY*, garante que logs de transação adicionais possam ser restaurados nesse banco de dados. Se você abrir o Object Explorer no servidor secundário e expandir a pasta Database, verá o banco de dados na lista com Restoring entre parênteses.

Configure o log shipping

Com todas as peças no lugar, você pode agora configurar o log shipping entre os dois servidores. O SSMS fornece uma interface de usuário intuitiva para configurar log shipping.

Configure log shipping utilizando SSMS

1. Abra o SSMS e conecte-se no servidor principal.
2. Expanda o servidor no Object Explorer.
3. Expanda a pasta Databases.
4. Clique com o botão direito do mouse no banco de dados LSDemo e selecione Properties no menu.
5. No painel Select a Page, selecione Transaction Log Shipping.
6. No painel da direita, selecione a opção Enable This as a Primary Database in a Log Shipping Configuration.

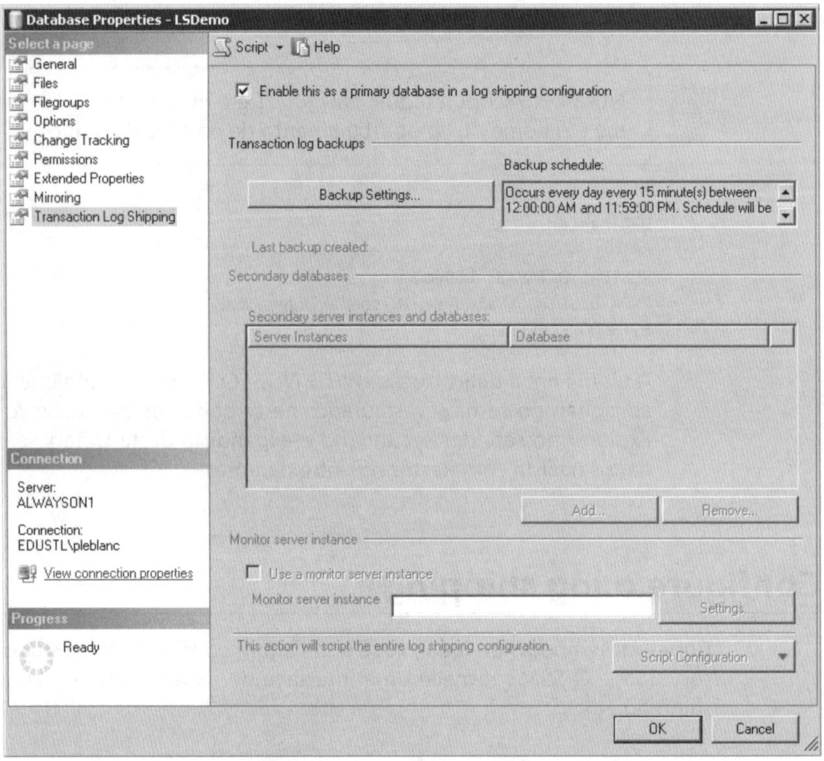

7. Clique no botão Backup Settings na seção Transaction Log Backups.
8. Na caixa de texto Network Path to Backup Folder, digite o caminho UNC para o compartilhamento que será utilizado pelo servidor secundário para acessar os backups locais no servidor principal – por exemplo, \\PrimarySQLServerName\LSDemo.
9. Na caixa de texto If the Backup Folder Is Located on the Primary Server, digite o caminho local para o lugar de backup de logs de transação no servidor principal – por exemplo, C:\LSDemo.
10. Examine a configuração de Delete Files Older Than. Essa configuração controla quantos dias os arquivos de backup do log de transação devem ser mantidos no servidor principal. O SQL Server excluirá automaticamente qualquer arquivo mais antigo do que o valor configurado, sempre que o job de backup for executado. Nesse sentido, ele é semelhante à tarefa de limpeza em um plano de manutenção. O padrão é 72 horas (3 dias).
11. Examine a configuração de Alert If No Backup Occurs Within. O padrão é 1 hora.

12. Escolha com que frequência você quer fazer backup do log de transação. O padrão é a cada 15 minutos, começando na hora cheia. Para ajustar esse tempo, clique no botão Schedule e use o assistente de agendamento que aparece. A agenda de backups é separada da agenda utilizada para as atividades de cópia e restauração do log shipping. Em outras palavras, você pode optar por fazer backup do log a cada 15 minutos e fazer cópia e/ou restauração com menos frequência (digamos, a cada hora), se isso for mais conveniente.

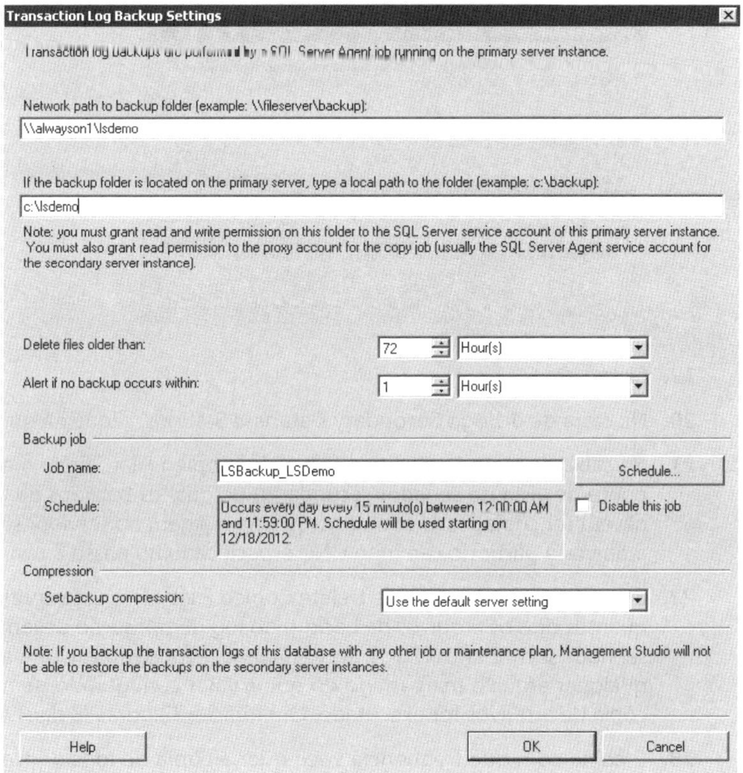

13. Clique em OK. Você volta para a caixa de diálogo Database Properties anterior.

14. Clique no botão Add sob a caixa Secondary Server Instances and Databases.

15. Clique no botão Connect, na parte superior direita, para escolher a instância secundária do SQL Server.

16. Na caixa de texto Secondary Database, escolha (se existir) ou digite (se for novo) o nome do banco de dados secundário.

17. Na guia Initialize Secondary Database, escolha a primeira opção para criar um backup completo do banco de dados principal (Full Backup of the Primary Database) e restaurá-lo no servidor secundário.

18. Clique no botão Restore Options. Na caixa de diálogo Restore Options é possível especificar o local dos dados do banco de dados secundário e dos arquivos de log no servidor secundário. A localização desses arquivos pode diferir de seus locais determinados no servidor principal. Digite os locais desejados.

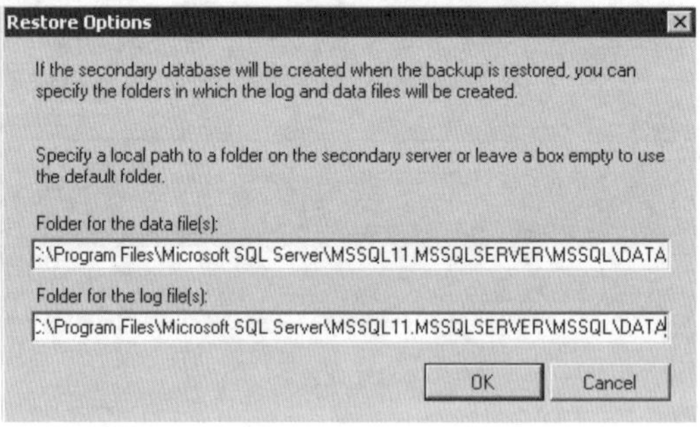

19. Clique em OK.

20. Na caixa de diálogo Secondary Database Settings, clique na guia Copy Files.

21. Na caixa de texto Destination Folder for Copied Files, digite o caminho local (do ponto de vista do servidor secundário) no qual os backups de logs de transação devem ser copiados. Um job do SQL Server Agent no servidor secundário copiará arquivos a partir do caminho UNC especificado no passo 8.

22. Examine a configuração de Delete Copied Files After. Essa configuração controla quantos dias os arquivos de backup do log de transação devem ser mantidos no servidor secundário. O SQL Server Agent secundário excluirá automaticamente qualquer arquivo mais antigo do que o valor configurado, sempre que o job de cópia de arquivos for executado. O padrão é 72 horas (3 dias). Aceite o padrão.

23. Escolha com que frequência você quer a cópia de logs de transação, clicando no botão Schedule e ajustando a configuração. O padrão é a cada 15 minutos, começando na hora cheia. Muitas vezes faz sentido coordenar isso de modo a não coincidir com o job de backup do passo 9. Neste exemplo, aceite a configuração padrão.

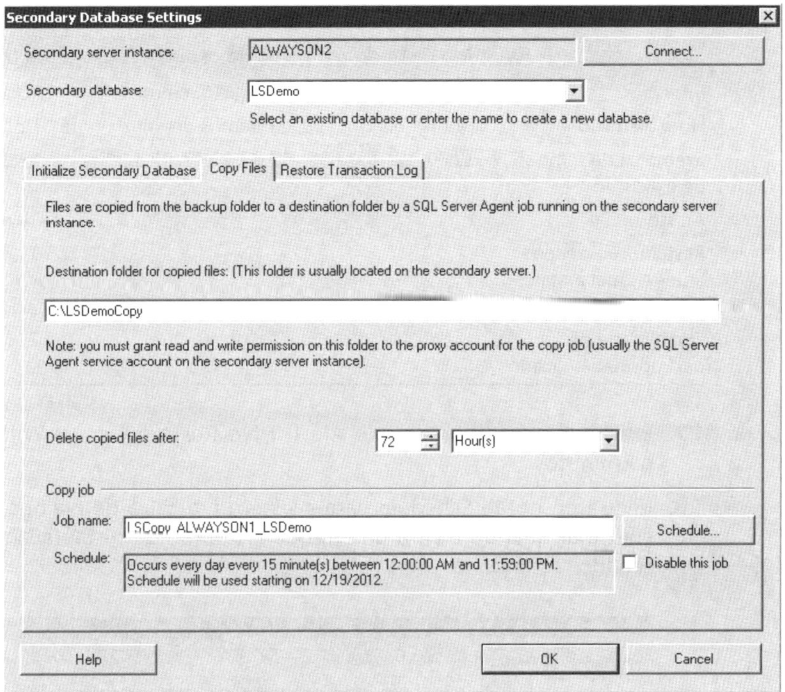

24. Clique na guia Restore Transaction Log.

25. Você tem duas opções na seção Database State When Restoring Backups:

- No Recovery Mode deixa o banco de dados secundário em um estado de recuperação, no qual os usuários não podem se conectar e o banco de dados não está disponível para conectividade somente leitura. Mais logs de transação podem ser restaurados.
- Standby Mode permite que processos se conectem no banco de dados secundário no modo somente leitura. Quando essa opção é selecionada, é habilitada uma opção de caixa de seleção que determina se os usuários serão desconectados do banco de dados na restauração de backups. Se essa opção não estiver selecionada, as restaurações de logs de transação serão bloqueadas pela existência de qualquer conexão com o banco de dados secundário.

Selecione a opção No Recovery Mode.

26. Se quiser atrasar o processo de restauração do log de transação no servidor secundário, escolha um tempo de atraso na seção Delay Restoring Backups at Least. O atraso controla o quanto os logs que estão sendo aplicados devem ser recentes.

Por exemplo, um atraso de 0 minuto (o padrão) faria uma restauração aplicar todos os backups de logs de transação encontrados na pasta copiada. Um atraso de 15 minutos restauraria apenas os backups de logs de transação presentes na pasta copiada feitos a mais de 15 minutos. Aceite o padrão. A Tabela 32-1 fornece um exemplo de agenda de backup, cópia e restauração que você poderia utilizar ao implementar log shipping.

TABELA 32-1 Exemplo de agenda de backup/cópia/restauração

	Job de backup	Job de cópia	Job de restauração
Intervalo	A cada 15 minutos	A cada 15 minutos	A cada 15 minutos
Hora de início	Hora cheia	2 minutos depois da hora	Hora cheia
Exemplos de tempos de execução	12:00, 12:15, 12:30	12:02, 12:17, 12:32	12:00, 12:15, 12:30 . . .
Atraso			30 minutos
Restauração de logs antes e igual à marca de tempo			11:30, 11:45, 12:00 . . .
Quantidade de backups não aplicados			2

27. Examine a configuração de Alert If No Restore Occurs Within. O padrão é 45 minutos.

28. Clique no botão Schedule para acessar uma caixa de diálogo onde é possível controlar quando e com que frequência o job de restauração é executado no servidor secundário.

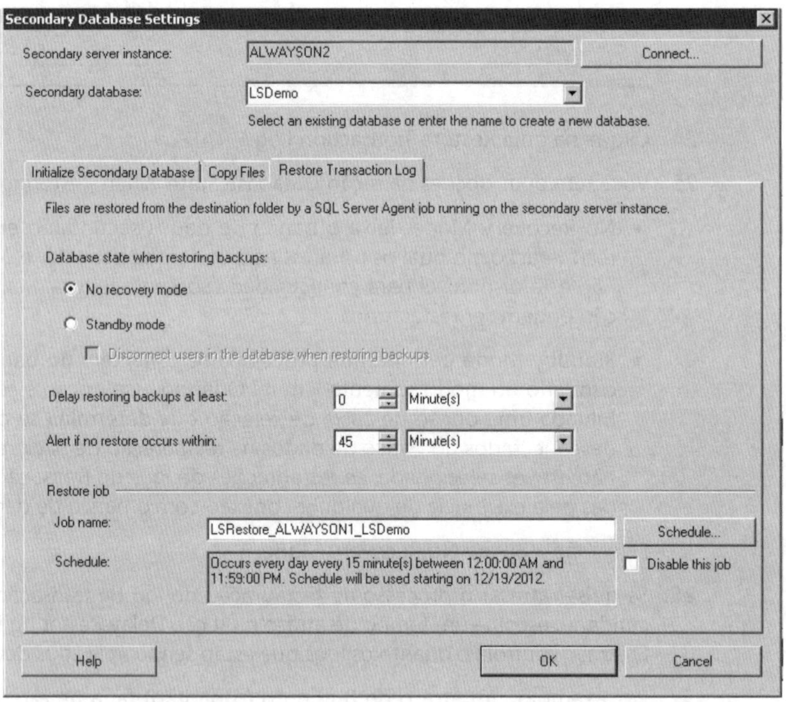

29. Clique em OK.

30. Se optar por utilizar uma instância de SQL Server para monitoramento (opcional), marque a caixa de seleção Use a Monitor Server Instance na parte inferior da caixa de diálogo Database Properties. Clique no botão Settings para designar o servidor de monitoramento. Então, execute os passos a seguir:
    a. Clique no botão Connect e selecione a instância do SQL Server que será usada para monitorar o log shipping.
    b. Especifique o meio de autenticação.
    c. Escolha por quanto tempo vai manter o histórico (o padrão é 96 horas) no servidor de monitoramento.
    d. Clique em OK.
31. Antes de concluir o assistente, talvez você queira o script da configuração de log shipping em T-SQL para facilitar a reimplementação. Para isso, basta clicar no botão Script Configuration e escolher enviar para a área de transferência, um arquivo ou uma nova janela de query.
32. Na caixa de diálogo Database Properties, clique em OK para iniciar o log shipping. O assistente executará todas as tarefas solicitadas e configurará os jobs de log shipping nos servidores participantes de sua arquitetura de log shipping.

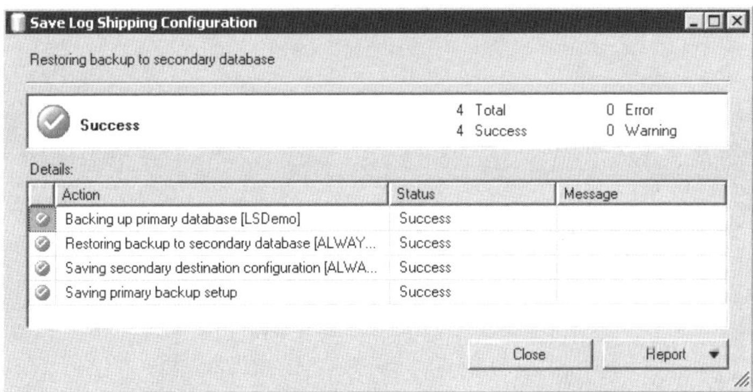

Agora o log shipping está configurado. Qualquer alteração feita no banco de dados principal será transportada e sincronizada por meio do processo de log shipping.

Resumo

Este capítulo forneceu uma visão geral dos componentes e pré-requisitos do log shipping, e você aprendeu a configurar o log shipping. Log shipping é um mecanismo de custo relativamente baixo, robusto e fácil de implementar, que pode ser usado para vários propósitos: obter alta disponibilidade com failover manual, retirar a atividade de produção de relatórios do banco de dados de produção e recuperação de erros de usuário ou de aplicativo que danifiquem ou excluam dados.

Com o assistente fornecido no Microsoft SQL Server 2012, configurar e dar suporte para log shipping é mais fácil e à prova de erros do que nunca.

Índice

B

C

D

E

T

U

V

W

X